法華・天台部

法華玄義III
観音玄義
法華経安楽行義

菅野博史　訳註

大蔵出版

目次

凡例……9

妙法蓮華経玄義　巻第九下……15

第二章　体を顕わす——五重玄義（2）［続］……15

第七節　遍く一切の法の体と為す　15

第三章　宗を明かす——五重玄義（3）……16

第一節　宗・体を簡ぶ　16

第二節　正しく宗を明かす　19

第三節　衆経の因果の同異を論ず　19

第四節　麁妙を明かす　21

第五節　因果を結ぶ　22

第四章　用を明かす――五重玄義（4）……24
第一節　力用を明かす　25
第二節　同異を明かす　27
第三節　歴別を明かす　28
第一項　別して迹門を釈す　28
第二項　別して本門を釈す　30
第四節　四悉檀に対す　34
第五節　四悉檀の同異　36
妙法蓮華経玄義　巻第十上……38
第五章　教相を釈す――五重玄義（5）……38
第一節　大意を述ぶ　38
第二節　異解を出だす――南三北七　42

第三節　難を明かす　44
第一項　南三を難ず　44
第二項　北七を難ず　52
第四節　去取を明かす　58
第五節　教相を判ず　60
第一項　大綱を挙ぐ　60
第二項　三文を引きて証す　63

妙法蓮華経玄義　巻第十下……66

第二項　三文を引きて証す〔続〕　66
第三項　五味半満相成に約す　71
第四項　合・不合を明かす　72
第五項　通別等に約して料簡す　73
第六項　増数に教を明かす　78

章安後記　81
一　異聞を雑記す　81
㈠　般若と法華の同異を辨ず　81
㈡　経論の諸蔵の会通を試む　83
㈢　四教の名義の所依を明かす　83
㈣　古の五時・七階の不同を破す　85
二　己れを述べて師を推し、前を結び後を生ず　90
註……91
巻第九下　91／巻第十上　104／巻第十下　127

観音玄義　巻上

観音玄義　巻上……147
序──経題の略釈……147
第一章　釈名……148

第一節　通釈　148
第一項　列名　148
第二項　次第　149
第三項　解釈　154
第四項　料簡　163
第二節　別釈　170
第一項　観世音を明かす　170
観音玄義　巻下……177
第一項　観世音を明かす［続］　177
第二項　普門を明かす　186
第二章　出体……197
第三章　明宗……197

第四章　辯用……200
第五章　教相……202
註……205
巻上　205／巻下　230
法華経安楽行義……253
一　総論――法華経の功徳　253
二　各論――問答　255
経題の解釈　255
六根の清浄　256
安楽行　260
註……271

解題	287
法華玄義	289
観音玄義	306
法華経安楽行義	312
索引	350

凡　例

一、本書は、⑴智顗説『妙法蓮華経玄義』（『法華玄義』）全一〇巻（一巻を上下に分けるので、二〇巻と数えることもある）のうち、巻第九下から巻第十下まで、⑵智顗説『観音玄義』全二巻、⑶慧思説『法華経安楽行義』全一巻の三典籍の本文を訓読し、註および解題と索引を付したものである。

一、底本には『大正新脩大蔵経』所収のテキストを使用した。収録巻等は次のとおりである。

『法華玄義』……………第三三巻（一七一六番）

『観音玄義』……………第三四巻（一七二六番）

『法華経安楽行義』……第四六巻（一九二六番）

※訓読文上段にアラビア数字とａｂｃで『大正新脩大蔵経』の頁数・段を示した。

また、『法華玄義』では『天台大師全集・法華玄義』所収本を、『観音玄義』では『観音経玄義記会本』所収本を、『法華経安楽行義』では底本脚註にある甲本（延宝五年刊宗教大学蔵本）その他をそれぞれ参照し、訓読文で底本の文字を改める場合は、一々註記した。

一、訓読に当たっては、次の要領に従った。

（1）全篇の内容把握と文脈の理解に資するため段落分けを行なったが、『法華玄義』ではおおむね湛然の『法華玄義釈籤』の示す分科に従った。ただし、煩瑣になりすぎないように適宜、取捨選択をしたり、本文に示される分科を優先して、独自に簡略化した。また、『観音玄義』『法華経安楽行義』の段落分け、および三典籍本文の見出し付けも、内容に即して訳者が施したもので、底本にはないものである。
（2）訓読文は、原則として現代かな遣いを用いた。
（3）漢字は、常用漢字がある場合は原則としてそれを用いたが、ない場合は底本どおりの旧字体、もしくは正字体を用いた。また、底本において旧字体の使い分けがある場合など（例：「辨」「辯」「辦」）も旧字体のままとした。註における出典もこれに準じた。
（4）ふりがなは多めに付し、送りがなも多めに送ることで、読みやすさに配慮した。
（5）主格を示す「は」を多用するなど、意味が取りやすい訓読になるよう努めた。
（6）「　」は引用文や会話文に、『　』は書名、もしくは「　」内の会話文や引用文に用いた。また、【　】は原文の割書きや細字を表わす際に使用したが、これは註の出典にも用いた。

一、註記に当たっては、次の要領に従った。
（1）註番号は、巻第九下、巻第十上など、各巻ごとに連番とした。他註の参照を指示する場合、同一巻内では「前註○」「後註○」と表記したが、他の巻は「巻九下註○」「巻上註○」などとした。なお、前著『法華玄義』Ⅰ・Ⅱの註を指示する場合は「Ⅰ巻一上註○」「Ⅱ巻五上註○」などとし、Ⅰの冒頭の序の部分については、便宜上「法華私記縁起」の見出しのみを立てたので、「序王」「私序王」に対応する註を指示する場合も一括して「Ⅰ私記縁起註○」とした。また、『観音玄義』と『法華経安楽行義』で本書中の『法華玄義』の註を指示する場合は「Ⅲ巻十下註○」などとした。さらに、註で訓読本文の参照箇所を指示する場合は「本書○○頁」とし、『法華玄義』

Ⅰ・Ⅱの訓読本文を指示する場合は「Ⅰ○○頁」「Ⅱ○○頁」とした。

（2）註は、主に語義解釈（特にその典籍特有の語句の解釈）、引用文献の典拠を中心に記した。なお、難解な漢語で中国由来と考えられる語句については、可能な限り仏典以外の使用例を提示した。また、原語のローマ字表記は、特に断わりがない場合、サンスクリット語を示す。

（3）註で使用した主な略号や通称は以下のとおりである。

大正：『大正新脩大蔵経』全八五巻、大蔵出版。例えば、「大正三三、八一五下四―七行」とある場合は、『大正新脩大蔵経』第三三巻、八一五頁下段の四行―七行目を示す。ただし、『法華経』（『妙法蓮華経』）の出典のみは、頻出するので大正巻数（大正九）を省略した。

続蔵：『新纂大日本続蔵経』全九〇巻、国書刊行会

全集本：『天台大師全集・法華玄義』、日本仏書刊行会

『釈籤』：湛然『法華玄義釈籤』全二〇巻、大正三三巻（一七一七番）、全集本所収

『私記』：証真『法華玄義私記』全一〇巻、『大日本仏教全書』（仏書刊行会）第二一巻、全集本所収

『講義』：慧澄『法華玄義釈籤講義』全一〇巻、全集本所収

『講述』：大宝『法華玄義釈籤講述』全一〇巻、全集本所収

会本：『観音経玄義記会本』全四巻、続蔵三五巻所収

『南本涅槃経』：『大般涅槃経』全三六巻、大正一二巻（三七五番）所収

『六十巻華厳経』：『大方広仏華厳経』全六〇巻、大正九巻（二七八番）所収
『維摩経』：『維摩詰所説経』全三巻、大正一四巻（四七五番）所収
『大品般若経』：『摩訶般若波羅蜜経』全二七巻、大正八巻（二二三番）所収
『勝鬘経』：『勝鬘師子吼一乗大方便方広経』全一巻、大正一二巻（三五三番）所収
『次第禅門』：『釈禅波羅蜜次第法門』全一二巻、大正四六巻（一九一六番）所収

法華玄義Ⅲ

794a

妙法蓮華経玄義《みょうほうれんげきょうげんぎ》 巻第九下

天台智者大師《てんだいちしゃだいし》説く

第二章 体を顕わす――五重玄義（2）［続］

第七節 遍く一切の法の体と為す

第七に遍《あまね》く一切の法の体《たい》と為《な》すとは、『観経《かんぎょう》』[1]に云《い》わく、「毘盧遮那遍一切処《びるしゃなへんいっさいしょ》」と。「一切」とは、四諦《したい》を出《い》でず。『大経《だいきょう》』[2]に云わく、「仏の説かざる所は十方《じっぽう》の土の如《ごと》く、説く所は爪上《そうじょう》の土の如し」と。迦葉《かしょう》[3]の云わく、「已《すで》に説くは

794b

是《こ》れ四諦なり。其《そ》の未《いま》だ説かざる者は、応《まさ》に五諦有るべし」と。仏[4]の言わく、「無きなり。但《た》だ是の四諦に無量《むりょう》の相《そう》有りと言うのみ」と。

若《も》し然《しか》らば、広く開くに、即《すなわ》ち四種の四諦を成《じょう》ず。具《つぶ》さには境妙《きょうみょう》の中に説くが如し。当《まさ》に知るべし、苦《く》・集《じゅう》は世間の善悪の因果、道《どう》・滅《めつ》は出世《しゅっせ》の一切の因果なり。悉《ことごと》く実相《じっそう》を用《もっ》て体と為す。『浄名《じょうみょう》』[5]に云わく、「無住《むじゅう》の本《ほん》従《よ》り一切の法を立つ」と。此《こ》れの謂《い》いか。

然るに、所依《しょえ》の体は、体妙《たいみょう》にして異なること無し。能依《のうえ》の法は、法に麁妙《そみょう》有り。諸法《しょほう》は相待《そうだい》して分別《ふんべつ》すること、知る可《べ》し。五味《ごみ》に歴《へ》て麁妙を分別すること、亦《ま》た知る可し。開麁顕妙《かいそけんみょう》も亦た知る可し、云云《うんぬん》。

略して経の体《たい》を説き竟《お》わる。

第三章　宗を明かす――五重玄義（3）

大章《だいしょう》第三に宗《しゅう》を明かす。宗とは、修行の喉衿《こうこん》[6]、顕体《けんたい》の要蹊《ようげ》[7]なり。梁柱《りょうちゅう》の屋《おく》を持《たも》ち、綱を結ぶ綱維《こうい》の如《ごと》し。維を提《ひっさ》ぐれば則《すなわ》ち目動き、梁安《やす》んずれば則ち桷《たるき》[8]存す。宗を釈《しゃく》するに五と為《な》す。一に宗・体を簡《えら》び、二に正《まさ》しく宗を明かし、三に衆経《しゅぎょう》の同異《どうい》、四に麁妙《そみょう》を明かし、五に因果を結ぶ。

第一節　宗・体を簡ぶ

宗・体を簡ぶとは、有《あ》る人の言わく、「宗は即《すなわ》ち是《こ》れ体、体は即ち是れ宗なり」と。今、用いざる所なり。何となれば、宗致《しゅうち》は既《すで》に是れ因果なり。因果は即ち二なり。体は因に非《あら》ず果に非ず。体は即ち不二《ふに》なり。体は若《も》し二ならば、体は即ち体に非ず。体は若し不二ならば、体は即ち宗に非ず。宗は若《も》し不二ならば、宗は即ち宗に非ず。宗は若《も》し二ならば、宗は即ち体に非ず。云何《いか》んが而《しか》も体は即ち是れ宗、宗は即ち是れ体なりと言わん。又《ま》た、柱梁は是れ屋の綱維にして、屋の空は是れ梁柱の取る所なり。応《まさ》に以《もっ》て梁柱は是れ屋の空、屋の空は是れ梁柱なるべからず。宗と体と若し一ならば、其《そ》の過《か》は是《かく》の如し。

又た、宗と体と異なれば、則ち二法孤調《こじょう》[9]なり。宗は体を顕《あら》わすの宗に非ず、体は宗が家《や》の体に非ず。宗は体を顕わすの宗に非ざれば、宗は則ち邪倒無印《じゃとうむいん》なり。体は宗が家の体に非ざれば、則ち体は狭くして周《あまね》からず。法性《ほっしょう》を離れて外に、別に因果有らん。宗と体と若し異ならば、其の過は是の如し。

今言わく、不異《ふい》にして而も異なり。非因非果《ひいんひか》に約《やく》して、而も因果を論《ろん》ず。故《ゆえ》に宗と体との別有るのみ。『釈論《しゃくろん》[10]』に

794c

云《い》わく、「若し諸法《しょほう》の実相《じっそう》を離れば、皆《み》な魔事《まじ》と名づく」と。『[11]普賢観《ふげんかん》』に云わく、「大乗の因とは、諸法の実相なり。大乗の果とは、亦《ま》た諸法の実相なり」と。即ち其の義《ぎ》なり。当《まさ》に知るべし、実相の体は通ずれども、因果に非ず。行《ぎょう》の始めに因を辨《べん》じ、行の終わりに果を論ず。

而《しか》して復《ま》た偏《へん》・円《えん》に別有るは、譬《たと》えば銅の体は始めに非ず終わりに非ざれども、鋳《い》て像を為《つく》らんと擬《ぎ》するを、即ち像の始めと名づけ、[12]治瑩《じよう》すること悉《ことごと》く畢《お》わるを、即ち像の終わりと名づくるが如し。此《こ》れは円の因果を譬う。若し器《き》皿《みょう》、及び其の成就に擬せば、器皿の始終は、偏の因果を譬うるなり。七方便《しちほうべん》の心を発《ほっ》するを偏因《へんいん》と謂《い》い、有余《うよ》・無余《むよ》を証《しょう》するを偏果《へんか》と名づく。仏知見《ぶっちけん》を開くを円因《えんいん》と名づけ、妙覚《みょうかく》を究竟《くきょう》するを円果《えんか》と名づく。若し此の喩《たと》えを識《し》らば、不即不離《ふそくふり》にして、宗の義明らかなり。例《れい》せば、正因仏性《しょういんぶっしょう》は因に非ず果に非ざれども、[13]是れ因にして果に非ざるを仏性と名づけ、是れ果にして因に非ざるを大涅槃《だいねはん》と名づくと言うが如し。又た、仏性は[14]当《とう》に非ず本《ほん》に非ざれども、本自《も》と之《こ》れ有りと言う。一切衆生《いっさいしゅじょう》は、即ち涅槃の相《そう》なり。復た滅《めっ》す可《べ》からず。[15]又た言わく、「一切衆生に悉く仏性有り」と。而も実には未《いま》だ三十二相《さんじゅうにそう》有らず。未来に当に金剛《こんごう》の身を得《う》べし。其の当に非ざるを以て、是の故に本と言う。其の本に非ざるを以て、是の故に当と言う。宗と体との義も、亦復《ま》た是の如し。

[16]遠師《おんし》は一乗を以て宗と為す。所謂《いわゆ》る妙法なり。文《もん》を引きて云わく、「是の乗は微妙《みみょう》にして、上有ること無しと為す」と。私《わたくし》に謂《い》わく、三を破《は》せんが為《た》めの故の一ならば、麁《そ》の妙因《みょういん》に非ざるに待《たい》して、[17]始末《しまつ》を該《か》ねず。

[18]龍師《りゅうし》の云わく、「但《た》だ果を以て宗と為すのみ。妙法とは、是れ如来《にょらい》の霊智《りょうち》の体なり。衆麁《しゅそ》斯《こ》こに尽《つ》くるを妙《みょう》と為し、動静《どうじょう》物《もつ》に軌《のっと》るを法と為す。法既に真妙なれば、蓮華《れんげ》を借りて之れを譬う。果智《かち》を宗と為す所以《ゆえん》なり」と。私に謂わく、果は孤《ひと》り立たず。云何んが其の因を棄《す》てん。又た文に乖《そむ》くなり。

[19]慧観《えかん》の序に云わく、「会三帰一《えさんきいち》は乗の始めなり。慧覚成満《えかくじょうまん》するは乗の盛《さか》りなり。滅影澄神《めつようちょうじん》は乗の終わりなり」と。什師《じゅうし》歎じて云わく、「若し深く経蔵に入《い》るに非ずば、豈《あ》に能《よ》く此《かく》の如き説を作《な》さん」と。

[20]印師《いんし》の云《い》わく、「諸法《しょほう》の実相《じっそう》は是《こ》れ一乗の妙境《みょうきょう》なり。境智《きょうち》を用《もっ》て宗《しゅう》と為《な》す。境に三偽《さんぎ》無きが故《ゆえ》に、実相と称するなり」と。今謂《い》わく、境を加えて果を闕《か》く。[21]腫《ふく》れて肥《ひ》を益《ま》さず。

[22]光宅《こうたく》は一乗の因果を用て宗と為す。前段《ぜんだん》を因と為し、後段を果と為す。私《わたくし》に謂わく、[23]二文《にもん》に各《おの》おの因果有り。若《も》し互いに存し互いに没《もつ》せば、則《すなわ》ち経の文を害す。

[24]有《あ》る人は、権実《ごんじつ》の二智を用て宗と為す。私に謂わく、権を用《もち》うれば、応《まさ》に三は是れ経の宗なりと明かすべし。三は是れ今経《こんぎょう》に棄《す》つる所なり。云何《いかん》が棄つる所を取りて宗と為さん。

又《ま》た、[25]師の云わく、「此《こ》れを妙法蓮華《みょうほうれんげ》と名づく。即《すなわ》ち名を以《もっ》て宗と為す。妙法は是れ仏の得《う》る所にして、根本真実の法性《ほっしょう》なり。此の性《しょう》は惑染《わくぜん》に異ならず、惑《わく》と同じからざるが故に、妙《みょう》と称《しょう》す。即ち宗を名と為すのみ」と。此れは是れ地師《じし》の用うる所なり。八識は是れ極果《ごくか》なるに拠《よ》る。今、『摂大乗《しょうだいじょう》』に之《こ》れを破《は》して、是れ生死の根本なりと謂う。

[26]有る師の云わく、「常住《じょうじゅう》を宗と為す。但《た》だ未《いま》だ極上ならず。是れ覆相《ふくそう》に常《じょう》を明かす」と。私に謂わく、都《すべ》て経の意に非《あら》ず。常若し覆《おお》われば、宗、何《なん》ぞ顕《あら》わす所あらん。常は覆われざるも、常は即ち宗に非ず。

[27]有る師の云わく、「是れ顕了《けんりょう》に常を明かす。『涅槃《ねはん》』と広略を為すのみ」と。私に謂わく、常を宗と為さば、常に因果無し。常も亦《ま》た宗無し、云云。

[28]有るが言わく、「万善《まんぜん》を宗と為す。但だ是の善をして皆《み》な作仏《さぶつ》することを得《え》しむ」と。私に謂わく、若し作仏せば、即ち是れ果なり。何ぞ果を取りて宗と為さざらん。

[29]有るが言わく、「万善の中、無漏《むろ》を取りて宗と為す」と。私に謂わく、太《はなは》だ局《かぎ》る。又た、小涅槃に濫《らん》ず。

[30]有る人の言わく、「若し斯《こ》の異説を稟《う》けて、各おの益《やく》を蒙《こうむ》らば、衆釈《しゅしゃく》も非《ひ》と為す可《べ》きこと無し。聞けども悟らずば、衆師《しゅし》も是《ぜ》と為す可きこと無し。一師の意は、唯《た》だ貴《たっと》きこと悟りに在《あ》り。宜《よろ》しく悟りを以て経の宗と為すべし。『大《だい》経《きょう》』に云わく、『若し定相《じょうそう》有らば、是れ生死の法、是れ魔王の相なり。仏法《ぶっぽう》には定相無し。是の故に如来は、非道《ひどう》を

道と説き、道を非道と説く』と。当《まさ》に知るべし、唯だ悟りのみ是れ従う」と。私に謂わく、若し悟りを宗と為さば、乃《すなわ》ち是れ果証《かしょう》にして、行因《ぎょういん》を謂うには非ず。南を問うに北を指す。[31]方隅料乱《ほうぐりょうらん》す。又た、定《さだ》んで悟りを以て宗と為さば、是れ定《じょう》の定と為す。何ぞ不定《ふじょう》と謂わん。説く者甚《はなは》だ多し。具《つぶ》さに出《い》だすこと能《あた》わず。

第二節　正しく宗を明かす

二に正《まさ》しく宗を明かすとは、此の経は始め序品従《じょほんよ》り安楽行品《あんらくぎょうほん》に訖《お》わるまで、方便《ほうべん》を破廃《ははい》して、真実の仏の知見《ちけん》を開《かい》顕《けん》す。亦た弟子の実因実果《じついんじっか》を明かし、亦た師門の権因権果《ごんいんごんか》を明かす。文義《もんぎ》広しと雖《いえど》も、其《そ》の枢要《すうよう》を撮《と》るに、弟子の実因を成《じょう》ぜんが為《た》めなり。因は正《しょう》、果は傍《ぼう》なり。故に前段に於《お》いて、迹因迹果《しゃくいんしゃくか》を明かすなり。涌出品従《ゆじゅっほんよ》り勧発品《かんぼっぽん》に訖わるまでは、発迹顕本《ほっしゃくけんぽん》し、方便の近寿《ごんじゅ》を廃して長遠《じょうおん》の実果を明かす。亦た弟子の実因実果を明かし、亦た師門の権因権果を明かして、師の実果を顕わす。果は正、因は傍なり。故に後段に於いて、本因本果《ほんいんほんが》を明かす。前の因果を合して、共に経の宗と為す。意此《こ》こに在り。所以《ゆえ》に経に二文を分けて、本《ほん》を論じ迹《しゃく》を論ず。双《なら》べて法譬《ほっぴ》を題し、蓮を挙《あ》げ華を挙ぐ。師弟の権実は、総《そう》じて其の間に在るなり。

第三節　衆経の因果の同異を論ず

三に衆経《しゅぎょう》の因果の同異《どうい》とは、謂わく、迹の因果は或《あ》るいは同じく、或いは異なり。本の因果は永《なが》く異なり。
795b 迹の因果は、実相は通《つう》じて諸《もろ》もろの体に印《いん》す。何《いず》れの経か此れに約《やく》して因果を論ぜざらん。『大品《だいほん》』には非因非果《ひいんひか》の実相を明かして体と為せども、但だ因を宗と為すのみ。『般若《はんにゃ》』の[32]遣蕩《けんとう》は、正しく是れ因の意なり。[33]故に云わく、「菩薩の心の中を般若と名づけ、仏の心の中に在るを薩婆若《さっばにゃ》と名づく」と。文の中、亦た菩薩の無生無滅《むしょうむめつ》の因は、不《ふ》断不常《だんふじょう》の薩婆若の果を獲《う》と説く。

叡師《えいし》[34]の序に云《い》わく、「玄章《げんしょう》を啓《ひら》きて不住《ふじゅう》を以て始めと為し、三慧《さんえ》に帰《き》して無得《むとく》を以て終わりと為す」と。終始は因果なり。文《もん》の中、亦《ま》た一切種智《いっさいしゅち》の仏果を説けども、般若の因を成《じょう》ぜんが為《た》めなれば、因は正《しょう》、果は傍《ぼう》なり。『無量義《むりょうぎ》』に、摩訶《まか》般若《はんにゃ》の歴劫修行《りゃっこうしゅぎょう》を宣説《せんぜつ》す。故《ゆえ》に知《し》んぬ、彼《か》の経は因を用《もっ》て宗《しゅう》と為すなり。

『浄名《じょうみょう》』は、仏国の因果の両義を用て宗と為す。宝積《ほうしゃく》[35]は具《つぶ》さに因果を問い、仏は備《つぶ》さに因果を答う。故に知んぬ、双《なら》べて因果を用て宗と為すなり。

『華厳《けごん》』の円頓《えんどん》の教は、宗を解《げ》すること同じからず。或《ある》いは言わく、「因を用て宗と為す。題して華厳と言うに拠《よ》らば、是《こ》れ万行《まんぎょう》の荘飾《しょうしき》する修因《しゅいん》の義なり。文の中、多く四十地《しじゅうじ》の行相《ぎょうそう》を説く。故に因を用て宗と為す」と。又《ま》た云わく、「果を宗と為す。題して大方広仏《だいほうこうぶつ》と云うに拠らば、仏は是れ極果《ごくか》の名なり。華厳は、是れ定慧《じょうえ》の万善《まんぜん》もて、仏身を荘《しょう》厳《ごん》す。因を荘厳するに非《あら》ず。文の中、多く舎那《しゃな》法身《ほっしん》の事を説く。即ち果を用て宗と為すなり」と。又た、解して云わく、「因果合して宗と為す。仏は即ち是れ果、華厳は即ち是れ因なりと言うが如し。文の中、具さに法身を説き、亦た諸地《しょじ》を説く。倶《とも》に因果を用て宗と為す」と。

諸経は、縁に対すること同じからず。故に宗を明かすこと、互いに異なるのみ。『般若』は通《つう》じて三人に対すれば、傍真《ぼうしん》の因果あり。此《こ》の義は則ち異なり。別《べっ》して菩薩に対するに、復《ま》た利《り》[36]鈍《どん》有り。鈍の為めには因を明かす。此の義も亦た異なり。利人《りにん》の因は、此の義則ち同じ。『浄名』の仏国は、義兼《か》ぬ。[37]三種の仏国の因果の若《ごと》きは、此の義則ち異なり。一種の仏国の因果は、則ち同じ。『華厳』も亦た両縁に対す。鈍は異《こと》にして、利は同じ。前に分別《ふんべつ》するが如し。又た、此の意を将《もっ》て、五味《ごみ》の因果に歴《ふ》ること、例《れい》して知る可《べ》し。是れ衆経《しゅぎょう》の因果と迹門《しゃくもん》との同異《どうい》の相《そう》と為す。二に本門《ほんもん》の因果は永《なが》く衆経に異なりとは、三蔵《さんぞう》の菩薩の若きは、始め実《じつ》の因果を行《ぎょう》じて、権《ごん》の因果無し。乃至《ないし》、仏は道樹《どうじゅ》にて始めて成ずと明かして、久遠《くおん》の本迹《ほんじゃく》に非ず。通教《つうぎょう》の菩薩も、亦た始め因を行ずるに、神通変化《じんずうへんげ》して、本迹
795c
を論ず。久遠の本迹に非ざるなり。『大品《だいぼん》』には、菩薩には本迹有り、二乗《にじょう》には則ち無しと説く。仏、始めて生《しょう》・法《ほう》

の二身の本迹を得《う》と説きて、久遠を説かず。『浄名』には、声聞《しょうもん》に本迹有りと説かず、但だ菩薩、不思議の本迹に住《じゅう》すと明かすのみ。仏に浄土《じょうど》有りと説くも、[38]螺髻《らけい》の見る所は、亦た久遠に非ず。『華厳』には舎那・釈迦《しゃか》を本迹と為すと説く。菩薩も亦た本迹有り。声聞は尚《な》お聞かず、解《げ》せず。云何《いか》んが自《おのずか》ら本迹有らん。

今経《こんぎょう》は声聞に本《ほん》有りと発《はっ》す。本に因果有り。示して二乗の迹の中の因果と為す。仏の迹を発す。王宮《おうぐう》の生身《しょうしん》の生、道樹の法身の生、乃至、中間《ちゅうげん》の生・法の二身は、悉皆《ことごと》く是れ迹なり。但だ最初に先に真応《しんおう》を得《う》るを取りて、之《こ》れを名づけて本と為す。故に師弟の本因本果《ほんいんほんが》は、余経と永く異なり。

今経の迹の中の師弟の因果は、衆経と同有り、異有り。本の中の師弟の因果は、衆経に無き所なり。正《まさ》しく此の因果を以て、経の妙宗《みょうしゅう》と為すなり。

第四節　麁妙を明かす

四に麁妙《そみょう》とは、半字《はんじ》の因、道樹の偏果《へんか》の若きは、此の宗は則ち麁《そ》なり。『大品』に明かす所の三乗共《ぐう》の因果も亦た是《かく》の如し。不共《ふぐう》の因は、菩薩の一日般若を行ずるは、日の闇を照らすが如く、発心《ほっしん》して即ち神通に遊戯《ゆげ》すと云うと雖《いえど》も、猶《な》お麁因《そいん》を帯《お》び、円因独《えんいんひと》り顕《あら》わるることを得ず。法身は無来無去《むらいむこ》なりと説くと雖も、猶お麁果《そか》を帯び、円果《えんか》独り顕わるることを得ず。故に名づけて麁と為す。方等《ほうどう》の中には、偏《へん》の因果を弾《たん》じて、[39]高原・陸地に蓮華を生ぜずと雖も、偏の円に入《い》ることを得るを辨《べん》ぜず。円は[40]彰顕《しょうけん》せざれば、是れ亦た麁と為す。『華厳』は、前に高山を照らして一の円因を説き、究竟《くきょう》の後身《ごしん》に一の円果を説く。又た、別の因果を帯ぶれば、帯ぶる所の処は麁なり。

今経は、声聞は記《き》を受け、菩薩は疑い除《のぞ》こる。同じく仏知見《ぶっちけん》を開き、倶に一の円因に入る。発迹顕本《ほっしゃくけんぽん》して、同じく実果を悟る。因は円《まど》かに果は実にして、方便を帯びず、永く余経に異なり。故に称《しょう》して妙《みょう》と為すなり。

麁を開《かい》すとは、昔の縁は根鈍《こんどん》にして、未だ仏乗《ぶつじょう》の因果を讃《さん》ずるを聞くに堪《た》えず。方便の因果を用て、[41]近情《ごんじょう》を引接《いんしょう》し、

796a

五味《ごみ》に調熟《じようじゆく》して、心[42]漸《ようや》く通泰《つうたい》す。麁因《そいん》を決了《けつりよう》するに、同じく妙因《みよういん》を成《じよう》じ、諸《もろ》もろの麁果《そか》を決するに、同じく妙果《みようか》を成ず。故に頭を低くすること、手を挙《あ》ぐること、[43]著法《じやくほう》の衆は皆な仏道を成じ、更に仏道の因に非ざること無し。仏道は既《すで》に成ずれば、那《な》んぞ猶《な》お非仏の果有ることを得《え》ん。散善微因《さんぜんみいん》も、今皆な開決するに、悉《ことごと》く是れ円因《えんいん》なり。何《いか》に況《いわ》んや二乗の行《ぎよう》をや。何に況んや菩薩の行をや。皆な是れ妙《みよう》の因果ならざること無きなり。

第五節　因果を結ぶ

五に結成《けつじよう》とは、即ち二と為す。一に因果を結び、二に四句もて料簡《りようけん》す。

夫《そ》れ経に因果を説くは、正《まさ》しく通《つう》じて[44]生《しよう》・法《ほう》の行人《ぎようにん》を益《やく》せんが為《た》めなり。若《も》し開権顕実《かいごんけんじつ》せば、正しく七種の方便の生身《しようしん》の未だ入《い》らざる者をして入らしめ、傍《かたわ》ら生・法の二身の已《すで》に入る者をして進ましむ。若し寿量《じゆりよう》の長遠《じようおん》を説かば、傍ら生身の未だ入らざる者をして入らしめ、正しく生・法の已に入る者をして進ましむ。[45]神力品《じんりきほん》に「如来の所有《あらゆ》る一切の甚深《じんじん》の事《じ》」と云《い》うは、非因非果《ひいんひか》は是れ甚深の理《り》、因果は是れ甚深の事なり。

七種の方便、初めて円《えん》に入ることを得《う》る従《よ》り、銅輪《どうりん》の位に登るまで、之《こ》れを名づけて因と為す。乃至《ないし》、余に一生在《いつしようざい》有り。若し一生を転《てん》ぜば、即ち妙覚《みようかく》を得《う》。之れを名づけて果と為す。二住《にじゆう》従り等覚《とうがく》に至るまで、中間《ちゆうげん》を名づけて亦因《やくいん》亦因因《やくいんいん》、亦果《やくか》亦果果《やくかか》と為す。無礙道《むげどう》を用《もつ》て一分《いちぶん》の無明《むみよう》を伏《ぶく》するを、之れを名づけて因と為す。解脱道《げだつどう》を用て一分の無明を断《だん》ずるを、之れを名づけて果と為す。此《こ》の解脱に約《やく》して、復《ま》た無礙を修《しゆ》するが故に、因因と云う。此の無礙従り、復た解脱を得るが故に、果果と言う。

復た次に、初めの十住《じゆうじゆう》を因と為し、十行《じゆうぎよう》を果と為す。十行を因と為し、迴向《えこう》を果と為す。十向《じゆうこう》を因と為し、十地《じゆうじ》を果と為す。十地を因と為し、等覚を果と為す。等覚を因と為し、妙覚を果と為す。妙覚は唯《た》だ果、唯だ解脱なるのみ。因と名づけ、無礙と名づくることを得ず。初住《しよじゆう》は唯だ因、唯だ無礙なるのみ。果と名づけ、解脱と名づくることを得ず。何となれば、初住に真《しん》を見るは、真を以て因と為す。[46]住前《じゅうぜん》の相似《そうじ》は、是れ真因《しんいん》に非ず。若し[47]性徳《しょうとく》を初因と為すを取らば、弾指《たんじ》・[48]散華《さんげ》は是れ縁因《えんいん》の種、[49]随聞一句《ずいもんいっく》は是れ了因《りょういん》の種、凡《およ》そ心有る者は是れ正因《しょういん》の種なり。此れは乃《すなわ》ち遠く性徳の三因の種子《しゅうじ》を論ず。是れ真実の開発《かいほつ》に非ざるが故に、取りて因と為さざるなり。

二に四句もて料簡すとは、問う。若し初住に理に入るを、名づけて円因・円果《えんか》と為すと言わば、何《なん》ぞ[50]文《もん》に「漸漸《ぜんぜん》に修学《しゅがく》して、仏道を成ずることを得」と云うことを得《え》ん。

答う。応《まさ》に両種の四句を作《な》して料簡すべし。自《おのずか》ら漸《ぜん》の円《えん》なる有り、自ら円の漸なる有り、自ら漸の漸なる有り、自ら円の円なる有り。

漸円《ぜんえん》とは、此れは理外《りげ》の七種の方便、同じく仏知見《ぶっちけん》を開きて、始めて円理《えんり》を見るに約す。円理を見るとは、良《まこと》に理外の七種の方便、漸く円因に入るに由《よ》る。故に漸円と言う。漸円の三句、云云。

円漸《えんぜん》とは、初めて此の円に入りて、同じく三諦《さんたい》を観《かん》じ、実相《じっそう》の理を見るに、初後殊《こと》なり無し。然《しか》れども、事の中の修行は、未だ尽《ことごと》く備《そな》うること能《あた》わず。復た須《すべか》らく研習《けんじゅう》すべし。初めて円に入るに拠《よ》るが故に、名づけて円と為す。進みて上行《じょうぎょう》を修するを、復た名づけて漸と為す。

漸漸とは、二住従り去りて等覚に至る。此れは是れ円が家《や》の漸漸にして、理外の漸漸に非ず。

円円《えんえん》とは、妙覚に至るも、亦た漸円と名づけ、亦た円円と名づく。円理は先より円、今復た事円なるが故に、円円と言う。

復た次に、円漸は初住の如く、漸漸は二住已去《いこ》、三十心に至るが如く、漸円は初地《しょじ》已去の如く、円円は即ち妙覚なり。三十心に同じく賢聖《げんじょう》の義有りと雖《いえど》も、義称して賢《げん》と為す。伏多く断少なきが故なり。十地より去るは、名づけて聖《しょう》と為す。伏少なく断多きが故なり。又《ま》た、十住を賢の聖と名づけ、二十心は是れ聖の賢なり。十地・等覚は是れ聖、妙覚は是れ聖の聖なり。

今、喩《たと》えを借《か》るに、初月《しょがつ》は[51]匡郭《きょうかく》已《すで》に円《まど》かなれども、光用《こうゆう》未だ備わらず。此《こ》れは円漸《えんぜん》を譬《たと》う。二日従《よ》り十四日に至るは、其《そ》の明《みょう》漸《ようや》く進む。此れは漸漸《ぜんぜん》を譬う。十五日に至るは、此れは漸円《ぜんえん》を譬え、又た円円《えんえん》を譬う。夫《そ》れ月に虧盈《くよう》無けれども、亦《ま》た月に約《やく》して虧盈を辨《べん》ず。理《り》に円漸無けれども、亦た理に約して円漸を判《はん》ずるのみ。此の経の宗《しゅう》は、利益《りやく》巨大《こだい》なり。始め円漸自《よ》り終わり円円に竟《お》わるまで、大乗の因果は、増長《ぞうじょう》し具足《ぐそく》す、云云。

問う。既に円漸と称すれば、復《ま》た円別《えんべつ》と称するや。乃至《ないし》、通《つう》・蔵《ぞう》も亦た応《まさ》に爾《しか》るべけんや。

答う。此の義は、[52]『四教章《しきょうしょう》』の中に出《い》づ。其《そ》の意云何《いかん》。三蔵《さんぞう》の三蔵は、解《げ》す可《べ》し。別《べつ》とは、[53]諦《たい》・縁《えん》・度《ど》なり。通とは、真諦《しんたい》なり。円《えん》とは、無学《むがく》辨《べん》ずるなり。通の通とは、同じく無生《むしょう》なり。三蔵とは、道諦《どうたい》の中の戒定慧《かいじょうえ》なり。別とは、正習《しょうじゅう》の尽《じん》・不尽《ふじん》なり。化他《けた》・不化他、出仮《しゅつけ》・不出仮の別なり。円とは、同じく真《しん》を証《しょう》するなり。別の別とは、上に別に、下に別なり。三蔵とは、無量《むりょう》の道諦の中の戒定慧を修《しゅ》するなり。通とは、四門倶《とも》に中に契《かな》うなり。円とは、五住尽《つ》くるなり。円の円とは、融《ゆう》なり。別とは、四門異なるなり。通とは、四門相《あ》い摂《しょう》するなり。蔵とは、円の道諦、円の戒定慧なり。

此の義は既に通ずれば、亦た応に漸円、[54]漸円の四句皆《み》な得《う》べきなり。因果を結ぶこと皆な成《じょう》ずるなり。然《しか》して後に、
796c 麁妙《そみょう》を判じ、麁妙を開《かい》すること悉《ことごと》く得るなり。

第四章　用を明かす――五重玄義（4）

大章《だいしょう》第四に用《ゆう》を明かすとは、用は是れ如来の妙能《みょうのう》、此の経の勝用《しょうゆう》なり。如来は権実《ごんじつ》の二智を以て妙能と為し、此の経は[55]断疑生信《だんぎしょうしん》するを以て勝用と為す。秖《た》だ二智は能《よ》く断疑生信し、生信断疑するは、二智に由《よ》る。人に約し法に約し、左右互いに論ずるのみ。前に宗を明かすに、宗・体《たい》に就《つ》いて分別《ふんべつ》し、宗・体をして濫《らん》ぜざらしむ。

今、用を論ずるに、宗・用に就いて分別し、宗・用をして濫ぜざらしむ。何となれば、宗にも亦た用有り、用にも亦た宗有ればなり。宗の用は用の用に非ず、用の用は宗の用に非ず。用の宗は宗の宗に非ず、宗の宗は用の宗に非ず。宗の用とは、因果は是れ宗なり。因果に各《おの》おの断伏《だんぷく》有るを用と為す。用に宗有りとは、慈悲《じひ》を用の宗と為し、断疑生信を用の用と為す。若《も》し宗を論ぜば、且《しば》らく断伏を置いて、但だ因果を論ずるのみ。今、[56]用を明かすに、但だ断疑生信を論ずるのみにして、且らく慈悲を置く。若し此の意を得《え》ば、則ち権実の二智、能く断疑生信するを知る。是れ今経《こんぎょう》の大用《だいゆう》なり。其の義は明らかなり。

用を論ずるに、開きて五と為す。一に力用《りきゆう》を明かし、二に同異《どうい》を明かし、三に歴別《りゃくべつ》を明かし、四に四悉檀《ししつだん》に対し、五に悉檀の同異なり。

第一節　力用を明かす

一に正《まさ》しく用を明かすとは、諸経は純《もっぱ》ら仏の智慧《ちえ》を明かさず、仏の自の応迹《おうしゃく》を発《ほっ》せず、正しくは二乗の果を破廃《ははい》せず、生身《しょうしん》の菩薩の近疑《ごんぎ》を断じて、其の遠信《おんしん》を起こさず、本地《ほんじ》を顕《あら》わして法身《ほっしん》の菩薩の[57]本の念仏の道を増し界外《かいげ》の生を損《そん》ずることをせず。

此《かく》の如き力用は、衆経《しゅぎょう》に無き所なり。今経に之《こ》れを具《ぐ》す。所以《ゆえ》に命章《みょうしょう》に二乗・菩薩等の智を論ぜず、純ら仏の微妙《みみょう》の智慧を顕わす。衆生《しゅじょう》の九《く》法界《ほうかい》の知見《ちけん》を開かずして、純ら衆生の仏の知見を開く。余経は、但だ仏の変化《へんげ》する所は是れ迹《しゃく》なりと道《い》いて、仏身は自《おのずか》ら是れ迹なりと道わず。今経は、自ら仏身は是れ迹なりと道う。其の余の変化は、寧《いずく》んぞ迹に非ざることを得ん。

今経は、正しく化城《けじょう》の二乗の果を破廃す。況《いわ》んや其の因行をや。又た、方便の教を禀《う》くる菩薩、迹に執《しゅう》して極《ごく》と為すを破《は》す。今、皆な発廃《ほっぱい》して、悉く是れ権迹《ごんしゃく》なりと称《しょう》す。及び中間《ちゅうげん》の諸疑は悉く断じて、深遠不思議《じんのんふしぎ》の信を起こす。

797a
又た、本地《ほんじ》の真実の功徳《くどく》を顕《あら》わして、法身《ほっしん》の菩薩をして大利益《だいりやく》を得《え》しむ。始め初めの阿従《あよ》り、終わり後の茶《だ》に隣《とな》る。十方那由他《じっぽうなゆた》の土を抹《まつ》して塵《じん》と為し、増道《ぞうどう》の菩薩を数《かぞ》うるに、尽《つ》くさしむること能《あた》わず。

蓋《けだ》し如来は、権実《ごんじつ》の二智、一味《いちみ》の雨を雨《ふ》らすに由《よ》りて、普等《ふとう》にして四方に倶《とも》に下るは、一切の諸《もろ》もろの四門は倶に破《は》するなり。具足《ぐそく》の道を求むる者を充足して、其《そ》の深疑《じんぎ》を断《だん》じ、其の大信《だいしん》を起こし、一の円因《えんいん》に入《い》りて、摩訶衍《まかえん》の車を控《ひ》きて、四方に遊び、直《ただ》ちに道場に至らしむ。大用大力《だいゆうだいりき》、妙能妙益《みょうのうみょうやく》は、猶《な》お未だ尽くさず。

復《ま》た次に、此の力は能《よ》く二乗の果を破す。二乗は生死《しょうじ》を怖畏《ふい》して、空《くう》に入りて証《しょう》を取り、安隠《あんのん》の想いを生じ、[58]已度《いど》の想いを生ず。三無為《さんむい》の坑《あな》に堕《だ》し、[59]若《も》しは死、若しは死等の苦あり。已《すで》に敗種《はいしゅ》の更に還《ま》た生ぜざるが如し。智医《ちい》も手を拱《こまね》き、方薬《ほうやく》も用《ゆう》無し。

『涅槃《ねはん》』の能く闡提《せんだい》を治《じ》するが如きに至りては、此れは則ち易《やす》しと為す。闡提は、心智滅《しんちめつ》せず。夫《そ》れ心有る者は、皆な当《まさ》に作仏《さぶつ》すべし。定《さだ》んで死ぬ人に非ざれば、治することは則ち難《かた》からず。二乗は灰身滅智《けしんめっち》す。身を灰《はい》にすれば、則ち色《しき》は常住《じょうじゅう》に非ず。智を滅すれば、則ち心慮《しんりょ》已に尽《つ》く。焦芽《しょうげ》・敗種は、復た高原・陸地に在《あ》り。既に聾《ろう》にして且《か》つ瘂《あ》なれば、永《なが》く反復《はんぷく》無し。諸もろの教主の棄《す》つる所にして、諸経の方薬行なわれず。

今は則ち本仏の智大にして、妙法の薬良し。色身《しきしん》灰ならずして、浄琉璃《じょうるり》の如く、内外《ないげ》の色像《しきぞう》は、悉《ことごと》く中に於《お》いて現《げん》ず。心智をして滅せず、仏の知見《ちけん》に開示悟入《かいじごにゅう》せしめ、客作《きゃくさ》の賤人《せんにん》をして菩提《ぼだい》の家業《けごう》を付《ふ》せしめ、高原・陸地に仏の蓮華を授《さず》く。其の耳は一時に十方界《じっぽうかい》の声を聴き、其の舌は一切の類《るい》に随《したが》いて仏の音声《おんじょう》を演《の》べて、一切をして聞かしむ。能く一根《いっこん》を以て、遍《あまね》く衆用《しゅゆう》を為す。即ち是れ今経《こんぎょう》の力用《りきゆう》なり。

上《かみ》に已に仏の智力《ちりき》を説き竟《お》わる。今、更に重ねて説く。漢の末に[60]三分するが如き、[61]曹公《そうこう》の智略は、当時第一なれども、復た[62]楊修《ようしゅう》に劣ること、三十五里なり。此の真丹《しんたん》の人の智は、外国《げこく》の外道《げどう》の智に及ばざること、芥《あくた》を山に比《くら》ぶるが如し。一切の世人《せにん》、外道の智は、舎利弗《しゃりほつ》の智の十六分が一にも及ばず。[63]二乗の智は蛍火虫《けいかちゅう》の如く、菩薩の智は日光の如し。通《つう》の菩薩の智は鴻鵠《こうこく》[64]の勢い遠きに及ばざるが如く、別《べつ》の菩薩の智は金翅鳥《こんじちょう》[65]の一須弥《いちしゅみ》従り一須弥に至るが如し。

797b
別の菩薩の智は爪上《そうじょう》の土の如く、仏の智慧《ちえ》の十方の土の如きに比ぶ。当に知るべし、仏の智慧は、至って融《ゆう》じ、至って即《そく》し、至って頓《とん》、至って実《じつ》なり。不可思議《ふかしぎ》、不縦不横《ふじゅうふおう》にして、円妙無比《えんみょうむひ》なり。喩《たと》えもて問答《もんどう》[66]を尽くす可《べ》からず。余経は純《もっぱ》らは説かず、今経は独《ひと》り純ら之《こ》れを説く。此れは仏の実智《じっち》の力大なり。譬《たと》[67]えば十の小牛、乃至《ないし》、一龍、十龍、一力士の如し。十力士は五通《ごつう》の人に如《し》かず、外《げ》の五通は一の羅漢《らかん》に如かず、一切の羅漢は一の目連《もくれん》[68]に如かず、目連は一の身子《しんし》に如かず、身子は菩薩に如かず、菩薩は別の菩薩に如かず、別の菩薩は円《えん》の菩薩に如かず、円の菩薩は仏に如かず。仏迹《ぶっしゃく》は甚《はなは》だ大なり。化《け》も復た化を作《な》し、化化《けけ》尽くること無し。無謀《むぼう》なれども当《あ》たること、脩羅《しゅら》[69]の琴《こと》の如し。

一切の賢聖《げんじょう》も、能く測《はか》る者無し。

仏の権力《ごんりき》は、既に此《かく》の如ければ、余の諸義は、例《れい》して知る可し。復た記《しる》さず。

第二節　同異を明かす

二に同異《どうい》を明かすとは、問う。実相《じっそう》の体《たい》、因果の宗《しゅう》は、既に衆経《しゅぎょう》に通ずれば、権実の二智は復た云何《いか》ん。

答う。名は通用すと雖も、力は大いに差別《しゃべつ》す。蔵《ぞう》・通は二智を以て四住《しじゅう》の疑いを断じ、偏真《へんしん》の信を生ず。『浄名《じょうみょう》』は二乗、及び偏行《へんぎょう》の菩薩を弾斥《たんじゃく》すと雖も、亦《ま》た是れ界内《かいない》の断疑生信《だんぎしょうしん》にして、小乗、及び方便の菩薩をして、大疑《だいぎ》を断じ大信を生ぜしむること能わず。『大品《だいぼん》』の通の意は、亦た是れ界内に疑い断じ信生ず。別の意は界外《かいげ》に在りと雖も、亦た未だ近疑《ごんぎ》を断じ遠信《おんしん》を生ぜず。『華厳《けごん》』の正意《しょうい》は、界外の疑いを断じ円信《えんしん》を生ずるも、亦た未だ近《ごん》を断じ遠《おん》を生ぜず。故に権実の二名は、復た通用すと雖も、力は大いに異なり。

今経は仏菩提《ぶつぼだい》の二智を用《もっ》て、七種の方便の最大の無明《むみょう》を断じ、同じく円因に入り、近迹《ごんしゃく》に執《しゅう》するの情を破して、本地の深信《じんしん》を生じ、乃至、等覚《とうがく》も亦た断疑生信せしむ。是《かく》の如き勝用《しょうゆう》は、豈《あ》に衆経に同じからんや。

797c

第三節　歴別を明かす

三に別釈《べつしゃく》を両と為す。一に別《べつ》して迹門《しゃくもん》を釈《しゃく》し、二に別して本門《ほんもん》を釈す。

第一項　別して迹門を釈す

迹門を釈するに十と為す。一に破三顕一《はさんけんいち》、二に廃三顕一《はいさんけんいち》、三に開三顕一《かいさんけんいち》、四に会三顕一《えさんけんいち》、五に住一顕一《じゅういちけんいち》、六に住三《じゅうさん》顕一《けんいち》、七に住非三非一顕一《じゅうひさんぴいちけんいち》、八に覆三顕一《ふくさんけんいち》、九に住三用一《じゅうさんゆういち》、十に住一用三《じゅういちゆうさん》なり。

此の意は通じて十妙《じゅうみょう》に歴《へ》、一一の妙《みょう》の中に、皆な十意を具《ぐ》す。義推《すい》するに解《げ》す可《べ》し、云云。

今、別に就《つ》いて説くとは、破三顕一とは、正《まさ》しく[70]三情《さんじょう》を破《は》して、一智を顕《あら》わす。何となれば、昔、若《も》し初めに仏乗を讃《さん》ぜば、衆生《しゅじょう》は苦に没《もっ》す。既に大を聞くに堪《た》えざれば、[71]尋《つ》いで過去の仏の行《ぎょう》ずる所の方便力《ほうべんりき》を念《おも》うに、亦《ま》た応《まさ》に三乗を説くべし。三乗を説き已《おわ》れば、教に斉《かぎ》り三情に封《ふう》ぜられて、更に好《よ》き者を願わず。今、三の執《しゅう》を破して、仏智《ぶっち》を顕わす。故に言わく、[72]「諸仏《しょぶつ》の法は久《ひさ》しくして後、要《かなら》ず当《まさ》に真実を説くべし」と。

廃三顕一とは、此れは正しく教を廃《はい》す。其《そ》の情を破すと雖も、若し教を廃せずば、[73]樹想還《じゅそうかえ》って生ず。教に執して惑《わく》を生ず。是の故に教を廃す。[74]「正直に方便を捨てて、但だ無上道《むじょうどう》を説くのみ」と。[75]「十方《じっぽう》の仏土《ぶつど》の中には、唯《た》だ一乗の法有るのみにして、二も無く亦た三も無し」と。

開三顕一とは、正しく理《り》に就き、傍《かたわ》ら教に約《やく》することを得《う》。教に約すとは、昔の教は三人真《しん》に入《い》ることを明かし、今の教は三人仏《ぶつ》を得《う》ることを明かすなり。正しく理に約すとは、秖《た》だ是れ二乗の真空《しんくう》に自《おのずか》ら実相《じっそう》有るのみ。昔の方便は深からざれば、妙に見ること能《あた》わず。今、此の空を開《かい》するに、即ち是れ実相なり。故に言わく、[76]「声聞《しょうもん》の法を決了《けつりょう》するに、是れ諸経の王なり」と。[77]「方便の門を開きて、真実の相《そう》を示す」と。[78]『大経《だいきょう》』に云《い》わく、「諸《もろ》もろの声聞の為《た》めに、

798a

慧眼《えげん》を開発《かいほつ》す」と。

会三顕一とは、正しく行に就く。[79]『大品《だいぼん》』会宗《えしゅう》に云わく、「四念処《しねんじょ》・四禅《しぜん》等は、皆な是れ摩訶衍《まかえん》なり」と。[80]但だ其の法を会《え》するのみにして、未だ其の人を会せず。此の経は人と法と行と倶《とも》に会す。[81]故に云わく、「汝等《なんだち》の行ずる所は、是れ菩薩の道なり。漸漸《ぜんぜん》に修学《しゅがく》して、悉《ことごと》く当に成仏すべし」と。[82]「頭を低くすること、手を挙《あ》ぐることは、皆な仏道を成《じょう》ず」と、云云。

住一顕一とは、此れは仏の本意に就く。本《も》と実智《じっち》を以て物《もつ》を化《け》す。[83]「仏は平等に説くこと、一味《いちみ》の雨の如し」と。若し小乗を以て化せば、我れは則ち慳貪《けんどん》に堕《だ》す。[84]「仏は自《みずか》ら大乗に住《じゅう》す。其の得る所の法の如きは、定慧《じょうえ》の力もて荘厳《しょうごん》し、此れを以て衆生を度《ど》す。若し小乗を以て化せば、我れは則ち慳貪《けんどん》に堕《だ》す。是の事を不可と為す」と。故に知《し》んぬ、得道《とくどう》の夜従《よ》り常《つね》に中道《ちゅうどう》を説き、常に大乗を説く。而《しか》して衆生は罪の故に、故《ことさら》に如来をして[85]毒《どく》を以て乳《にゅう》に塗り、[86]弊垢《へいく》の衣《ころも》を著《き》しめ、方便婆和《ばわ》して、引きて大に向かわしむ。[87]故に言わく、「種種《しゅじゅ》の道を説くと雖も、其の実は一乗の為めなり」と、云云。

住三顕一とは、此れは仏の権智《ごんち》に就く。方便もて物を化す。[88]「尋《つ》いで過去の仏の行ずる所の方便力を念《おも》うに、我れ今亦た是《かく》の如し。即ち波羅柰《はらない》に趣《おもむ》き、方便力を以ての故に、五比丘《ごびく》の為めに説く」と。過去の諸仏も、亦た三乗に住して一乗を顕わす。今の仏も亦た爾《しか》り。[89]故に言わく、「更に異《い》の方便を以て、第一義を助顕《じょけん》す」と。又《ま》た、[90]「昔、菩薩の前に於いて声聞を毀呰《きし》す。然《しか》るに、仏は実には大乗を以て度脱《どだつ》することを得」と。

住非三非一顕一とは、或《ある》いは理に約し、或いは事《じ》に約す。理に約すとは、[91]「是の法は法位に住して、世間の相は常《じょう》住《じゅう》なり」と。[92]「是の法は示す可からず」と。[93]「法は常に無性《むしょう》なりと知る。仏種《ぶっしゅ》は縁従り起こる」と。「無性」は、即ち非三非一なり。「縁従り起こる」は、即ち是れ三の縁もて一を顕わし、非三非一に会せしむ。事に約すとは、即ち是れ人天乗《にんでんじょう》なり。此の乗は三に非ず、亦復《ま》た一に非ず。常に此の乗を以て、引きて大に入らしむ。[94]「頭を低くすること、手を挙《あ》ぐることは、皆な仏道を成ず」と。[95]「若し我れ衆生に遇《あ》わば、尽《ことごと》く教うるに仏道を以てす」と。

覆三顕一《ふくさんけんいち》とは、此れは権巧《ごんぎょう》の多端《たたん》なるに就《つ》く。前の権《ごん》、前に[96]廃《はい》するは、但だ其《そ》の病を除くのみにして、其の法を除かず。法除かざるが故に、後縁《ごえん》を化《け》するに擬《ぎ》す。若し此の法を破《は》せば、後に何《なん》ぞ用《もち》うる所あらん。機《き》息《や》めば則ち覆《おお》い、機興《おこ》れば則ち用う。何ぞ但だ仏のみ爾《しか》らん。入実《にゅうじつ》の菩薩も亦た然《しか》り。「[97]若し此の法を信ぜざること有らば、余の深法《じんぽう》の中に於いて、示教利喜《じきょうりき》せよ」と、云云。

住三用一《じゅうさんゆういち》とは、此れは法身《ほっしん》の妙応《みょうおう》の眷属《けんぞく》に就く。前の住三顕一《じゅうさんけんいち》は、是れ師門なり。今の住三用一は、是れ弟子門なり。[98]富楼那《ふるな》等の如きは、実に是れ法身なれども、現《げん》じて声聞《しょうもん》と作《な》り、三に住《じゅう》して常《つね》に一を顕《あら》わすことを示して、同じき梵行《ぼんぎょう》の者を饒益《にょうやく》す。

住一用三《じゅういちゆうさん》とは、此れは本誓《ほんぜい》に就く。[99]華光《けこう》の作仏《さぶつ》の願《がん》に、三乗を説けども、悪世《あくせ》に非ざるが如し。[100]今の仏も亦た宝蔵《ほうぞう》仏《ぶつ》の所に於いて、悪世に於いて此の三乗を説くことを願う、云云。

但だ権実《ごんじつ》の大用《だいゆう》は、法界《ほうかい》を包括するのみ。豈《あ》に止《た》だ十意のみならん。十妙《じゅうみょう》の用《ゆう》を顕わさんが為めの故に、略して十と言うのみ。破三顕一《はさんけんいち》は是れ智妙《ちみょう》を用い、廃三顕一《はいさんけんいち》は是れ説法妙《せっぽうみょう》を用い、開三顕一《かいさんけんいち》は是れ境妙《きょうみょう》を用い、会三顕一《えさんけんいち》は是れ行妙《ぎょうみょう》を用い、住一顕一《じゅういちけんいち》は是れ乗妙《じょうみょう》を用い、住三顕一は是れ感応妙《かんのうみょう》を用い、住非三非一顕一《じゅうひさんひいちけんいち》は是れ神通妙《じんずうみょう》を用い、覆[798b]三顕一は是れ位妙《いみょう》を用い、住三用一は是れ眷属妙を用い、住一用三は是れ利益妙《りやくみょう》を用う。十用《じゅうゆう》を将《もっ》て十妙に対当《たいとう》するに、[101]文義《もんぎ》相《あ》い揀《えら》ぶ。大意は解《げ》す可《べ》し、云云。

第二項　別して本門を釈す

二に本門《ほんもん》の力用《りきゆう》は、例《れい》して十意と為す。若し文《もん》の便《べん》を扶《たす》けば、応《まさ》に開近顕遠《かいごんけんのん》と言うべし。若し義《ぎ》の便を取らば、応に本迹《ほんじゃく》と言うべし。祇《た》だ近《ごん》を呼びて迹《しゃく》と為し、遠《おん》を本《ほん》と為すのみ。名は異なれども、義は同じ。

言う所の十とは、一に破迹顕本《はしゃくけんぽん》、二に廃迹顕本《はいしゃくけんぽん》、三に開迹顕本《かいしゃくけんぽん》、四に会迹顕本《えしゃくけんぽん》、五に住本顕本《じゅうほんけんぽん》、六に住迹顕本《じゅうしゃくけんぽん》、七に住非迹非本顕本《じゆうひしやくひほんけんぽん》、八に覆迹顕本《ふくしやくけんぽん》、九に住迹用本《じゆうしやくゆうほん》、十に住本用迹《じゆうほんゆうしやく》なり。

通じて本門に就くに、一一の妙《みよう》の中に、皆な十意を具《ぐ》す。

若し別《べつ》して論ぜば、破迹顕本は、亦た情を破するに就く。序品《じよほん》・方便《ほうべん》・宝塔《ほうとう》の三文に、已《すで》に執《しゆう》を動《どう》じ疑いを生ず。文殊《もんじゆ》、弥勒《みろく》に答えて云《い》うが如し。昔の八王子《はちおうじ》[102]は、妙光《みようこう》[103]に師事す。妙光は先に補処《ふしよ》に居《こ》して、王子[104]は成仏し、号《ごう》して然灯《ねんとう》と曰《い》う。弟子[105]は、今又た成仏し、号して釈迦《しやか》と曰う。妙光は翻《ひるがえ》って弟子と為り、字《な》づけて文殊と曰う。迹執《しやくしゆう》を動じて此の疑いを生ず。何に由《よ》りてか決す可けん。

今言わく、是れ補処[106]淹緩《おんかん》するに非ず、亦た弟子[107]超越《ちようおつ》するに非ず。良《まこと》に釈迦の成道《じようどう》已に久《ひさ》しきに由りて、昔は弟子を示し、今は師と作ることを示すのみ。此の迹の疑いを払《はら》いて、本智《ほんち》を顕わすが故に、破迹顕本と言うなり。方便品《ほうべんぼん》[108]に云わく、「我れ久遠劫《くおんごうよ》従り来《このかた》、涅槃《ねはん》の道を讃示《さんじ》し、生死《しようじ》の苦永《なが》く尽《つ》く。我れ常に是の如《かく》く説く」と。当《まさ》に知るべし、生死は久しく已に永く尽くれば、是れ中間《ちゆうげん》に始めて涅槃に入《い》るに非ず。宝塔涌現《ゆげん》して、滅《めつ》を示せども滅せず、迹に即《そく》して而《しか》も常《じよう》なることを証《しよう》す。分身《ふんじん》は皆な集まり、八方称《はつぼうあ》[109]げて数《かぞ》う可からず。分身既に多ければ、当に成仏の久しきことを知るべし。荷《か》[110]積みて池に満つるの喩《たと》えの如し。

三品《さんぼん》の文を推《お》すに、已に是れ破迹の漸《ぜん》[111]なり。所以《ゆえ》に下方《かほう》[112]の涌出《ゆじゆつ》は、寂滅道場《じやくめつどうじよう》にて化を受くるに非ず、亦た他方の分身の所にて化を受くるに非ず。此の両処の人は、弥勒も皆な識《し》る。而《しか》して今は識らず。所以に驚疑《きようぎ》す。此の近情《ごんじよう》を破して、本の長遠《じようおん》を顕わす。故に文[113]に云わく、「一切世間は皆な、『我が釈迦牟尼《しやかむに》は、釈氏《しやくし》の宮《ぐう》を出《い》でて、伽耶城《がやじよう》を去る

798c

こと遠からずして、三菩提《さんぼだい》を得《う》』と謂《おも》えり。然るに、我れ実に成仏してより来《このかた》、無量百千万億那由他《むりようひやくせんまんのくなゆた》劫《こう》なり」と。直《ただ》[114]ちに世界を挙《あ》げて、弥勒に問うに、弥勒は其の数を知らず。何《いか》に況《いわ》んや世界[115]の中の塵《じん》、而も当に数う可けん。此れは是れ近執《ごんしゆう》の謂《いい》を破して、其の遠智《おんち》を生ずるなり。

廃迹顕本とは、亦た説法に就く。昔、五濁《ごじよく》[116]の障《しよう》重きが為めに、遠く本地《ほんじ》を説くことを得ず、但だ迹の中の近成《ごんじよう》を示

すのみ。今、障《しょう》除き機《き》動ずれば、須《すべか》らく[117]道樹王城《どうじゅおうじょう》の迹《しゃく》の中の説は皆な是れ方便なりと廃《はい》すべし。[118]執近《しゅうごん》の心既に断ずれば、[119]封近《ふうごん》の教も亦《ま》た息《や》む。[120]文《もん》に云《い》わく、「是れ自従《よ》り来《このかた》、我れ常《つね》に此の娑婆《しゃば》世《せ》界《かい》に在《あ》りて説法教化《せっぽうきょうけ》し、亦た余処の百《ひゃく》千万億那《せんまんのくな》由《ゆ》他《た》阿《あ》僧祇《そうぎ》の国に於いて衆生を導利《どうり》す」と。即ち是れ一期《いちご》の迹教《しゃくきょう》を廃《はい》して、久遠《くおん》の本説を顕《あら》わすなり。

開迹顕本《かいしゃくけんぽん》とは、此れも亦た法に就《つ》き、亦た理《り》に就く。祇《た》だ文殊《もんじゅ》の述《の》ぶる所の然灯仏《ねんとうぶつ》、及び久遠より来《このかた》、涅《ね》槃《はん》の道を讃示《さんじ》し、及び分身《ふんじん》の諸仏《しょぶつ》、此《かく》の如きは迹説なれども、是の顕本の意を以てすれば、惑《まど》う者は未だ玄旨《げんし》を悟らず。今、若し本《ほん》を顕わさば、亦た迥《はる》かに余《よ》途《ず》に就かず、還《かえ》って近迹《ごんしゃく》を開《かい》して、其《そ》の本要《ほんよう》を示すのみ。理に就くとは、但だ深く方便の迹を観《かん》ずれば、本理は即ち顕わる。[121]文に云わく、「我れ実に成仏してより已来《このかた》、久遠なること斯《かく》の若《ごと》し。但だ方便を以て衆生を教化して、仏道に入《い》らしむるのみ」と。若し仏道に入らば、迹に即《そく》して本を得《う》るなり。

会迹顕本《えしゃくけんぽん》とは、此れは則ち行《ぎょう》に就く。迹の中の諸行《しょぎょう》を尋《たず》ぬるに、或いは此の仏に従いて行を行じて記《き》を得《え》、或いは彼《か》の仏に従いて行を行じて記を得、或いは己《こ》身《しん》・他《た》身《しん》を示し、機に随《したが》いて長短大小を応現《おうげん》す。諸もろの迹は悉《ことごと》く本従《よ》り垂《た》る。若し古《こ》今《こん》を結会《けちえ》せば、還って迹を結《けつ》して本を顕わすのみ。本迹《ほんじゃく》は殊《こと》なりと雖も、不思議一なり。[122]文に云わく、「諸もろの善男子《ぜんなんし》よ。是の中間《ちゅうげん》に於いて、我れは然灯仏等と説き、又復《ま》た其れ涅槃に入ると言う。此の如きは皆な是れ方便もて分別す」と。即ち会迹顕本の意なり。

住本顕本《じゅうほんけんぽん》とは、此れは仏の本意に就く。即ち下方《かほう》の菩薩は空中に於いて住《じゅう》し、法身仏《ほっしんぶつ》は、法身の菩薩の為めに法を説き、法身は道を修《しゅ》して、純《もっぱ》ら一乗を説くが如し。[123]文に云わく、「娑婆世界は、純ら黄金を以て地《じ》と為し、人天《にんでん》充満す」と。[124]又《ま》た云わく、「人衆《にんしゅ》は、焼尽《しょうじん》すと見れども、我が浄土《じょうど》は毀《こわ》れず」と。[125]能《よ》く是《かく》の如く深く観ぜば、是れ深き信《しん》799a 解《げ》の相《そう》と為す。常に此の本に住して、恒《つね》に本を顕わす。[126]文に云わく、「我れ成仏してより已来、甚《はなは》だ大いに久遠なり。寿命は無量阿《むりょうあ》僧祇《そうぎ》劫《こう》にして、常住《じょうじゅう》にして滅《めつ》せず」と。豈《あ》に住本顕本に非ざらんや。

住迹顕本《じゅうしゃくけんぽん》とは、此れは迹の意に就く。即ち是れ釈迦《しゃか》は生身《しょうしん》に住して一を顕わす。一を顕わすに由《よ》るが故に、[127]古《こ》仏《ぶつ》の塔涌《わ》く。塔涌くが故に、分身を召請《しょうしょう》す。分身集まるが故に、弘経《ぐきょう》を[128]慕覓《もみゃく》して、下方より出現す。弘経を[129]慕覓して、下方より出現すれば、弥勒《みろく》は疑問す。問うが故に、寿の長遠《じょうおん》を説き、執《しゅう》を動じ疑いを遣《や》る。是れ住迹顕本と為すなり。[130]文に云わく、「我れは仏眼《ぶつげん》を以て其の信等の諸根《しょこん》を観じ、乃至《ないし》、種種《しゅじゅ》の方便もて微妙《みみょう》の法を説き、能く衆生をして歓《かん》喜《ぎ》の心を発《ほっ》せしむ」と。

非迹非本《ひしゃくひほん》に住して本を顕わすとは、此れは[131]絶言冥会《ぜつごんみょうえ》に約《やく》す。即ち是れ本に非ず、迹に非ずして、而《しか》も能く本迹あり。昔は迹に非ずして而も迹を垂れ、今は本に非ずして而も本を顕わす。[132]文に云わく、「実《じっ》に非ず、虚《こ》に非ず、如《にょ》に非ず、異《い》に非ず。斯の如きの事は、如来明らかに見る」と。

覆迹顕本《ふくしゃくけんぽん》とは、亦た機応《きおう》の多端《たたん》なるに約す。若し迹に執せば、本を障《さ》う。故に覆《おお》いて執せざらしむ。更に後の機に対して、還って須らく迹を用《もち》うべし。故に師子《しし》奮迅《ふんじん》の力有り。[133]文に云わく、「若干《にゃっかん》の言辞《ごんじ》、因縁、譬喩《ひゆ》を以て、種種に説法す。作《な》す所の仏事《ぶつじ》は、未だ曾《かつ》て暫《しばら》くも廃せず」と。

住迹用本《じゅうしゃくゆうほん》とは、上来《じょうらい》、迹に住して本を顕わすは、直《た》だ是れ迹の中に随機《ずいき》の方便もて、本地《ほんじ》の理を顕わす。今、住迹用本と言うは、即ち是れ中間の迹より、道樹に至りて、数数生滅《しばしばしょうめつ》す。[134]「他身、他事」とは、皆な本地の実因実果《じついんじっか》、種種の本法《ほんぽう》を用《もっ》て、諸もろの衆生の為めに、而も仏事を作す。故に住迹用本と言う。此れは師に就いて解《げ》を為す。

若し弟子に約せば、即ち是れ本時の妙応《みょうおう》の眷属《けんぞく》なり。権迹《ごんしゃく》に住して、形を九道《くどう》に垂れ、而も本法を用て、衆生を利《り》益《やく》す。[135]文に云わく、「然《しか》るに、我れは今、実に滅度《めつど》するに非ざれども、便《すなわ》ち唱《とな》えて当《まさ》に滅度を取るべしと言う。如来は是の方便を以て、衆生を教化す」と。此れは是れ迹に住して本時の滅度を用て、滅度を示すなり。

住本用迹《じゅうほんゆうしゃく》とは、即ち是れ本地は動ぜざれども、迹は法界《ほうかい》に周《あまね》し。生《しょう》に非ずして生を現《げん》じ、滅に非ずして滅を現ず。如来常に此の迹を用て、衆生を利潤《りにん》す。此の義は師に拠《よ》る。若し弟子に拠らば、即ち是れ法身の菩薩、不住《ふじゅう》の法を以て、
799b 本地に住す。無謀《むぼう》の権《ごん》、迹の用《ゆう》は尽《つ》くること無し。[136]文に云わく、「又た善男子よ。諸仏如来の法は皆な是の如し。衆

生を度《ど》せんが為めにして、皆な実《じつ》にして虚《こ》ならず」と。

仏は散《さん》じて衆縁《しゅえん》に赴《おもむ》けば、文《もん》は小《すこ》しく次《じ》ならず。今、[137]提《ひっさ》げ来《きた》りて義を証《しょう》するに、寿量《じゅりょう》の文を引きて尽《つ》くす。

破迹顕本《はしゃくけんぽん》・会迹顕本《えしゃくけんぽん》は別《べつ》して因妙《いんみょう》を用い、開迹顕本《かいしゃくけんぽん》は是れ別して論ぜば、本果妙《ほんがみょう》を用い、住本顕本《じゅうほんけんぽん》は是れ別して本《ほん》国土妙《こくどみょう》を用い、廃迹顕本《はいしゃくけんぽん》は別して論ぜば、是れ本説法妙《ほんせっぽうみょう》を用い、住非迹非本《じゅうひしゃくひほん》は別して論ぜば、是れ本感応妙《ほんかんのうみょう》を用い、覆迹顕本《ふくしゃくけんぽん》は別して論ぜば、是れ本神通妙《ほんじんずうみょう》を用い、住迹用本《じゅうしゃくゆうほん》は別して論ぜば、是れ本寿命妙《ほんじゅみょうみょう》を用い、亦《ま》た是れ本眷《ほんけん》属妙《ぞくみょう》を用い、住本用迹《じゅうほんゆうしゃく》は別して論ぜば、是れ本涅《ほんね》槃妙《はんみょう》を用い、亦た是れ本利《ほんり》益妙《やくみょう》なり、云云。

第四節　四悉檀に対す

四に悉檀《しつだん》を結成《けつじょう》すとは、権実《ごんじつ》の二智の十用《じゅうゆう》は同じからず。即ち是れ一音《いっとん》の演説は、類《るい》に随《したが》いて各《おの》おの解《げ》す。迹《しゃく》の中の破廃《ははい》は、七種の方便をして、仏知《ぶっち》見《けん》を開かしむ。本《ほん》の中の破廃は、恒沙《ごうじゃ》の菩薩、疑いを断じ道を増す。皆な是れ四悉檀の意もて、衆生を成熟《じょうじゅく》す。

今、此の十用を束《つか》ねて、四悉檀と為す。先に迹門《しゃくもん》を束ね、次に本門《ほんもん》を束ぬ。迹を又た二と為す。先に別して束ね、次に通《つう》じて束ぬ。別とは、開三顕一《かいさんけんいち》・住三用一《じゅうさんゆういち》・会《え》三帰《さんき》一《いち》、此の三条は、為人悉檀《いにんしつだん》に属す。何となれば、本《も》と此の三を習い、今、還《かえ》って三に約《やく》して一を修《しゅ》すればなり。途《みち》を改め轍《わだち》を易《か》えず。秖《た》だ深く此の三を観《かん》ずるに、一理は自《おのずか》ら顕《あら》わる。三の中に一有れば、取捨《しゅしゃ》するを須《もち》いず。故に開三顕一は、為人悉檀に属す。住三用一も亦た是《かく》の如し。秖だ此の三に就《つ》いて、一道を修するのみ。富楼那《ふるな》は但だ声聞《しょうもん》に住《じゅう》して、自《みずか》ら饒益《にょうやく》し、亦た能《よ》く同じき梵行《ぼんぎょう》の者を饒益するが如し。即ち是れ三法を改めずして、能く一の解を生ずれば、皆な為人悉檀に属するなり。

破《は》三《さん》・廃三《はいさん》・覆三《ふくさん》、此の三は、対治《たいじ》に属す。其《そ》の三に封《ふう》ぜられて一を疑えば、其の情を斥破《しゃくは》す。権教《ごんきょう》を廃《はい》して、密《ひそ》かに権法《ごんぼう》を覆い、執病《しゅうびょう》の心をして除き、一実《いちじつ》の道に入《い》り、実智《じっち》の中に安住《あんじゅう》せしむるなり。

799c

住三顕一《じゅうさんけんいち》・住一用三《じゅういちゆうさん》の両種は、世界悉檀《せかいしつだん》に属す。何となれば、世界は楽欲《ぎょうよく》を以て本と為せばなり。衆生の若《ごと》きは、三乗の道を得《え》んと欲《ほっ》して、一実の化《け》を聞かんことを欲せず。故に仏は自ら一に住すれども、彼《か》に同《どう》じて三を説く。又た、三乗の縁異なるは、世界の隔別《きゃくべつ》するが如し。故に世界悉檀と名づくるなり。住三顕一も、亦た是れ世界なり。何となれば、仏は人法《にんぼう》に随いて、方便に住し、調熟《じょうじゅく》して一を顕わす。故に世界悉檀に属するなり。

住一顕一《じゅういちけんいち》・住非三非一顕一《じゅうひさんひいちけんいち》、此れは第一義悉檀《だいいちぎしつだん》に属するなり。

通じて四悉檀を明かすとは、秖だ三を破《は》して一を顕わすに、四種の益《やく》有ることを得《う》。何となれば、君子は過《か》を聞かんことを楽《ねが》い、小人《しょうにん》は[138]愆《けん》を聞かんことを悪《にく》む。過を知りて必《かなら》ず改めんことを欲するは、即ち執《しゅう》を破して病を除かんが為めなり。歓喜《かんぎ》奉行《ぶぎょう》は、即ち是れ世界なり。若し住三に執せば、道を進むること能《あた》わず。三を破して一に従えば、覚悟の心生じ、善法増進《ぜんぼうぞうしん》す。是れ為人と名づくるなり。三に執するは是れ病、一を説くを薬と為す。是れ対治と名づくるなり。若し破三を聞き、理《り》を見ることを得《え》ば、第一義と名づくるなり。

余の九種も例《れい》して爾《しか》り。故に知《し》んぬ、仏の善巧《ぜんぎょう》、機縁《きえん》に[139]称合《しょうごう》して、皆な益を得しむるは、四悉檀の力なり、云云。

二に本門の十用を結《けつ》して四悉檀と為すとは、亦た別と通との二意有り。住迹顕本《じゅうしゃくけんぽん》・住本用迹、此れは世界悉檀に属す。亦た随楽欲《ずいぎょうよく》と名づく。釈《しゃく》すること前の如し。

開迹顕本・会迹顕本・住迹用本は、為人悉檀に属す。途を改めずして更に修す。還って本法《ほんぼう》に約して、顕本を修するなり。釈すること前の如し。

破迹・廃迹・覆迹は、対治に属す。

住本顕本・住非本非迹顕本《じゅうひほんひしゃくけんぽん》は、第一義に属す。釈すること前の如し。

次に、通じて一科に約して、四悉檀を結ぶとは、亦た前の如し。余の九も例して亦た爾り。具《つぶ》さに解す、云云。

第五節　四悉檀の同異

五に四《し》悉檀《しつだん》の同異《どうい》とは、余経に亦《ま》た四悉檀の破三顕一《はさんけんいち》・破迹顕本《はしゃくけんぽん》等を用《もち》うれども、此れと異なり有り。即ち両と為す。一に迹門《しゃくもん》に異《い》を明かし、二に本門《ほんもん》に異を明かす。

迹門の異とは、三蔵《さんぞう》の中に、亦た四悉檀の破廃《ははい》等の意を用う。但だ有余《うよ》・無余《むよ》の涅槃《ねはん》と為すのみ、云云。『大品《だいぼん》』の中の共般若《ぐうはんにゃ》も、亦た四悉檀の破立廃《はりゅうはい》等の意を用うれども、但だ真理を悟るのみにして、未だ円《えん》に[140]入《い》ること能《あた》わず、云云。方等《ほうどう》の中に、亦た破三顕一あり。菩薩の人に於いては、一分《いちぶん》の同有り。二乗の人は、実《じつ》に入ることを得ず。故に十弟子は、浄名《じょうみょう》に訶《か》せられ、八邪《はちじゃ》に堕《だ》して、[141]衆数《しゅしゅ》に入らず。此れは是れ破斥《はしゃく》の語なり。不思議大乗の道を称歎《しょうたん》す。皆な四悉檀の意を用うれども、二乗は悟らざるなり。

此の経は四悉檀の意を用うるに、二乗は而《しか》も疑いを断じ執《しゅう》を除き、仏の正道《しょうどう》に入り、受記作仏《じゅきさぶつ》することを得《う》。故に
800a
知《し》んぬ、此の経は、四悉檀を用うること巧妙《ぎょうみょう》なり。[142]文《もん》に云《い》わく、「言辞柔軟《ごんじにゅうなん》にして、衆《しゅ》の心を悦可《えっか》す」と。[143]身子《しんし》の領解《りょうげ》に云わく、「仏は種種《しゅじゅ》の縁、譬喩《ひゆ》を以て、巧《たく》みに言説《ごんぜつ》す。其《そ》の心の安《やす》きこと、海の如し。我れ聞きて疑網《ぎもう》断じ、実智《じっち》の中に安住《あんじゅう》す」と。即ち其の義なり。

問う。『法華』に一を顕《あら》わすこと、還《かえ》って先の破《は》を藉《か》る。前の調熟《じょうじゅく》無くば、今も亦た解《げ》せず。

答う。今日悟ることを得《う》るは、昔の弾訶《たんか》に由《よ》れども、但だ功《く》は此の経に属す。彼れ得るには非ずと名づく。譬《たと》えば百人共に一賊を囲むに、而も攻囲《くい》の力は、実に衆人《しゅにん》に頼れども、能《よ》く賊を擒《とら》うる者は勲《くん》を得て、百人に属せざるが如し、云云。此の経の開権顕実《かいごんけんじつ》、四悉檀の大用《だいゆう》は、最も雄猛《ゆうみょう》と為す、云云。

発迹顕本《ほっしゃくけんぽん》の四悉檀は、永《なが》く衆経《しゅぎょう》に異なり。何となれば、迹《しゃく》の中の力用《りきゆう》は、已《すで》に諸教に出《い》づれども、本《ほん》の中の十用《じゅうゆう》は、諸経に一も無し。況《いわ》んや当《まさ》に十有るべけん。迹の中の悉檀は、已に諸経に出づれども、本の中の悉檀は、諸経に一も

無し。何《いか》に況んや四有らん。意を以て推《お》す可《べ》し。煩《わずら》わしく多く記《しる》すこと無きなり。

妙法蓮華経玄義巻第九下

妙法蓮華経玄義　巻第十上

天台智者大師説く

第五章　教相を釈す——五重玄義（5）

大章《だいしょう》第五に教相《きょうそう》を釈《しゃく》すとは、若《も》し余経を弘《ひろ》むるに教相を明かさずば、義《ぎ》に於《お》いて傷《やぶ》ること無し。若し『法華』を弘むるに教を明かさずば、文義《もんぎ》に闕《か》くること有り。但《た》だ聖意《しょうい》は[1]幽隠《ゆうおん》にして、教法弥《いよ》いよ難《かた》し。前代の諸師は、或《ある》いは[2]名匠《みょうしょう》に[3]祖承《そじょう》し、或いは思い[4]神衿《じんこん》より出《い》づ。[5]阡陌縦横《せんみゃくじゅうおう》なりと雖《いえど》も、孰《いず》れか是《ぜ》なるやを知ること莫《な》し。然《しか》るに、義は双《なら》び立たず、理《り》は両《ふた》つながら存《そん》すること無し。若し深く所以《ゆえん》有りて、復《ま》た修多羅《しゅたら》と合せば、録《ろく》して之《こ》れを用《もち》う。文《もん》無く義無ければ、信受《しんじゅ》す可《べ》からず。南岳大師《なんがくだいし》は心に証《しょう》する所有り。又《ま》た、経論を[6]勘同《かんどう》して、仏語に聿遵《いつじゅん》す。天台師は述べて、従い用う。略して経を明かすに、五と為《な》す。一に大意、二に異《い》を出だし、三に難《なん》を明かし、四に[7]去取《こしゅ》、五に判教《はんぎょう》なり。

第一節　大意を述ぶ

大意とは、仏は無名相《むみょうそう》の中に於いて、名相を仮《か》りて説く。余の経典を説くに、各《おの》おの縁に赴《おもむ》きて益《やく》を取らしむ。『華《け》
800b
厳《ごん》』の、初めに円《えん》・別《べつ》の機《き》に逗《ず》し、[8]高山先に照らすが如《ごと》きに至りては、直《ただ》ちに次第《しだい》・不次第の修行、住上《じゅうじょう》・地上《じじょう》の功徳《くどく》を明かして、如来《にょらい》の頓《とん》を説くの意を辨《べん》ぜず。

[9]四阿含《しあごん》を説くが若《ごと》きは、『増一《ぞういち》』には人天《にんでん》の因果を明かし、『中《ちゅう》』には真寂《しんじゃく》の深義《じんぎ》を明かし、『雑《ぞう》』には諸《もろ》もろの禅《ぜん》

定《じょう》を明かし、『長《じょう》』には外道《げどう》を破《は》す。而《しか》も通《つう》じて無常《むじょう》を説き、苦《く》を知り、集《じゅう》を断《だん》じ、滅《めつ》を証し、道《どう》を修《しゅ》せしむれども、如来の曲巧《ごくぎょう》[10]に小を施《ほどこ》すの意を明かさず。

諸もろの方等《ほうどう》の若きは、小を折《しゃく》し偏《へん》を弾《たん》じ、大を歎《たん》じ円を褒《ほ》め、慈悲《じひ》の行願《ぎょうがん》[11]あり、事理《じり》殊絶《しゅぜつ》[12]すれども、並対訶讃《びょうたいかさん》[13]の意を明かさず。

『般若《はんにゃ》』の若きは、通《つう》を論《ろん》ずれば則《すなわ》ち三人同じく入《い》り、別を論ずれば則ち菩薩独《ひと》り進む。広く陰《おん》・入《にゅう》に歴《へ》て、尽《ことごと》く浄《きよ》く虚融《こゆう》なれども、亦《ま》た共《ぐう》[14]・別《べつ》の意を明かさず。

『涅槃《ねはん》』の若きは、後に在《あ》りて略して三修《さんしゅ》[15]を斥《しりぞ》け、粗《ほ》ぼ五味《ごみ》を点《てん》ずれども、亦た委《くわ》しく如来の教を置く原始《げんし》、結要《けつよう》の終わりを説かず。

凡《およ》そ此《こ》の諸経は、皆《み》な是《こ》れ他意に逗会《ずえ》[16]し、他をして益を得《え》しむ。仏意を譚《たん》ぜず、意《い》趣《しゅ》何《いず》くにか之《ゆ》かん。

今経《こんぎょう》は爾《しか》らず。綷《すべ》て是の法門の網目は、大小の観法《かんぼう》、十力《じゅうりき》、無畏《むい》、種種《しゅじゅ》の規矩《きく》は、皆な論ぜざる所なり。前の経に已《すで》に説くが為《た》めの故《ゆえ》なり。但だ如来の教を布《し》くの元始《がんし》、中間《ちゅうげん》の取与《しゅよ》[17]を論じ、漸頓《ぜんとん》時に適《かな》うのみ。大事の因縁、究竟《くきょう》の終訖《しゅうこつ》、説教の綱格、大化《だいけ》の筌罤《せんだい》[18]なり。

其《そ》の宿殖淳厚《しゅくしょくじゅんこう》[19]なる者には、初めに即《すなわ》ち頓《とん》に与え、直《た》だ菩薩の位行《いぎょう》の功徳を明かすのみにして、言《ごん》は小に渉《わた》らず。文《もん》[20]に云《い》わく、「始めて我が身を見、我が説く所を聞きて、即ち皆な信受して、如来の慧《え》に入る」と。其の堪《た》えざる者には、其の無量《むりょう》の神徳《じんとく》を隠《かく》して、貧の楽《ねが》う所の法を以《もっ》て、方便《ほうべん》[21]もて附近《ふごん》して、語りて勤作《ごんさ》せしむ。文[22]に云わく、「我れ若し仏乗《ぶつじょう》を讃《さん》ぜば、衆生《しゅじょう》は苦に没《もっ》す」と。此《かく》の如きの人は、応《まさ》に此の法を以て漸《よう》く仏慧《ぶって》に入るべし。既《すで》に道を得已《おわ》れば、宜《よろ》しく須《すべか》らく弾斥《たんじゃく》すべし。即ち方等の、大を以て小を破するが如し。文[23]に云わく、「苦切《くせつ》に之れを責め已りて、示すに繋《か》くる所の珠《たま》を以てす」と。若し通を兼《か》ぬるに宜しくば、半満《はんまん》もて洮汰《とうた》[24]す。『大品《だいぼん》』に相著《そうじゃく》[25]を遣蕩《けんとう》して、其の宗途《しゅうず》に会《え》するが如し。文[26]に云わく、「衆人《しゅにん》を将導《しょうどう》して、嶮道《けんどう》を過ぎんと欲《ほっ》す」と。

此《こ》の難《なん》を過ぎ已《おわ》りて、之《こ》れを定《さだ》むるに子父を以《もっ》てし、之れに付《ふ》するに家業《けごう》を以てし、之れを払《はら》うに権迹《ごんしゃく》を以てし、之れを顕《あら》わすに実本《じっぽん》を以てす。当《まさ》に知るべし、此の経は、唯《た》だ如来の教を設《もう》くる大綱を論ずるのみにして、微細《みさい》の網[27]目を委《くわ》しくせず。譬《たと》えば、算者《さんじゃ》の[28]初めに下《くだ》し、後に除き、[29]大数《だいしゅ》を紀定《きじょう》して、[30]斗斛《とごく》を存《そん》せざるが如《ごと》し。故《ゆえ》に[31]『無量義《むりょうぎ》』に云《い》わく、「無量義とは、一法従《よ》り生《しょう》ず」と。則《すなわ》ち[32]一仏乗に於《お》いて、分別《ふんべつ》して三と説く。此れは算を下すに譬う。若《も》し無量を収めて以て一に入れ、三を会《え》して大に帰《き》せば、此れは算を除いて、唯だ大数を記《き》するのみなるに譬う。

是《かく》の如き等の意は、皆《み》な法身地《ほっしんじ》にして、寂《じゃく》にして而《しか》も常《つね》に照らす。始めて道樹《どうじゅ》にて大に逗《ず》し、小に逗するに非《あら》ず。
800c
仏智《ぶっち》の機《き》を照らすこと、其《そ》の来《きた》ること久《ひさ》し。[33]文《もん》に云わく、「唯だ一大事《いちだいじ》の因縁を以て、世に出現するのみ」と。此れは大を照らすこと久し。[34]文に云わく、「殷勤《おんごん》に方便《ほうべん》を称歎《しょうたん》す」と。此れは小を照らすこと久し。[35]文に云わく、「諸仏《しょぶつ》の法は久しくして後、要《かなら》ず当に真実を説くべし」と。此れは小を会して大に帰するを照らすこと久し。[36]信解品《しんげほん》に云わく、「師子《しし》の床《しょう》に踞《こ》し、子を見て便《すなわ》ち識《し》る」と。此の語は、初め大機《だいき》を鑑《かんが》みること久し。[37]「牕牖《そうゆ》の中に於いて、遙《はる》かに其の子を見る」とは、此れは小機《しょうき》を鑑みること久し。[38]「密《ひそ》かに二人を遣《つか》わして、方便もて附近《ふごん》して、語りて勤作《ごんさ》せしむ」と。此れは須《すべか》らく三を開くべきことを鑑みること久し。[39]「心相《あ》い体信《たいしん》して、入出《にっしゅつ》に難《はばか》り無し」と。此れは調斥《じょうしゃく》を鑑みること久し。[40]「衆物《しゅもつ》を領知《りょうち》す」と。此れは洮汰《とうた》を鑑みること久し。[41]「後に家業を付す」と。此れは教行《きょうぎょう》等を鑑みること久し。

当に知るべし、仏意は深遠《じんのん》にして、弥勒《みろく》も為《な》す所の因縁を識らず。況《いわ》んや下地《げじ》の二乗《にじょう》・凡夫《ぼんぶ》等をや。[42]文に云わく、「唯だ我れのみ此の相《そう》を知る。十方《じっぽう》の仏も亦《ま》た然《しか》なり」と。

又《ま》た、[43]「已《い》今当《こんとう》の説には、最も難信難解《なんしんなんげ》と為す」と。前の経は是《こ》れ已説《いせつ》にして、随他意《ずいたい》なり。彼れは此の意を明かさざるが故に、信じ易《やす》く解《げ》し易し。『無量義』は是れ今説《こんせつ》にして、亦た是れ随他意なり。亦た信じ易く解し易し。『涅《ね》槃《はん》』は是れ当説《とうせつ》なり。先に已《すで》に聞くが故に、亦た信じ易く解し易し。

将《まさ》に此の経を説かんとするに、疑請[44]重畳《じゅうじょう》なり。具《つぶ》さに迹本《しゃくほん》の二文《にもん》の如し。請《しょう》を受けて説く時、祇《た》だ是れ教の意を説くのみ。教の意は是れ仏意なり。仏意は即ち是れ仏智なり。仏智は至って深し。是の故に[45]三止《さんし》四請《ししょう》す。此の如き艱《かん》難《なん》は、余経に比《くら》ぶるに、余経は則ち易し。始めて道場に坐《ざ》して、梵王《ぼんおう》初めて請《こ》うが若《ごと》きは、直《た》だ法を請うと言うのみにして、亦た疑網《ぎもう》の往復《おうふく》の殷勤なること無し。諸《もろ》もろの方等《ほうどう》を説くこと、文を観《み》て知る可《べ》し。『大品《だいぼん》』を説く時、猶《な》お梵の請に酬《むく》ゆ。

801a

唯だ『華厳《けごん》』の中に、[46]金剛蔵《こんごうぞう》に請うを、連類《れんるい》と為す可きのみ。而《しか》して人師《にんし》は偏《ひと》えに著《じゃく》して、『法華』に加《まさ》ると謂《おも》い、[47]小乗の請を致《いた》すは、菩薩に及ばずと言う。此れは一辺を見るのみ。[48]身子《しんし》は衆心《しゅしん》に騰《とう》じて云わく、「[49]仏口《ぶっく》の生ずる所の子、合掌瞻仰《がっしょうせんごう》して待つ。仏を求むる諸もろの菩薩は、大数八万有りて、具足《ぐそく》の道を聞かんと欲《ほっ》す」と。何《なん》ぞ独《ひと》り是れ一小乗なるのみならん。又た、[50]弥勒は衆《しゅ》を闔《す》べ、決を文殊《もんじゅ》に求む。解脱月《げだつがつ》・金剛蔵と、若為《いか》んが異なること有らん。又た、本門《ほんもん》の中には、菩薩、仏に仏法《ぶっぽう》を説くを請う。豈《あ》に菩薩の、菩薩に菩薩の法を説くを請うに比べんや。若し此の意に就《つ》かば、彼れに加《まさ》ること有り。

彼《か》の列衆《れっしゅ》の若きは、十方より雲集《うんじゅう》す。皆な是れ盧《る》舎那《しゃな》仏《ぶつ》の宿世《しゅくせ》の知識《ちしき》なり。此の経の雲集の地涌《じゆ》の菩薩は、皆な釈《しゃく》尊《そん》に従いて発心《ほっしん》す。「[51]是れ我が化《け》する所なり」と。此れは一往は則ち斉《ひと》しけれども、[52]疎密《そみつ》無きに不《あら》ず。

又た、彼れは、十方の仏、『華厳』を説くことを明かす。[53]加《か》を被《こうむ》る者、同じく[54]法慧《ほうえ》・金剛蔵等と名づけ、彼の仏は是れ舎那《しゃな》の分身《ふんじん》なりと言わず。今、三変土田《さんぺんどでん》、一方に各《おの》おの四百万億《しひゃくまんのく》那由他《なゆた》の土《ど》に、中に満《み》つる諸仏は、悉《ことごと》く是れ釈尊の分身なりと明かす。此の意は彼れに異なり。

彼れは『華厳』を以て勝《すぐ》ると為さば、遂《いよ》いよ復《ま》た一両句を出《い》だす。故《ことさら》に毀《き》を興《おこ》すには非ず。若し其の優劣《うれつ》を較《くら》べば、恐らくは旨《むね》を失うことを成《じょう》ず。但《た》だ此の『法華』のみ、権《ごん》を開きて本《ほん》を顕わす。[55]前後の二文に、疑い多く請うこと倍《ばい》す。余経に比べず。祇だ深く仏の教を論じ、妙に聖心《しょうしん》を説き、近く円因《えんいん》を会し、遠く本果《ほんが》を申《の》べんが為《た》めなり。所以《ゆえ》に疑請《ぎしょう》已《や》まず。

若《も》し能《よ》く精《くわ》しく教相《きょうそう》を知らば、則《すなわ》ち如来の権実《ごんじつ》の二智を識《し》るなり。教意甚深《きょういじんじん》なること、其《そ》れ略して是《かく》の如《ごと》し。

第二節　異解を出だす——南三北七

二に異解《いげ》を出《い》だすとは、即《すなわ》ち十意と為《な》す。所謂《いわゆ》る南三北七《なんさんほくしち》なり。南北の地は、通《つう》じて三種の教相を用《もち》う。一に頓《とん》、二に漸《ぜん》、三に不定《ふじょう》なり。

『華厳《けごん》』は菩薩を化《け》せんが為《た》めにして、[56]日《ひ》の高山を照らすが如きを、名づけて頓教《とんぎょう》と為す。

三蔵《さんぞう》は小乗を化せんが為めにして、先に半字《はんじ》を教うるが故《ゆえ》に、有相教《うそうきょう》と名づく。十二年の後に、大乗の人の為めに、[57]五時の般若《はんにゃ》、乃至《ないし》、常住《じょうじゅう》を説くを、無相教《むそうきょう》と名づく。此《こ》れ等《ら》は倶《とも》に漸教《ぜんぎょう》と為すなり。

別に一経有り、頓・漸の摂《しょう》に非《あら》ずして、而《しか》も仏性《ぶっしょう》・常住を明かす。『勝鬘《しょうまん》』・『[58]光明《こうみょう》』等、是《こ》れなり。此れを[59]偏方不定《へんぼうふじょう》教《きょう》と名づく。

此の三意は、通途《つうず》に共に用うるなり。

801b

一には[60]虎丘山《こきゅうざん》の笈師《ぎゅうし》は、頓と不定とを述ぶること、前旧《ぜんく》に殊《こと》ならざるも、漸を更に三と為す。十二年の前に、三蔵の有《う》を見て道を得るを明かすを、有相教と名づく。十二年の後より、『法華』に至るを斉《かぎ》りて、空《くう》を見て道を得るを明かすを、無相教と名づく。最後に双林《そうりん》に、一切衆生《いっさいしゅじょう》の仏性・闡提作仏《せんだいさぶつ》を明かすを、常住教と名[61]づくるなり。

二には[62]宗愛法師《しゅうあいほっし》は、頓と不定とは前に同じ。漸に就《つ》いて、更に四時教を判《はん》ず。即ち[63]荘厳旻師《しょうごんびんし》の用うる所なり。三時は前に異ならず。更に無相の後、常住の前に於《お》いて、『法華』に会三帰一《えさんきいち》し、万善《まんぜん》悉《ことごと》く菩提《ぼだい》に向かうを指して、同帰《どうき》教《きょう》と名づくるなり。

三には[64]定林《じょうりん》の柔《にゅう》・次《じ》の二師、及び[65]道場の観法師《かんほっし》は、頓と不定とを明かすこと前に同じ。更に漸を判じて、五時教と為す。即ち[66]開善《かいぜん》・光宅《こうたく》の用うる所なり。四時は前に異ならず。更に無相の後、同帰の前に約《やく》して、『浄名《じょうみょう》』・『思益《しやく》』の諸《もろ》もろの方等経《ほうどうきょう》を指して、褒貶抑揚教《ほうへんよくようきょう》と為す。

四には北地師《ほくじし》も亦《ま》た五時教を作《つく》る。而《しか》して『[67]提謂波利《だいいはり》』を取りて人天教《にんでんぎょう》と為し、『浄名』・『般若』を合して無相教と為す。余の三は、南方に異ならず。

五には[68]菩提流支《ぼだいるし》は、半満教《はんまんきょう》を明かす。十二年の前は、皆《み》な是れ半字教なり。十二年の後は、皆な是れ満字教《まんじきょう》なり。

六には[69]仏駄三蔵《ぶつださんぞう》の学士《がくし》、[70]光統《こうず》の辨《べん》ずる所にして、四宗《ししゅう》もて教を判ず。一に因縁宗《いんねんしゅう》なり。『毘曇《びどん》』の[71]六因《ろくいん》・四縁《しえん》を指す。二に仮名宗《けみょうしゅう》なり。『成論《じょうろん》』の三仮《さんけ》を指す。三に誑相宗《おうそうしゅう》なり。『大品《だいぼん》』・[72]三論《さんろん》を指す。四に常宗《じょうしゅう》なり。『涅槃《ねはん》』・『華厳』等の常住仏性本有《ほんぬ》湛然《たんねん》を指すなり。

七には有《あ》る師は、[73]五宗《ごしゅう》の教を開く。四義は前に異ならず。更に『華厳』を指して、法界宗《ほうかいしゅう》と為す。即ち[74]護身《ごしん》自軌《じき》大《だい》乗《じょう》の用うる所なり。

八には有る人は、光統を称《しょう》して云《い》わく、「四宗は収めざる所有れば、更に六宗を開く」と。『法華』の万善同帰、「[75]諸仏《しょぶつ》の法は久《ひさ》しくして後、要《かなら》ず当《まさ》に真実を説くべし」を指して、名づけて真宗《しんしゅう》と為す。『大集《だいじつ》』の染浄《ぜんじょう》倶に融《ゆう》じ、法界円普《えんふ》するを、名づけて円宗《えんしゅう》と為す。余の四宗は前の如し。即ち是れ[76]耆闍《ぎじゃ》の凛師《りんし》の用うる所なり。

九には北地の禅師《ぜんじ》は、二種の大乗教を明かす。一に有相大乗、二に無相大乗なり。有相とは、『華厳』・『瓔珞《ようらく》』・『大品』等に、階級十地《じゅうじ》の功徳《くどく》・行相《ぎょうそう》を説くが如きなり。無相とは、『楞伽《りょうが》』・『思益』の、真法《しんぽう》に詮次《せんじ》無く、一切衆生は即ち涅槃の相《そう》なるが如きなり。

十には北地の禅師は、四宗・五宗・六宗・[77]二相《にそう》・半満等の教に非ず、但《た》だ一仏乗のみにして、二も無く、亦た三も無し。一音《いっとん》もて法を説くに、類《るい》に随《したが》いて異解す。諸仏は常《つね》に一乗を行《ぎょう》ずるに、衆生は三を見る。但だ是れ一音の教なるのみ。

異解《いげ》を出だすこと竟《お》わる。

第三節　難を明かす

第一項　南三を難ず

801c

三に難《なん》を明かすとは、先に南地の五時を難ず。其《そ》の義成《ぎじょう》ぜざれば、余の四時・三時も例《れい》して壊《え》するなり。若《も》し十二年の前を有相教《うそうきょう》と名づくと言わば、成実論師《じょうじつろんし》は自《みずか》ら己《おの》が論を誣《し》う。『論[78]』に云《い》わく、「我れは今正《まさ》しく三蔵《さんぞう》の中の実義《じつぎ》を明かさんと欲《ほっ》す」と。実義とは、所謂《いわゆ》る空《くう》、是《こ》れなり。空は無相《むそう》に非ざるや。三蔵は十二年の前に非ざるや。

又《ま》た、『[79]阿含《あごん》』の中に説《と》かく、「是れ老死なり。誰《た》れか老死せん。二は皆な邪見《じゃけん》なり」と。「[80]是れ老死なり」の無きは、即ち法空《ほうくう》なり。「誰れか老死せん」の無きは、即ち生空《しょうくう》なり。三蔵の経の中、自《おのずか》ら二空を説く。二空は豈《あ》に無相に非ざらん。

又た、『[81]釈論《しゃくろん》』に云わく、「三蔵の中には法空を明かして大空と為し、摩訶衍《まかえん》の中には十方空《じっぽうくう》を明かして大空と為す」と。[82]既《すで》に法空を以て大空と為せば、即ち大無相なり。

又た、[83]成道《じょうどう》六年に、即ち『殃掘摩羅経《おうくつまらきょう》』を説き、空を明かすこと最も切《せつ》なり。此《こ》れ無相に非ずば、誰れか是れ無相ならんや、云云。

又た、『[84]大論《だいろん》』に云わく、「得道《とくどう》の夜従《よ》り泥洹《ないおん》の夜に至るまで、常《つね》に般若《はんにゃ》を説く」と。般若は、即ち空慧《くうえ》なり。

復《ま》た次に、十二年の前を有相教と名づくれば、道を得《う》と為すや、道を得ずと為すや。若し道を得《え》ば、則ち『成論《じょうろん》』に乖《そむ》く。論師の云わく、「有相の四諦《したい》は、是れ調心《じょうしん》の方便なり。実に道を得ず。須《すべか》らく空平《くうびょう》を見て、乃《すなわ》ち能《よ》く道を得《う》べし」と。既に有相と言えば、那《な》んぞ忽《たちま》ち道を得《え》ん。若し道を得ずば、[85]此の教を用いんや。

又た、「[86]拘隣如《くりんによ》の五人は、最初に仏法《ぶっぽう》に於いて、寂然《じゃくねん》として声字《しょうじ》無く、真実の知見《ちけん》を獲《う》」と。「最初」の言《ごん》は、豈に十二年の前に道を得るに非ざらんや。

又た、若し道を得ば、教は無相に同じ。若し道を得ずば、教は邪説《じゃせつ》に同じ。又た、若し道を得ば、何等《なんら》の道をか得ん。若し空を見て道を得ば、還《かえ》って無相に同じ。若し空を見ずして道を得ば、亦《ま》た[87]九十五種に同じ。仏道を得るに非ず。有相の教には、具《つぶ》さに二《に》過《か》有り、云云。

二に十二年の後を無相教と名づくるを難ず。空を明かし相《そう》を蕩《とろ》かせども、未《いま》だ仏性《ぶっしょう》・常住《じょうじゅう》を明かさず、猶《な》お是れ無《む》常《じょう》の八十年の仏なり。亦た会《え》三帰《さんき》一《いち》せず、亦た弾訶《たんか》褒貶《ほうへん》無ければ、此れは解《げ》す可《べ》からず。若し無相と言わば、何の意もて無常を蕩かさざらん。猶お無常有るに、何《なん》ぞ無相と謂《い》わん。若し仏性・法身《ほっしん》の常住を明かさずと言わば、共般若《ぐうはんにゃ》は、仏性・法身の常等に非ざる可し。不共般若《ふぐうはんにゃ》は、云何《いか》んが仏性に非ざらんや。

『[88]大経《だいきょう》』に云わく、「仏性に五種の名有り。亦た首楞厳《しゅりょうごん》と名づけ、亦た般若と名づく」と。「般若」は乃ち是れ仏性の異名《いみょう》なり。何ぞ非《ひ》と言うことを得ん。彼れは即ち救いて言わく、「経に仏性と称《しょう》し、亦た般若と名づくるは、是れ三徳《さんとく》の般若なり。何ぞ無相の般若に関《あず》からん」と。若し爾《しか》らば、『[89]涅槃《ねはん》』の第八に何の意もて「我れは先に摩訶般若《まかはんにゃ》の中に於いて、我《が》と無我《むが》と、其の性不二《ふに》なりと説くが如し。不二の性《しょう》は、即ち是れ実性《じっしょう》、実性の性は、即ち是れ仏性なり」と云わん。此《かく》の如く遙《はる》かに指す。明文灼然《みょうもんしゃくねん》たり。何の意もて非と言わん。

又た、『涅槃』の仏性は、秖《た》だ是れ法性常住《ほっしょうじょうじゅう》にして、変易《へんにゃく》す可からず。『[90]般若』に、実相《じっそう》・実際《じっさい》の不来不去《ふらいふこ》は、即ち是れ仏の無生《むしょう》の法にして、無生の法は即ち是れ仏なりと明かす。二義何ぞ異ならん。故に知《し》んぬ、法性・実相は、即ち是れ正因仏性《しょういんぶっしょう》なり。般若の観照《かんしょう》は、即ち是れ了因仏性《りょういんぶっしょう》なり。[91]五度《ごど》の功徳の般若を資発《しほっ》するは、即ち是れ縁因《えんいん》仏性なり。此の三般若と涅槃の三仏性と、復た何ぞ異ならんや。『[92]金剛般若論《こんごうはんにゃろん》』に云わく、「福は菩提《ぼだい》に趣《おもむ》かず、二は能く菩提《ぼだい》に趣《おもむ》く。余に於いては生因《しょういん》と名づけ、実に於いては了因《りょういん》と名づく」と。実相《じっそう》の了因は、能《よ》く菩提に趣く。豈《あ》に仏《ぶっ》性《しょう》に非ざらん。

但だ名異《こと》なれども義《ぎ》同じきは、前に分別《ふんべつ》するが如し。何《なん》ぞ[93]釈提婆那民《しゃくだいばなみん》を聞き、帝釈《たいしゃく》に非ずと謂《い》うことを得《え》ん。其《そ》の謬《あやま》りは此《こ》れに類《るい》す。

若し無常《むじょう》の八十年の仏の説は、仏性・常住《じょうじゅう》に非ずと言わば、[94]『涅槃《ねはん》』に亦《ま》た云《い》わく、「八十年の仏、背痛《はいつう》して疾《しつ》有り。娑羅《しゃら》に於いて入滅《にゅうめつ》す」と。那《な》んぞ忽《たちま》ち常《じょう》を譚《たん》じ性《しょう》を辨《べん》ぜん、云云。[95]『釈論《しゃくろん》』に云わく、「仏に生身《しょうしん》・法身《ほっしん》有り。生身は人法《にんぽう》に同じく、寒熱《かんねつ》、病患《びょうげん》、馬麦《めみゃく》、乞乳《こつにゅう》有り。法性身《ほっしょうしん》の仏は、光明無辺《こうみょうむへん》、色像《しきぞう》無辺なり。尊特《そんどく》の身は、猶《な》お虚空《こくう》の如し。法性身の菩薩の為めに法を説く。聴法《ちょうぼう》の衆《しゅ》は、尚《な》お生死《しょうじ》の身に非ず」と。何《いか》に況《いわ》んや仏をや。[96]『釈論』に云わく、「又《ま》た、生身の仏寿《ぶつじゅ》は則ち有量《うりょう》、法身の仏寿は則ち無量《むりょう》なり」と。豈に無常の八十年を以て法身に加《くわ》う可《べ》けんや。小乗の中に、法身は尚お其れ滅《めっ》せずと云う。[97]均提沙弥《きんだいしゃみ》の憂悩《うのう》するが如し。仏、問うらく、[98]「汝《なんじ》の和尚《おしょう》の[99]戒身《かいしん》は滅するや」と。答えて言わく、「不《いな》なり」と。乃至《ないし》、「解脱知見《げだっちけん》は滅するや」と。答えて言わく、「不なり」と。何に況んや般若《はんにゃ》の法身にして、而《しか》も無常と言わん。

若し『般若』に三を会《え》すること無しと言わば、何が故に[100]問住品《もんじゅうほん》に「諸《もろ》もろの天子《てんし》の、今、未だ三菩提心《さんぼだいしん》を発《ほっ》せざる
802b
者は、応当《まさ》に発すべし。若し声聞《しょうもん》の正位《しょうい》に入《い》らば、是《こ》の人は三菩提心を発すること能《あた》わず。何を以ての故に。生死の与《た》めに障隔《しょうきゃく》を作《な》すが故なり。是の人、若し三菩提心を発せば、我れも亦た随喜《ずいき》す。所以《ゆえん》は何《いか》ん。上人《しょうにん》は応に上法《じょうほう》を求むべし。我れは終《つい》に其の功徳を断《だん》ぜず」と云わん。若し声聞、上法を求めずば、何ぞ随喜する所あらん。既に上法を随喜すれば、即ち是れ三を会す。

若し『般若』に弾訶《たんか》無しと言わば、[101]『大品《だいぼん》』に云わく、「二乗の智慧《ちえ》は、猶お蛍火《けいか》の如し。菩薩の一日智慧を学ぶは、日の四天下《してんげ》を照らすが如し」と。又た[102]十三巻に云わく、「譬《たと》えば狗《いぬ》の大家《だいけ》に従いて食《じき》を求めず、反《かえ》って作務《さむ》の者に従い

て索《もと》むるが如し。当来世《とうらいせ》の善男女人《ぜんなんにょにん》は、深般若《じんはんにゃ》を棄《す》てて、枝葉《しよう》に攀《よ》じ、声聞・辟支仏《びゃくしぶつ》の応に行《ぎょう》ずべき所の経を取る」と。又た[103]云わく、「象《ぞう》を見んとして跡《あと》を観《み》るは、皆な不黠《ふげち》と名づく」と。豈に弾訶の更に此れより劇《はげ》しきもの有らん。褒貶《ほうへん》無しと謂わんや。

若し『般若』は是れ第二時の教なりと言いて、諸[104]もろの天子、仏に白《もう》して、「第二の法輪《ほうりん》の転《てん》ずるを見る」と云うを引かば、何《いず》れの経か第二を見ざらん。而も独《ひと》り『般若』と言わん。『浄名《じょうみょう》』[105]に云わく、「始めて道樹《どうじゅ》に坐《ざ》して力《つと》めて魔を降《くだ》し、甘露《かんろ》の滅を得て覚道成《かくどうじょう》ず。乃至、法を説くに、有《う》ならず、亦た無ならず」と。両説相対《そうたい》するに、亦た応に是れ第二の法輪の転ずるなるべし。『法華』[106]に亦た云わく、「昔、波羅柰《はらない》に於いて、四諦《したい》の法輪を転ず。今、亦た更に最上の法輪を転ず」と。『涅槃』[107]に又た云わく、「昔、波羅柰に於いて、初めて法輪を転ずるに、八万の天人《てんにん》は、須陀洹果《しゅだおんか》を得《う》。今、此の間の拘尸那城《くしなじょう》に於いて、法輪を転ずる時、八十万億《はちじゅうまんのく》の人は、不退転《ふたいてん》を得」と。経経《きょうぎょう》に皆な此の旨《むね》有り。亦た応に併《なら》びに是れ第二なるべし。何ぞ独り『般若』のみならんや。

若し十二年の後に無相《むそう》を明かすと言わば、何ぞ二夜[108]に常《つね》に『般若』を説くことを得ん。故に知《し》んぬ、無相の過《か》も、亦た甚《はなは》だ衆多《しゅた》なり、云云。

次に、褒貶教は是れ第三時にして、七百[109]阿僧祇《あそうぎ》なりと雖《いえど》も、猶お是れ無常にして常住を明かさず、直《た》だ是れ弾訶《たんか》褒揚《ほうよう》するのみを難《なん》ず。

今、問う。『般若』を説く時、諸もろの大弟子は、皆な転教説法《てんぎょうせっぽう》す。悕[110]取《けしゅ》せずと雖も、咸《ことごと》く以て具《つぶ》さに菩薩の法門を知る。何ぞ訶《か》せられて茫然《もうねん》として、是れ何の言《ごん》なるかを識《し》らず、何を以て答うるかを知らざることを得ん。故に知んぬ、褒貶は応に『般若』の後に在《あ》るべからず。第三時に非ざるなり。又た、弥[111]勒《みろく》等も亦た屈折《くっしゃく》せらる。何ぞ但だ声聞のみならん。

802c
若し七百阿僧祇と言わば、此れも亦た然《しか》らず。其[112]の文《もん》に自《みずか》ら「仏身は無為《むい》にして、諸数《しょしゅ》に堕《だ》せず。金剛《こんごう》の体は、何ぞ疾《や》み、何《なん》ぞ悩まん。衆生を度《ど》せんが為めに、斯《こ》の事を現《げん》ずるのみ」と説く。文《もん》に金剛《こんごう》を辨《べん》ずれども、人は七百と判《はん》ず。『[113]涅槃《ねはん》』も亦《ま》た金剛を辨ず。那《な》んぞ忽《たちま》ち常住《じょうじゅう》ならん。

[114]又《ま》た云《い》わく、「身を観《かん》ずるに実相《じっそう》なり。仏を観ずるも亦た然《しか》り」と。又た、[115]不思議解脱《ふしぎげだつ》に三種有り。真性《しんしょう》・実慧《じつえ》・方便なり。即ち是れ三仏性《さんぶつしょう》の義なり。且《か》つ復《ま》た「[116]塵労《じんろう》の儔《ともがら》は、是れ如来の種なり」と。豈《あ》に正因仏性《しょういんぶっしょう》に非ざらん。「[117]癡《ち》愛《あい》を断《だん》ぜずして、諸《もろ》もろの明脱《みょうだつ》を起こす」と。明は即ち了因《りょういん》の性《しょう》なり。脱は即ち縁因《えんいん》の性なり。三義宛然《おんねん》たり。是れ無常《むじょう》なりと判ずれば、『涅槃』の三種の仏性は、何ぞ是れ常《じょう》なることを得《え》んや。

次に、第四時の同帰教《どうききょう》は、正《まさ》しく是れ万善《まんぜん》を収束して、一乗に入《い》るるも、仏性を明かさず、神通《じんずう》もて寿を延《の》べ、前は恒沙《ごうじゃ》を過ぎ、後は上《かみ》の数に倍《ばい》すれども、亦た常を明かさざるを難《なん》ず。此れは応《まさ》に爾《しか》るべからず。『法華』に一種の性相《しょうそう》、一地《いちじ》の生ずる所を明かす。「[118]其《そ》の説く所の法は、皆悉《み》な一切智地《いっさいちじ》に到る」と。[119]命章《みょうしょう》に即ち云わく、「仏の知見《ちけん》に開示悟入《かいじごにゅう》す」と。『華厳《けごん》』に仏の智慧を明かすも、猶《な》お菩薩の智慧を帯《お》ぶ。菩薩の智慧は爪上《そうじょう》の土の如く、如来の智慧は十方《じっぽう》の土の如し。『法華』には純《もっぱ》ら仏の智慧を説くのみにして、十方の土の如し。而も常に非ずば、『華厳』の爪上の土は、云何《いか》んが常住を明かさん。

又た、『華厳』には、始めて道場に坐《ざ》し、初めて正覚《しょうがく》を成《じょう》ず。成仏すること太《はなは》だ近し。『法華』には、成仏の久遠《くおん》なることを明かす。中間《ちゅうげん》・今日は、皆な是れ迹《しゃく》なるのみ。迹の中に説く所は、而も是れ常なりと言う。本地《ほんじ》の教は、豈に常を明かさざらん。又た、『[120]無量義経《むりょうぎきょう》』に云わく、「華厳海空《けごんかいくう》の歴劫修行《りゃっこうしゅぎょう》を説けども、未だ曾《かつ》て是《かく》の如き甚深《じんじん》の無量義経を宣説《せんぜつ》せず」と。「甚深の無量義経」は、已《すで》に自《おのずか》ら甚深なり。甚深の経は、『法華』の弄引《ろういん》と為る。豈に常を明かさざらん。若し常住の語少なしと言わば、天子《てんし》の一語の如きは、勅に非ざる可《べ》けんや。

[121]文に云わく、「世間の相《そう》は常住なり」と。[122]又た云わく、「無量阿僧祇劫《むりょうあそうぎこう》の寿命は無量にして、常住にして滅《めつ》せず」と。伽耶城《がやじょう》の寿命、及び「[123]数数示現《しばしばじげん》す」等は、是れ応仏《おうぶつ》の寿命なり。「阿僧祇の寿命は無量なり」とは、是れ報仏《ほうぶつ》の寿命

803a

なり。「常住にして滅せず」とは、是れ法仏《ほうぶつ》の寿命なり。三仏宛然として、常住の義足《た》る。

『法華論』[124]に云わく、「三種の菩提《ぼだい》を示現す。一には応化仏《おうげぶつ》の菩提なり。応に見るべき所に随《したが》いて、而も為めに示現す。釈氏《しゃくし》の宮《ぐう》を出《い》でて、伽耶城を去ること遠からず、道場に坐して三菩提を得《う》るを謂《い》うなり。二に報仏の菩提なり。十地《じゅうじ》満足して、常涅槃を得るを謂う。文に云わく、『我れ実に成仏してより已来《このかた》、無量無辺百千万億那由他劫《むりょうむへんひゃくせんまんのくなゆたこう》なり』と。三に法仏の菩提なり。如来蔵性浄涅槃《にょらいぞうしょうじょうねはん》、常《つね》に清浄不変《しょうじょうふへん》なるを謂う。文に云わく、『如来は実の如く三界《さんがい》の相を知見す。三界の三界を見るが如からず』と。衆生界は即ち涅槃界なるを謂う。衆生界を離れずして、即ち如来蔵なり」と。

又[125]た云わく、「我れ敢《あ》えて汝等《なんだち》を軽《かろ》んぜず。汝等は皆な当《まさ》に作仏《さぶつ》すべし」と。即ち正因仏性なり。又[126]た云わく、「衆生をして仏知見を開かしめんが為めなり」と。即ち了因仏性なり。又[127]た云わく、「仏種《ぶっしゅ》は縁従《よ》り起こる」と。即ち縁因仏性なり。

『法華論』[128]に亦た三種の仏性を明かす。『論』[129]に云わく、「唯《た》だ仏如来のみ、大菩提を証《しょう》し、究竟《くきょう》して一切の智慧を満足するが故に、『大』と名づく」と。「我れ敢て汝等を軽んぜず。汝等は皆な当に作仏すべし」と言うは、諸もろの衆生に皆な仏性有ることを示すなり。経論に明拠《みょうこ》あり。云何んが無しと言わん。

又た、『涅槃』[130]に云わく、「是の経は世に出《い》でて、彼《か》の果実の利益《りやく》する所多く、一切を安楽にするが如く、能《よ》く衆生をして如来の性を見せしむ。法華の中の八千の声聞《しょうもん》の、記莂《きべつ》を受くることを得て、大果実を成ずるが如し。秋収冬蔵《しゅうしゅうとうぞう》して、更に作《な》す所無きが如し」と。若し八千の声聞、『法華』の中に於いて仏性を見ずば、『涅槃』に応に懸《はる》かに指すべからず。明文《みょうもん》[131]信験《しんけん》あり。何ぞ労《わずら》わしく苟《かりそめ》に執《しゅう》せん。

又た、『涅槃』[132]の二十五に云わく、「究竟畢竟《くきょうひっきょう》とは、一切衆生の得る所の一乗なり。一乗とは、名づけて仏性と為す。是の義を以ての故に、我れは一切衆生に悉《ことごと》く仏性有り、一切衆生に悉く一乗有りと説く」と。故に今経《こんぎょう》は是れ一乗の教なり。『涅槃』と玄《はる》かに会《え》す。

803b

且《しば》らく『涅槃《ねはん》』は、猶《な》お三乗の得道《とくどう》を帯《お》ぶ。此の経は、純一無雑《じゅんいちむぞう》なり。『涅槃』は、更に迹《しゃく》を発《ほっ》せず。此の経は、本《ほん》を顕《あら》わす義彰《あき》らかなり。処処《しょしょ》に生《しょう》を唱《とな》え、処処に滅《めつ》を現《げん》ず。未来常住《みらいじょうじゅう》にして、三世《さんぜ》に物《もつ》を益《やく》す。[133]人衆《にんしゅ》は、焼くと見れども、我が土《ど》は毀《こわ》れず。豈《あ》に是れ神通《じんずう》もて寿を延《の》べ、滅尽《めつじん》すること有らんや。神通もて寿を延ぶる義を破《は》す、云云。

第五時教の双林《そうりん》常住、衆生の仏性《ぶっしょう》、闡提《せんだい》の作仏《さぶつ》を難《なん》ずとは、問う。成論師《じょうろんし》は、二諦《にたい》に依《よ》りて義を解《げ》す。第五時教は二諦に摂《しょう》せらるるや。若し二諦に摂せられば、諸教と同じ。前の教の二諦は猶お是れ無常《むじょう》ならば、双林の二諦は何《なん》ぞ是れ常《じょう》なることを得ん。若し双林は二諦を出《い》でずして、能《よ》く別理《べつり》を照らし別惑《べつわく》を破して、是れ常なることを得《え》ば、前の教に明かす所の二諦も、亦《ま》た別理を照らし別惑を破す。那《な》んぞ忽《たちま》ち無常ならん。衆生の仏性、闡提の作仏も、例《れい》して此《かく》の如く難ず。故に知《し》んぬ、理《り》を明かすこと前時に異ならず。何に拠《よ》りてか常住と為さんや。

[134]頓教《とんぎょう》を難ずとは、此れに例して解す可《べ》し。[135]実《じつ》は既に是れ同じければ、何に拠りてか頓《とん》と為さん。権《ごん》は別異《べつい》なりと雖《いえど》も、応《まさ》に事《じ》に従いて大小を判《はん》ずべからず。即ち大いに顚倒《てんどう》す、云云。

次に、偏方不定教《へんぽうふじょうきょう》を難ず。謂《い》わく、次第《しだい》に非ずして、別に一縁の為めにす。『金光《こんこう》』・『勝鬘《しょうまん》』・『楞伽経《りょうがきょう》』・『殃掘《おうくつ》』の流《たぐい》の如し。

問う。『殃掘』の経は、六年に説く所なり。[136]次第衆《しだいしゅ》を列《つら》ぬること、余経よりも委悉《いしつ》なり。弾斥《たんじゃく》して常を明かすこと、余経よりも分明《ふんみょう》なり。釈《しゃく》・梵《ぼん》・四王《しおう》、及び十弟子、乃至《ないし》、文殊《もんじゅ》は皆な訶斥《かしゃく》せらる。同じく聞くこと宛然《おんねん》たり。応に次[137]第に入《い》るべし。而《しか》るに、今、判じて偏方と作《な》す。

『浄名《じょうみょう》』も亦た是れ弾訶《たんか》なり。那んぞ引きて次第を為すことを得ん。又《ま》た、『浄名』に訶《か》する所の事は、往昔《おうしゃく》に在《あ》り。[138]追《お》いて前語を述べて、以て堪《た》えずと辞《じ》す。当《まさ》に知るべし、十二年の前に、已《すで》に応に訶せらるべきこと、『殃掘』と同じ。若し『殃掘』は偏方ならば、則ち『浄名』は次《じ》に非ず。若し『殃掘』に常を明かすは、別《べつ》して一縁の為めにすと謂わば、『浄名』[139]に云《い》わく、「塵労《じんろう》の儔《ともがら》は、是れ如来の種なり」と。何ぞ是れ次第の説なることを得ん、云云。

次に、其《そ》の『涅槃』の五味《ごみ》に依りて五時教を判じて、牛従《よ》り乳《にゅう》を出だすを用《もっ》て、三蔵《さんぞう》の十二年の前の有相教《うそうきょう》を譬《たと》え、乳従り酪《らく》を出だすは、十二年の後の『般若《はんにゃ》』の無相教《むそうきょう》を譬え、酪従り生蘇《しょうそ》を出だすは、方等《ほうどう》の褒貶教《ほうへんきょう》を譬え、生蘇従り熟蘇《じゅくそ》を出だすは、万善同帰《まんぜんどうき》の『法華』の教を譬え、熟蘇従り醍醐《だいご》を出だすは、『涅槃』の常住教を譬うるを難ず。

此れは現見《げんけん》に文《もん》に乖《そむ》き、義理顚倒して、相生殊《こと》に次第ならず。何となれば、『経』[140]に云わく、「牛従り乳を出だすは、初めに仏従り十二部経《じゅうにぶきょう》を出だすを譬う」と。云何《いか》んが十二部を以て、[141]九部《くぶ》の有相教に対せんや。一には有相教に十二部無く、二には有相教は仏の初説に非ず。故に応に此れを以て対《たい》を為すべからず、云云。

803c

彼れは即ち救いて云わく、「小乗にも亦た十二部有り。文を引きて証《しょう》す。云わく、『[142]雪山《せっせん》に忍草《にんそう》あり。牛若《も》し食《じき》せば、即ち醍醐を出だす。更に異草《いそう》有り。牛若し食せば、醍醐を出ださず』と。故に知んぬ、大小は通じて十二部有り。但だ仏性有ると仏性無きとの異《い》なるのみ」と。

今、問う。縦令《たと》い通じて十二部有りとも、何が故に仏性を明かすの十二部を取りて、乳教《にゅうきょう》と為さざらんや。『[143]大経《だいきょう》』の第七に云わく、「九部には仏性を明かさず。是の人に罪無し。大海には唯《た》だ七宝《しっぽう》有るのみにして、八宝有ること無しと言うも、是の人に罪無きが如し」と。此れに例して言わば、若し十二部に仏性無くば、是の人は罪を得《う》。既に十二部を具《ぐ》すと言えば、何の意もて仏性を明かさざらん。即ち得罪の句に堕《だ》す。豈に無罪の十二部に会《え》せんや。若し十[144]二部従り修多羅《しゅたら》を出だし、修多羅を無相の『般若』の教に対すと言わば、脩多羅《しゅたら》は、則ち一切の有相・無相に通ず。五時皆な脩多羅と名づく。何を以てか独《ひと》り無相の『般若』に対せん。

解して云わく、「『[145]般若』の中に直説《じきせつ》の義有り。復《ま》た是れ第二時なり。故に以て之《こ》れに対す」と。

若し直説は応に是れ脩多羅なるべしと言わば、『般若』の中に譬説《ひせつ》・因縁説《いんねんせつ》・授記説《じゅきせつ》・論義説《ろんぎせつ》有り。那んぞ独り是れ直説なることを得んや。『般若』は衆説《しゅせつ》を兼具《けんぐ》すれども、脩多羅を以て名と為せば、余経にも亦た直説あり。何ぞ脩多羅《しゅたら》に対せざらん。

若し第二時なりと言わば、何《いず》れの経か第二時に非ざらん。已《すで》に前に難《なん》ずるが如し。

修多羅《しゅたら》従《よ》り方等経《ほうどうきょう》を出《い》だすを、用《もっ》て褒貶《ほうへん》の『浄名《じょうみょう》』等の教に対せば、『浄名』は応《まさ》に『大品《だいほん》』の後に在《あ》るべからざること、已に前に破《は》するが如し、云云。

方等従り般若《はんにゃ》を出だすを、用て『法華』に対せば、『経』の文《もん》に自《みずか》ら般若と云《い》えども、曲辨《ごくべん》して『法華』と為す。『経』の文を迴《え》して義に就《つ》くは、最も意無しと為す。[146]『涅槃《ねはん》』に云わく、「八千の声聞《しょうもん》は、法華に於いて記《き》を受く」と。『般若』に記を受くと道《い》わず。那《な》んぞ『法華』を喚《よ》びて『般若』と為すことを得ん。文に乖《そむ》き旨《むね》を失い、次第《しだい》を成《じょう》ぜざるなり。

般若従り大涅槃《だいねはん》を出だす。彼れは即ち解《げ》して云わく、「『法華』従り大涅槃を出だす」と。此れも亦《ま》た『経』の文に会《え》せず。譬《たと》えば[147]很子《ごんし》の如く、又《ま》た[148]㑦羊《れいよう》に似《に》たり、云云。

五時の失《しっ》、其《そ》の過《か》は此《かく》の如し。其の四時・三時は、労《わずら》わしく更に難ずること無し。南方の教相《きょうそう》は、復《ま》た依《よ》る可《べ》からざるなり。今、更に三時を用うることを難ず。[149]義家《ぎけ》の、「十二年の後、訖《お》わり『法華』に至るまで、同じく無相教《むそうきょう》と名づく」と云うは、『法華』に三を会すれば、『般若』も亦た応に一に帰《き》すべし。若し爾《しか》らずば、云何《いか》んが同じく是れ無相ならん。四時も亦た例《れい》して爾り。

第二項　北七を難ず

804a

次に、北地の五時の義を難ず。

若し『提謂《だいい》』に五戒《ごかい》・十善《じゅうぜん》を説くと言わば、彼《か》の経には但だ五戒を明かすのみにして、十善を明かさず。唯《た》だ是れ人教《にんぎょう》なるのみにして、則ち天教《てんぎょう》に非ず。縦《たと》い此れを以て人天教《にんでんぎょう》と為すとも、諸経に皆な戒善《かいぜん》を明かすは、亦た応に是れ人天教なるべきや。又た、彼の経に云わく、[150]「五戒を諸仏の母と為す。仏道を求めんと欲《ほっ》せば、是の経を読み、阿《あ》羅漢《らかん》を求めんと欲せば、是の経を読め」と。[151]又た云わく、「不死《ふし》の地を得んと欲せば、当《まさ》に長生《ちょうしょう》の符《ふ》を佩《お》び、不死の薬を服し、長楽《ちょうらく》の印《いん》を持《じ》すべし」と。「長生の符」とは、即ち三乗の法、是れなり。「長楽の印」とは、即ち泥洹《ないおん》の道、是れなり。云何んが独《ひと》り是れ人天教のみなりと言わんや。

[152]又た云わく、「五戒は天地の根、衆霊《しゅりょう》の源なり。天之《こ》れを持《たも》ちて陰陽《おんよう》を和《わ》し、地之れを持ちて万物《まんもつ》生ず。万物の母、万神《まんじん》の父、大道《だいどう》の元、泥洹の本なり。又た、四事の本、五陰《ごおん》・六衰《ろくすい》の本なり。四事は、即ち四大《しだい》なり。四事は本《も》と浄《じょう》、五陰は本と浄、六衰は本と浄なり」と。此の如き等の意は、窮元極妙《ぐうがんごくみょう》の説なり。云何んが独り是れ人天教のみならんや。

又た、提謂長者は[153]不起法忍《ふきほうにん》を得《え》、三百人は信忍《しんにん》を得、二百人は須陀洹《しゅだおん》を得、四天王《してんのう》は柔順法忍《にゅうじゅんぼうにん》を得、龍王は信根《しんこん》を得、[154]阿須輪衆《あしゅりんしゅ》は皆な[155]無上正真道《むじょうしょうしんどう》の意を発《ほっ》す。此の得道《とくどう》を観《み》るに、豈《あ》に是れ人天教ならんや。

復た次に、[156]『釈論《しゃくろん》』に法蔵《ほうぞう》を結集《けつじゅう》す。初め波羅奈《はらな》従り泥洹の夕に至るまで、凡《およ》そ説く所の小乗の法、結《けつ》して三法蔵と為す。初生《しょしょう》従り双樹《そうじゅ》に至るまで、凡そ大乗を説くを、結して摩訶衍蔵《まかえんぞう》と為す。[157]奈苑《なおん》の前は、小乗の摂《しょう》に預《あず》からず。何となれば、爾《そ》の時、未だ僧宝《そうぼう》有らず。故に応に『提謂』を用て初教と為すべからざるなり。

若し『提謂』は是れ秘密教《ひみっきょう》の一音《いっとん》異解《いげ》なりと言わば、応に顕露《けんろ》の初めに在るべからず。余の四時は南家《なんけ》に同じ。已に前に破するが如し、云云。

次に、流支《るし》の半満《はんまん》の義を難ず。初めの鹿苑《ろくおん》の三蔵《さんぞう》従り皆な半《はん》の義を明かし、『般若』従り已去《いこ》、訖わり『涅槃』に至るまでは皆な満《まん》を明かすとは、此れは応に然《しか》るべからず。得道の夜従り、常《つね》に般若を説く。鹿苑より已来《このかた》、何《なん》ぞ曽《かっ》て満ならざらん。『提謂』の時、無量《むりょう》の天人《てんにん》、無生忍《むしょうにん》を得《う》るが如し。成道《じょうどう》六年に、已に『殃掘摩羅《おうくつまら》』を説く。[158]『涅槃』に云わく、「我れ初めて成道するに、恒沙《ごうじゃ》の菩薩来《きた》りて、是の義を問う。汝《なんじ》が如く異なること無し」と。当に知るべ

804b

し、鹿苑《ろくおん》は応《まさ》に純《もっぱ》ら半《はん》なるべからず。

『般若《はんにゃ》』従《よ》り已去《いこ》の諸経は皆な満《まん》なりとは、[159]『釈論《しゃくろん》』に云《い》わく、「『般若』は秘密教《ひみつきょう》に非ず。以て阿難《あなん》に付《ふ》す。『法華』は是れ秘密教なり。諸《もろ》もろの菩薩に付す」と。若し同じく是れ満教《まんきょう》ならば、何《なん》ぞ一は秘、一は秘ならざることを得ん。又た、若し皆な是れ満ならば、応に同じく三を会《え》すべし。又た、若し同じく是れ満ならば、生《しょう》・熟《じゅく》の二蘇《にそ》は応に同じく是れ醍醐《だいご》なるべし。醍醐は応に同じく是れ生・熟蘇なるべし。能譬《のうひ》の味は既に差別《しゃべつ》して同じからざれば、所《しょ》譬《ひ》の法は豈《あ》に併《なら》びに是れ満ならん、云云。

次に、四宗《ししゅう》を難《なん》ずとは、因縁宗《いんねんしゅう》は、『阿毘曇《あびどん》』の六因《ろくいん》・四縁《しえん》を指すと謂《い》う。若し爾《しか》らば、『成論《じょうろん》』に亦《ま》た[160]三因・四縁を明かす。一切の諸法《しょほう》は、皆な因縁の成《じょう》ずる所と為る。因縁の語は通ず。何ぞ独《ひと》り『毘曇』にのみ在《あ》らん。又た、因縁宗は、仮名宗《けみょうしゅう》に異なり。故に[161]『成論』に云わく、「四諦《したい》有るを見るは、是れ調心《じょうしん》の法なり。道を得《う》ること能《あた》わず」と。既に因縁宗を立つれば、何等《なんら》の道をか得ん。若し小乗の道を得《え》ば、則ち仮名宗と同じ。何ぞ別に立つることを須《もち》いん。若し大乗の道を得ば、即ち円常《えんじょう》等と同じ。何ぞ別に立つることを須いん。今、別に宗《しゅう》と為すを以て、応に別に一道を判《はん》ずべし、云云。

次に、仮名宗を難ずとは、『成実論《じょうじつろん》』に三仮《さんけ》の浮虚《ふこ》を観《かん》ずるを指す。乃《すなわ》ち是れ世諦《せたい》の事法《じほう》なれば、彼《か》の論の宗に非ず。彼の論は空《くう》を見て道を得《う》れば、応に空を用《もっ》て宗と為すべし。又た、[162]『釈論』に三蔵《さんぞう》の中の空門《くうもん》を明かすに、仮名の門無し。若し彼の義を指さば、応に彼の宗を用うべし。既に別に名を立つれば、則ち空を見て道を得るには非ず、云云。

次に、不真宗《ふしんしゅう》を難ず。此れは『大品《だいぼん》』の[163]十喩《じゅうゆ》を指して、不真誑相《ふしんおうそう》と為せば、[164]龍樹《りゅうじゅ》は方広《ほうこう》を弾《たん》じて云わく、「仏の十喩を取りて、一切は如幻如化《にょげんにょけ》、無生無滅《むしょうむめつ》なりと説き、般若の意を失すれば、外道《げどう》と同じ」と。云何《いか》んが他に弾ぜらるるの義を拾いて、不真経を立てん。若し文《もん》に幻化《げんけ》を明かして、仏性《ぶっしょう》・常住《じょうじゅう》を辨《べん》ぜざるを不真と為すと謂わば、此れは則ち然《しか》らず。『経』に仏性・常住を明かすこと、已《すで》に前に説くが如し。何ぞ但だ此の経のみ幻化を明かさんや。[165]『華《け》厳《ごん》』に亦た云わく、「如化《によけ》忍《にん》、如夢《によむ》忍《にん》、心は工《たく》みなる幻師《げんし》の如し」等の種種《しゆじゆ》の譬喩《ひゆ》あり。『涅槃《ねはん》』[166]に亦た云わく、「諸法は幻化の如し。仏は中に於いて著《じやく》せず」と。絓《すべ》て是れ諸経は皆な幻化を明かす。亦た応に是れ不真宗なるべし。若し諸経の幻化は不真宗に非ずば、何ぞ独り『大品』のみ苦《ねんご》ろに誑相と為さん。

又た、常宗《じようしゆう》は『涅槃』を指すことを難ず。『涅槃』の経は、何ぞ但だ常《じよう》を明かすのみならん。亦た非常非無常《ひじようひむじよう》、能《のう》常能無常《じようのうむじよう》を明かし、双《なら》べ用いて八術《はちじゆつ》を具足《ぐそく》す。云何んが単に常を取りて用て宗と為し、何ぞ無常を取りて用て宗と為さざらん。単輪隻翼《たんりんせきよく》は、飛運《ひうん》すること能わず、云云。

804c

彼れは「誑相不真宗は、即ち是れ通教《つうぎよう》なり。常宗は秖《た》だ是れ真宗なれば、即ち是れ通宗なり」と云わば、宗は則ち真・不真に通ず。不真は、何の意もて宗を没《もつ》して教を用いん。真宗は、何の意もて教無けれども宗を立てん。宗に若し教無くば、何ぞ真を知ることを得ん。真宗は若し宗を没して教有らば、則ち同じく通教と名づく。若し倶《とも》に教を没して宗を留《とど》めば、則ち同じく通宗と名づく。若し倶に教を安《やす》んぜば、則ち同じく通宗教《つうしゆうきよう》[167]と名づく。若し不真・真を留めば、則ち通不真宗教、通真宗教と名づく。通不真宗は、三乗通脩《つうしゆ》と為す可《べ》くば、通真宗も亦た応に三乗通脩なるべきなり。若し此の通は是れ融通《ゆうずう》の通なりと言わば、通教も亦た是れ通真の真[168]なり。此れは則ち両名混同して、義に別無きなり。

[169]彼れは『楞伽経《りようがきよう》』を引きて云わく、「説通《せつつう》は童蒙《どうもう》を教え、宗通《しゆうつう》は菩薩を教う」と。故に真宗を以て通宗と為すなり。若し爾らば、是れ則ち因縁・仮名・不真は、皆な是れ童蒙なり。応に悉《ことごと》く宗を立つべからざるなり。[170]覆却並決《ふきやくびようけつ》するに、四宗の名義《みようぎ》は、甚《はなは》だ便《べん》ならざるなり。

次に、五宗を難ずとは、四宗を難ずること前の如し。若し『華厳』を法界宗《ほうかいしゆう》と為さば、『大涅槃《だいねはん》』に異なり。『涅槃』は法界に非ずして、但だ常宗と名づくるのみと言わば、『[171]大経《だいきよう》』に云わく、「大般涅槃《だいはつねはん》は、是れ諸仏の法界なり」と。若為《いか》んが『華厳』に[172]劣謝《れつしや》せんや。若し常は法界に非ず、法界は常に非ずば、法界は常に非ざれば、応に生滅《しようめつ》有るべく、常《じょう》は法界《ほうかい》に非ざれば、法を摂《しょう》すること尽《つ》くさず。此れは皆な然《しか》る可《べ》からざるなり。『[173]大品《だいぼん》』に云《い》わく、「一法として法《ほっ》性《しょう》の外に出《い》づる者を見ず」と。「法性」は、即ち是れ法界なり。[174]又《ま》た云わく、「一切の法は色《しき》に趣《おもむ》き、是の趣《しゅ》をば過ぎず」と。豈《あ》に法界の説に非ざらん。而《しか》して独《ひと》り『華厳《けごん》』は是れ法界にして、『涅槃《ねはん》』・『大品』に異なりと言わんや。

次に、六宗を難《なん》ずとは、四宗は前に難ずるが如し。今、[175]真《しん》・常の両宗を問う。真・常若《も》し同じくば、何が故に両を開かん。真・常若し異ならば、倶《とも》に妙法に非ず。何となれば、真若し常に非ずば、真は則ち生滅《しょうめつ》す。常若し真に非ずば、常は則ち虚偽《こぎ》なり。又た、真若し常に非ずば、前の三宗と何《なん》ぞ異《こと》ならん。若し常は真に非ずば、即ち破壊《はえ》有る法なり。

次に、円宗《えんしゅう》を難ず。若し『大集《だいじつ》』の染浄円融《ぜんじょうえんゆう》は『涅槃』・『華厳』に異なりと言わば、此れも亦《ま》た然らず。『[176]大品』に云わく、「色に即《そく》して是れ空《くう》なり。色滅《めつ》して空なるに非ず」と。『[177]釈論《しゃくろん》』に解《げ》して云わく、「色は是れ生死《しょうじ》、空は是れ涅槃なり。生死の際《さい》と涅槃の際とは、一にして二無し」と。此れは豈に染浄倶に融《ゆう》ずるに非ざらん。[178]又た云わく、「一切は色欲《しきよく》に趣き、瞋《しん》に趣き、癡《ち》・諸見《しょけん》等に趣く」と。豈に倶に融ずるの相《そう》に非ざらん。『[179]浄名《じょうみょう》』に云わく、「一切の塵労《じんろう》は、是れ如来の種なり。癡愛《ちあい》を断《だん》ぜずして、諸《もろ》もろの明脱《みょうだつ》を起こす。非道《ひどう》を行《ぎょう》じて、仏道に通達《つうだつ》す」と。此の円融は何ぞ『大集』に異ならん、云云。

此の六宗・五宗は、皆な四宗に[180]倚傍《いぼう》して開く。但だ四宗は文《もん》無し。或《ある》いは言わく、「『[181]頂王経《ちょうおうきょう》』に出づ」と。『[182]経』に云わく、「初めに因縁の諸法《しょほう》の空なることを説き、次に諸子に一乗常住《いちじょうじょうじゅう》の法を教う」と。諸法空ならば、応《まさ》に是れ仮名宗《けみょうしゅう》なるべからざるなり。一乗常住ならば、応に是れ通教誑相《つうぎょうおうそう》なるべからざるなり。或いは言わく、「経度《わた》らざるなり」と。四宗既に爾《しか》れば、五宗・六宗は四に約《やく》して開立《かいりゅう》すれば、皆な信用し難《がた》きなり。

次に、有相《うそう》・無相《むそう》の大乗教を難ずとは、相・無相は応に単に説くべからず。何となれば、本《も》と真に約して俗《ぞく》を論ずれば、還《かえ》って俗に約して真を論ず。一切智人《いっさいちにん》は、無為法《むいほう》を以てすれども、而も差別《しゃべつ》有り。『華厳』に十地《じゅうじ》を論ずと雖《いえど》も、何ぞ曾《かつ》て法身《ほっしん》に約せざらん。『楞伽《りょうが》』・『思益《しやく》』に復《ま》た空を論ずと雖も、何ぞ曾て無生忍《むしょうにん》を説かざらん。

若し純《もっぱ》ら有相を用《もち》いば、相は則ち体《たい》無し。教は何ぞ詮《せん》ずる所あらん。亦た道を得ず。若し純ら無相を用いば、無相は真寂《しんじゃく》にして、言《ごん》を絶《ぜっ》し相を離《はな》る。[183]言語《ごんご》の道断《た》え、心の行処《ぎょうしょ》滅すれば、則ち復た是れ教に非ず。云何《いか》んが説く可けん。若し是れ教なりと言わば、教は即ち是れ相なり。何ぞ無相と謂《い》わん。

『大品』[184]に、「須菩提《しゅぼだい》問うて云わく、『若し諸法畢竟《ひっきょう》して有る所無くば、云何んが一地《いちじ》、乃至《ないし》、十地有りと説かん』と。仏答えて云わく、『諸法は畢竟して有る所無きを以ての故に、則ち菩薩の初地《しょじ》より十地に至る有り』」と。若し諸法に決定《けつじょう》の性《しょう》有らば、則ち一地、乃至、十地無し。故に知《し》んぬ、二種の大乗別に説くは、経に乖《そむ》く、云云。

次に、一音教《いっとんぎょう》を難ずとは、但だ一の大乗にして、三の差別無しと言わば、祇《た》だ是れ実智《じっち》にして、権智《ごんち》を見ず。若し但だ大乗のみならば、『法華』[185]に何が故に「我れ若し仏乗《ぶつじょう》を讃《さん》ぜば、衆生は苦に没《もっ》す。法を破《は》して信ぜざるが故に、三悪道に堕《お》つ。尋《つ》いで時に方便を思うに、諸仏は皆な歓喜《かんぎ》す」と云わん。故に知んぬ、独り一大乗教のみに非ず。若し805b純ら是れ一乗ならば、亦た応に純ら長者の身なるべし。既に垢衣《くえ》の体有れば、亦た大小教の異なり有り。那《な》んぞ混じて一音なりと判《はん》じて、方便を失うことを得ん。若し仏は常《つね》に一乗を説けども、衆生は三を見ると言わば、此れは則ち衆生は能化《のうけ》、仏は是れ所化《しょけ》なり。仏は既に是れ能化なれば、応に能《よ》く三乗を説くべし。何ぞ一乗を用うることを得ん。

若し『法華』は純ら一なりと言わば、爾る可し。『華厳』の[186]五天往反《ごてんおうほん》も、亦た鈍根《どんこん》の菩薩の為めに、別の方便を開く。況《いわ》んや余経をや。

故に知んぬ、一音の教は、[187]但だ一大車《いちだいしゃ》有るのみにして、僕従《ぼくじゅう》の方便の侍衛《じえ》有ること無し。但だ智慧波羅蜜《ちえはらみつ》有るのみにして、方便波羅蜜《ほうべんはらみつ》無し、云云。

第四節　去取を明かす

四に研詳去取《けんしょうこしゅ》とは、実《じつ》を覈《しら》[188]ぶるが故に研と言い、権《ごん》を覈ぶるが故に詳と言い、法相《ほっそう》に適《かな》うが故に去取と言う。若《も》し五時もて教を明かさば、五味《ごみ》の方便の文《もん》を得《う》れども、一道真実の意を失う。其《そ》の文を得《う》と雖《いえど》も、配対《はいたい》するに旨《むね》を失う。其の文は通じて用うれども、其の対《たい》は宜《よろ》しく休《や》むべし。

若し十二年の前に有相教《うそうきょう》を明かすと言わば、此れは小乗の一門を得れども、三門を失う。何となれば、三蔵《さんぞう》に四門の得道《とくどう》有りて、或いは有《う》を見て道を得ること『阿毘曇《あびどん》』の如く、或いは空《くう》を見て道を得ること『成実《じょうじつ》』の如く、或いは亦有亦空《やくうやくくう》を見て道を得ること『昆勒《こんろく》』の如く、或いは非空非有《ひくうひう》を見て道を得ること車匿《しゃのく》の如し。故に知《し》んぬ、「泥《ない》[189]洹《おん》の真の法宝《ほうぼう》は、衆生各《おの》おの種種《しゅじゅ》の門を以て入《い》る」と。若し一を挙《あ》げて四を標《ひょう》せんと欲《ほっ》せば、応《まさ》に総《そう》じて三蔵と言うべし。若し広く明かさんと欲せば、備《つぶ》さに四種を立つ。何の意もて偏《ひと》えに有相を存《そん》して、三を失没《しつもつ》せんや。後生《ごしょう》を疑《ぎ》[190]誤《ご》して、空有《くうう》、諍《あらそ》いを成《じょう》ず。三蔵の中の菩薩の若《ごと》きは、須《すべか》らく広く四門を学び、諸《もろ》もろの方便に通ずべし。後に仏を得る時、正遍知《しょうへんち》と名づく。若し但だ有相の教を標せば、唯《た》だ有を見て道を得る一門を得《う》。声聞《しょうもん》は、全く三門の泥洹に入る路《みち》を失えば、則ち小乗に於いて義闕《か》く。若し但だ有相のみならば、秖《た》だ偏えに一門を知りて、三門を解《げ》せず。正遍知に非ず。菩薩に於いて義闕く。其の闕《けつ》は則ち衆《おお》きが故に、須らく棄《す》つべし。其の得は則ち寡《すく》なく、唯だ一を存するのみ。

805c 若し十二年の後に無相《むそう》を明かさば、無相とは、此れは共般若《ぐうはんにゃ》を得て、不共般若《ふぐうはんにゃ》を失う。共般若に四門有り。如幻如《にょげんにょ》化《け》は即ち有門《うもん》、幻化《げんけ》の即ち無なるは是れ空門《くうもん》、幻化の有にして而《しか》も有ならざるは是れ亦空亦有門《やくうやくうもん》、双《なら》べて幻化を非《ひ》するは即ち非空非有門《ひくうひうもん》なり。若し『般若』は無相なりと言わば、秖だ共般若の一空門を得るのみにして、全く三門を失う。亦《ま》た七門を失う。尚《な》お是れ因中《いんちゅう》の正遍知ならず。況《いわ》んや果上《かじょう》の正遍知をや。其の失《しつ》は則ち去り、其の得は即ち取る、云云。

若し第三時は声聞を抑挫《よくざ》し菩薩を褒揚《ほうよう》すと言わば、此れは小の一種の声聞を斥《しりぞ》くることを得れども、全く七種の声聞を失う。顕大《けんだい》の一意を得れども、全く諸もろの偏《へん》の菩薩を折挫《しゃくざ》して、極円《ごくえん》の菩薩を褒揚することを得ず。亦た諸もろの権の菩薩を折挫して、実の菩薩を褒揚することを得ず。又《ま》た、偏円《へんえん》・権実《ごんじつ》の四門を識《し》らず。得る所の処は少なく、得ざる処は多し。

若し第四時は同帰《どうき》の教なりと言わば、唯だ万善同帰《まんぜんどうき》、一乗の名を得るのみにして、万善同帰、一乗の所を得ず。所とは、即ち仏性《ぶっしょう》同じく常住《じょうじゅう》に帰《き》する等なり。秖だ会《え》三帰《さんき》一《いち》を得て、会五帰一を得ず、会七帰一を得ず。唯だ一に帰するを得るのみにして、仏性・常住に帰することを得ず。此《かく》の如き等の失有り、云云。

第五時は若し二諦《にたい》に依《よ》りて常住を論ぜば、則ち常住に非ず。若し二諦に依らずば、[191]間然《けんねん》する所無し。彼れは常《じょう》を明かすと雖も、全く常に非ず無常《むじょう》に非ず、双べて常・無常を用うるを失う。[192]唯だ四術の一を得るのみにして、永《なが》く七術を失う。復《ま》た其の正体を得ず、云云。

四時教・三時教は、文として依る可《べ》き無く、実として拠《よ》る可き無く、進退取る可き所無し、云云。

北地の五時も亦た文の拠《こ》無く、又た実の意を失う。其の間の去取、前に類《るい》して知る可し。

半満《はんまん》の教は実の意を得て、方便の意を失う。四宗《ししゅう》の教は五味の方便の意を失い、又た実意を失う。五宗・六宗も例《れい》して此の如し。二種の大乗教は、権実乖離《かいり》し、父母《ぶも》乖離す。導師云何《いか》んが生ずることを得ん。権若《も》し実を離《はな》れば、実《じつ》相《そう》の印《いん》無く、是れ魔の説く所なり。実若し権を離れば、説示《せつじ》す可からず。一音教《いっとんぎょう》は実を得て権を失う。[193]鰥夫寡婦《けんぷかふ》は、生活《しょうかつ》を成ぜず、永く子孫無し。衆家《しゅけ》の教を解すること、種種同じからず。皆な是れ当世《とうせ》の師なり。各各《おのおの》自《みずか》ら深致《じんち》有りと謂《い》う。時既に[194]流播《るは》すれば、義も亦た[195]添雑《てんぞう》す。[196]晩賢情執《ばんげんじょうしゅう》して、苟《かりそめ》に諍いて[197]紛紜《ふんうん》たり。所以《ゆえ》に上来研難《じょうらいけんなん》し、次に去取を論じて、略して大意を知らしむ、云云。

806a

若し其《そ》の病を除かば、上《かみ》に説く所の如し。若し法を除かずば、之《こ》れを用うること則ち異なり。云何《いか》んが用うること異ならん。有相《うそう》は則ち具《つぶ》さに四門を用い、無相《むそう》は則ち共《ぐう》・不共《ふぐう》の八門を用い、褒貶《ほうへん》は則ち小を貶《おと》し大を褒《ほ》め、偏《へん》を貶し円《えん》を褒め、権《ごん》を貶し実《じつ》を褒むるを用い、同帰《どうき》は則ち同じく一乗・常住《じょうじゅう》・仏性《ぶっしょう》・究竟《くきょう》の円趣《えんしゅ》に帰《き》するを用い、常住は則ち常《じょう》に非ず無常《むじょう》に非ず、双《なら》べて常・無常を用い、[198]二鳥倶《にちょうとも》に遊び、[199]八術具足《はちじゅつぐそく》することを用う。五味《ごみ》を用うれば、則ち次第《しだい》は文《もん》の如し。下《しも》に在《あ》りて当《まさ》に説くべし。『提謂波利《だいいはり》』を用うるは、亦《ま》た止《た》だ是れ人天《にんでん》の乗のみならず。半満《はんまん》を用うれば、則ち五句有り。満《まん》と、満を開《かい》して半《はん》を立つると、半を破《は》して満を明かすと、半を帯《お》びて満を明かすと、半を廃《はい》して満を明かすとなり。因縁仮名《いんねんけみょう》を用うれば、則ち三蔵《さんぞう》の両門と為すのみ。誑相《おうそう》を用うるは、是れ通教《つうぎょう》の一門なるのみ。真《しん》を用うるは、秖《た》だ是れ常なるのみ。常は秖だ是れ真なるのみ。法界《ほうかい》は、独《ひと》り『華厳《けごん》』に在るのみならず。円宗《えんしゅう》は、偏《ひと》えに『大集《だいじつ》』を指すのみならず。有相・無相を用うとは、有相に約《やく》して無相を明かし、無相に約して有相を明かせば、二相い離《あ》れず。一音《いっとん》を用うとは、[200]慧《え》有る方便は解《げ》、方便有る慧は解なり。設《たと》い其の名を取るも、義を用うること永《なが》く異なり、云云。

第五節　教相を判ず

五に教相《きょうそう》を判《はん》ずとは、即ち六と為す。一に大綱を挙《あ》げ、二に三文を引きて証《しょう》し、三に五味半満相成《そうじょう》し、四に合・不合を明かし、五に通別料簡《つうべつりょうけん》し、六に増数《ぞうしゅ》に教を明かす。

第一項　大綱を挙ぐ

一に大綱に三種あり。一に頓《とん》、二に漸《ぜん》、三に不定《ふじょう》なり。此の三の名は旧《く》に同じけれども、義は異なり、云云。今、此の三教を釈《しゃく》するに、各《おの》おの二解を作《つく》る。一に教門に約して解し、二に観門に約して解す。教門は信行《しんぎょう》の人の為めに

806b

し、又《ま》た聞《もん》の義を成《じょう》ず。観門は法行《ほうぎょう》の人の為めにし、又た慧の義を成ず。聞慧具足するは、人の目有りて日光明らかに照らせば、種種《しゅじゅ》の色《いろ》を見るが如し。[201]具さには『釈論《しゃくろん》』の偈《げ》の如し、云云。

先に教に約すとは、『華厳』の[202]七処八会《しちしょはちえ》の説の若《ごと》きは、[203]譬《たと》えば日出《い》でて先に高山を照らすが如し。『[204]浄名《じょうみょう》』の中には、唯だ薝蔔《せんぷく》を嗅《か》ぐのみ。『大品《だいぼん》』の中には、不共般若《ふぐうはんにゃ》を説く。『[205]法華』に云《い》わく、「但だ無上道《むじょうどう》を説くのみ」と。又た、「[206]始めて我が身を見、我が説く所を聞きて、即ち皆な信受《しんじゅ》して、如来の慧に入《い》る」と。「[207]若し衆生に遇《あ》わば、尽《ことごと》く仏道を教う」と。『[208]涅槃《ねはん》』の二十七に云わく、「雪山《せっせん》に草有り、名づけて忍辱《にんにく》と為す。牛若《も》し食《じき》せば、即ち醍醐《だいご》を得《う》」と。[209]又た云わく、「我れ初めて成仏するに、恒沙《ごうじゃ》の菩薩来《きた》りて、是の義を問う。汝《なんじ》が如く異なること無し」と。諸《もろ》もろの大乗経の此《かく》の如き意義、類例《るいれい》して皆な頓教《とんぎょう》の相《そう》と名づくるなり。頓教の部に非ざるなり。

二に漸教《ぜんぎょう》の相とは、『[210]涅槃』の十三に云うが如し、「仏従《よ》り十二部経《じゅうにぶきょう》を出《い》だし、十二部経従り修多羅《しゅたら》を出だし、修多羅従り方等経《ほうどうきょう》を出だし、方等経従り般若を出だし、般若従り涅槃を出だす」と。此の如き等の意は、即ち是れ漸教の相なり。又た、始め人天自《よ》り二乗・菩薩・仏道まで、亦た是れ漸なり。又た、中間《ちゅうげん》に次第に入るも、亦た是れ漸なり、云云。

三に不定教《ふじょうきょう》とは、此れに別の法無し。但だ頓漸《とんぜん》に約するに、其の義自《おのず》ら明らかなり。今、『[211]大経《だいきょう》』の二十七に云うに依《よ》る、「毒を乳《にゅう》の中に置けば、乳は即ち人を殺す。酪《らく》・蘇《そ》・醍醐も亦た能《よ》く人を殺す」と。此れは過去の仏の所にて、嘗《かつ》て大乗の実相《じっそう》の教を聞くを謂《い》う。之れを譬うるに毒を以てす。今、釈迦《しゃか》の声教《しょうぎょう》に値《あ》う。其の毒は即ち発《ほっ》して、結惑《けつわく》の人死ぬ。『提謂波利』の若如《ごと》きは、但だ五戒《ごかい》を聞きて、不起《ふき》法忍《ほうにん》あり、三百人は信忍《しんにん》を得《え》、四天王《してんのう》は柔順忍《にゅうじゅんにん》を得、皆な長楽《ちょうらく》の薬を服し、長生《ちょうしょう》の符《ふ》を佩《お》びて、戒の中に住《じゅう》して、諸仏の母を見る。即ち是れ乳中に人を殺すなり。

酪中に人を殺すとは、『[212]智度論《ちどろん》』に云うが如し、「教に二種有り。一に顕露教《けんろきょう》、二に秘密教《ひみつきょう》なり。顕露とは、初転法輪《しょてんぽうりん》に、五比丘《ごびく》、及び八万の諸天は、法眼浄《ほうげんじょう》を得。秘密教の若きは、無量《むりょう》の菩薩は、無生法忍《むしょうぼうにん》を得」と。此れは是れ毒、酪に至りて能く人を殺すなり。

生蘇《しようそ》の中に人を殺すとは、「[213]諸《もろ》もろの菩薩有りて、方等大乗教《ほうどうだいじようきよう》に於いて、仏性《ぶつしよう》を見ることを得て、大涅槃《だいねはん》に住《じゆう》す」と。即ち其《そ》の義なり。

熟蘇《じゆくそ》に人を殺すとは、「[214]諸もろの菩薩有りて、摩訶般若《まかはんにや》の教に於いて、仏性を見ることを得《う》」と。即ち其の義なり。

醍醐《だいご》に人を殺すとは、「[215]涅槃の教の中の如き、鈍根《どんこん》の声聞《しようもん》は、慧眼《えげん》を開発《かいほつ》して、仏性を見ることを得。乃至《ないし》、鈍根の縁覚《えんがく》・菩薩・七種の方便も、皆な究竟《くきよう》の涅槃に入《い》る」と。即ち其の義なり。是れ不定教《ふじようきよう》の相《そう》と名づくるなり。不定の部に非ず。

二に観門に約《やく》して義を明かすとは、一に円頓観《えんどんかん》は、初発心《しよほつしん》従り即ち実相《じつそう》を観《かん》じて、[216]四《し》種三昧《しゆざんまい》を修《しゆ》して、八正道《はつしようどう》を行《ぎよう》ず。即ち道場に於いて、仏の知見《ちけん》を開き、無生忍《むしようにん》を得。牛、忍草《にんそう》を食《じき》して、即ち醍醐を得《う》るが如し。其の意、具《つぶ》さに『止観《しかん》』に在《あ》り、云云。

二に漸次観《ぜんじかん》は、初発心従り円極《えんごく》の為めの故に、阿那波那《あなはな》・十二門禅《じゆうにもんぜん》を修す。即ち是れ根本の行なり。故に「[217]凡夫《ぼんぶ》は
806c
雑血《ぞうけつ》の乳《にゆう》の如し」と云《い》う。次に、六妙門《ろくみようもん》・十六特勝《じゆうろくとくしよう》・観《かん》・練《れん》・熏《くん》・修《じゆ》等、乃至、道品《どうぼん》・四諦観《したいかん》等を修す。即ち是れ声聞の法なり。清浄《しようじよう》の乳の如き行なり。次に、十二縁観《じゆうにえんかん》を修す。即ち是れ縁覚なり。酪《らく》の如き行なり。次に、四弘誓《しぐぜい》願《がん》・六波羅蜜《ろくはらみつ》を修す。通《つう》・蔵《ぞう》の菩薩の行ずる所の事理《じり》の法なり。皆な生蘇の如き行なり。次に、別教《べつきよう》の菩薩の行ずる所の行を修す。皆な熟蘇の如し。故に「[218]菩薩は熟蘇の如し」と云うなり。次に、自性禅《じしようぜん》を修して一切禅《いつさいぜん》に入り、乃至、清浄浄禅《しようじようじようぜん》なり。此の諸もろの法門は、能《よ》く仏性を見、大涅槃に住して、真応具足《しんおうぐそく》す。故に醍醐の行と名づくるなり。

若し的《まさ》しく菩薩の位に就《つ》いて、五味《ごみ》の義を辨《べん》ぜば、上《かみ》の行妙《ぎようみよう》の中に辨ずるが如し。亦《ま》た『次第禅門《しだいぜんもん》』に説くが如し。是れ漸次観と名づくるなり。

不定観《ふじようかん》とは、過去の仏に従いて深く善根《ぜんこん》を種《う》え、今、十二門を修証《しゆしよう》して、豁然《かつねん》として開悟《かいご》し無生忍を得。即ち是れ

毒、乳の中に在りて即ち能く人を殺すなり。若し坐《ざ》して不浄観《ふじょうかん》・九想《くそう》・十想・背捨《はいしゃ》・勝処《しょうしょ》・有作《うさ》の四聖諦観《ししょうたいかん》等を証《しょう》し、此の禅定《ぜんじょう》に因《よ》りて、豁然として心開き意解《いげ》して無生忍を得《え》ば、即ち是れ毒、酪の中に至りて人を殺すなり。若し人有りて四弘誓願[219]を発《ほっ》し、六度《ろくど》を修し、仮《け》を体《たい》して空《くう》に入り、無生の四諦観もて、豁然として悟解《ごげ》して無生忍を得ば、即ち是れ毒、生蘇に至りて人を殺すなり。若し人、六度を修行し、従空出仮《じゅぐうしゅつけ》を修し、無量《むりょう》の四諦観を修して、豁然として心悟《しんご》し無生忍を得ば、是れ毒、熟蘇に至りて人を殺すなり。若し坐禅して中道《ちゅうどう》の自性等の禅正観《ぜんしょうかん》を修し、無作《むさ》の四聖諦を学び、法華[220]・般舟《はんじゅ》等の四種三昧を行じて、豁然として心悟し無生忍を得ること有らば、即ち是れ醍醐の行の中に人を殺すなり。

今、信・法の両行を辨じて仏法《ぶっぽう》を明かすに、各《おの》おの三意を作《つく》る。前の諸教に歴《ふ》るに、一科として諸もろの法師《ほっし》に異ならざるもの有ること無し。若し禅を修し道を学ばんと欲《ほっ》せば、前の諸観に歴《へ》て、法行《ほうぎょう》の人の為めに、安心《あんじん》の法を説く。一科として世間の禅師《ぜんじ》と同じきもの有ること無きなり。

是れ略して教観《きょうかん》の大意を点《てん》じて、大いに仏法を該《か》ぬと名づく。

第二項　三文を引きて証す

二に三文《さんもん》を引きて証すとは、所謂《いわゆ》る方便品《ほうべんぼん》・『無量義経《むりょうぎきょう》』・信解品《しんげほん》なり。方便品[221]に云わく、「我れ始めて道場に坐し、
807a
樹を観じ亦た経行《きょうぎょう》し、三七日の中に於いて、此《かく》の如き事を思惟《しい》す、『我が得る所の智慧は、微妙最第一《みみょうさいだいいち》なり。衆生の諸根《しょこん》は鈍《どん》なり。云何《いか》んが而《しか》も度《ど》す可《べ》けん。我れ寧《むし》ろ法を説かずして、疾《と》く涅槃に入らん』と。尋《つ》いで過去の仏の行ずる所の方便力《ほうべんりき》を念《おも》うに、我れ今得る所の道も、亦た応《まさ》に三乗を説くべし」と。「我れ始めて道場に坐す」とは、即ち是れ頓《とん》を明かす。何となれば、兜率《とそつ》従り下るに、法身《ほっしん》の眷属《けんぞく》は、陰雲《おんうん》の月を籠《こ》むるが如く、共に母胎に降《くだ》る。胎は虚《こ》空《くう》の若《ごと》く、常《つね》に妙法を説く。乃至、寂滅道場《じゃくめつどうじょう》にて、始めて正覚《しょうがく》を成《じょう》じ、諸もろの菩薩の為めに、純《もっぱ》ら大乗を説く。日

の初めて出《い》でて、前に高山を照らすが如し。此れは釈迦《しゃか》最初に頓説《とんせつ》するを明かすなり。

[222]序品《じょほん》に云《い》わく、「仏は眉間《みけん》の光を放《はな》ちて、遍《あまね》く東方の万八千の土《ど》を照らす。聖主師子《しょうしゅしし》の経法《きょうほう》を演説するを観《み》るに、微妙第一《みみょうだいいち》にして、諸《もろ》もろの菩薩を教う」と。[223]次に云わく、「若し人、苦に遭《あ》わば、為めに涅槃《ねはん》を説きて、諸もろの苦際《くさい》を尽《つ》くさしむ」と。即ち是れ現在の仏、頓《とん》を先にし、漸《ぜん》を後にす。

又《ま》た、文殊《もんじゅ》、疑いを釈《しゃく》するに、昔の仏も亦《ま》た爾《しか》るを引く。[224]文《もん》に云わく、「又た、諸もろの如来の自然《じねん》に仏道を成《じょう》ずるを見る。世尊《せそん》は大衆《だいしゅ》に在《あ》りて、深法《じんぼう》の義を敷演《ふえん》す」と。[225]次に即ち云わく、「一一の諸仏の土に、声聞衆《しょうもんしゅ》無数《むしゅ》なり」と。即ち是れ古《いにしえ》の仏、頓を先にし、漸を後にす。

又た、下方涌出《かほうゆじゅつ》の菩薩問訊《もんじん》するに、[226]仏答えて云わく、「是《かく》の如し、是の如し。衆生は度《ど》し易《やす》し。始めて我が身を見、我が説く所を聞きて、即ち皆な信受《しんじゅ》して、如来の慧《え》に入《い》る。先に修習《しゅじゅう》して小乗を学ぶ者を除く。是の如き人、我れ今亦た是の経を聞きて、仏慧《ぶって》に入ることを得《え》しむ」と。即ち是れ釈迦、頓を初めにし、漸を後にす。

此《かく》の如き等の初頓《しょとん》は、未だ必《かなら》ずしも純《もっぱ》ら法身《ほっしん》の菩薩のみを教えず、亦た凡夫《ぼんぶ》の大根性《だいこんじょう》の者有れば、即ち両義有り。当体円頓《とうたいえんどん》に悟りを得《う》る者は、即ち是れ醍醐《だいご》なり。初心の人は、大教を聞くと雖《いえど》も、始めて十信《じっしん》に入るは、最も是れ初《しょ》味《み》なり。初めは能《よ》く後を生ず。復《ま》た是れ乳《にゅう》に於いてす。何となれば、是れ頓なりと言うと雖も、或いは乗戒倶急《じょうかいくきゅう》、或いは戒緩乗急《かいかんじょうきゅう》なり。此の如き業生《ごっしょう》は、自《みずか》ら致《いた》すに由《よし》無し。必ず応生《おうしょう》を須《ま》って、七処八会《しちしょはちえ》に引入《いんにゅう》す。[227]大機《だいき》の仏を扣《たた》くは忍辱草《にんにくそう》に譬《たと》え、円応《えんのう》の頓説は醍醐を出だすに譬う。又た、頓教《とんぎょう》の最初に始めて内凡《ないぼん》に入るは、仍《な》お呼びて乳と為す。呼びて乳と為すは、意淡《あわ》きに在らず。初めなるを以ての故に、本《ほん》なるが故なり。

牛、新たに生ずれば、血変《へん》じて乳と為り、純浄《じゅんじょう》にして身に在りて、犢子《とくし》若し嗽《す》わば、牛即ち乳を出だすが如し。仏も亦た是の如し。始めて道場に坐《ざ》して、新たに正覚《しょうがく》を成ずるに、無明《むみょう》等の血、転変《てんぺん》して明《みょう》と為る。八万の法蔵《ほうぞう》、十二
807b
部経《ぶきょう》、具《つぶ》さに法身に在り。大機の犢子、先に乳を感得《かんとく》す。乳を衆味《しゅみ》の初めと為すは、頓の衆教の首《はじめ》に在るを譬う。故

に『華厳《けごん》』を以て乳と為すのみ。三教もて分別《ふんべつ》すれば、即ち頓教と名づく。亦た即ち醍醐なり。五味《ごみ》もて分別すれば、即ち乳教《にゅうきょう》と名づく。

又た、行に約《やく》すとは、大機、頓を稟《う》けて、即ち無明を破《は》し、無生忍《むしょうにん》を得れば、行は醍醐の如し。又た、此の頓を稟くと雖も、未だ悟入《ごにゅう》すること能《あた》わず、始《はじ》めて行を立つ。故に其《そ》の行は乳の如し。若し小根性の人に望まば、行は又た乳の如し。何となれば、大教もて小に擬《ぎ》[228]するに、聾《ろう》の如く瘂《あ》の如し。己《おの》が智分《ちぶん》に非ず、行は凡地《ぼんじ》に在り。全く生《なま》きこと乳の如し。此の義を以ての故に、頓教は初めに在り。亦た醍醐と名づけ、亦た名づけて乳と為す。其の意は見る可《べ》きなり。

次に、漸を開くとは、仏は本《も》と大乗を以て、衆生を度せんと擬す。其の堪《た》えざる者には、尋《つ》いで方便を思い、波羅奈《ない》に趣《おもむ》き、一乗の道に於いて、分別して三と説く。即ち是れ三蔵教《さんぞうきょう》を開くなり。但だ釈迦、其の無量《むりょう》の神徳《じんとく》を隠《かく》して、斯《こ》の漸化《ぜんけ》を作《な》すのみに非ず、過・現の諸仏も亦《ま》復た是の如し。前に引く所の如し。当《まさ》に知るべし、初頓の後に、次に漸を開く。

故に『涅槃』[229]に云わく、「仏従《よ》り十二部経を出だし、十二部従り修多羅《しゅたら》を出だす」と。正《まさ》しく此の義と相応す。譬えば牛従り乳を出だし、乳従り酪《らく》を出だすが如し。其の譬えは違《たが》わず。漸機《ぜんき》は頓教に於いて未だ転《てん》ぜざれば、全く生きこと乳の如し。三蔵の中に転じて、凡《ぼん》を革《あらた》め聖《しょう》と成《な》るを、乳を変じて酪と為すに喩《たと》う。即ち是れ次第相生《しだいそうしょう》するに、第二時の教と為す。濃淡優劣《のうたんうれつ》を取りて喩えと為さざるなり。

方便品《ほうべんぽん》の文は、此れに斉《かぎ》る。

妙法蓮華経玄義巻第十上

妙法蓮華経玄義　巻第十下

天台智者大師説く

第二項　三文を引きて証す［続］

次に、『無量義《むりょうぎ》』を引きて証《しょう》と為《な》すとは、文《もん》[1]に云《い》わく、「我れは仏眼《ぶつげん》を以《もっ》て一切の法を観《かん》ずるに、宣説《せんぜつ》す可《べ》からず。
807c 所以《ゆえん》は何《いか》ん。諸《もろ》もろの衆生の性欲《しゅじょう しょうよく》同じからず。性欲同じからざれば、種種《しゅじゅ》に法を説くに、文辞《もんじ》は是《こ》れ一なれども、義《ぎ》は別異《べつい》なり。義異《こと》なるが故《ゆえ》に、衆生の解《げ》異なり。解異なるが故に、得法《とくほう》・得果《とくか》・得道《とくどう》も亦《ま》た異なり。初めに四諦《したい》を説き、声聞《しょうもん》を求むる人の為《た》めにすれども、八億の諸天来下《らいげ》して法を聴《き》き、菩提心《ぼだいしん》を発《ほっ》す。中ごろ処処《しょしょ》に於《お》いて甚深《じんじん》の十《じゅう》二因縁《にいんねん》を説き、支仏《しぶつ》を求むる人の為めにす。次に、方等十二部経《ほうどうじゅうにぶきょう》、摩訶般若《まかはんにゃ》、華厳海空《けごんかいくう》を説き、菩薩の歴劫修行《りゃっこうしゅぎょう》を宣説すれども、百千の比丘《びく》、無量の衆生は、菩提心を発し、或《ある》いは声聞に住《じゅう》す。万億《まんのく》の人天《にんでん》は、須陀洹《しゅだおん》を得《え》、阿羅漢《あらかん》に至り、辟支仏《びゃくしぶつ》に住す」と。

「仏眼もて一切の法を観ず」とは、即《すなわ》ち是れ頓法《とんぼう》前に在《あ》り。四諦・十二縁は、即ち是れ次の漸《ぜん》なり。若《も》し此《こ》の文に依《よ》らば、三蔵《さんぞう》を説き竟《お》わりて、次に方等十二部経を説く。

小に次《つ》いで大を説く所以は、仏は本《も》と大を授《さず》けんとするに、衆生は堪《た》えざれば、大を抽《ひ》きて小を出《い》だし、結《けつ》を断《だん》じ聖《しょう》と成《な》らしむ。此の益《やく》有りと雖《いえど》も、仏の本懐《ほんがい》に非《あら》ず。

次に、方等の『維摩《ゆいま》』・『思益《しやく》』・『殃掘摩羅《おうくつまら》』を説きて、小乗の果を保つの僻《びゃく》を弾訶《たんか》し、三蔵の断滅《だんめつ》の非《ひ》を譏刺《きし》す。故に身子《しんし》・善吉《ぜんきつ》は、教を斉《かぎ》るに、小を専《もっぱ》らにし、初め曾《かっ》て大乗の威徳《いとく》を聞かざれば、或いは茫然《もうねん》[2]として鉢《はち》を棄《す》て、或いは[3]怖畏《ふい》して華《はな》を却《しりぞ》く。是れ何の言《ごん》なるやを知らず、何を以て答うるやを知らず。然《しか》るに、方等の弾斥《たんじゃく》は、教は三蔵の後に在れども、訶《か》せらるるの時は、応《まさ》に十二年の前に在るべし。何を以てか知ることを得《え》ん。皆《み》な追《お》いて昔の訶を述ぶれば、是れ前の事なることを験《けん》す。何となれば、前に已《すで》に教を稟《う》けて道を得、無学《むがく》を証《しょう》す。仏の恩の深きを荷《にな》い、心相《あ》い体信《たいしん》して、復《ま》た恚怒《いぬ》せず。

昔自《よ》り今に至るまで、殃掘の譏《そし》りを恣《ほしいまま》にし、浄名《じょうみょう》の折《しゃく》に任《まか》するに、小を恥《は》じ大を慕《した》うの益を為すことを得《う》。喩《たと》えば酪《らく》を烹《に》て生蘇《しょうそ》と作《な》すが如《ごと》し。即ち此の義なり。『無量義』を按《あん》ずるに、方等は是れ三蔵の後にして、第三時の教と為るを知ることを得るなり。

『無量義経』に「次に摩訶般若・華厳海空の歴劫修行を説く」と云うを按ずれば、此れは是れ方等の後に、而《しか》も『大品《だいぼん》』を明かす。『大品』に、或いは無常《むじょう》・無我《むが》を説き、或いは空《くう》を説き、或いは不生不滅《ふしょうふめつ》を説く。皆な色心《しきしん》に歴《へ》て、一切種智《いっさいしゅち》に至る。句句廻転《くくえてん》して、修行の法を明かす。即ち是れ歴劫修行の意なり。又た、「百千の比丘、万億の人天 808a は、須陀洹、及び阿羅漢を得、辟支仏に住す」と云うは、是れ共般若《ぐうはんにゃ》なることを験するなり。

而《しか》して「華厳海空」と言うは、若し寂滅道場《じゃくめつどうじょう》の『華厳』と作さば、此れは次第《しだい》に非ず。今、『[4]法性論《ほっしょうろん》』に云うに依る、「鈍根《どんこん》の菩薩は、三処《さんしょ》に法界《ほうかい》に入《い》る。初めは則《すなわ》ち『般若』、次は則ち『法華』、後は則ち『涅槃《ねはん》』なり」と。『般若』に因《よ》りて法界に入るは、即ち是れ「華厳海空」なり。又た、『華厳』の時節《じせつ》長し。昔、小機《しょうき》は未《いま》だ入らず、聾《ろう》の如く瘂《あ》の如し。今、『般若』を聞き、即ち能《よ》く入ることを得。即ち其《そ》の義なり。

『大品』は三乗の人に通《つう》ずれば、[5]四果有ることを得可《うべ》し。『華厳』は小を隔《へだ》つるが故に、此の義無し。故に方等の後に、次に『般若』を説くを、第四時の教と為すなり。復た熟蘇味《じゅくそみ》と言うは、命じて転教《てんぎょう》せしめて、[6]衆物《しゅもつ》を領知《りょうち》し、[7]心漸《ようや》く通泰《つうたい》す。自《みずか》ら[8]蛍火《けいか》の日光に及ばざることを知れば、敬伏《きょうぶく》の情は[9]倍更《ま》転《す》ます熟《じゅく》す。生蘇従《よ》り転《てん》じて熟蘇と成るが如きなり。

又《ま》た解《げ》す。『般若《はんにゃ》』の後に華厳海空《けごんかいくう》を明かすは、即《すなわ》ち是《こ》れ円頓《えんどん》の『法華』の教なり。何となれば、初めて成道《じょうどう》する時、純《もっぱ》ら円頓を説く。解せざる者の大機《だいき》未《いま》だ濃《こまや》かならざる為《た》めに、三蔵《さんぞう》・方等《ほうどう》・『般若』を以《もっ》て洮汰《とうた》し淳熟《じゅんじゅく》す。根利《こんり》にして障除《しょうのぞ》こり、円頓を聞くに堪《た》うれば、即ち『法華』を説きて、仏知見《ぶっちけん》を開き、法界《ほうかい》に入《い》ることを得《え》しむ。『華厳』と斉《ひと》し。『法性論《ほっしょうろん》』の中ごろ入る者、是れなり。

故《ゆえ》に[10]下《しも》の文《もん》に云《い》わく、「始めて我が身を見て、如来《にょらい》の慧《え》に入り、今、是の経を聞きて、仏慧《ぶって》に入る」と。初後の仏慧、円頓の義《ぎ》斉し。故に『般若』の後に次《つ》いで、華厳海空を説くは、『法華』と斉しきなり。亦《ま》た第五時の教なり。

復《ま》た醍醐《だいご》と言うは、是れ衆味《しゅみ》の後なり。『涅槃《ねはん》』には称《しょう》して醍醐と為《な》し、此《こ》の経には[11]大王《だいおう》の饍《ぜん》と名づく。故に知《し》んぬ、二経は倶《とも》に是れ醍醐なり。

又た、[12]灯明仏《とうみょうぶつ》は『法華経』を説き竟《お》わりて、即ち中夜《ちゅうや》に於《お》いて、涅槃に入ると唱《とな》う。彼《か》の仏の一化《いっけ》は、初めに『華厳』を説き、後に『法華』を説く。[13]迦葉仏《かしょうぶつ》の時も亦復《ま》た是《かく》の如《ごと》し。悉《ことごと》く『涅槃』を明かさず。皆《み》な『法華』を以て後《ご》教《きょう》・後味《ごみ》と為す。今の仏は、前番の人を熟《じゅく》するに、『法華』を以て醍醐と為す。更に後段の人を熟するに、重ねて『般若』を将《もっ》て洮汰して、方《まさ》に『涅槃』に入らしむ。復た『涅槃』を以て後教・後味と為す。譬《たと》えば、田家《でんけ》の先に種《う》うるは、先に熟し先に収め、晩に種うるは、後に熟し後に収《おさ》むるが如し。

[14]『法華』の八千の声聞《しょうもん》、無量《むりょう》の損生《そんしょう》の菩薩は、即ち是れ前に果実を熟し、『法華』の中に於いて収めて、更に作《な》す所
808b
無し。[15]五千自《みずか》ら起《た》ち、人天《にんでん》移さるるが若《ごと》きは、皆な是れ後に熟し、『涅槃』の中に収む。此の義の為めの故に、故《ことさら》に[16]「摩《ま》訶《か》般若《はんにゃ》従《よ》り大涅槃《だいねはん》を出《い》だす」と云う。即ち後番の次第《しだい》なり。『無量義』に「摩訶般若の次に華厳海空」と云うを按《あん》ずるに、即ち前番の『法華』の中の次第なり。

問う。何の意もて鈍者《どんしゃ》は『法華』に於いて入らず、更に『般若』を用《もっ》て洮汰すと知らん。

答う。[17]『釈論《しゃくろん》』に云わく、「須菩提《しゅぼだい》は、何が故に更に菩薩の畢定《ひつじょう》・不畢定を問わん。答えて云わく、『須菩提は、「法

808c

華」の中に於いて、諸《もろ》もろの菩薩の受記作仏《じゅきさぶつ》するを聞く。今、「般若」の中に於いて、更に畢定・不畢定を問う』」と。当《まさ》に知るべし、『法華』の後に、更に『般若』を明かすなり。

三に信解品《しんげほん》の[18]四大声聞《しだいしょうもん》の教を領するを引きて、次第を証《しょう》すとは、[19]文に云わく、「其《そ》の父は先より来《このかた》、子を求むるに得ずして、中ごろ一城に止《とど》まる。其の家大いに富みて、多く僮僕《どうぼく》・臣・佐《さ》・吏《り》・民有りて、亦た甚《はなは》だ衆多《しゅた》なり。時に貧窮《びんぐ》の子は、遇《たま》たま父の舎《いえ》に到るに、疾走して去る。即ち傍人《ぼうにん》を遣《つか》わして、急に追いて将《ひき》い還《かえ》らしめんとす。窮子《ぐうじ》は驚《きょう》愕《がく》して、怨《あだ》なりと称し大いに喚《よ》ばう、『罪無けれども囚執《とら》えらる。此《こ》こに必定《ひつじょう》して死なん』と。父は使いに語りて言わく、『此の人を須《もち》いず。強《し》いて将《ひき》い来《きた》らしむること勿《な》かれ』」と。此れは何の義をか領せん。初め成仏して寂滅道場《じゃくめつどうじょう》にて、法身《ほっしん》の大士《だいじ》、四十一地《しじゅういちじ》の眷属《けんぞく》に囲遶《いにょう》せられて、円頓の教門を説く。時に、大を以て子に擬《ぎ》するに、機生《きなま》くして悶《もん》絶《ぜつ》することを領す。当に知るべし、仏日初めて出でて、頓教《とんぎょう》先に開く。譬えば、牛従り必《かなら》ず先に乳《にゅう》を出だすが如し。『[20]爾《そ》の時、長者は将《まさ》に其の子を誘引《ゆういん》せんと欲《ほっ》して、方便《ほうべん》を以て密《ひそ》かに二人の形色憔悴《ぎょうしきしょうすい》して威徳《いとく》無き者を遣わす。『汝《なんじ》は彼《か》しこに詣《いた》りて、徐《おもむ》ろに窮子に語る可《べ》し、「汝を雇いて糞を除かしむ」』と。即ち瓔珞《ようらく》を脱ぎ、垢膩《くに》の衣を著《き》る。方便を以ての故に、其の子に近づくことを得《う》」と。此れは何の義をか領せん。此れは頓《とん》の後に次いで、舎那《しゃな》の威徳の相《そう》好《ごう》を隠《かく》して、老比丘《ろうびく》の像と作《な》りて三蔵の教を説き、二十年の中、常《つね》に糞を除かしめ、一日の価《あたい》を得ることを領す。即ち是れ[21]十二部《じゅうにぶ》従り、後に修多羅《しゅたら》を出だす。時に、見思《けんじ》已《すで》に断《だん》じ、無漏《むろ》の心浄《きよ》し。譬えば、乳従り酪《らく》を出だすが如きなり。

又た、『経』[22]に「是れを過ぎて已後《いご》、心相《あ》い体信《たいしん》して、出入《しゅつにゅう》に難《はばか》り無し。然《しか》るに、其の止まる所は、故《な》お本《も》との処に在《あ》り」と。此れは何の義をか領せん。三蔵の後に、次に方等を説くことを明かす。已に道果を得て、心相い体信す。大を聞くを「入」と名づけ、小に住《じゅう》するを「出」と名づく。若《も》し弾訶《たんか》するを「難り無し」と名づくと言わば、又た宅内に進むを「入」と名づけ、入りて群臣豪族の大功徳力《だいくどくりき》を見、宝炬陀羅尼《ほうこだらに》を聞き、不思議解脱《ふしぎげだつ》の神変《じんぺん》を見るが故に、

「入」と名づくるなり。「出」とは、草庵《そうあん》に止宿《ししゆく》する二乗《にじよう》の境界《きようがい》を「出」と名づくるなり。「心相《あ》い体信《たいしん》す」とは、羅《ら》漢《かん》を得《え》已《おわ》りて、罵《ののし》るを聞けども瞋《いか》らず、内心慚愧《ないしんざんき》して、敢《あえ》て声聞《しようもん》・支仏《しぶつ》の法を以《も》て人を化《け》せず。心漸《ようや》く淳熟《じゆんじゆく》すること、酪《らく》従《よ》り生蘇《しようそ》を出《い》だすが如《ごと》し。是《こ》れ修多羅《しゆたら》従り方等経《ほうどうきよう》を出だすと名づく。即《すなわ》ち第三時の教なり。

「[23]是の時、長者に疾《しつ》有りて、自《みずか》ら将《まさ》に死なんこと久《ひさ》しからざるを知り、窮子《ぐうじ》に語りて言わく、『我れ今、多く金銀《こんごん》・珍宝《ちんぽう》有りて、倉庫に盈溢《よういつ》す。其《そ》の中の多少、応《まさ》に取与《しゆよ》すべき所なり』と。窮子は勅を受けて、衆物《しゆもつ》を領知《りようち》すれども、一餐《いっさん》を悕取《けしゆ》するの意無し。然《しか》も其の止《とど》まる所は、故《な》お本《も》との処に在《あ》り」と。此《こ》れは何の義をか領《りよう》せん。方等従り後に、次に『般若《はんにや》』を説く。『般若』の観慧《かんえ》は、即ち是れ「家業《けごう》」なり。名色《みようしき》、乃至《ないし》、種智《しゆち》に歴《ふ》るは、即ち是れ「衆物」なり。善吉《ぜんきつ》等の転教《てんぎよう》するは、即ち是れ「領知」なり。但《た》だ菩薩の為《た》めに説き、自ら行証《ぎようしよう》せざるが故《ゆえ》に、「[24]悕取無し」。即ち是れ方等経従り『摩訶般若《まかはんにや》』を出だす。是れに因《よ》りて、大士《だいじ》の法門を識《し》ることを得て、無知《むち》を滅破す。生蘇従り熟《じゆく》蘇《そ》を出だすに譬《たと》う。是れ第四時の教と為《な》すなり。

「[25]復《ま》た少時《しようじ》を経て、父は子の意漸く已《すで》に通泰《つうたい》するを知り、終わらんと欲《ほつ》する時に臨《のぞ》んで、其の子を命《よ》び、幷《なら》びに親族を会《あつ》め、即ち自ら宣《の》べて言わく、『此れは実に我が子なり。我れは実に其の父なり。今、吾《わ》が有する所は、皆《み》な是れ子の有なり。付《ふ》するに家業を以てす』と。窮子は歓喜《かんぎ》して、未曾有《みぞう》なることを得《う》」と。此れは何の義をか領せん。即ち是れ『般若』の後に、次に『法華』を説く。先に庫蔵《こぞう》の諸物《しよもつ》を領知するを以て、後に説くを須《もち》いず、但だ業を付するのみ。前に転教して皆な法門を知れば、重ねて観法《かんぼう》を演《の》ぶるを須いざるを譬う。直《ただ》ちに草庵《そうあん》を破《は》し、一大車《いちだいしや》を賜《たま》い、作仏《さぶつ》の記を授《さず》く。豈《あ》に明らかに仏性《ぶつしよう》を見て、大涅槃《だいねはん》に住《じゆう》するに非《あら》ざらん。故に「摩訶般若従り大涅槃を出だす」と言う。是の時、無明《むみよう》破して中道《ちゆうどう》の理《り》顕《あら》わる。其の心は皎潔《こうけつ》にして、清き醍醐《だいご》の如し。即ち是れ熟蘇従り転《てん》じて醍醐を出だすを、第五時の教と為すなり。

此の五味《ごみ》の教は、一段の漸機《ぜんき》の衆生《しゆじよう》を調熟《じようじゆく》す。身子《しんし》等の大徳の声聞の如きは、『[26]法華』の中に於《お》いて、記莂《きべつ》を受くることを得《え》、如来の性《しょう》を見、大果実を成《じょう》ずること、秋収冬蔵《しゅうしゅうとうぞう》して、更に作《な》す所無きが如し。[27]不生不生《ふしょうふしょう》を大涅槃と名づく。即ち是れ前番に『摩訶般若』従り『妙法華《みょうほっけ》』を出だす。未熟の者の為めに、更に『般若』より『涅槃』に入《い》りて、仏性を見ることを論《ろん》ず。即ち是れ後番に、又《ま》た『般若』従り『大涅槃』を出だすなり。

然るに、二経の教意《きょうい》、起《き》尽《じん》は是れ同じ。『法華』の如きは、三周に法を説き、声聞を[28]断奠《だんでん》して、咸《ことごと》く一実《いちじつ》に帰《き》せしむ。後に開近顕遠《かいごんけんのん》して、菩薩の事を明かす。『涅槃』も亦《ま》た爾《しか》り。先に[29]勝《しょう》の三修《さんしゅ》もて声聞を断奠して、秘密蔵《ひみつぞう》に入らしめ、後に[30]三十六問もて菩薩の事を明かすなり。

又た、『涅槃』には、滅《めつ》に臨んで、更に三蔵《さんぞう》を扶《たす》けて、将来を誡約《かいやく》し、末代《まつだい》の鈍根《どんこん》をして、仏法《ぶっぽう》に於いて断滅《だんめつ》の見《けん》を起こさざらしむ。広く常宗《じょうしゅう》を開きて、此の顚倒《てんどう》を破し、仏法をして久住《くじゅう》せしむ。此《か》の如き等の事は、[31]其の意則《すなわ》ち別なり。第五の醍醐にして、仏性の味は同じきなり。

第三項　五味半満相成に約す

三に五味《ごみ》半満相成《はんまんそうじょう》に約《やく》すとは、若《も》し直《た》だ五味を論ずるのみならば、猶《な》お南師《なんし》の但だ方便《ほうべん》を得《う》るのみに同じ。若し直だ半満なるのみならば、猶お北師《ほくし》の但だ其の実《じつ》を得るのみに同じ。今、明かさく、五味は半満を離れず、半満は五味を離れず。五味に半満有れば、則ち慧《え》有る方便の解《げ》なり。半満に五味有れば、方便有る慧の解なり。権実《ごんじつ》倶《とも》に遊ぶこと、鳥の二翼の如し。復た倶に遊ぶと雖《いえど》も、[32]行蔵《ぎょうぞう》所《ところ》を得。

『華厳《けごん》』の若《ごと》きは、頓満大乗《とんまんだいじょう》の家業にして、但だ一実を明かすのみにして、方便を須いず。唯《た》だ満《まん》なるのみにして半《はん》ならず。漸《ぜん》に於いては乳《にゅう》を成ず。三蔵の客作《きゃくさ》は、但だ是れ方便なるのみ。唯だ半なるのみにして満ならず。漸に於いては酪を成ず。方等の弾訶《たんか》の若きは、則ち半満相対《そうたい》して、満を以て半を斥《しりぞ》く。漸に於いては生蘇を成ず。『大品《だいぼん》』の領教《りょうきょう》の若きは、半を帯《お》びて満を論ず。半は則ち通《つう》じて三乗の為めにし、満は則ち独《ひと》り菩薩の為めにす。漸に於いては熟蘇《じゅくそ》を成《じょう》ず。『法華』の付財《ふざい》の若《ごと》きは、半《はん》を廃《はい》して満《まん》を明かす。若《も》し半字《はんじ》の方便もて鈍根《どんこん》を調熟《じょうじゅく》すること無くば、則ち亦《ま》た満字《まんじ》の仏知見《ぶっちけん》を開くこと無し。漸《ぜん》に於いては醍醐《だいご》を成ず。

「[33]如来《にょらい》は殷勤《おんごん》に方便を称歎《しょうたん》す」とは、半に満を成ずるの功《く》有り。意此《こ》こに在《あ》るなり。四大声聞《しだいしょうもん》の領解《りょうげ》に、「[34]無上《むじょう》の宝《ほう》聚《じゅ》、求めずして自《おのずか》ら得て、実智《じっち》の中に安住《あんじゅう》す」とは、皆な半満相成《はんまんそうじょう》するに由《よ》る。意此こに在るなり。

第四項　合・不合を明かす

四に合・不合を明かすとは、半満五味《はんまんごみ》は既《すで》に通《つう》じて諸経に約《やく》すれば、諸経同じからず。今、当《まさ》に其《そ》の開合《かいごう》を辨《べん》ずべし。

809b

『華厳《けごん》』の若きは、正《まさ》しく小を隔《へだ》てて大を明かす。彼《か》の初分《しょぶん》に於いて、永《なが》く声聞無し。後分《ごぶん》には則ち有り。復《ま》た、坐に在りと雖《いえど》も、聾《ろう》の如く瘂《あ》の如くにして、其の境界《きょうがい》に非ず。爾《そ》の時、尚《な》お未《いま》だ半有らず。何《なん》ぞ合を論ずる所ならん。次に、三乗を開きて小機《しょうき》を引接《いんしょう》し、見思《けんじ》を断《だん》ぜしむ。則ち小を以て大を隔つ。既に満を論ぜざれば、何ぞ合す可《べ》き所ならん。故に『[35]無量義《むりょうぎ》』に云《い》わく、「三法・四果・二道一ならず」と。「一ならず」とは、即ち不合なり。

方等教《ほうどうきょう》の若きは、或《ある》いは半満双《なら》べ明かし、或いは半満相対《そうたい》し、或いは満を以て半を弾《たん》じ、半を稟《う》け満を聞く。小を恥ずることを知ると雖も、猶《な》お未だ大に入《い》らず。故に[36]云わく、「草庵《そうあん》に止宿《ししゅく》す」と。下劣《げれつ》の心は猶お未だ改《あらた》むること能《あた》わざれば、則ち半満合せず。

『般若《はんにゃ》』は、満を以て半を洮練《とうれん》し、命じて家業《けごう》を領《りょう》せしむ。半の方便は通じて無生《むしょう》に入り、半字の法門は皆な是れ摩訶衍《まかえん》なりと明かす。是れ其の法を合す。而《しか》も一餐《いっさん》の物《もつ》を悕取《けしゅ》せざるは、即ち是れ未だ其の人を合せず。是の故に半満合せず。

若し『法華』に至らば、化城《けじょう》を覚悟して、真実に非ずと云う。「[37]汝等《なんだち》の行《ぎょう》ずる所は、是れ菩薩の道なり」と。即ち是れ法を合す。「[38]汝《なんじ》は実に我が子なり」と。即ち是れ人を合す。人法倶《にんぼうとも》に合す。鹿苑《ろくおん》に権《ごん》を開く自《よ》り、諸《もろ》もろの経教《きょうぎょう》に歴《へ》て、『法華』に来至《らいし》して、始めて実《じつ》に合することを得《う》。故に『[39]無量義』に云わく、「四十余年、未だ真実を顕《あら》わさず」と。若し『法華』に於いて未だ合せずば、『涅槃《ねはん》』に於いて合することを得。『[40]法性論《ほっしょうろん》』に中・下の二根の法界《ほうかい》に入ることを明かすは、即ち是れ菩薩を合することを得るなり。

若し声聞を論ぜば、一に秘密の合、二に顕露《けんろ》の合なり。

秘密の合とは、初め提謂《だいい》の為めに五戒《ごかい》の法を説く。已《すで》に密《ひそ》かに無生忍《むしょうにん》を悟る者有り。況《いわ》んや修多羅《しゅたら》・方等・『般若』に、豈《あ》に密悟《みつご》無からん。此《こ》れは則ち論ぜず。

若し顕露に就《つ》かば、[41]未入位《みにゅうい》の声聞は、亦た処に随《したが》いて合することを得。例《れい》せば、『[42]般若』の三百の比丘《びく》の記《き》を得る者の如き、是れなり。住果《じゅうか》の声聞の若きは、決して『法華』に至りて、敦《あつ》く信じて合せしむ。若し住果合せずば、是れ増上慢《ぞうじょうまん》なり。未入位の五千は、衆《しゅ》を簡《えら》びて起《た》ち去り、『涅槃』の中に到りて、方《まさ》に復た合することを得。

総《そう》じて諸教に就いて通じて四句を作《な》さば、『華厳』・三蔵《さんぞう》は、合に非ず不合に非ず。方等・『般若』は、一向《いっこう》に合せず。『法華』は、一向に合す。『涅槃』は、亦た合し亦た合せず。何となれば、『涅槃』は末代《まつだい》の為めに、更に諸もろの権を開きて、後代の鈍根を引く。故に亦た合せずと言う。

問う。菩薩の『法華』に因《よ》りて法界に入るは、『華厳』と合す。『華厳』に因りて一乗に入りて、『法華』と合するを見ず。

809c 答う。『華厳』にて法界に入るは、即ち是れ一乗に入る、云云。

第五項　通別等に約して料簡す

五に料簡《りょうけん》とは、三意と為す。一に通別に約し、二に益《やく》・不益、三に諸教に約す。

通別とは、夫《そ》れ五味《ごみ》半満《はんまん》は別を論ずれば、別《べっ》して斉限《さいげん》有り。通を論ずれば、初後に通ず。『華厳《けごん》』の頓乳《とんにゅう》の若《ごと》きは、別しては但《た》だ初めに在《あ》り、通じては則ち後に至る。故に『無量義《むりょうぎ》』[43]に云《い》わく、「次に般若《はんにゃ》の歴劫修行《りゃっこうしゅぎょう》、華厳海空《けごんかいくう》を説く」と。『法華』にて仏慧《ぶって》に会入《えにゅう》す。即ち是れ通じて二経に至る。

又《ま》た、『像法決疑経《ぞうぼうけつぎきょう》』[44]に云わく、「今日坐中の無央数《むおうしゅ》の衆《しゅ》は、各《おの》おの見ること同じからず。或いは如来の涅槃《ねはん》に入《い》るを見、或いは如来の世に住《じゅう》すること一劫《いっこう》、若《も》しは減一劫《げんいっこう》、若しは無量劫《むりょうこう》なりと見、或いは如来は丈六《じょうろく》の身なりと見、或いは小身なるを見、或いは大身なるを見、若しは報身《ほうじん》の蓮華蔵世界海《れんげぞうせかいかい》にて、千百億の釈迦牟尼仏《しゃかむにぶつ》の為めに、心地《しんじ》の法門を説くを見、或いは法身《ほっしん》の虚空《こくう》に同《どう》じて分別《ふんべつ》有ること無く、無相無礙《むそうむげ》にして遍《あまね》く法界《ほうかい》に同ずと見、或いは此《こ》の処は山林地土沙《せんりんじどしゃ》なりと見、或いは七宝《しっぽう》と見、或いは此の処は乃《すなわ》ち是れ三世《さんぜ》の諸仏《しょぶつ》の行《ぎょう》ずる所の処なりと見、或いは此の処は即ち是れ不可思議《ふかしぎ》諸仏《しょぶつ》の境界《きょうがい》、真実《しんじつ》の法なりと見る」と。夫れ日初めて出《い》づるに、先に高山を照らす。日若《も》し没《もっ》するに垂《なん》んとせば、亦《ま》た応《まさ》に峻嶺《しゅんれい》に余輝《よき》あるべし。故に蓮華蔵海《れんげぞうかい》は、通じて『涅槃』[45]の後に至る。況《いわ》んや前教をや。

修多羅《しゅたら》の半酪《はんらく》の教の若きは、別して論ずれば第二時に在り、通じて論ずれば亦た後に至る。何となれば、迦留陀夷《かるだい》[46]は、『法華』の中に於いて、面《まのあた》り授記《じゅき》を得《え》、後に聚落《じゅらく》に入りて害せられ、戒を結ぶ縁起と作《な》る。又た、身子《しんし》の如きは、『法華』の請主《しょうしゅ》なり。後に入滅《にゅうめつ》す。均提《きんだい》[47]は三衣《さんね》を持《じ》して至る。仏は問う、云云。豈《あ》に三蔵《さんぞう》、後に至るに非ざらんや。『釈論《しゃくろん》』[48]に云わく、「初めの鹿苑従《ろくおんよ》り涅槃の夜に至るまで、説く所の戒定慧《かいじょうえ》を、結《けっ》して修妬路《しゅとろ》等の蔵と為す」と。当《まさ》に知るべし、三蔵は通じて後に至る。

方等教《ほうどうきょう》の半満相対《そうたい》するが若きは、是れ生蘇《しょうそ》の教なり。別して論ずれば是れ第三時、通じて論ずれば亦た後に至る。何となれば、『陀羅尼《だらに》』[49]に云わく、「先に王舎城《おうしゃじょう》に於いて、諸《もろ》もろの声聞《しょうもん》に記《き》を授《さず》け、今、復《ま》た舎衛国《しゃえこく》の祇陀林《ぎだりん》の中に於いて、復た声聞に記を授く。昔、波羅奈《はらない》に於いて、声聞に記を授く。身子の云わく、『世尊《せそん》は虚《こ》ならず。言う所は真実なり。故に能《よ》く第二、第三に、我《わ》れ等《ら》に記を授く』」と。故に知《し》んぬ、方等は『法華』の後に至る。

810a

『般若』は、半《はん》を帯《お》びて満《まん》を論ず。是れ熟蘇《じゅくそ》の教なり。別して論ずれば第四時に在り、通じて論ずれば亦た初後に至る。何となれば、「[50]得道《とくどう》の夜従り泥洹《ないおん》の夜に至るまで、常《つね》に般若を説く」と。又た、『[51]釈論』に云わく、「須菩提《しゅぼだい》は、畢定《ひつじょう》・不畢定を問う」と。当に知るべし、『般若』も亦た後に至る。

『涅槃』の醍醐《だいご》の満教《まんきょう》の若きは、別して論ずれば第五時に在り、通じて論ずれば亦た初めに至る。何となれば、『[52]釈論』に云わく、「初発心《しょほっしん》従り、常に涅槃を観《かん》じて道を行ず」と。前来《ぜんらい》の諸教は、豈に発心の菩薩の涅槃を観ずること無からんや。『[53]大経《だいきょう》』に云わく、「我れは道場の菩《ぼ》提樹下《だいじゅげ》に坐《ざ》して、初めて正覚《しょうがく》を成《じょう》ず。爾《そ》の時、無量阿《むりょうあ》僧祇《そうぎ》恒沙《ごうじゃ》の世界の諸もろの菩薩も、亦た曾《かつ》て我れに是の甚深《じんじん》の義を問う。然《しか》るに、其《そ》の問う所の句義《くぎ》・功徳《くどく》も、亦た皆な是の如く等《ひと》しくして異なり有ること無し。是の如く問う者は、則ち能く無量の衆生を利益《りやく》す」と。此れは則ち通じて前に至る。

若し『法華』は顕露《けんろ》の辺に論ぜば、前に在ることを見ず。秘密の辺に論ぜば、理に障礙《しょうげ》無し。故に[54]身子の云わく、「我れ昔、仏に従いて是の如き法を聞き、諸もろの菩薩の記を受けて作仏《さぶつ》するを見る」と。豈に昔の通記を証《しょう》するの文《もん》に非ざらん。

問う。『涅槃』には追いて四[55]を説く。方等には正《まさ》しく四を開き、別教《べっきょう》に復た四有り。若為《いか》んが分別せん。

答う。『涅槃』は四[56]に当《あ》たりて通じて仏性《ぶっしょう》に入り、別教は次第に後に仏性を見、方等は証を保ち、[57]二は性《しょう》を見ず、云云。

二に益《やく》・不益に就いて料簡《りょうけん》すとは、若し『華厳』を乳《にゅう》と為し三蔵を酪《らく》と為さば、此れは則ち方便の味濃《こまや》かにして、大乗の味薄し。此れを釈《しゃく》するに三と為す。一に用いて益《やく》するを取りて論を為す。貴薬なれども病治《じ》するに非ず、賤薬なれども是れ病に宜《よろ》しく、貴薬なれども宜しきに非ざれば、徒《いたず》らに服するも益無きが如し。

初め『華厳』を説くに、初心に於いて未だ深益《じんやく》あらず。漸機《ぜんき》に於いても亦た未だ転《てん》ぜず。[58]二縁に於いては乳の如し。漸機の若きは、三蔵を稟《う》けて、能く見思《けんじ》を断《だん》じ、三毒稍《さんどくや》や尽《つ》きて、即ち凡《ぼん》を転じて聖《しょう》と成《な》る。乳を変《へん》じて酪と為すが如し。用いて益《やく》するを以て賤を勝《しょう》と謂《い》い、用いて益せざれども貴を劣と謂う可《べ》からず。『華厳《けごん》』も亦《ま》た是《かく》の如し。小に於いては乳《にゅう》の如く、大に於いては醍醐《だいご》の如し。少分《しょうぶん》の譬喩《ひゆ》にして、全く求む可からざるなり。

二に良医《ろうい》に一の秘方《ひほう》有りて、十二の薬を具《ぐ》するが如し。三種最も貴《たっと》くして、善《よ》く病の相《そう》、盈縮《ようしゅく》の宜《よろ》しき所を占い、終《つい》に[59]候《こう》に乖《そむ》きて、謬《あやま》りて治《じ》する所有らず。仏も亦た是の如し。円方妙治《えんほうみょうじ》は、十二部を具す。[60]無問《むもん》・広《こう》・記《き》は、最も甚《じん》 810b 深《じん》と為す。菩薩は智利《り》にして、具足《ぐそく》して全く服す。二乗は病重ければ、[61]九を以て剤《ざい》と為す。此《こ》れは若し縮せずば、病に於いて益無し。[62]不縮に於いては乳と為し、[63]縮に於いては酪《らく》と為す。此れは[64]相生《そうしょう》の次第を取りて譬《たと》えと為し、濃淡浅《のうたんせん》深《じん》を取らず。

三に行人《ぎょうにん》の心に約すとは、『華厳』を[65]説く時、凡夫《ぼんぶ》の見思《けんじ》は転《てん》ぜざるが故に、乳の如しと言う。三蔵《さんぞう》を説く時、見《けん》思惑《じわく》を断ずるが故に、酪の如しと言う。方等《ほうどう》に至る時、挫《くじ》かれ恥伏《ちぶく》して、真極《しんごく》と言わざるが故に、生蘇《しょうそ》の如し。『般《はん》若《にゃ》』に至る時、教を領《りょう》し法を識《し》れば、熟蘇《じゅくそ》の如し。『法華』に至る時、無明《むみょう》を破《は》し、仏知見《ぶっちけん》を開き、記を受けて作仏《さぶつ》し、心已《すで》に清浄《しょうじょう》なるが故に、醍醐の如しと言う。行人の心生《なま》なれば、教も亦た未だ転ぜず。行人の心熟《じゅく》すれば、教も亦た随《したが》いて熟す。

問う。一人の五味《ごみ》を稟《う》くと為すや、五人と為すや。

答う。自《おのずか》ら一人の一味を稟くる有り。『華厳』の中の純一《じゅんいち》の根性《こんじょう》の如きは、即ち醍醐を得て、五味に歴《へ》ざるなり。[66]『大経《だいきょう》』に云《い》わく、「雪山《せっせん》に草有り。牛若《も》し食《じき》せば、即ち醍醐を得《う》」と。自ら一人の五味に歴《ふ》る有り。小乗の根性の如きは、頓《とん》に於いては乳の如く、三蔵は酪の如く、乃至《ないし》、醍醐に方《まさ》に乃《すなわ》ち究竟《くきょう》す。[67]『大経』に云うが如し、「牛従《よ》り乳を出《い》だし、乃至、蘇《そ》より醍醐を出だす」と。自ら利根《りこん》の菩薩、未入位《みにゅうい》の声聞《しょうもん》有りて、或いは三蔵の中に於いて性《しょう》を見るは、是れ二味に歴《ふ》。自ら方等の中に性を見る有るは、是れ三味に歴。『般若』の中に性を見るは、是れ四味に歴。[68]三百の比丘《びく》の如し。[69]『大経』に云わく、「毒を乳の中に置けば、五味の中に遍《あまね》くして、悉《ことごと》く能《よ》く人を殺す」と。即ち此の意なり。

三に諸教に歴て料簡《りょうけん》すとは、『大経』[70]に云うが如し、「凡夫は乳の如く、声聞は酪の如く、菩薩は生・熟蘇の如く、仏は醍醐の如し」と。今、此の譬えを釈《しゃく》せば、総《そう》じて半満五時《はんまんごじ》を喩《たと》う。凡夫は治道《じどう》無く、全く生《なま》きこと乳の如し。声聞は真を発《ほっ》すれば、通じて皆な酪の如し。通教《つうぎょう》の菩薩、及び二乗は、生蘇の如し。別教《べっきょう》は熟蘇の如し。円教《えんぎょう》は醍醐の如し。

今、当教《とうきょう》[71]に各《おの》おの五味を判《はん》ず。『大経』[72]に云わく、「凡夫は乳の如く、須陀洹《しゅだおん》は酪の如く、斯陀含《しだごん》は生蘇の如く、阿那含《あなごん》は熟蘇の如く、阿羅漢《あらかん》・支仏《しぶつ》・仏は醍醐の如し」と。超果《ちょうか》有れば、即ち醍醐を得。或いは味味《みみ》に入《い》る者有り。此れは即ち三蔵教の中の三[73]意なり。

810c

当の通教の中の五味とは、『大経』[74]の三十二に云わく、「凡夫の仏性《ぶっしょう》は、雑血《ぞうけつ》の乳の如し。血とは、即ち是れ無明・行《ぎょう》等の一切の煩悩《ぼんのう》なり。乳とは、即ち善の五陰《ごおん》なり。是の故に我れ説《と》かく、『諸《もろ》もろの煩悩、及び善の五陰に従いて、三菩提《さんぼだい》を得』と。衆生の身は、皆な精血《しょうけつ》に従いて成就することを得るが如し。仏性も亦た爾《しか》り。須陀洹・斯陀含は少煩悩を断ずれば真乳の如く、阿那含は酪の如く、阿羅漢は生蘇の如く、支仏より十地《じゅうじ》の菩薩に至るまでは熟蘇の如く、仏は醍醐の如し」と。超果・不定《ふじょう》は、云云。

当の別教に自ら五味を明かさば、第九[75]に云わく、「衆生は、牛の新たに生まれて、血乳《けつにゅう》の未だ別《わ》かれざるが如く、声聞・縁覚《えんがく》は酪の如く、菩薩の人は生・熟蘇の如く、諸仏世尊《しょぶっせそん》は猶《な》お醍醐の如し」と。具《つぶ》さに超果・不定有り、云云。

当の円教は、但だ一味なるのみ。『大経』[76]に云わく、「雪山に草有り、名づけて忍辱《にんにく》と曰《い》う。牛若し食せば、即ち醍醐を得」と。正直純一なるが故に、五味を論ぜず。若し無差別《むしゃべつ》の中に差別を作《な》さば、名字即《みょうじそく》、乃至、究竟即《くきょうそく》に約して、五味の相生を判ずるなり。仏従り十二部を出だすは、即ち是れ乳を出だす。新医[77]の乳を用うるなり。四善根《しぜんこん》に約して、発[78]の中に就いて、五味と為す可きなり。

第六項　増数に教を明かす

六に増数《ぞうしゅ》に教を明かすとは、先に迹《しゃく》に約し、次に本《ほん》に約す。夫《そ》れ教は本と機《き》に逗《ず》す。機は既《すで》に一ならざれば、[79]教《きょう》迹《しゃく》は衆多《しゅた》なり。何《なん》ぞ但だ半満五時《はんまんごじ》なるのみならん。当《まさ》に知るべし、無量種《むりょうしゅ》の教なり。今、且《しば》らく一を増して八に至る。

初めに一法に約して開合《かいごう》を明かすとは、「[80]十方《じっぽう》の仏土《ぶつど》の中には、唯《た》だ一乗の法有るのみ」と。此《こ》の法に於いて解《げ》せざるは、全く生《なま》きこと乳《にゅう》の如し。若し開《かい》せんと欲《ほっ》せば、円《えん》を開して別教《べっきょう》の一乗を出《い》だすなり。若し別《べつ》に於いて解せずば、全く生きこと乳の如し。又《ま》た、通《つう》の一乗を開するなり。若し通に於いて解せずば、亦《ま》た全く生きこと乳の如し。又た、三蔵《さんぞう》の一乗を開するなり。開して四と為すと雖《いえど》も、皆な一大乗法と名づけ、倶《とも》に仏果を求むるなり。若し三蔵の一乗に於いて解を得《え》ば、即ち乳を変《へん》じて酪《らく》を成《じょう》ず。乃至《ないし》、本の一乗に入《い》るなり、云云。若し四の一乗に於いて解せずば、又た、更に三蔵に於いて、声聞《しょうもん》・支仏《しぶつ》の教を開出《かいしゅつ》す。若し結《けつ》を断じて果を証《しょう》し、心漸《ようや》く通泰《つうたい》せば、即ち二乗を却《しりぞ》けて、唯だ大乗もて仏を求むと言う。漸く『般若《はんにゃ》』を以て洮汰《とうた》して、心をして調熟《じょうじゅく》せしむ。即ち方便の一乗を廃《はい》して、唯だ円実《えんじつ》のみ一乗なり。[81]故に云《い》わく、「我れ本と誓願《せいがん》するが如き、今者《いま》、已《すで》に満足す。一切衆生を化《け》
811a
して、皆な仏道に入らしむ。若し小乗を以て化せば、我れは則ち慳貪《けんどん》に堕《だ》す。是の事を不可と為す」と。是の故に始[82]め一従《よ》り、而《しか》も一を開し、[83]終わりに一従り、而も一に帰《き》す。

二法に約して開合を論ずるが若《ごと》きは、半満の両教に約す。初めに『華厳《けごん》』の満《まん》を明かす。若し衆生に機無くば、次に満に約して半《はん》を開す。次に、方等《ほうどう》に半に対して満を明かす。次に、『般若』に半を帯《お》びて満を明かす。次に、『法華』に半を捨てて満を明かす。始めは則ち満従り半を開し、終わりは則ち半を廃して満に帰す、云云。

次に、三法に約して開合を論ずとは、即ち是れ一仏乗に於いて、方便もて三と説く。[84]既に息《やす》むを知り已《おわ》れば、化城《けじょう》を滅却《めっきゃく》す。亦た是れ三善に約すれば、声聞を下善《げぜん》と為す、云云。

次に、四法に約して開合を論ずとは、即ち是れ四教なり。円に約して別を開し、別に約して通を開し、次に三蔵を開す。是の如《かく》く次第に会《え》し来《きた》りて円に合す、云云。又た、四法に開合を論ずとは、四門に約す。本と是れ円の四門なり。衆生解せざれば、別の四門、乃至、通・三蔵の四門を開出す。利《り》なる者は伝伝《でんでん》して入ることを得《え》、鈍《どん》なる者は五味《み》もて調入《じょうにゅう》す。

次に、五法に約して開合を論ずとは、即ち是れ五味なり。初めの十二部従り修多羅《しゅたら》、乃至、涅槃《ねはん》を開し、教教《きょうぎょう》に五味を論ず。初めの五味従り、諸《もろ》もろの五味を開し、細細《さいさい》に漸く合して、還《かえ》って円満の五味に帰す。

次に、六法に約して開合を論ずとは、即ち是れ[85]四教の大乗の六度《ろくど》、七覚分《しちかくぶん》、八正道《はっしょうどう》なり。初めに円を開して別を出だし、乃至、三蔵なり。是の如く縮合《しゅくごう》して、一円道に還《かえ》る、云云。

次に、七法に約して開合を論ずとは、四教、二乗、幷《なら》びに人天乗《にんでんじょう》を謂《い》う。若し上に向かわば円別を合し、[86]下に向かわば人天を合して、七数をして足らしむ。開合は、云云。

次に、八法に約して開合を論ずとは、前の八法に約して開合す、云云。

若し開合の意を得ば、自在《じざい》に之《こ》れを説く。

二に本門《ほんもん》に約して、教の開合を明かすとは、迹を借りて本を知る。本も亦復《ま》た是の如し。

復《ま》た次に、本門の中に、或いは己身《こしん》を示し、或いは他身《たしん》を示し、或いは己法を説き、或いは他法を説くを明かす。「己身」は是れ仏法界《ぶっぽうかい》の像、「他身」は是れ九法界《くほうかい》の像なり。「己法」は是れ円頓仏《えんどんぶつ》の知見《ちけん》なり。此れを降《くだ》りて已下《いげ》は、皆な是れ「他法」なり。種種《しゅじゅ》の形を示すと雖も、度脱《どだつ》せしめんと欲するが故なり。種種の道を説くと雖も、其《そ》の実は一乗の為めなり。此れは即ち開合の意なり。

是の如く開合すれば、半・満・五味は、宛然《おんねん》として失《しつ》無し。次第の意は、弥《いよ》いよ復た分明《ふんみょう》なり。次第の意に非ざる
811b
は、自然《じねん》に解す可《べ》し。不定《ふじょう》の教は、弥いよ見易《みやす》しと為す。

一従《よ》り一を開《かい》するは、「[87]十方《じっぽう》の仏土《ぶつど》の中には、唯《た》だ一乗の法有るのみ」と。衆生解《げ》せざれば、全く生《なま》きこと乳《にゅう》の如し。此《こ》の円《えん》の一乗従り、別《べつ》の一乗を開出《かいしゅつ》す。衆生は又《ま》た解せざれば、亦《ま》た全く生きこと乳の如し。又た、体法《たいほう》の一乗を開出す。衆生は又た解せざれば、亦た全く生きこと乳の如し。又た、析法《しゃくほう》の一乗を開出す。衆生は即ち解すれば、是れ則ち乳を転《てん》じて酪《らく》と為す。次に体法に入《い》るは、即ち酪を転じて生蘇《しょうそ》と為す。次に別の一乗に入るは、即ち生蘇を転じて熟蘇《じゅくそ》と為す。次に転じて円の一乗に入るは、熟蘇を転じて醍醐《だいご》と為すが如し。是の中、備《つぶ》さに頓《とん》・漸《ぜん》・不定《ふじょう》有り、云云。此れは是れ一従り、以て一を開し、一従り、以て一に帰《き》するなり。

次に、二従り、以て二を開するは、元本《も》と是れ如来蔵《にょらいぞう》なり。如来蔵の中に、備さに半満不思議《はんまんふしぎ》の二有り。衆生解せざれば、全く生きこと乳の如し。又た、半《はん》を帯《お》ぶるの満《まん》を開出す。又た解せざれば、全く生きこと乳の如し。又た、半を破《は》するの満を開出す。衆生解せざれば、亦た全く生きこと乳の如し。又た、単に半を説く。衆生解すれば、乳を転じて酪と為す。次に半を破するの満を説くに、酪を転じて生蘇と為す。次に半を帯ぶるの満を説きて、衆生を一の熟蘇と為す。次に純《もっぱ》ら不思議の満を説けば、衆生は醍醐の如し。此の中、具《つぶ》さに頓・漸・不定有り。即ち二従り二を開し、二従り二に帰す。

三従り三に帰するは、本《も》と是れ即空《そっくう》・即仮《そっけ》・即中《そくちゅう》の三なり。衆生解せざれば、即ち次第《しだい》の三を開す。又た解せざれば、即ち体真《たいしん》の三を開す。又た解せざれば、即ち析法の三を開す。利人《りにん》は析空《しゃっくう》の三従り体空《たいくう》の三に入り、体《たい》従り次《じ》に入り、次従り即《そく》に入る。鈍者《どんしゃ》は析《しゃく》の三に住《じゅう》するが故に、即空の三を用《もっ》て之《こ》れを調《ととの》う。即ち生蘇なり。又た、次《じ》の三を用て調えて熟蘇と為す。今、方《まさ》に即空・即仮・即中に入ることを得《う》。此れは三法に約して開合《かいごう》を論ずるなり。

四法の開合とは、[88]本と是れ円の四門なり。衆生解せざれば、別の四門、乃至《ないし》、三蔵《さんぞう》の四門を開す。伝伝《でんでん》して入らしむること、前の如し。

五法に約して開合を論ずとは、五味《ごみ》に約すること、前に準ず、云云。

乃至、八も亦た是《かく》の如し。

章安後記

[89]記者《きしゃ》、私《わたくし》に異同《いどう》を録《ろく》す。

一　異聞を雑記す

(一)　般若と法華の同異を辨ず

[90]有《あ》る人、『釈論《しゃくろん》』会宗品《えしゅうほん》に十大経を挙《あ》ぐるを引く。「『「雲経」・「大雲経《だいうんぎょう》」・「法華経」あり。「般若《はんにゃ》」は最大なり』と。
811c
又た、大明品《だいみょうほん》に云《い》わく、『諸余《しょよ》の善法《ぜんぼう》は、般若の中に入る。謂《い》わく、「法華経」も亦た是れ善法なり』と。第百巻に云わく、『「法華」は是れ秘密、「般若」は秘密に非ず。二乗の作仏《さぶつ》を明かさざるが為めの故なり』と。又た云わく、『般若・法華は、是れ異名《いみょう》なるのみ』と。是の二種は云何《いか》んが通ぜん」と。[91]有る人は会《え》して云わく、「衆聖《しゅしょう》は無心を以て無相《むそう》に契《かな》うこと、衆流《しゅる》の海に納まるが如し。若し其《そ》れ物《もっ》を化《け》せば、無相を以て宗《しゅう》と為すこと、空《くう》の総包《そうほう》するが如し。『般若』に盛んに此の二を明かす。故に十経に於いて最大なり。又た、『般若』に第一義悉檀《だいいちぎしつだん》を明かす。是の故に最大なり。又た、九十品の前の六十品は実慧《じつえ》を明かし、無尽品《むじんぼん》より去りては方便を明かす。二慧は是れ三世《さんぜ》の仏の法身《ほっしん》の父母《ぶも》なり。是の故に最大なり。善衆経《ぜんしゅぎょう》に此の二を明かすは、皆な般若の中に摂入《しょうにゅう》す。問う。衆経に此の二を明かす。亦た応《まさ》に般若は衆経の中に摂入すべし。答う。『大品《だいぼん》』は最初に専ら此の二を明かし、余経は爾《しか》らず。古来、『般若』は是れ得道経《とくどうきょう》なりと称《しょう》す。故に知《し》んぬ、大なり」と。

今、謂《い》わく、還《かえ》って是れ論の語にして、大の義を専らにす。何《なん》ぞ会通《えつう》と謂わん。会通せば、共般若《ぐうはんにゃ》・不共般若《ふぐうはんにゃ》有り。不共般若は、最大なり。余経に若《も》し不共を明かさば、其《そ》の義は正等《しょうとう》なり、云云。

[92]他《た》、会通すらく、「『法華』に二乗作仏《にじょうさぶつ》を明かすは、是れ秘密なり。『般若』には二乗作仏を明かさざるが故に、秘密に非ず。秘密は則ち深く、『般若』は則ち浅し。何となれば、『般若』に菩薩は是れ仏因なりと明かす。義に於いて解《げ》し易《やす》きが故に、秘密に非ず。二乗作仏は、昔の教と反す。義に於いて解し難《がた》きが故に、是れ秘密なり。『論』に云《い》わく、『薬を用《もっ》て薬と為すは、其の事易く、毒を用て薬と為すは、其の事難《かた》きが如し』と、云云。然《しか》るに、密・顕は、大小に通ず。『釈論《しゃくろん》』の第四に云わく、『顕示教《けんじきょう》には、羅漢《らかん》は惑《わく》を断ずれば清浄《しょうじょう》なり、菩薩は惑を断ぜざれば清浄ならずと明かす。故に菩薩は後に在《あ》りて列《つら》ぬ。秘密の法の若《ごと》きは、菩薩は六神通《ろくじんずう》を得て、一切の煩悩《ぼんのう》を断じ、二乗の上に超《こ》ゆと明かす』と。当《まさ》に知るべし、顕示は浅く、秘密は深し。今、『般若』・『法華』に、皆な菩薩は無生忍《むしょうにん》を得て、六神通を具《ぐ》すと明かせば、並びに秘密、並びに深《じん》、並びに大なり。秘密に就いて、更に秘・不秘を論ずれば、『般若』に二乗作仏を明かさざれば、此《こ》の一条を闕《か》くが故に、不秘と言うのみ。問う。『般若』は未だ権を開《かい》せざれば、応《まさ》に是れ秘密なるべし。『法華』は権を開すれば、応に是れ顕示なるべし。答う。若し開権《かいごん》を取らば、問う所の如し。今、
812a 浅易《せんい》を取りて顕示と為すのみ。問う。若し爾《しか》らば、未了《みりょう》の者を、云何《いか》んが大と言わん。答う。二慧に拠《よ》りて深大《じんだい》と為し、二乗作仏を明かさざるを未了と為す。問う。既に深大と言えば、何ぞ二乗は是れ方便にして、作仏を得《え》しむと説かざらん。此の義未了ならば、亦《ま》た何ぞ大ならんや。答う。独《ひと》り自《みずか》ら釈《しゃく》するのみに非ず。叡師《えいし》も亦た云わく、『『般若』は照《しょう》なり。「法華」は実《じつ》なり。理を窮《きわ》め性《しょう》を尽《つ》くして、万行《まんぎょう》を明かすことを論ずれば、則ち実は照に如《し》かず。大いに真《しん》化《け》を明かし、本《も》と三無しと解するを取れば、則ち照は実に如かず。是の故に深を歎ずれば、則ち「般若」の功《く》重し。実を美《ほ》むれば、則ち「法華」の用《ゆう》高し』」と。

問う。叡師を引くと雖《いえど》も、枯《こ》に攀《よ》じて力を求むるに、覚えずして人杌《にんごつ》倶《とも》に倒るるが如し。釈は猶《な》お未了なり。今、

謂わく、不共般若は、何《いず》れの時か二乗作仏を明かさざらん。『法華』の平等大慧《びょうどうだいえ》と、更に復《ま》た何ぞ殊《こと》ならんや。

(二)　経論の諸蔵の会通を試む

衆《もろ》もろの経論に、教を明かすこと一に非ず。摩得勒伽《まとくろくが》の若きは、二蔵有り。声聞蔵《しょうもんぞう》・菩薩蔵なり。又《ま》た、諸経に三《さん》蔵《ぞう》有り。二は上《かみ》の如し。雑蔵《ぞうぞう》を加《くわ》う。十一部経を分かつは是れ声聞蔵、方広部《ほうこうぶ》は是れ菩薩蔵、十二部を合するは是れ雑蔵なり。又た、四蔵有りて、更に仏蔵を開く。『[93]菩薩処胎経《ぼさつしょたいきょう》』に八蔵あり。謂わく、胎化蔵《たいけぞう》・中陰蔵《ちゅういんぞう》・摩訶衍方等《まかえんほうどう》蔵《ぞう》・戒律蔵・十住蔵《じゅうじゅうぞう》・雑蔵・金剛蔵《こんごうぞう》・仏蔵なり。彼《か》の諸蔵は云何んが会通せん。

二蔵を通ずとは、其の一は声聞を通じ、其の二は菩薩蔵を通ず。三蔵を通ずとは、初めは声聞蔵を通じ、次は雑《ぞう》を通じ、其の一は菩薩蔵を通ず。四蔵を通ずとは、一一相《あ》い通ず。八蔵を通ずとは、八蔵は[94]神《じん》を降《くだ》してより已来《このかた》なり。四教は転法輪従《てんぼうりんよ》り已来なり。[95]時節《じせつ》に異なり有り。今は転法輪より来《このかた》の八教を以て之《こ》れを通ず。若し胎化蔵・中陰蔵は、未だ阿難《あなん》の為めに説かざる時ならば、即ち是れ秘密教なり。阿難の為めに説く時は、即ち是れ不定教《ふじょうきょう》なり。摩訶衍方等蔵は、即ち頓教《とんぎょう》なり。戒律蔵より去りての五蔵は、即ち漸教《ぜんぎょう》の中の次第なり。戒律蔵は、即ち三蔵教なり。十住蔵は、即ち方等教なり。雑蔵は、即ち通教《つうぎょう》なり。金剛蔵は、即ち別教《べっきょう》なり。仏蔵は、即ち円教《えんぎょう》なり。然るに、仏意は測《はか》り難し。一往相望《いちおうそうもう》して、此の会通を作《な》す、云云。

(三)　四教の名義の所依を明かす

問う。四教の名義《みょうぎ》は、何れの経に出《い》でん。

812b 答う。『[96]長阿含《じょうあごん》』の行品《ぎょうほん》に、「仏、円弥城《えんみじょう》の北、尸舎婆村《ししゃばそん》に在りて、四大教を説くは、仏に従いて聞き、和合衆《わごうしゅ》・多《た》比丘《びく》に従いて聞き、一比丘に従いて聞く。是れ四大教と名づく」と。

『[97]月灯三昧経《がつとうざんまいきょう》』の第六に、四種の修多羅《しゅたら》を明かす。諸行《しょぎょう》・訶責《かしゃく》・煩悩《ぼんのう》・清浄《しょうじょう》を謂《い》う。私《わたくし》に之《こ》れを釈会《しゃくえ》せば、諸行は是れ因縁生《いんねんしょう》の法なり。即ち三蔵《さんぞう》の義なり。訶責は是れ過罪《かざい》を体知す。即ち通教《つうぎょう》の義なり。煩悩とは巨海《こかい》に入《い》らざれば宝珠《ほうじゅ》を得ず。若し煩悩無くば、則ち智慧《ちえ》無し。即ち別教《べっきょう》の義なり。清浄とは既に一の浄《じょう》を挙げて名に当《あ》つれば、任運《にんぬん》に我《が》・常《じょう》・楽《らく》等有り。即ち円教《えんぎょう》なり。

又《ま》た、一一の教に四の修多羅を具《ぐ》す。諸行は即ち集諦《じったい》、諸行の果は即ち苦諦《くたい》、諸行は対治《たいじ》にして、煩悩を対治するは即ち道諦《どうたい》、諸行清浄なるは即ち滅諦《めったい》なり。此《こ》れは三蔵の中に四の修多羅を具するなり。

又た、諸行を訶責するは即ち集諦、諸有《しょう》を訶責するは即ち苦諦、煩悩を訶責する対治は即ち道諦、訶責の清浄は即ち滅諦なり。此れは通教の中に四の修多羅を具す。

又た、煩悩の諸行は是れ集諦、煩悩の諸有は是れ苦諦、煩悩の行の訶責せらるるは即ち道諦、煩悩の清浄なるは即ち滅諦なり。此れは別教の中に四の修多羅を具す。

又た、涅槃《ねはん》即ち生死《しょうじ》なるは苦諦の清浄なり。菩提《ぼだい》即ち煩悩なるは集諦の清浄なり。煩悩即ち菩提なるは道諦の清浄なり。生死即ち涅槃なるは滅諦の清浄なり。此れは円教の中の四の修多羅なり。

[98]彼《か》の経に復《ま》た四論・四法・四境界《しきょうがい》・四門・四断煩悩智《しだんぼんのうち》・四苦・四集《しじゅう》・四道を明かすは、皆な四教と相応す。具《つぶ》さには彼れの如く、応《まさ》に知るべし。

『[99]地論《じろん》』の第七地《だいしちじ》に云《い》わく、「一念《いちねん》の心に十波羅蜜《じっぱらみつ》・四摂《ししょう》・三十七品《さんじゅうしちほん》・四家《しけ》を具す」と。[100]四家を釈《しゃく》して云わく、「般若家《はんにゃけ》、諦家《たいけ》、捨煩悩家《しゃぼんのうけ》、苦清浄家《くしょうじょうけ》なり」と。

私に釈せば、苦諦に約して初門《しょもん》と為し、道品《どうぼん》を修《しゅ》し、苦をして清浄ならしむるは、即ち三蔵の義なり。「捨煩悩家」とは、即ち無相体達《むそうたいだつ》するを「捨」と為し、色《しき》は是れ空《くう》なるが如く、空捨の無相を以て、道品を修するを論ずるは、是れ即ち通教の義なり。「般若家」とは、般若の智照らせば、諸法明了《しょほうみょうりょう》なり。恒沙《ごうじゃ》の法門、皆悉《み》な通達《つうだつ》して道品を修するは、此れは即ち別教の義なり。「諦家」とは、諦は即ち実相《じっそう》の理なり。即ち是れ円教にして、実相に約して道品を修するなり。具さには彼《か》しこに説くが如し、云云。

㈣　古の五時・七階の不同を破す

812c

[101]達摩《だつま》欝多羅《うったら》は教迹《きょうしゃく》の義を釈して云わく、「教とは、仏、下に被《こうむ》らしむるの言《ごん》を謂う。迹とは、蹤跡《じょうしゃく》を謂う。亦《ま》た応《おう》跡《しゃく》・化跡《けしゃく》なり」と。言うこころは、聖人《しょうにん》の布教は、各《おの》おの帰従《きじゅう》有り。然《しか》るに、諸家の判教《はんぎょう》は一に非ず。

[102]一に云わく、「釈迦《しゃか》の一代は、頓漸《とんぜん》を出《い》でず。漸に七階・五時有り。世共に同じく伝えて、是《ぜ》と言わざる無し」と。又た云わく、「五時の言、那《な》んぞ[103]定《じょう》を得可《うべ》けん。但だ双林已前《そうりんいぜん》は、是れ有余不了《うよふりょう》なり。涅槃の唱え、之れを以て了と為す」と。又た言わく、「仏は一音《いっとん》もて万に報《ほう》ずるに、衆生は大小並びに受く。何《なん》ぞ頓漸を以て往《い》きて定《さだ》む可けん。頓漸無しと判《はん》ず」と。

今、之れを経論に験《けん》するに、皆な是れ穿鑿《せんじゃく》するのみ。何となれば、[104]人の云わく、「仏の教は頓漸を出でず」と。而《しか》るに実には頓漸に教を摂《しょう》すること尽《つ》くさず。四阿含経《しあごんぎょう》・[105]五部戒律の如きは、教は未だ深《じん》を窮《きわ》めざれば、未だ頓と名づくることを得ず。説は始終に亘《わた》れば、復た大の与《た》めに次第して漸と為らず。是れ則ち頓漸に摂せず。何ぞ「仏の教は頓漸を出でず」と云うことを得《え》んや。

然るに、頓無きに不《あら》ず。全く破《は》することを得ず。何となれば、凡《およ》そ頓漸を論ずるは、蓋《けだ》し[106]所為《しょい》に従う。若し如来に就《つ》かば、実に大小並べ陳ぶ。時に前後無し。但だ所為の人は、悟解《ごげ》同じからず。自《おのずか》ら頓《とみ》に受くる有り、或いは漸従《よ》り入る。聞く所に随《したが》いて結集《けつじゅう》す。何ぞ頓無しと言うことを得んや。但だ其《そ》の時節《じせつ》を定め、其の浅深《せんじん》を比《くら》ぶ可からざるのみ。

人の言わく、「漸教《ぜんぎょう》の中に七階・五時有り」と。言わく、「仏、初めて成道《じょうどう》して、提謂《だいい》・波利《はり》の為めに、五戒《ごかい》・十善《じゅうぜん》の人天《にんでん》の教門を説く」と。

然《しか》るに、仏は衆生に随《したが》いて、聞くに宜《よろ》しければ便《すなわ》ち説く。何《なん》ぞ唯《た》だ初時に局《かぎ》りて、二人の為めに五戒を説くことを得んや。又《ま》た、『五戒経《ごかいきょう》』[107]の中には、「二長者は不起法忍《ふきほうにん》を得《え》[108]、三百人は信忍《しんにん》を得、二百人は須陀洹果《しゅだおんか》を得《う》」と。『普《ふ》[109]曜経《ようきょう》』の中には、仏、二長者の為めに授記《じゅき》して、密成如来《みつじょうにょらい》と号《ごう》す。若し爾《しか》らば、初めに二人の為めに人天の教門を説くと言うは、義、何の依拠《えこ》かあらん。又た、二長者は、仏を見て法を聞き、仏を礼《らい》して去り、竟《つい》に鹿苑《ろくおん》に向かわず。初めに五戒を説く時、未だ陳如《じんにょ》[110]を化《け》せず。誰《た》れと接次《せつじ》[111]して、名づけて漸《ぜん》と為さん。

人の言わく、「第二時、十二年の中に、三乗別教《さんじょうべっきょう》を説く」と。若し爾らば、十二年を過ぎて、四諦《したい》・因縁・六度《ろくど》を聞くに宜しきこと有らば、豈《あ》に説かざる可《べ》けん。若し説かば、是れ則ち三乗別教は、止《た》だ十二年の中に在《あ》るのみなら
813a
ず。若し説かずば、是れ一段後に在りて、聞くに宜しき者には、仏は豈に化せざる可けんや。定《さだ》んで此《こ》の理無し。『経』[112]に言わく、「声聞《しょうもん》の為めに四諦を説き、乃至《ないし》、六度を説く」と。止だ十二年のみならず。蓋《けだ》し一代の中に、聞くに宜しき者に随いて即ち説くのみ。四阿含経《しあごんぎょう》・五部律の如きは、是れ声聞の為めに説くに、乃《すなわ》ち聖滅《しょうめつ》に訖《お》わる。即ち是れ其《そ》の事なり。故に『増一経《ぞういちきょう》』[113]に説《と》かく、「釈迦《しゃか》は、十二年の中に略して戒を説く。後に瑕玼《かし》起こるに、乃ち広く制す」と。『長阿含《じょうあごん》』遊行経《ゆぎょうきょう》に説くこと、乃ち涅槃《ねはん》に至る。何ぞ小乗は悉《ことごと》く十二年の中と言うことを得んや。

人の言わく、「第三時、三十年の中に、空宗《くうしゅう》の『般若《はんにゃ》』・『維摩《ゆいま》』・『思益《しやく》』を説く」と。何《いず》れの経文《きょうもん》に依《よ》りて、三十年と知らんや。

「四十年の後に『法華』の一乗を説く」と言うは、『法華経』[114]の中に、弥勒《みろく》の言わく、「仏、成道《じょうどう》してより来《このかた》、始めて四十余年を過ぐ」と。然るに、『法華』は定んで『大品経《だいぼんきょう》』の後に在りと言う可からず。何が故ならん。『大智論《だいちろん》』[115]に云《い》わく、「須菩提《しゅぼだい》は、『法華』の中に於いて、手を挙《あ》ぐること、頭を低くすること、皆な作仏《さぶつ》することを得《う》と説くを聞く。是《ここ》を以て、今、退の義を問う」と。若し爾らば、『大品』と『法華』と、前後何ぞ定まらんや。

然るに、『大品』・『法華』、及び『涅槃』の三教の浅深《せんじん》は、輒《たやす》く言う可きこと難《かた》し。何となれば、『涅槃』の仏性《ぶっしょう》は、亦《ま》た般若と名づけ、亦た一乗と名づく。一乗は是れ『法華』の宗、般若は是れ『大品』に説く所なり。即ち是れ性《しょう》を明かす。復《ま》た何の未了《みりょう》有らんや。

『大品』の中に第一義空《だいいちぎくう》を説くは、『涅槃経』に空《くう》を明かすと、異なること無し。皆な「[116]色《しき》は空、乃至、大涅槃《だいねはん》も亦た空なり」と云う。又た、[117]『大品』には涅槃は化に非ずと説き、[118]『維摩』には仏身は五非常を離《はな》ると説く。『涅槃』に常《じょう》を明かすと、[119]涅槃の不空《ふくう》を説くと、何の異なりか有らん。而《しか》るに自《みずか》ら分別《ふんべつ》を生じ、『維摩』は偏《ひと》えに常を明かすと詺《な》づけ、『大品』は一向《いっこう》に空を説くと言うなり。

813b

人、阿難《あなん》等の諸《もろ》もろの声聞、『大品』の会《え》に在り、復た『法華』の会を経て、終《つい》に『涅槃』の会に至るを以ての故に、『大品』・『法華』・『涅槃』は応《まさ》に浅深有るべしと知る。義は必ずしも爾らず。何となれば、阿難・迦葉《かしょう》の如き、『法華』の会を経て、若し未だ常を説くことを聞かずば、『涅槃』の会の中に、[120]二人在らず。何に由《よ》りてか常の解《げ》有ることを得て、『涅槃』を流通《るずう》せん。復た次に、舎利弗《しゃりほつ》は、仏の涅槃の前七日に在りて滅度《めつど》す。大目連《だいもくれん》は執杖外道《しゅうじょうげどう》の打つ所と為り、亦た仏の前に在りて涅槃す。皆な双林《そうりん》の会に在らず。豈に常の解を得ざる可けんや。即ち知《し》んぬ、『法華』の中に已《すで》に常を悟り竟《お》わりて、更に聞くことを仮《か》らず。

又た、舎利弗等の諸もろの声聞は、皆な是れ如来の[121]影響《ようごう》なり。『法華経』に説くが如し。衆《しゅ》は小法を楽《ねが》いて、大智を畏《おそ》ると知る。是の故に諸もろの菩薩は、声聞・縁覚《えんがく》と作《な》る。[122]『涅槃』に亦た云わく、「我が法の最長子は、是れ大迦葉と名づく。阿難は多聞《たもん》の士にして、能《よ》く一切の疑いを断じ、自然《じねん》に能く是の常と無常とを解了《げりょう》す」と。故に知んぬ、影響の人は、大に在りては則ち大、小に在りては則ち小なり。何ぞ其の人に就いて、以て階漸《かいぜん》を定《さだ》む可けんや。又た、若し『法華』従《よ》り後に涅槃に入《い》らば、『法華経』の中に已に王宮《おうぐう》に始むるに非ず、久《ひさ》しきより来《このかた》、道を成《じょう》ずと明かす。何に由りてか『涅槃』の中に、方《まさ》に道樹《どうじゅ》に始めて成ずるを引き、実に執《しゅう》して疑いを為さん。故に知んぬ、一段の衆生の最後に常《じょう》を聞く者の為めに、『涅槃経《ねはんぎょう》』を説く。『法華』を聞く者は、『涅槃』を聞くことを仮《か》らざるなり。

又《ま》た、『涅槃経』に大利益《だいりやく》有り。「[123]法華の中の八千の声聞《しょうもん》は、記莂《きべつ》を受くることを得て、大果実を成《じょう》ずるが如し」と。若し『法華』に記《き》を得《う》るを以て、『涅槃』の益《やく》を証《しょう》せば、即ち是れ理同じくして、教に深浅《じんせん》無きこと明らかなり。

又た、『[124]法華優波提舎《ほっけうばだいしゃ》』の中に、『法華経』は理円《まど》かに教極《きわ》まりて、欠少する所無しと明かす。

龍樹《りゅうじゅ》は、『大智論《だいちろん》』の中に於いて、『法華』を歎じて最も甚深《じんじん》と為す。「[125]何が故に余経は皆な阿難《あなん》に付《ふ》し、唯《た》だ『法華』のみ但だ菩薩にのみ付せん」と。是《ここ》に知《し》んぬ、『法華』は究竟《くきょう》満足にして、疑いを致《いた》すことを須《もち》いず。

復《ま》た、応当《まさ》に知るべし、諸《もろ》もろの大乗経は、指帰《しいき》殊《こと》ならず。但だ宜《よろ》しきに随《したが》いて異なりと為すのみ。『華厳《けごん》』・『無《む》量義《りょうぎ》』・『法華』の如きは、皆な三昧《さんまい》の名なり。『般若《はんにゃ》』は是れ大智慧なり。『維摩《ゆいま》』は不思議解脱《ふしぎげだつ》を説く。是れ解脱なり。『大涅槃《だいねはん》』は是れ究竟の滅《めつ》なり。『[126]文殊問《もんじゅもん》』に、「菩提《ぼだい》は是れ満足の道なり」と。悉《ことごと》く是れ仏法《ぶっぽう》なり。法に優劣《うれつ》無し。中に於いて果を明かすは、皆な是れ仏果なり。因を明かすは、皆な是れ地《じ》の行《ぎょう》なり。理を明かすは、皆な是れ法《ほっ》性《しょう》なり。所為《しょい》は、皆な是れ菩薩なり。指帰は当《まさ》に異なり有るべからず。人は何為《なんす》れぞ強《し》いて優劣を作《な》さん。

若し爾《しか》らば、[127]誕公《たんこう》の「双樹已前《そうじゅいぜん》には、『法華経』を指して悉く不了《ふりょう》なり」と云《い》うは、豈《あ》に誣罔《ぶもう》に非ざらんや。

人情既に爾れば、経論は云何《いか》ん。

摩《ま》得勒伽《とくろくが》に十二部経《じゅうにぶきょう》を説く。唯だ方広部《ほうこうぶ》は是れ菩薩蔵、十一部は是れ声聞蔵なり。又た、仏は声聞・菩薩の為めに、苦を出《い》づる道を説く。諸もろの経を集むる者は、菩薩の為めに説く所を以て菩薩蔵と為し、声聞の為めに説く所を以
813c
て声聞蔵と為す。[128]龍樹は『大智論』の中に於いて亦《ま》た云わく、「大迦葉《だいかしょう》と阿難とは香山《こうせん》に在《あ》りて、三蔵《さんぞう》を撰集《せんじゅう》して、声聞蔵と為し、文殊と阿難とは摩訶衍経《まかえんきょう》を集めて、菩薩蔵と為す」と。『[129]涅槃』に亦た云わく、「十一部経は二乗の持つ所と為り、方等部《ほうどうぶ》は菩薩の持つ所と為る」と。是《ここ》を以て経論を按《あん》ずるに、略して唯だ二種なるのみ。声聞蔵、及び菩薩蔵なり。

然《しか》るに、教は必ず人に対す。人別にして各《おの》おの二あり。声聞蔵の中に、[130]決定《けつじょう》の声聞、及び[131]退菩提心《たいぼだいしん》の声聞有り。菩薩蔵の中に、頓悟《とんご》の大士《だいじ》有り、漸入《ぜんにゅう》の菩薩有り。

声聞蔵の中の決定の声聞とは、久《ひさ》しく別異《べつい》の善根《ぜんこん》を習い、小心狭劣《しょうしんきょうれつ》にして、小性《しょうしょう》を成就し、一向《いっこう》に小を楽《ねが》う。仏は為めに小を説くに、畢竟《ひっきょう》して証を作して、大に趣《おもむ》くこと能《あた》わず。退菩提心の声聞と言うは、是の人は嘗《かつ》て先仏、及び諸もろの菩薩の所に於いて、菩提心を発《ほっ》すれども、但だ生《しょう》を経《へ》、死を歴《へ》て、本念《ほんねん》を忘失《もうしつ》し、遂《つい》に小心を生じて、小を志願す。仏は為めに小を説き、終《つい》に大に趣かしむ。然るに、決定の声聞は一向に小に住《じゅう》し、退菩提心の声聞は後に能《よ》く大に趣く。去《こ》有り住有りと雖《いえど》も、小を受くる時は一なるが故に、此《こ》の二人に対して説く所を、声聞蔵と為す。

菩薩蔵の中に能く頓《とん》悟する者有り。『華厳』等の経の所為の衆生の如きは、小に由《よ》りて来《きた》らず。一往《いちおう》に大に入《い》るが故に、名づけて頓と為す。漸従《ぜんよ》り入る者は、即ち向《さ》きの退菩提心の声聞の後に能く大に入るなり。大は小従り来るが故に、称《しょう》して漸と為す。頓漸《とんぜん》の不同有りと雖も、然も大を受くる処は一なるが故に、此の二人に対して説く所を、菩薩蔵と為すなり。

然るに、此の二蔵は所為に随い、説く所に随う。声聞蔵の中に菩薩有りて、影響《ようごう》と為れども、然も所為に非ざれば、菩薩に従いて名づけて大乗経と作す可《べ》からず。菩薩蔵の中に亦た声聞の人有れども、正《まさ》しく所為の宗《しゅう》に非ざれば、声聞の法を説かず。故に名づけて小乗の法と為す可からず。人に擬《ぎ》して法を定《さだ》むるに、各自《かくじ》[132]不同なり。是れ要を以て之《こ》れを摂《しょう》すれば、略して唯だ二なるのみ。

問う。仏は三乗の人の為めに、三種の教を説く。何を以ての故に。蔵《ぞう》を判《はん》ずるに、唯だ其《そ》の二のみ有らん。

答う。仏は三乗を求むる人の為めに、三乗の法を説く。然るに、[133]因縁《いんねん》を聞く者は、即ち是れ声聞なり。辟支仏《びゃくしぶつ》は無仏の世に出《い》でて、但だ神通《じんずう》を現《げん》ずるのみにして、黙《もく》して説く所無し。故に経を結集《けつじゅう》する者、集めて二蔵と為すなり。
814a
経に依りて教を判ずれば、厥《そ》の致《むね》なるのみ。

今の四教と達摩《だつま》の二蔵と、会通《えつう》すること云何《いか》ん。彼れは自《みずか》ら要《よう》して之《こ》れを摂《しょう》するに、略して唯《た》だ二種あるのみと云《い》う。今、開きて之れを分かち、判《はん》じて四教と為すのみ。声聞蔵《しょうもんぞう》は、即ち三蔵教《さんぞうきょう》なり。菩薩蔵は、即ち通《つう》・別《べち》・円教《えんぎょう》なり。決定《けつじょう》の声聞の為めに三蔵教を説き、[134]退大《たいだい》の声聞の為めに通教《つうぎょう》を説き、漸悟《ぜんご》の菩薩の為めに別教《べっきょう》を説き、頓悟《とんご》の菩薩の為めに円教を説く。唯だ名数融《みょうしゅゆう》じ易《やす》きのみに非ず、而《しか》も義意玄《はる》かに合す。今古《こんこ》[135]符契《ふかい》して、一にして二無し。

二　已れを述べて師を推し、前を結び後を生ず

唯だ文《もん》は略にして而も義は広く、[136]教は一にして而も諸《しょ》を蔽《あ》つ。若し隠《おん》を申《の》べて以て顕《けん》ならしめば、須《すべか》らく多く論議《ろんぎ》を作《な》すべし。川沢《せんたく》を捕猟《ほりょう》するに、饒《ゆた》かに筌罤《せんだい》を結ぶが如し。豈《あ》に漁猟《ぎょりょう》する者、博《ひろ》きを好まんや。已《や》むを得ずして博くするのみ。

師の云わく、「我れは五章を以て、略して玄義を譚《たん》ずるに、能《よ》く文外《もんげ》の妙《みょう》を申ぶるに非ず、特に是れ粗《ほ》ぼ懐《いだ》く所を述ぶるのみ。常に恨《うら》むらくは、言《ごん》は意を暢《の》ぶること能《あた》わざることを。況《いわ》んや復《ま》た記《しる》すに、能く言を尽《つ》くさん。然《しか》りと雖《いえど》も、若し能く[137]七義を尋《たず》ね、次に十妙《じゅうみょう》に通じ、[138]別体《べったい》の七を研《と》がば、[139]余《よ》の五の鉤瑣《こうさ》相承《そうじょう》し、[140]宛宛《おんおん》たること繡《しゅう》の如し。経を引きて印定《いんじょう》し、句句《くく》[141]環合《げんごう》す。直《た》だ諸《もろ》もろの[142]名教《みょうきょう》を包み、半満《はんまん》を該《か》ぬるのみに非ず。又《ま》た、事に即して観《かん》を成《じょう》じ、[143]凡《ぼん》夫《ぶ》の乾土《けんど》を鑿《うが》ち、聖法《しょうぼう》の水泥《すいでい》を見る。円通《えんずう》の道は、斯《こ》こに於いて通ず。遍朗《へんろう》の朗は、茲《こ》こに於いて明らかなり」と。

[144]此れを前に備え、今、更に[145]文を後に消《しょう》するなり。

妙法蓮華経玄義巻第十下

法華玄義Ⅲ　註

巻第九下

1　**『観経』に云わく、「毘盧遮那遍一切処」**　『観普賢菩薩行法経』「釈迦牟尼仏、名毘盧遮那遍一切処」（大正九、三九二下一五―一六行）を参照。

2　**『大経』に云わく、「仏の説かざる所は……爪上の土の如し」**　内容は相違するが、十方土と爪上土の対比については、『南本涅槃経』巻三一、迦葉菩薩品「爾時世尊取地少土、置之爪上、告迦葉言、是土多耶、十方世界地土多乎。迦葉菩薩白仏言、世尊。爪上土者、不比十方所有土也。善男子。有人捨身還得人身、捨三悪身得受人身、諸根完具生於中国、具足正信、能修習道、修習道已、能得解脱、得解脱已、能入涅槃、如爪上土。捨人身已得三悪身、捨三悪身得三悪身、諸根不具生於辺地、信邪倒見、修習邪見、不得解脱常楽涅槃、如十方界所有地土。善男子。護持禁戒、精勤不懈、不犯四重、不作五逆、不用僧鬘物、不作一闡提、不断善根、信如是等涅槃経典、如爪上土。毀戒懈怠、犯四重禁、作五逆罪、用僧鬘物、作一闡提、断諸善根、不信是経、如十方界所有地土」（大正一二、八〇九下四―一八行）を参照。

3　**迦葉の云わく、「已に説くは是れ四諦……応に五諦有るべし」**　『南本涅槃経』巻一二、聖行品「迦葉菩薩白仏言……世尊爾時説如是言、如来所了無量諸法、若入四諦、則為已説。若不入者、応有五諦」（大正一二、六八四上一〇―一八行）を参照。

4　**仏の言わく、「無きなり……無量の相有りと言うのみ」**　前註3の迦葉の問いに対する仏のこの答えは、仏が悟った無量の諸法に、四諦に入り切らず衆生に説かなかった五諦（第五の諦）は「無い」こと、つまり、すべてが四諦に収まり切ること、ただし、その四諦に無量の相があることについては、かつては説かなかったことを述べており、前に示した『南本涅槃経』の経文の直後にある「仏讃迦葉、善哉善哉。善男子。汝今所問、則能利益安隠快楽無量衆生。善男子。如是諸法悉已摂在四聖諦中。……善男子。雖復入中、猶不名説。何以故。善男子。知四聖諦、有二種智。一者中、二者上。中者声聞縁覚智。上者諸仏菩薩智。善男子。知諸陰苦、名為中智。分別諸陰、有無量相、悉是諸苦、非諸声聞縁覚所知、是名上智。善男子。如是等義、我於彼経竟不説之」（大正一二、六八四上一八―二八行）を指しているると考えられる。『法華玄義』巻四上には同じ箇所の引用が、「仏言、四諦摂尽。無第五諦。……」（大正三三、七二一上一八―一九行。I一七七頁）と、より明確に示されている。

5 **『浄名』に云わく、「無住の本従り一切の法を立つ」** 『維摩経』巻中、観衆生品「従無住本、立一切法」（大正一四、五四七下二二行）を参照。

6 **喉衿** のどとえりの意から転じて、眼目となるもの、重要な所の意となる。漢趙岐『孟子題辞』「論語者、五経之錧鎋、六蓺之喉衿也」を参照。

7 **要蹊** 大切な道のこと。

8 **桷** 棟木から軒先に掛け渡す角材で、屋根やひさしを支える。

9 **孤調** 自分だけ調えること。ここでは、宗と体とがそれぞれ独立に成り立つこと。

10 **『釈論』に云わく、「若し諸法の実相を離れば、皆な魔事と名づく」** 『大智度論』巻五「復次除諸法実相、余残一切法尽名為魔」（大正二五、九九中一九―二〇）を参照。

11 **『普賢観』に云わく、「大乗の因とは……亦た諸法の実相なり」** 『観普賢菩薩行法経』「汝今応当観大乗因。大乗因者、諸法実相是」（大正九、三九二中一―二行）を参照。ただし、「果」についての記述は見られない。巻五上に同文が、巻八上にも類似の文が出た。

12 **治瑩** うまく調整して、みがくこと。

13 **是れ因にして果に非ざるを……大涅槃と名づく** 『南本涅槃経』巻二五、師子吼菩薩品「是因非果、如仏性。是果非因、如大涅槃」（大正一二、七六八中二一―二二行）を参照。

14 **当に非ず本に非ざれども** ここでは、「当」は未来の存在、「本」は本来の存在を意味する。仏性が未来にはじめて生じるものでもなく、もともと存在しているものでもないという意味。

15 **又た言わく、「一切衆生に悉く仏性有り」** たとえば、

『南本涅槃経』巻二六、師子吼菩薩品「一切衆生悉有仏性、如乳中有酪」（大正一二、七七五上二六―二七行）を参照。

16 **遠師は一乗を以て……文を引きて云わく、「是の乗は……無しと為す」**「遠師」は、盧山慧遠（三三四―四一六）のこと。『法華経』の宗に関する諸説の引用は、吉蔵『法華玄論』巻二（大正三四、三七九中―三八一上を参照）に基づく。『法華玄論』においては、十三家の説を引用している。『法華玄論』巻二「第一遠師云、此経以一乗為宗。一乗之法所謂妙法。如譬喩品云、是乗微妙　清浄第一　於諸世間　為無有上」（大正三四、三七九中二九行―下二行）を参照。『法華経』譬喩品からの引用は、「是乗微妙　清浄第一　於諸世間　為無有上　仏所悦可」（一五上七―九行）を参照。

17 **始末を該ねず**　『釈籤』巻一八には「所明一乗、但是破三之一、待麁之妙、則但因而非果。是則在始、而不該末。故云不該始末」（大正三三、九四四下四―六行）とある。

18 **龍師の云わく、「但だ果を以て宗と為すのみ……果智を宗と為す所以なり」**「龍師」は、盧山慧龍（生没年未詳）のこと。僧印に『法華経』を教授したとされる。『法華玄論』巻二「第二龍師云、此経但以果為宗。彼云妙法者、如来霊智体也。陶練滓累、衆麁斯尽、故云妙也。動静軌物、故云法也。法既真妙、難以言辨、故借蓮華為譬。所以果智為宗也」（大正三四、三七九下七―一一行）を参照。

19 **慧観の序に云わく、「会三帰一は……乗の終わりなり」と。什師歎じて云わく、「若し深く経蔵に……此の如き説を作さん」**『法華玄論』巻二「第三宋道場慧観法師序云、此経以妙一為名、真慧為体。妙一為名者、三乗異流、是即非真。終期会帰、其乗唯一。其滋養唯一、謂之妙法。頌曰、是乗微妙　清浄第一　於諸世間　為無有上。真慧為体者、釈迦玄音始唱、讃仏慧甚深。多宝歎善、則称平等大慧。頌曰、為説仏慧故　諸仏出於世　唯此一事実　余二則非真。其序又云、会三帰一、乗之始也。此明三乗同入一乗、始得信解、名為始也。覚慧成満、乗之盛也。此明仏果成満。謂乗之盛。滅影澄神、乗之終也。此明息迹帰本、明法身常恒。謂乗終也。慧観作序竟、以示羅什。什歎曰、善男子。自不深入経蔵、豈能作如是説」（大正三四、三七九下一二行―三八〇上八行）を参照。慧観の『法華宗要序』（『出三蔵記集』巻八所収）は原文が現存する。「同往之三会而為一、乗之始也。覚慧成満、乗之盛也。滅景澄神、乗之終也」（大正五五、五七上一五―一七行）を参照。「滅影澄神」は、『法

華宗要序』の原文には「滅景澄神」（大正五五、五七上一七行）とある。「影」と「景」は通じる。仏の本地（五百塵点劫の成仏）の立場から、伽耶成道の迹の立場を捨てることを意味すると思われる。吉蔵は、この句について先の引用文以外にも、同じく『法華玄論』巻二において、「道場慧観云、同往之三会便帰一、乗之始也。滅影澄神、乗之終也。滅影謂息迹、澄神則明本。故迹無常而本常」（大正三四、三七七上六—八行）と説明している。

20 **印師の云わく、「諸法の実相は是れ一乗の妙境……実相と称するなり」** 「印師」は、僧印（四三五—四九九）のこと。法雲の師とされる。『法華玄論』巻二「第四中興寺印師云、此経亦以一乗実慧為体。下開宗中歎云、仏智甚深、即是実慧。又云、唯仏与仏乃能究尽諸法実相。諸法実相、即是一乗妙境、故境智為経宗。所以然者、非実境無以生実慧、非実慧無以照実境也。所以銘一乗。為実相境者、体無三偽、故称実相也」（大正三四、三八〇上一〇—一六行）を参照。

21 **腫れて肥を益さず** ただ皮膚がふくれるだけで、肉がついて太るのではないことを意味する。

22 **光宅は……前段を因と為し、後段を果と為す** 「光宅」は、光宅寺法雲（四六七—五二九）のこと。梁の三大法師の一人。法雲の『法華義記』においては、方便品から安楽行品までを前段とし、従地涌出品から分別功徳品の格量偈までを後段とする。『法華玄論』巻二「第五光宅法師受学印公之経、而不用印公之釈。云此経以一乗因果為宗、故経有両段。初開三顕一以明因、後開近顕遠以辨果也」（大正三四、三八〇上一九—二二行）を参照。

23 **二文** 迹門と本門のこと。

24 **有る人は、権実の二智を用て宗と為す** 『法華玄論』巻二「第六師云、此経既開権顕実、則宜以二智為宗。開三即是明権、顕一所謂辨実。以下開近顕遠、義亦例然。開近謂権、顕遠為実。未詳作者」（大正三四、三八〇上二九行—中三行）を参照。

25 **師の云わく、「此れを妙法蓮華と名づく……即ち宗を名と為すのみ」** 『法華玄論』巻二「第七師云、既名妙法、即以妙法蓮華為宗。妙法者、即是仏所得、根本真実法性也。此法性不受惑染、不与惑同名之為浄。以是浄故称為妙也。故用此為題即以為宗。蓮華者、如前引大集経。取衆徳為華、不用世間蓮華也」（大正三四、三八〇中九—一四行）を参照。

26 **有る師の云わく、「常住を宗と為す……覆相に常を明か**

す」『法華玄論』巻二「第八師云、此経以常住為宗。所以然者、大論仏教、所宗在常。是故此経以常為宗。但教門未極止。是覆相明常耳」（大正三四、三八〇中二三―二五行）を参照。

27 **有る師の云わく、「是れ顕了に常を明かす。『涅槃』と広略を為すのみ」**『法華玄論』巻二「第九師云、此経以顕了明常、故以常住為宗。如下文云、常住不滅、但与涅槃明常、広略為異耳」（大正三四、三八〇中二五―二七行）を参照。「『涅槃』と広略を為すのみ」とは、仏身の常住を明かす点については、『涅槃経』に広説し、『法華経』に略説するということ。

28 **有るが言わく、「万善を宗と為す……作仏することを得しむ」**『法華玄論』巻二「第十師云、以万善為体。但使是善必無朽、皆当作仏也」（大正三四、三八〇下三―五行）を参照。

29 **有るが言わく、「万善の中、無漏を取りて宗と為す」**『法華玄論』巻二「第十一師云、万善為体。此大通漫。此経既明一乗、但取乗之飾具。宜用一乗為体。乗飾具者、如下云、其車高広乃至駕以白牛。但取無漏大乗、簡除有漏之法也」（大正三四、三八〇下六―一〇行）を参照。

30 **有る人** 吉蔵を指すと思われる。ただし、吉蔵の解釈の一部のみを取りあげたものである。『法華玄論』巻二「若以悟而言、稟斯異説各蒙益者、則衆師釈無可為非。若聞而不悟、則衆師無可為是。一師之意、唯貴在於悟耳。宜以悟為経宗、無論同異也。……故大経云、一切諸法無有定相。若有定相、是生死相、是魔王相、非仏法相。以無定相、是故如来、非道説道、道説非道。常説非常、非常説常。……故知、法無定相、唯悟是従」（大正三四、三八一上九―一九行）を参照。「大経」については、『南本涅槃経』巻二二、光明遍照高貴徳王菩薩品「爾時如来讃言、善哉善哉。善男子。能作是問。若使諸仏説諸音声有定果相者、則非諸仏世尊之相、是魔王相、生死之相、遠涅槃相。何以故。一切諸仏凡所演説、無定果相。……以是義故、一切諸法無有定相」（大正一二、七四八下一七―一九行）、同巻一四、梵行品「善男子。如来世尊有大方便、無常説常、常説無常。……非道説道、道説非道」（大正同、六九五上九―一六行）を参照。

31 **方隅料乱す**「方隅」は、方位の意。「料乱」については、『摩訶止観』巻九上に、「雖復横竪前後、以八触十功徳五支察之、終不料乱」（大正四六、一一九中一九―二〇行）とあり、『止観輔行助覧』巻四に、「料応作繚」（続蔵五五、九〇八下二行）と注している。「繚乱」は、錯乱するの意。

32 **遣蕩** 「遣」は、取り除くこと。「蕩」は、洗い流すこと。『般若経』における実体否定＝空の思想を指す。

33 **故に云わく、「菩薩の心の中を般若……薩婆若と名づく」** 『大智度論』巻七二「在菩薩心中為般若、在仏心中名阿耨多羅三藐三菩提。是中説色等法即是薩婆若、薩婆若即是色等法」（大正二五、五六三下一〇―一二行）、同巻八三「先已答。是般若到仏心中、転名薩婆若」（大正同、六四三中五―六行）を参照。

34 **叡師の序に云わく、「玄章を啓きて不住……無得を以て終わりと為す」** 僧叡『大品経序』（『出三蔵記集』巻八所収）「故啓章玄門、以不住為始、妙帰三慧、以無得為終」（大正五五、五三上八―九行）を参照。「不住」は、とどまらないこと。執著のないことを意味する。「三慧」は、一切智・道種智・一切種智の三智のこと。

35 **宝積** 『維摩経』仏国品に出る長者の名。

36 **利鈍** 『講義』によれば、別教は「鈍」、円教は「利」と規定される。

37 **三種** 蔵教・通教・別教のこと。

38 **螺髻** 『維摩経』仏国品に出る螺髻梵王のこと。螺髻は、螺（ほらがい）が突起したように、頭髪を束ねて縛ったもの。梵王は頭頂に螺髻があるので、螺髻梵王と呼ぶ。

39 **高原・陸地に蓮華を生ぜず** 『維摩経』巻中、仏道品「譬如高原陸地不生蓮華、卑湿淤泥乃生此華」（大正一四、五四九中六―七行）を参照。

40 **彰顕** はっきりと現われること。

41 **近情** 浅はかな気持ちの者を指す。宗炳『明仏論』（『弘明集』巻二所収）「遂令殉世而不深于道者、仗史籍而抑至理、従近情而忽遠化、困精神於永劫。豈不痛哉」（大正五二、一二中二五―二七行）、梁武帝『注解大品序』（『出三蔵記集』巻八所収）「但其文遠曠、毎怯近情」（大正五五、五四中一一行）を参照。

42 **心漸く通泰す** 「通泰」は、のんびりしてゆったりすること。『法華経』信解品「復経少時、父知子意漸已通泰、成就大志、自鄙先心」（一七中七―八行）に基づく表現。

43 **著法の衆** 法に執著する大衆の意。『講義』には「不軽を軽毀する偏小の執情」とある。

44 **生・法の行人** 『講義』によれば、界内の人を生身とし、界外の人を法身とする。

45 **神力品に「如来の所有る一切の甚深の事」と云う** 『法華経』如来神力品「如来一切甚深之事」（五二上一九行）を参照。

46 **住前の相似** 住前＝十信＝相似即のこと。

47 **性徳** 『講義』には「薄地未発心の者を、性徳と云う」とある。薄地は、ここでは凡夫を指す。

48 **散華** 花をまき散らして仏に供養すること。

49 **随聞一句** 仏に随って経の一句を聞くこと。これも智慧を生じる一分であるから、了因仏性に相当すると指摘されている。

50 **文に「漸漸に修学して、仏道を成ずることを得」と云う** 『法華経』薬草喩品「漸漸修学　悉当成仏」（二〇中二四行）を参照。

51 **匡郭** 物の輪郭をいう。ここでは月の輪郭のこと。

52 **『四教章』** 『四教義』十二巻を指す。

53 **諦・縁・度** 四諦・十二因縁・六度のこと。

54 **漸円** 『釈籤』に「円漸」の誤写との指摘がある。『釈籤』巻一八「応云漸円円漸。恐文誤故、故問書之」（大正三三、九四六上二六―二七行）を参照。

55 **断疑生信** 疑いを断じて、信を生じさせること。

56 **今** 底本の「个」（「傘」の略字）を、全集本によって改める。

57 **本** 底本の「大」を、全集本によって改める。「本」は、本地の意。

58 **已度** すでに度脱したこと。

59 **若しは死、若しは死等の苦あり** 『講義』によれば、「死」は無余涅槃で、「死等」は有余涅槃のこと。『講述』によれば、「死等」は、死に等しいという意味で、無余涅槃も有余涅槃もいずれも変易の生死を免れないので、「苦」と規定される。

60 **三分** 魏・呉・蜀の三国に分かれたこと。

61 **曹公** 曹操（一五五―二二〇）のこと。魏の武帝。

62 **楊修に劣ること、三十五里なり** 「楊修」は、後漢、弘農の人。字は徳祖。曹操の主簿となる。楊修は、曹娥（後漢の孝女）の碑文の背にある「黄絹幼婦外孫齏臼」の八文字（絶妙好辞を意味する）をすぐに解読したが、曹操は解読できず、三十五里歩いてからやっと理解できたことを指す。

63 **二乗の智は蛍火虫の如く、菩薩の智は日光の如し** ぴったりした出典は見あたらないが、『大智度論』巻三五「所

以十方恒河沙舎利弗、目連不如一菩薩者、譬如蛍火虫。雖衆多各有所照、不及於日」（大正二五、三三二中四―六行）を参照。Ⅰ巻一下註255も参照。

64 **鴻鵠** 鳥の名。くぐい。

65 **金翅鳥** garuḍa の訳語。迦楼羅と音写する。想像上の鳥。翼が金色で、広さは三百三十六万里あるといわれる。天龍八部衆の一つ。

66 **問答** 『講義』によれば、この二文字は衍文である。この二文字を削ると、「喩えもて尽くす可からず」と読む。

67 **譬えば十の小牛、乃至、一龍、十龍、一力士の如し** 譬喩の趣旨は、十の小牛は一龍に及ばず、十龍は一力士に及ばないというもの。『南本涅槃経』巻一〇、現病品に、「如十小牛力、不如一大牛力。十大牛力、不如一青牛力。十青牛力、不如一凡象力。十凡象力、不如一野象力。十野象力、不如一二牙象力。十二牙象力、不如一四牙象力。十四牙象力、不如雪山一白象力。十雪山白象力、不如一香象力。……十分陀利象力、不如人中一力士力」（大正一二、六七〇下三―一五行）と類似の譬喩が見られるが、本文の龍が各種の象になっている。

68 **目連** Mahāmaudgalyāyana の音写語の一部。目犍連と音写する。釈尊の十大弟子の一人で、神通第一。

69 **脩羅の琴の如し** 「阿脩羅の琴」として前出。Ⅰ巻四下註23、Ⅱ巻六上註88を参照。

70 **三情** 三乗（声聞乗・縁覚乗・菩薩乗）に執著する迷情。

71 **尋いで過去の仏の行ずる所の……亦た応に三乗を説くべし** 『法華経』方便品「尋念過去仏　所行方便力　我今所得道　亦応説三乗」（九下一七―一八行）を参照。

72 **故に言わく、「諸仏の法は久しくして後、要ず当に真実を説くべし」** 『法華経』方便品「舎利弗当知　諸仏語無異　於仏所説法　当生大信力　世尊法久後　要当説真実」（六上二一―二三行）を参照。

73 **樹想還って生ず** 『釈籤』巻一八には、「言樹想還生等者、所詮実理猶如一根、能詮権教猶如枝葉。若其不廃迢縁諸教、則千枝万葉権想還生。以想生故、亡其実本」（大正三三、九四七上二九行―中三行）とある。

74 **正直に方便を捨てて、但だ無上道を説くのみ** 『法華経』方便品「正直捨方便　但説無上道」（一〇上一九行）を参照。

75 **十方の仏土の中には……二も無く亦た三も無し** 『法華経』方便品「十方仏土中　唯有一乗法　無二亦無三」（八上一七―一八行）を参照。

76　**故に言わく、「声聞の法を決了するに、是れ諸経の王なり」**　『法華経』法師品「決了声聞法　是諸経之王」（三一上一五―一六行）を参照。

77　**方便の門を開きて、真実の相を示す**　『法華経』法師品「此経開方便門、示真実相」（三一下一六―一七行）を参照。

78　**『大経』に云わく、「諸もろの声聞の為めに、慧眼を開発す」**　『南本涅槃経』巻四、四相品「我今於此闡揚分別。為諸声聞開発慧眼」（大正一二、六二七中一二―一三行）を参照。

79　**『大品』会宗に云わく、「四念処・四禅等は、皆な是れ摩訶衍なり」**　『大品般若経』巻七、会宗品「須菩提白仏言、世尊。何等諸善法、助道法、声聞法、辟支仏法、菩薩法、仏法、皆摂入般若波羅蜜中。仏告須菩提、所謂檀那波羅蜜、尸羅波羅蜜、羼提波羅蜜、毘梨耶波羅蜜、禅那波羅蜜、般若波羅蜜、四念処、四正懃、四如意足、五根、五力、七覚分、八聖道分、空、無相、無作解脱門、仏十力、四無所畏、四無閡智、大慈大悲、十八不共法、無錯謬相常捨行。須菩提。是諸余善法、助道法、若声聞法、若辟支仏法、若菩薩法、若仏法、皆摂入般若波羅蜜中」（大正八、二六六下一一―二一行）の取意。

80　**但だ其の法を会するのみにして、未だ其の人を会せず**　「法を会す」とは、三乗の教法の差別を撤廃すること。「人を会す」とは、二乗の成仏を許すことによって、三乗の人の差別を撤廃すること。

81　**故に云わく、「汝等の行ずる所は……悉く当に成仏すべし」**　『法華経』薬草喩品「汝等所行　是菩薩道　漸漸修学　悉当成仏」（二〇中二三―二四行）を参照。

82　**頭を低くすること、手を挙ぐることは、皆な仏道を成ず**　『法華経』方便品「乃至挙一手　或復小低頭　以此供養像　漸見無量仏　自成無上道　広度無数衆　入無余涅槃　如薪尽火滅　若人散乱心　入於塔廟中　一称南無仏　皆已成仏道」（九上二〇―二五行）に基づく。Ⅰ巻一上註112、Ⅰ巻三下註58を参照。

83　**仏は平等に説くこと、一味の雨の如し**　『法華経』薬草喩品「仏平等説　如一味雨」（二〇中二一―二二行）を参照。

84　**仏は自ら大乗に住す……是の事を不可と為す**　『法華経』方便品「仏自住大乗　如其所得法　定慧力荘厳　以此度衆生　自証無上道　大乗平等法　若以小乗化　乃至於一人　我則堕慳貪　此事為不可」（八上二三―二七行）を参照。

85　**毒を以て乳に塗り**　Ⅱ巻五下註177を参照。

86 **弊垢の衣を著しめ**　Ⅰ巻一下註208、および巻十上註21、巻十下註20を参照。

87 **故に言わく、「種種の道を説くと雖も、其の実は一乗の為めなり」**『法華経』方便品「雖説百千億　無数諸法門　其実為一乗」（九中六―七行）を参照。

88 **尋いで過去の仏の行ずる所の……五比丘の為めに説く**　前註71、および『法華経』方便品「即趣波羅柰　諸法寂滅相　不可以言宣　以方便力故　為五比丘説」（一〇上三―五行）を参照。

89 **故に言わく、「更に異の方便を以て、第一義を助顕す」**『法華経』方便品「更以異方便　助顕第一義」（八下一〇行）を参照。

90 **昔、菩薩の前に於いて……度脱することを得**　『法華経』信解品「於此経中唯説一乗、而昔於菩薩前、毀呰声聞楽小法者、然仏実以大乗教化」（一七下六―八行）、同、譬喩品「若我等待説所因成就阿耨多羅三藐三菩提者、必以大乗而得度脱」（一〇下七―九行）を参照。

91 **是の法は法位に住して、世間の相は常住なり**　『法華経』方便品「是法住法位　世間相常住」（九中一〇行）を参照。

92 **是の法は示す可からず**　『法華経』方便品「是法不可示」（五下二五行）を参照。

93 **法は常に無性なりと知る。仏種は縁従り起こる**　『法華経』方便品「諸仏両足尊　知法常無性　仏種従縁起　是故説一乗」（九中八―九行）を参照。

94 **頭を低くすること、手を挙ぐることは、皆な仏道を成ず**　前註82を参照。

95 **若し我れ衆生に遇わば、尽く教うるに仏道を以てす**　『法華経』方便品「若我遇衆生　尽教以仏道」（八中八行）を参照。

96 **廃**　底本の「度」を、全集本によって改める。『講述』に「中に於いて今は前に逗する所の権は前に廃し、次に逗する所の権は次に廃するに約す。故に覆三顕一と云う」とあるのを参照。

97 **若し此の法を信ぜざること有らば……示教利喜せよ**　『法華経』嘱累品「若有衆生不信受者、当於如来余深法中、示教利喜」（五二下一九―二〇行）を参照。

98 **富楼那**　Ⅰ巻一下註144、Ⅱ巻六下註65を参照。

99 **華光の作仏の願に……悪世に非ざるが如し**　Ⅱ巻五下註128を参照。「華光」は、Padmaprabha の訳語。舎利弗が未来に仏となるときの名。

100 **今の仏も亦た宝蔵仏の……此の三乗を説くことを願う** 『悲華経』巻二―三の大施品、諸菩薩本授記品に説かれる内容に基づく表現（大正三、一七四下以下参照）。他の諸仏の世界は清浄で、大菩薩のみがおり、声聞や辟支仏の名を聞くこともないのに、どうして釈尊はこの五濁悪世の不浄世界で三乗の法を説いているのか、という寂意菩薩の問いに対し、仏は過去世において宝海梵志であったときのことを述べる。宝海梵志の子の一人が出家成道して宝蔵仏となり、宝海梵志もこの仏のもとで発心するのであるが、ときの転輪聖王であった無諍念王（後の阿弥陀如来）をはじめ、みなが清浄世界に成仏することを願ったため、五濁悪世の衆生への大悲心から、五百の誓願を起こしてこの娑婆世界を選んだという。Ⅱ巻七上註103、104、105も参照。

101 **文義相い揀ぶ** 『講義』には「揀旧本作称」とある。この場合は、「文と義がたがいに合致する」という意味となり、より理解しやすい。

102 **八王子** 『法華経』序品に出る（三下二九行―四上四行）。日月灯明仏が出家以前に儲けた八人の子供。有意・善意・無量意・宝意・増意・除疑意・嚮意・法意の八人。以下、後註104まで、同じく序品の「日月灯明仏八子、皆師妙光。妙光教化、令其堅固阿耨多羅三藐三菩提。是諸王子、供養無量百千万億仏已、皆成仏道。其最後成仏者、名曰燃灯」（四中七―一一行）を参照。

103 **妙光** Varaprabha の訳語。文殊菩薩の前身。

104 **王子は成仏し、号して然灯と曰う** 八王子のなかで、最後に成仏した者の名を燃灯仏という。燃灯は、Dīpaṃkara の訳語。錠光とも訳す。過去仏として有名。「然」は、燃に通じる。

105 **弟子は、今又た成仏し、号して釈迦と曰う** たとえば、『仏説放鉢経』「今我（釈尊―菅野注）得仏、有三十二相八十種好威神尊貴、度脱十方一切衆生者、皆文殊師利之恩、本是我師。前過去無央数諸仏、皆是文殊師利弟子。当来者亦是其威神恩力所致。譬如世間小児有父母、文殊者仏道中父母也。仏説是経時、忉利天上二百菩薩自念、仏本文殊所教化、令作功徳成仏、文殊何以故、在仏前不成仏耶。仏言、文殊深入善権、広化衆生、故未取道」（大正一五、四五一上一四―二二行）を参照。また、『釈籤』巻一五には、「文殊昔為妙光菩薩、教化灯明八王子。是八王子相次授記。其最後者、名曰然灯。然灯既是釈迦之師、妙光乃成釈迦九代祖師」（大正三三、九二二下一三―一六行）とある。

106 **補処淹緩** 「補処」は、文殊を指す。「淹緩」は、とどこおること。『南斉書』高帝紀上「昔上流謀逆、皆因淹緩、至於覆敗」を参照。次下の「超越」と対になっている。

107 **弟子** 釈尊を指す。

108 **方便品に云わく、「我れ久遠劫従り来……我れ常に是の如く説く」** 『法華経』方便品「従久遠劫来　讃示涅槃法　生死苦永尽　我常如是説」（一〇上八―一〇行）を参照。

109 **八方** 『法華経』見宝塔品において、十方の分身仏を集めるのに、三度にわたって国土を浄化した。これを三変土田という。第一の浄化は、娑婆世界を浄土に変えること。第二の浄化は、四方・四維の八方において二百万億那由他の国土を浄土に変えること。第三の浄化は、さらに八方において二百万億那由他の国土を浄土に変えること。つまり、八方の合わせて四百万億那由他の浄土に分身仏が充満したのである。

110 **荷積みて池に満つるの喩えの如し** 「荷」は、蓮華のこと。『私記』には、「一池の蓮華始めて熟して実と成る。実復た池に堕ちて、復た蓮華を生じて実と成る。此の実復た落ちて、復た蓮華を生ず」とある。

111 **漸** 次第順序の意。

112 **下方の涌出** 地涌の菩薩のこと。

113 **文に云わく、「一切世間は皆な……無量百千万億那由他劫なり」** 『法華経』如来寿量品「一切世間天、人及阿修羅皆謂、今釈迦牟尼仏、出釈氏宮、去伽耶城不遠、坐於道場、得阿耨多羅三藐三菩提。然善男子。我実成仏已来、無量無辺百千万億那由他劫」（四二中九―一三行）を参照。「伽耶城」の伽耶は、Gayā の音写語。釈尊はガヤーの町の近くのピッパラの樹の下で、坐禅瞑想して成道した。そこで、この樹を菩提樹といい、町を仏陀伽耶と呼ぶ。

114 **直ちに世界を挙げて** 『法華経』如来寿量品に出る五百塵点劫の譬喩において、はじめに五百千万億那由他阿僧祇の世界を取りあげることをいう。

115 **世界の中の塵** 五百千万億那由他阿僧祇の世界を抹して微塵とすることをいう。

116 **五濁** 悪世における五種の濁り。劫濁・見濁・煩悩濁・衆生濁・命濁のこと。

117 **道樹王城** 「道樹」は、菩提樹のことで、ここでは、釈尊が菩提樹においてはじめて成仏したとすること。「王城」は、釈尊が王城＝釈迦族の国王の城市で生まれたことを意味するか。

118 **執近**　「近」は、釈尊が菩提樹下ではじめて成仏したとする立場を指す。「執近」は、その考えに執著すること。

119 **封近**　「執近」と同義。「封」は、閉じこめられるの意。釈尊が菩提樹下ではじめて成仏したとする考えに閉じこめられること。

120 **文に云わく、「是れ自従り来……衆生を導利す」**　『法華経』如来寿量品「自従是来、我常在此娑婆世界説法教化、亦於余処百千万億那由他阿僧祇国導利衆生」（四二中二六―二八行）を参照。

121 **文に云わく、「我れ実に成仏してより……仏道に入らしむるのみ」**　『法華経』如来寿量品「然我実成仏已来、久遠若斯。但以方便、教化衆生、令入仏道、作如是説」（四二下八―九行）を参照。

122 **文に云わく、「諸もろの善男子よ……皆な是れ方便もて分別す」**　『法華経』如来寿量品「諸善男子。於是中間、我説燃灯仏等、又復言其入於涅槃、如是皆以方便分別」（四二中二八行―下一行）を参照。

123 **文に云わく、「娑婆世界は、純ら黄金を以て地と為し、人天充満す」**　このままの文は見あたらない。『法華経』分別功徳品「又見此娑婆世界、其地琉璃坦然平正、閻浮檀金以界八道、宝樹行列、諸台楼観皆悉宝成、其菩薩衆咸処其中。若有能如是観者、当知是為深信解相」（四五中一九―二二行）、如来寿量品「我此土安隠　天人常充満」（四三下七行）を参照。

124 **又た云わく、「人衆は、焼尽すと見れども、我が浄土は毀れず」**　『法華経』如来寿量品「我浄土不毀　而衆見焼尽」（四三下一―二行）を参照。

125 **能く是の如く深く観ぜば、是れ深き信解の相と為す**　前註123を参照。

126 **文に云わく、「我れ成仏してより已来……常住にして滅せず」**　『法華経』如来寿量品「如是、我成仏已来、甚大久遠、寿命無量阿僧祇劫、常住不滅」（四二下一九―二一行）を参照。

127 **古仏の塔**　古仏＝多宝如来の塔のこと。

128 **慕覓**　底本の「幕」を、全集本によって「慕」に改める。「慕覓」は、慕い求めること。

129 **慕**　底本の「幕」を、全集本によって改める。

130 **文に云わく、「我れは仏眼を以て……歓喜の心を発せしむ」**　『法華経』如来寿量品「我以仏眼、観其信等諸根利鈍、随所応度、処処自説、名字不同、年紀大小、亦復現言当入

涅槃、又以種種方便説微妙法、能令衆生発歓喜心」（四二下二―五行）を参照。

131 **絶言冥会**　「絶言」は、言葉で表現できないこと。「冥会」は、奥深い次元で真理に合致すること。

132 **文に云わく、「実に非ず、虚に非ず……如来明らかに見る」**　『法華経』如来寿量品「非実非虚、非如非異、不如三界見於三界、如斯之事、如来明見」（四二下一四―一六行）を参照。

133 **文に云わく、「若干の言辞、因縁、譬喩……暫くも廃せず」**　『法華経』如来寿量品「以若干因縁、譬喩、言辞、種種説法。所作仏事、未曾暫廃」（四二下一八―一九行）を参照。

134 **他身、他事**　『法華経』如来寿量品「或説己身、或説他身、或示己身、或示他身、或示己事、或示他事」（四二下一〇―一二行）を参照。

135 **文に云わく、「然るに、我れは今……衆生を教化す」**　『法華経』如来寿量品「然今非実滅度、而便唱言、当取滅度。如来以是方便、教化衆生」（四二下二三―二四行）を参照。

136 **文に云わく、「又た善男子よ……皆な実にして虚ならず」**　『法華経』如来寿量品「又善男子。諸仏如来法皆如是。為度衆生、皆実不虚」（四三上七―八行）を参照。

137 **提**　底本の「題」を、全集本によって改める。

138 **愆**　あやまちの意。直前の「過」（過失の意）と同義。

139 **称合**　合致するの意。

140 **入**　底本の「久」を、全集本によって改める。

141 **衆数に入らず**　サンガの仲間に入らないこと。「衆」は、僧衆のこと。『維摩経』巻上、弟子品「於一切衆生而有怨心、謗諸仏、毀於法、不入衆数、終不得滅度」（大正一四、五四〇下一〇―一一行）を参照。

142 **文に云わく、「言辞柔軟にして、衆の心を悦可す」**　『法華経』方便品「言辞柔軟、悦可衆心」（五下七―八行）を参照。

143 **身子の領解に云わく、「仏は種種の縁……実智の中に安住す」**　『法華経』譬喩品「仏以種種縁　譬喩巧言説　其心安如海　我聞疑網断……我心大歓喜　疑悔永已尽　安住実智中」（一一上二二行―中六行）を参照。

巻第十上

1 **幽隠**　奥深く隠れていること。

2 **名匠**　優れた学者のこと。

3 **祖承** 根本として受け継ぐこと。

4 **神衿** 胸のうち、心のなかのこと。

5 **阡陌縦横** 「阡陌」は、田間の道で、「阡」は南北の道、「陌」は東西の道をいう。南北の道が「縦」、東西の道が「横」とされている。前代の諸師の判教が、多様であることをたとえたものである。

6 **勘同** 割り符を対照して検査する意から転じて、ここでは、経論を対照させて、判教の根拠があるかどうかを考えること。

7 **去取** 取捨すること。「去」は、除く、捨てるの意。

8 **高山先に照らす** Ⅰ巻一上註90、および後註56を参照。

9 **四阿含** 四阿含経、四阿含として巻五上、巻六上に前出。以下に出る『増一』は『増一阿含経』、『中』は『中阿含経』、『雑』は『雑阿含経』、『長』は『長阿含経』のこと。

10 **曲巧** こまかで巧みなこと。

11 **行願** 修行と誓願の意。

12 **殊絶** とくに優れていること。

13 **並対訶讃** 「並対」は、蔵・通・別・円の四教を並列して説き、大乗の機根、小乗の機根に教えること。「訶讃」は、小乗を弾呵し、大乗を讃歎すること。

14 **共・別** 通教の三乗共を「共」といい、別教・円教の三乗不共を「別」という。

15 **三修** 劣の三修のことで、無常、苦、無我を修すること。勝の三修は、常、楽、我を修すること。

16 **逗会** 投合すること。教えを衆生の機根にぴったり合うように与えること。

17 **取与** 『釈籤』巻一九には、「若今日中間言取与者、華厳已後、法華之前、観機為取、逗物為与」（大正三三、九四九上二九行―中二行）とある。

18 **筌罤** 「筌」は魚を取るわな、「罤」は兎を取るわなのこと。目的を達するための方便の意となる。罤は蹄に通じる。『荘子』外物「荃者、所以在魚。得魚而忘荃。蹄者、所以在兎。得兎而忘蹄」を参照。

19 **宿殖淳厚** 過去世において善根を植えることが多いこと。

20 **文に云わく、「始めて我が身を見……如来の慧に入る」** 『法華経』従地涌出品「此諸衆生始見我身、聞我所説、即皆信受入如来慧」（四〇中八―九行）を参照。

21 **方便もて附近して、語りて勤作せしむ** 『法華経』信解品「於是長者　著弊垢衣　執除糞器　往到子所　方便附近　語令勤作」（一八上二一―二三行）を参照。

22 **文に云わく、「我れ若し仏乗を讃ぜば、衆生は苦に没す」**『法華経』方便品「若但讃仏乗　衆生没在苦」（九下一三―一四行）を参照。

23 **文に云わく、「苦切に之れを責め已りて、示すに繫くる所の珠を以てす」**『法華経』五百弟子受記品「与珠之親友後見此貧人　苦切責之已　示以所繫珠」（二九中一〇―一一行）を参照。「苦切」は、ねんごろにの意。十分に意を用いること。

24 **洮汰**　洗い清めること。淘汰に同じ。

25 **相著**　事象の特質の実体性に執著すること。

26 **文に云わく、「衆人を将導して、嶮道を過ぎんと欲す」**『法華経』化城喩品「有一導師、聡慧明達、善知険道通塞之相、将導衆人欲過此難」（二五下二八―二九行）を参照。

27 **網**　底本の「綱」を、全集本によって改める。

28 **初めに下し、後に除き**　算盤の仕方を説明していると思われる。細かい数を入れるのに、珠を下し、数がまとまって位が変わるところで、小さな数の珠を払うことを意味すると思われる。

29 **大数を紀定し**　大きな数を記し定めることと思われる。

30 **斗斛**　「斗」は十升、「斛」は十斗のこと。転じて、僅少の意。

31 **『無量義』に云わく、「無量義とは、一法従り生ず」**『無量義経』説法品「無量義者、従一法生」（大正九、三八五下二―四行）を参照。

32 **一仏乗に於いて、分別して三と説く**『法華経』方便品「劫濁乱時、衆生垢重、慳貪嫉妬、成就諸不善根故、諸仏以方便力、於一仏乗分別説三」（七中二五―二七行）を参照。

33 **文に云わく、「唯だ一大事の因縁を以て、世に出現するのみ」**『法華経』方便品「諸仏世尊、唯以一大事因縁故、出現於世」（七上二一―二二行）を参照。

34 **文に云わく、「殷勤に方便を称歎す」**『法華経』方便品「今者、世尊何故慇懃称歎方便而作是言」（六中一―二行）を参照。

35 **文に云わく、「諸仏の法は久しくして後、要ず当に真実を説くべし」**　巻九下註72を参照。

36 **信解品に云わく、「師子の床に踞し、子を見て便ち識る」**『法華経』信解品「時富長者於師子座、見子便識」（一六下二一―二二行）を参照。

37 **牕牖の中に於いて、遙かに其の子を見る**『法華経』信解品「於窓牖中、遙見子身」（一七上一四行）、同「長者是

時、在師子座、遙見其子、黙而識之」（一八上一〇―一一行）、同「長者於牖　常見其子」（一八上二〇行）を参照。

38　**密かに二人を遣わして、方便もて附近して、語りて勤作せしむ**　『法華経』信解品「密遣二人」（一七上八行）、同「方便附近　語令勤作」（一八上二二―二三行）を参照。巻十下註20も参照。

39　**心相い体信して、入出に難り無し**　『法華経』信解品「心相体信、入出無難」（一七上二八行）を参照。巻十下註22も参照。

40　**衆物を領知す**　『法華経』信解品「領知衆物」（一七中五行）を参照。巻十下註23も参照。

41　**後に家業を付す**　このままの表現はないが、信解品の長者窮子の譬喩において、窮子が父の家業を継承すること。巻十下註25も参照。

42　**文に云わく、「唯だ我れのみ此の相を知る。十方の仏も亦た然なり」**　『法華経』方便品「唯我知是相　十方仏亦然」（六上二〇行）を参照。

43　**已今当の説には、最も難信難解と為す**　『法華経』法師品「已説今説当説、而於其中、此法華経最為難信難解」（三一中一七―一八行）を参照。Ⅰ巻二上註166も参照。

44　**重畳**　類似したものが重なること。宋玉『高唐賦』「交加累積、重畳増益」を参照。

45　**三止四請**　『法華経』方便品において、釈尊が説法を三回にわたって拒絶したのに対して、舎利弗が三回にわたって説法をお願いする。釈尊は、舎利弗の第三請を許したので、舎利弗が説法を聞くことを願ったことを、ここでは第四請として数えている。ふつう、三止三請という。

46　**金剛蔵に請う**　『六十巻華厳経』巻二三、十地品において、解脱月菩薩が金剛蔵菩薩に十地について質問することをいう（大正九、五四三上を参照）。

47　**小乗の請**　『法華経』方便品において、小乗の人である舎利弗（身子）が仏に説法を請うことをいう。

48　**身子は衆心に騰じて云わく**　『法華経』方便品「爾時舎利弗、知四衆心疑、自亦未了、而白仏言」（六中七―八行）を参照。「騰」は、乗じること。

49　**仏口の生ずる所の子……具足の道を聞かんと欲す**　『法華経』方便品「仏口所生子　合掌瞻仰待　願出微妙音　時為如実説　諸天龍神等　其数如恒沙　求仏諸菩薩　大数有八万　又諸万億国　転輪聖王至　合掌以敬心　欲聞具足道」（六下一―六行）を参照。「瞻仰」は、仰ぎ見ること。

50 **弥勒は衆を闔べ、決を文殊に求む**　『法華経』序品において、弥勒菩薩が大衆を代表して、瑞相（雨華動地）の意味を、文殊菩薩に質問したことを指す。

51 **是れ我が化する所なり**　『法華経』従地涌出品「是諸大菩薩　従無数劫来　修習仏智慧　悉是我所化　令発大道心」（四一中一二―一四行）を参照。

52 **疎密**　疎遠なことと、親密なこと。『釈籤』巻一九によれば、「知識疎、発心密」（大正三三、九五一上二―三行）といわれる。

53 **加**　加持のこと。仏の神秘的な力のこと。『華厳経』では、毘盧遮那仏の神力を受けて、菩薩たちが仏の代わりに説法する。

54 **法慧**　『六十巻華厳経』巻八、菩薩十住品（大正九、四四四下を参照）において、十住について説く菩薩。

55 **前後の二文**　迹門と本門のこと。

56 **日の高山を照らすが如き**　『華厳経』の三照の譬喩（『六十巻華厳経』巻三四、宝王如来性起品「譬如日出、先照一切諸大山王、次照一切大山、次照金剛宝山、然後普照一切大地」大正九、六一六中一四―一六行を参照）を説いている。天台家では、『華厳経』の本文の趣意を離れて、太陽が高山、幽谷、平地を順に照らすことを読み取り、釈尊の説法の順序を決める根拠としている。

57 **五時の般若**　『仁王般若経』巻上、序品に出る「摩訶般若波羅蜜、金剛般若波羅蜜、天王問般若波羅蜜、光讃般若波羅蜜」（大正八、八二五中を参照）に、『仁王般若経』を加えたもの。

58 **『光明』**　『金光明経』のこと。

59 **偏方不定教**　頓とも漸とも一方に定まらない教えのこと。『講義』には「偏僻の方処にて、一類の為めに、頓漸の定儀に非ざる一経を説くを謂う」とあるように、「偏方」を「辺鄙な場所」と解釈しているが、誤解であろう。「偏方」は、頓もしくは漸を意味し、どちらにも規定できない教えを「偏方不定」としているのである。

60 **虎丘山の笈師**　虎丘山は蘇州にある山の名。笈師については未詳。

61 **名**　底本の「明」を、全集本によって改める。

62 **宗愛法師**　布施浩岳『涅槃宗の研究』（一九四二年初版、一九七三年復刻、国書刊行会）によれば（後篇二九六頁を参照）、白馬寺曇愛（生没年未詳）、大昌寺僧宗（四三八―四九六）のこと。

63 **荘厳旻師**　荘厳寺僧旻（四六七―五二七）のこと。梁の三大法師の一人。

64 **定林の柔・次の二師**　定林寺僧柔（四三一―四九四）と慧次（四三四―四九〇）のこと。

65 **道場の観法師**　道場寺慧観（生没年未詳）のこと。Ｉ巻一下註219、および巻九下註19を参照。

66 **開善**　開善寺智蔵（四五八―五二二）のこと。梁の三大法師の一人。

67 **『提謂波利』**　『提謂波利経』二巻。北魏の曇靖の著作。偽経。四種の敦煌写本の断簡と逸文以外は現存しない。提謂と波利は、商人の兄弟の名である。釈尊成道後、四七日（四週間後）に、釈尊に供養して仏弟子となったとされる。

68 **菩提流支**　Bodhiruci の音写語。菩提留支にも作る。北インドの人。生没年未詳（五―六世紀）。

69 **仏駄三蔵**　仏陀禅師（生没年未詳）のこと。インドの人。北魏の孝文帝に信任された。

70 **光統**　光統律師慧光（四六八―五三七）のこと。地論宗南道派の祖、四分律宗の祖。

71 **六因・四縁**　説一切有部において説かれる六種の因（能作因・倶有因・同類因・相応因・遍行因・異熟因）と、四種の縁（因縁・等無間縁・所縁縁・増上縁）のこと。

72 **三論**　龍樹の『中論』『十二門論』、提婆の『百論』をいう。

73 **五宗の教を開く**　底本には「開五宗教」とあるが、全集本には「開五宗判教」とある。後者の場合は、「五宗を開きて教を判ず」と読む。

74 **護身自軌大乗**　護身寺自軌については未詳。『釈籤』巻一九には「護身寺自軌法師大乗是人為立号。以重其所習故、美之称為大乗」（大正三三、九五一中七―九行）とある。希迪『五教章集成記』巻一「五護身法師。義苑曰、護身寺名。師諱自軌。探玄曰、此於前第四宗内、開真仏性、以為真宗。即涅槃等経」（続蔵五八、四〇五下四―五行）も参照。

75 **諸仏の法は久しくして後、要ず当に真実を説くべし**　巻九下註72を参照。

76 **耆闍の凛師**　耆闍寺安凛（五〇七―五八三）のこと。

77 **二相**　第九師の有相と無相のこと。

78 **『論』に云わく、「我れは今正しく三蔵の中の実義を明かさんと欲す」**　『成実論』巻一、具足品「故我欲正論　三蔵中実義」（大正三二、二三九中二行）を参照。

79 **『阿含』の中に説かく、「是れ老死なり。誰れか老死せん。**

二は皆な邪見なり」『雑阿含経』巻一二「爾時世尊告諸比丘、我当為汝等説法。初中後善、善義善味、純一清浄、梵行清白。所謂大空法経。……縁生老死者、若有問言、彼誰老死。老死属誰。彼則答言、我即老死。今老死属我。老死是我。……諸比丘。若無明離欲而生明、彼誰老死。老死属誰者。老死則断、則知断其根本、如截多羅樹頭。於未来世、成不生法」（大正二、八四下一二行―八五上四行）を参照。なお、『大智度論』にこの『雑阿含経』の大空法経を、大空経として引用したと思われる箇所があり、より玄義本文のものに内容が近い。『大智度論』巻一八「法空者、如仏説大空経中。……若有人言是老死、若言誰老死、皆是邪見」（大正二五、一九二下二六―二八行）を参照。また、『大智度論』所引の大空経が『雑阿含経』のものであることは、『大智度論』の他の箇所に関連する内容とともに明示されている。後註81、および同巻三一「及雑阿含中大空経説二種空。衆生空、法空」（大正同、二九五中二七―二八行）を参照。

80 **「是れ老死なり」の無きは、即ち法空なり。「誰れか老死せん」の無きは、即ち生空なり** 前註79の『大智度論』巻一八に引く大空経の経文の直後にある「是経（大空経―菅野注）中仏説法空。若説誰老死、当知是虚妄、是名生空。若説是老死、当知是虚妄、是名法空」（大正二五、一九三上三―五行）を参照。ここは大空経の経文を『大智度論』が解釈している部分である。したがって、玄義本文における先の『阿含』の引用は、『雑阿含経』を直接引くのではなく、この解釈とともに『大智度論』に拠っていると考えられる。

81 **『釈論』に云わく、「三蔵の中には法空を……十方空を明かして大空と為す」**『大智度論』巻三一「大空者、声聞法中、法空為大空。如雑阿含大空経説、生因縁老死。若有人言、是老死、是人老死、二俱邪見。是人老死則衆生空、是老死是法空。摩訶衍経説、十方、十方相空、是為大空」（大正二五、二八八上一一―一五行）を参照。

82 **既** 底本の「即」を、全集本によって改める。

83 **成道六年に、即ち『殃掘摩羅経』を説き** 吉蔵『法華義疏』巻七にも、「旧相伝云、仏成道六年説鴦崛摩羅経、広明大乗法」（大正三四、五五一中二五―二六行）とある。

84 **『大論』に云わく、「得道の夜従り……常に般若を説く」** やや内容が異なるが、『大智度論』巻一「又、仏二夜経中説、仏初得道夜、至般涅槃夜、是二夜中間所説経教、一切

皆実不顛倒」（大正一二五、五九下五—七行）を参照。

85 **此の教を用いんや**　底本には「用此教為」とある。「為」は疑問、反問を表わす。「此の教が必要であろうか、必要でない」の意。

86 **拘隣如の五人は……真実の知見を獲**　『大方等大集経』巻二、陀羅尼自在王菩薩品「爾時世尊既受請已、往波羅奈鹿野林中仙人住処、転正法輪。如是法輪、諸天魔梵及余沙門、婆羅門等所不能転。爾時世尊説四諦時、憍陳如比丘得法眼浄。其声遍聞三千大千世界。爾時世尊説優陀那。甚深之義不可説　第一実義無声字　憍陳比丘於諸法　獲得真実之知見」（大正一三、一三下八—一四行）を参照。

87 **九十五種**　釈尊の時代の外道の総数とされる。これには「九十五種外道」と「九十六種外道」の二説が伝わる。たとえば、前者は『南本涅槃経』巻一〇、一切大衆所問品「世尊常説、一切外学九十五種皆趣悪道、声聞弟子皆向正路」（大正一二、六六八上四—五行）、後者は『大智度論』巻三「云何勝。一切九十六種道（「道」を、宋・元・明の三本、宮本には「外道」に作る）論議能破、故名勝」（大正二五、七九中二八—二九行）を参照。

88 **『大経』に云わく、「仏性に五種の名有り……亦た般若と名づく」**　「五種の名」については、『南本涅槃経』巻二五、師子吼菩薩品（大正一二、七六七下—七六九中を参照）によれば、第一義空・中道・十二因縁・一乗・首楞厳三昧である。ただし、玄義本文では「般若」を挙げているので相違する。しかし、この『南本涅槃経』の首楞厳三昧を詳説する箇所には、首楞厳三昧の五種の名の一つとして、般若波羅蜜を挙げている。同「首楞厳三昧者、有五種名。一者首楞厳三昧、二者般若波羅蜜、三者金剛三昧、四者師子吼三昧、五者仏性。随其所作、処処得名」（大正同、七六九中六—九行）を参照。

89 **『涅槃』の第八に何の意もて「我れは先に摩訶般若の中……即ち是れ仏性なり」と云わん**　『南本涅槃経』巻八、如来性品「若言一切法無我、如来秘蔵亦無有我、凡夫謂二、智者了達其性無二。無二之性即是実性。我与無我性無有二。如来秘蔵其義如是、不可称計。無量無辺諸仏所讃。我今於是一切功徳成就経中、皆悉説已。善男子。我与無我性相無二。汝応如是受持頂戴。善男子。汝亦応当堅持憶念如是経典。如我先於摩訶般若波羅蜜経中説、我無我無有二相」（大正一二、六五一下一二—一二行）を参照。

90 **『般若』に、実相・実際の不来不去は……即ち是れ仏な**

りと明かす 『大品般若経』巻二七、法尚品「善男子。無生法無来無去、無生法即是仏。無滅法無来無去、無滅法即是仏。実際法無来無去、実際法即是仏」（大正八、四二一中二八行―下二行）を参照。

91 **五度** 六度（六波羅蜜）から般若波羅蜜を除いたもの。

92 **『金剛般若論』に云わく、「福は菩提に趣かず……了因と名づく」** 『金剛般若波羅蜜経論』巻上「受持法及説　不空於福徳　福不趣菩提　二能趣菩提」（大正二五、七八四下二九行―七八五上一行）、同「於実名了因　亦為余生因　唯独諸仏法　福成第一体」（大正同、七八五上一七―一八行）を参照。『講義』には、「有漏の業を福と為し、受持・読誦を無漏の業と為す」とあり、「二」とは、受持・読誦を指すと解釈しているが、『金剛般若波羅蜜経論』巻上には、「彼福徳不趣大菩提、二能趣大菩提故。何者為二。一者受持、二者演説」（大正同、七八五上三―六行）とある。Ⅱ巻五上註23も参照。

93 **釈提婆那民** Śakro devānāṃ indraḥ の音写語。釈提桓因、釈迦提婆因提などとも音写する。帝釈天のこと。

94 **『涅槃』に亦た云わく、「八十年の仏……娑羅に於いて入滅す」** ぴったりした出典は見あたらないが、『南本涅槃経』巻一〇、現病品「吾今背痛。汝等当為四衆説法」（大正一二、六七二下一九行）を参照。

95 **『釈論』に云わく、「仏に生身・法身有り……尚お生死の身に非ず」** 『大智度論』巻九「問曰。若仏神力無量、威徳巍巍、不可称説、何以故受九罪報。一者梵志女孫陀利謗、五百阿羅漢亦被謗。二者旃遮婆羅門女繫木盂作腹謗仏。三者提婆達推山圧仏、傷足大指。四者迸木刺脚。五者毘楼璃王興兵殺諸釈子、仏時頭痛。六者受阿耆達多婆羅門請而食馬麦。七者冷風動故脊痛。八者六年苦行。九者入婆羅門聚落、乞食不得、空鉢而還。復有冬至前後八夜、寒風破竹、索三衣禦寒。又復患熱、阿難在後扇仏。如是等世界小事、仏皆受之。若仏神力無量、三千大千世界、乃至東方恒河沙等諸仏世界、南西北方四維上下、光明色像威徳巍巍、何以故受諸罪報。答曰。……復次仏有二種身。一者法性身、二者父母生身。是法性身満十方虚空、無量無辺。色像端正、相好荘厳、無量光明、無量音声。聴法衆亦満虚空。【此衆亦是法性身、非生死人所得見也】常出種種身、種種名号、種種生処、種種方便、度衆生、常度一切、無須臾息時。如是法性身仏、能度十方世界衆生。受諸罪報者、是生身仏。生身仏次第説法如人法。以有二種仏故、受諸罪無咎」（大

正二五、一二一下七行―一二二上五行）を参照。玄義本文の引用文後半にある法性身仏の聴法衆が法性身である旨の記述は、この『大智度論』の割書き部分に拠っていると思われる。「馬麦、乞乳」については、Ⅰ巻四上註213を参照。

96 **『釈論』に云わく、「又た、生身の仏寿は……則ち無量なり」**　『大智度論』巻三四「諸仏寿命、光明、各有二種。一者隠蔵、二者顕現。一者真実、二者為衆生故、隠蔵。真実者、無量顕現。為衆生者、有限有量」（大正二五、三一一下二五―二七行）を参照。

97 **均提沙弥**　均提はCunda の音写語。均頭、純陀などとも音写する。舎利弗の教化によって悟りを得たことを感謝して、終身、舎利弗の沙弥として仕えた。以下の本文に出る舎利弗の涅槃に関する記事については、『増一阿含経』巻一八、四意断品「爾時尊者舎利弗遊於摩瘦本生之処、身遇疾病、極為苦痛。時唯有均頭沙弥供養、目下除去不浄、供給清浄。……是時尊者舎利弗、即以其夜而般涅槃。……是時均頭沙弥捉衣、持鉢及舎利、往至阿難所。白阿難曰、我師已取滅度、今持舎利衣鉢来、用上世尊。時阿難見已、即堕涙而作是語、汝亦来、共至世尊所、以此因縁共白世尊、若世尊有所説、我等常奉行之。……世尊告曰、云何、阿難。舎利弗比丘用戒身、般涅槃乎。阿難対曰、非也、世尊。世尊告曰、云何、阿難。用定身、慧身、解脱所見身（「解脱所見身」を、聖語蔵本には「解脱身、解脱所見身」に作る）、而取滅度乎。阿難白仏言、舎利弗比丘不用戒身、定身、慧身、解脱身、解脱所見身、而取滅度。但舎利弗比丘恒喜教化、説法無厭足、与諸比丘教誡、亦無厭足」（大正二、六四〇中二八行―六四一上一四行）を参照。この経文の問答の原意は「舎利弗は戒身等の五分法身によって滅度したのではない」であるが、玄義本文では「舎利弗の五分法身は滅していない」に読み換えられている。

98 **汝の和尚**　均提沙弥の師である舎利弗のこと。和尚は、upādhyāya の音写語。和上、和闍などとも音写する。仏法の師をいう。

99 **戒身**　五分法身（戒・定・慧・解脱・解脱知見）の一つ。この場合の法身は、徳性（法）の集まり（身）の意。

100 **何が故に問住品に「諸もろの天子の……其の功徳を断ぜず」と云わん**　『大品般若経』巻七、問住品「諸天子今未発阿耨多羅三藐三菩提心者、応当発心。諸天子若入声聞正位、是人不能発阿耨多羅三藐三菩提心。何以故。与生死作障隔故。是人若発阿耨多羅三藐三菩提心者、我亦随喜。所

以者何。上人応更求上法。我終不断其功徳」（大正八、二七三中二八行―下五行）を参照。

101 『大品』に云わく、「二乗の智慧は……日の四天下を照らすが如し」　巻九下註63を参照。

102 十三巻に云わく、「譬えば狗の大家に……応に行ずべき所の経を取る」　『大品般若経』巻一三、魔事品「譬如狗不従大家求食、反従作務者索。如是、須菩提。当来世有善男子善女人棄深般若波羅蜜、而攀枝葉、取声聞辟支仏所応行経」（大正八、三一九上二四―二七行）を参照。

103 又た云わく、「象を見んとして跡を観るは、皆な不黠と名づく」　底本の「像」を、全集本によって「象」に改める。『大品般若経』巻一三、魔事品「譬如有人欲得見象、見已反観其跡。須菩提。於汝意云何。是人為黠不。須菩提言、為不黠」（大正八、三一九上二八行―中一行）を参照。「不黠」は、愚かの意。「黠」は、さとい、さかしいの意。

104 諸もろの天子、仏に白して、「第二の法輪の転ずるを見る」と云う　『大品般若経』巻一二、無作品「爾時諸天子虚空中立、発大音声踊躍歓喜、以漚鉢羅華、波頭摩華、拘物頭華、分陀利華、而散仏上、作如是言、我等於閻浮提見第二法輪転。是中無量百千天子得無生法忍」（大正八、三一一中一三―一七行）を参照。

105 『浄名』に云わく、「始めて道樹に坐して……有ならず、亦た無ならず」　『維摩経』巻上、仏国品「始在仏樹力降魔　得甘露滅覚道成」（大正一四、五三七下一七行）、同「説法不有亦不無」（大正同、五三七下一五行）を参照。Ⅰ巻二上註118も参照。

106 『法華』に亦た云わく、「昔、波羅柰に於いて……最上の法輪を転ず」　『法華経』譬喩品「仏昔於波羅棕初転法輪、今乃復転無上最大法輪。爾時諸天子欲重宣此義、而説偈言、昔於波羅棕　転四諦法輪　分別説諸法　五衆之生滅　今復転最妙　無上大法輪」（一二上一五―二〇行）を参照。

107 『涅槃』に又た云わく、「昔、波羅柰に於いて……不退転を得」　『南本涅槃経』巻一三、聖行品「我昔於彼波羅棕城初転法輪、八万天人得須陀洹果。今於此間拘尸那城、八十万億人不退転於阿耨多羅三藐三菩提」（大正一二、六八九下一五―一七行）を参照。「拘尸那城」は、尸城として前出。Ⅰ巻二上註120を参照。

108 二夜に常に『般若』を説く　前註84を参照。

109 七百阿僧祇　旧解の五時教における第三時褒貶教（方等教）の仏寿とされる。『維摩経文疏』巻一五には、「但旧作四時五時教義、或説般若猶是八十年仏、此経是方等教謂同首楞厳明仏寿七百阿僧祇劫」（続蔵一八、五八〇上一一―一三行）とあり、『首楞厳三昧経』巻下「我寿七百阿僧祇劫。釈迦牟尼仏寿命亦爾」（大正一五、六四四下二九行―六四五上一行）に基づいていると思われる。

110 **悕取**　願い取ること。

111 **弥勒等も亦た屈折せらる**　『維摩経』弟子品で、維摩詰が病床にあることを知った仏が、舎利弗ら十大弟子に順次命じて見舞いに行かせようとしたが、みな以前に維摩詰に論破された経緯を述べて辞退したのに続き、次の菩薩品で、弥勒をはじめとする菩薩たちも同様の理由を述べて辞退したことに基づく表現。

112 **其の文に自ら「仏身は無為にして……斯の事を現ずるのみ」と説く**　『維摩経』巻上、弟子品「維摩詰言、……如来身者金剛之体。諸悪已断、衆善普会。当有何疾、当有何悩。……仏身無為、不堕諸数。如此之身、当有何疾、当有何悩。時我、世尊。実懐慚愧、得無近仏而謬聴耶。即聞空中声曰、阿難。如居士言。但為仏出五濁悪世、現行斯法、度脱衆生」（大正一四、五四二上六―一二行）を参照。「諸数」は、三界、四諦、五陰など数で表現される法のこと。「数法」（Ⅱ巻五下註29を参照）と同じ。『講義』には「陰入等の名数に属せざるを謂う」とある。

113 **『涅槃』も亦た金剛を辨ず**　如来の身が金剛身であるという表現は金剛身品をはじめ、『涅槃経』の随所に見られる。たとえば、『南本涅槃経』巻三、金剛身品「爾時世尊復告迦葉、善男子。如来身者是常住身、不可壊身、金剛之身。非雑食身、即是法身」（大正一二、六二二下一四―一六行）を参照。

114 **又た云わく、「身を観ずるに実相なり。仏を観ずるも亦た然り」**　『維摩経』巻下、見阿閦仏品「如自観身実相、観仏亦然」（大正一四、五五四下二九行―五五五上一行）を参照。

115 **不思議解脱に三種有り。真性・実慧・方便なり**　「不思議解脱」は、『維摩経』の別名にもなっている本経の重要なキーワード。「真性・実慧」の語は、本経には見られないが、智顗は『維摩経玄疏』の、とくに巻五で多用し、真性解脱、実慧解脱、方便解脱を取りあげて、本経の玄旨を詳説している（不思議真性解脱は本経の「体」とされている）。たとえば、『維摩経玄疏』巻五「人与法合、即是住不思議解脱、種種示現。故能輔仏弘三種解脱之法。方便解脱

化諸凡夫、実慧解脱折諸声聞、真性解脱訶諸菩薩。……皆是闡揚不思議三種解脱之大道也」（大正三八、五五四中六―一八行）を参照。

116 **塵労の儔は、是れ如来の種なり** 『維摩経』巻中、仏道品「塵労之疇（明本には「儔」に作る）為如来種」（大正一四、五四九中一七行）を参照。

117 **癡愛を断ぜずして、諸もろの明脱を起こす** 『維摩経』巻上、弟子品「不滅癡愛、起於明脱」（大正一四、五四〇中二四―二五行）を参照。

118 **其の説く所の法は、皆悉な一切智地に到る** 『法華経』薬草喩品「於一切法、以智方便而演説之、其所説法、皆悉到於一切智地」（一九上二二―二四行）を参照。Ⅰ巻二上註164も参照。

119 **命章に即ち云わく、「仏の知見に開示悟入す」** 『法華経』方便品「諸仏世尊、欲令衆生開仏知見、使得清浄故、出現於世。欲示衆生仏之知見故、出現於世。欲令衆生悟仏知見故、出現於世。欲令衆生入仏知見道故、出現於世。舎利弗。是為諸仏以一大事因縁故、出現於世」（七上二三―二八行）を参照。「命章」については、Ⅰ巻三上註1を参照。

120 **『無量義経』に云わく、「華厳海空……無量義経を宣説せず」** 『無量義経』説法品「爾時大荘厳菩薩復白仏言、世尊。世尊説法不可思議。……往日所説諸法之義、与今所説有何等異。而言甚深無上大乗無量義経、菩薩修行必得疾成無上菩提。是事云何。……於是仏告大荘厳菩薩、善哉善哉。大善男子。能問如来如是甚深無上大乗微妙之義。……自我道場菩提樹下端坐六年、得成阿耨多羅三藐三菩提。以仏眼観一切諸法、不可宣説。所以者何。以諸衆生性欲不同。性欲不同、種種説法。種種説法、以方便力。四十余年、未曾顕実。是故衆生得道差別、不得疾成無上菩提」（大正九、三八六上六行―中三行）、同「次説方等十二部経、摩訶般若、華厳海雲（宋・元・明の三本、宮本は「空」に作る）、演説菩薩歴劫修行、而百千比丘、万億人天無量、得須陀洹、得斯陀含、得阿那含、得阿羅漢、住辟支仏因縁法中。……自我得道初起説法、至于今日演説大乗無量義経、……」（大正同、三八六中二四行―下二行）を参照。

121 **文に云わく、「世間の相は常住なり」** 『法華経』方便品「是法住法位　世間相常住　於道場知已　導師方便説」（九中一〇―一一行）を参照。

122 **又た云わく、「無量阿僧祇劫の寿命は無量にして、常住にして滅せず」** 巻九下註126を参照。

123 **数数示現す**　『法華経』の引用文ではなく、釈尊が久遠の昔からさまざまな活動を展開して衆生を救済してきた意を表わす。

124 **『法華論』に云わく、「三種の菩提を示現す……即ち如来蔵なり」**　『法華論』巻下「八者示現成大菩提無上故。示現三種仏菩提故。一者示現応仏菩提。随所応見而為示現。如経皆謂、如来出釈氏宮、去伽耶城不遠、坐於道場、得成阿耨多羅三藐三菩提故。二者示現報仏菩提。十地行満足、得常涅槃証故。如経、善男子。我実成仏已来、無量無辺百千万億那由他劫故。三者示現法仏菩提。謂如来蔵性浄涅槃常恒清涼不変等義。如経、如来如実知見三界之相、次第乃至不如三界見於三界故。三界相者、謂衆生界即涅槃界。不離衆生界有如来蔵故」（大正二六、九中一〇―二一行）を参照。

125 **又た云わく、「我れ敢て汝等を軽んぜず。汝等は皆な当に作仏すべし」**　『法華経』常不軽菩薩品「我深敬汝等、不敢軽慢。所以者何。汝等皆行菩薩道、当得作仏」（五〇下一九―二〇行）を参照。

126 **又た云わく、「衆生をして仏知見を開かしめんが為めなり」**　前註119を参照。

127 **又た云わく、「仏種は縁従り起こる」**　巻九下註93を参照。

128 **『法華論』に亦た三種の仏性を明かす**　吉蔵『法華玄論』巻四「法華論亦明三種。一乗体。謂如来平等法身、即是仏性為乗体。又云仏乗者、謂如来大般涅槃、此即明仏果為乗体。此隠顕為異、実無両也。又釈汝等所行是菩薩道、及低頭挙手之善発菩提心修菩薩行、即是了因、乃為乗縁也。此猶是三種仏性義耳。乗縁謂引出仏性、即了因也。乗体謂因仏性、乗果謂果仏性。不説果果性者、果果性還属果門。不説境界性者、属因門故也。又広説有五、略即唯三也」（大正三四、三九一上一―一〇行）を参照。

129 **『論』に云わく、「唯だ仏如来のみ……『大』と名づく」**　『法華論』巻下「唯有如来証大菩提、究竟満足一切智慧名大涅槃」（大正二六、七中二七―二八行）を参照。

130 **『涅槃』に云わく、「是の経は世に出でて……更に作す所無きが如し」**　『南本涅槃経』巻九、菩薩品「是経出世、如彼菓実、多所利益、安楽一切、能令衆生見如来性。如法花中八千声聞、得受記莂、成大果実。如秋収冬蔵、更無所作」（大正一二、六六一中六―九行）を参照。

131 **信験**　証拠のこと。

132 **『涅槃』の二十五に云わく、「究竟畢竟とは……悉く一乗有りと説く」**　『南本涅槃経』巻二五、師子吼菩薩品「究竟

畢竟者、一切衆生所得一乗。一乗者、名為仏性。以是義故、我説一切衆生悉有仏性、一切衆生悉有一乗」（大正一二、七六九上二五―二七行）を参照。

133 **人衆は、焼くと見れども、我が土は毀れず**　巻九下註124を参照。

134 **頓教を難ず**　『華厳経』だけを頓教とすることを批判する。

135 **実**　『講義』によれば、二諦の実理を指す。

136 **次第衆を列ぬる**　底本には「列次第衆」とあるが、『講義』には「列衆次第」に作るべきであるとの指摘がある。

137 **次第**　『講義』によれば、五時の次第のこと。

138 **追いて前語を述べて、以て堪えずと辞す**　前註111を参照。

139 **『浄名』に云わく、「塵労の儔は、是れ如来の種なり」**　前註116を参照。

140 **『経』に云わく、「牛従り乳を出だすは……十二部経を出だすを譬う」**　『南本涅槃経』巻一三、聖行品「譬如従牛出乳、従乳出酪、従酪出生酥、従生酥出熟酥、従熟酥出醍醐。醍醐最上。若有服者、衆病皆除。所有諸薬悉入其中。善男子。仏亦如是。従仏出生十二部経。従十二部経出修多羅。従修多羅出方等経。従方等経出般若波羅蜜。従般若波羅蜜出大涅槃。猶如醍醐。言醍醐者、喩於仏性。仏性者、即是如来」（大正一二、六九〇下二八行―六九一上七行）を参照。

141 **九部の有相教**　仏の説法を内容・形式の上から九種に分類したもの。『法華経』方便品（七下を参照）によれば、修多羅・伽陀・本事・本生・未曾有・因縁・譬喩・祇夜・優婆提舎経のこと。方便品では、九部法は小乗の法と規定されるが、ここでも同じ。「十二部経」については、Ⅰ巻一下註4を参照。

142 **雪山に忍草あり……醍醐を出ださず**　『南本涅槃経』巻二五、師子吼菩薩品「雪山有草、名為忍辱。牛若食者、則出醍醐。更有異草。牛若食者、則無醍醐」（大正一二、七七〇中一三―一四行）を参照。この経文の続く箇所には、十二部経や仏性について、「雖無醍醐、不可説言雪山之中無忍辱草。仏性亦爾。雪山者名為如来、忍辱草者名大涅槃、異草者十二部経。衆生若能聴受諮啓大般涅槃、則見仏性。十二部中雖不聞有、不可説言無仏性也」（大正同、七七〇中一四―一九行）とある。

143 **『大経』の第七に云わく、「九部には仏性を……是の人に罪無きが如し」**　『南本涅槃経』巻七、邪正品「譬如有人説言大海唯有七宝無八種者、是人無罪。若有説言九部経中無仏性者、亦復無罪」（大正一二、六四六上九―一一行）を参照。

144　**十二部従り修多羅を出だし**　前注140に挙げた『南本涅槃経』巻一三、聖行品の経文に基づく。次下の「修多羅従り方等経を出だす」「方等従り般若を出だす」「般若従り大涅槃を出だす」も同じ。

145　**『般若』の中に直説の義有り。復た是れ第二時なり**　『大品般若経』巻一一、無作品で、仏が須菩提に直接説法した後に、前注104に挙げたように、諸天子が仏を「第二の法輪の転ずるを見る」と讃歎したことを指す。

146　**『涅槃』に云わく、「八千の声聞は、法華に於いて記を受く」**　前注130を参照。『涅槃経』では、『法華経』のことは「法華」と呼ぶのであり、「般若」とは呼ばないことの経証として引いている。

147　**佷子**　親の言いつけをきかない子のこと。

148　**佷羊**　そむく羊のこと。「佷」は、很と同義。『釈籤』巻一九にも、「譬云佷（「很」の異体字）佷者、両字本為一義、謂諍競不順。今随語便故分字釈」（大正三三、九五四中八―一〇行）とある。

149　**義家**　『講義』には「立義家を謂う」とある。理論を立てる一派の意。

150　**彼の経に云わく、「五戒を諸仏の母と為す……是の経を読め」**　前注67を参照。

151　**又た云わく、「不死の地を得んと欲せば……長楽の印を持すべし」**　前注67を参照。「符を佩び」は、ふだをぴったり身につけること。

152　**又た云わく、「五戒は天地の根……六衰は本と浄なり」**　前注67を参照。「六衰」は、六境（六塵）のこと。

153　**不起法忍**　無生法忍のこと。存在の不生不滅を認識すること。

154　**阿須輪**　asura の音写語。阿修羅とも音写する。

155　**無上正真道**　anuttarā samyaksaṃbodhiḥ の訳語。阿耨多羅三藐三菩提と音写する。最高の正しい悟りの意。

156　**『釈論』に法蔵を結集す……結して摩訶衍蔵と為す**　取意の引用と思われ、ぴったりした文は見つからないが、たとえば、『大智度論』巻一〇〇「復次有人言、如摩訶迦葉将諸比丘、在耆闍崛山中集三蔵。仏滅度後、文殊尸利、弥勒諸大菩薩、亦将阿難集是摩訶衍。又阿難知籌量衆生志業大小。是故不於声聞人中説摩訶衍。説則錯乱、無所成辦。一仏法皆是一種一味、所謂苦尽解脱味。此解脱味有二種。一者但自為身、二者兼為一切衆生。雖倶求一解脱門、而有自

利利人之異。是故有大小乗差別。為是二種人故、仏口所説、以文字語言、分為二種。三蔵是声聞法、摩訶衍是大乗法」（大正二五、七五六中一四—二四行）を参照。

157 **奈苑** 『講義』には「波羅奈鹿野苑の略語なるか」と推定している。波羅奈は、中インドの都市の名で、この市の東北に、初転法輪の地である鹿野苑がある。

158 **『涅槃』に云わく、「我れ初めて成道するに……汝が如く異なること無し」** ぴったりした出典は不明であるが、『南本涅槃経』巻一九、光明遍照高貴徳王菩薩品「彼中有仏号釈迦牟尼如来、応供、正遍知、明行足、善逝、世間解、無上士、調御丈夫、天人師、仏世尊、大悲純厚、愍衆生故、於拘尸那城娑羅双樹間、為諸大衆敷演如是大涅槃経。彼有菩薩名光明遍照高貴徳王、已問斯事、如汝無異」（大正一二、七三二下一二—一七行）を参照。

159 **『釈論』に云わく、「『般若』は秘密教に非ず……諸もろの菩薩に付す」** 『大智度論』巻一〇〇「問曰。更有何法甚深勝般若者、而以般若嘱累阿難、而余経嘱累菩薩。答曰。般若波羅蜜非秘密法。而法華等諸経説阿羅漢受決作仏、大菩薩能受持用。譬如大薬師能以毒為薬」（大正二五、七五四中一八—二二行）を参照。

160 **三因** 『釈籤』巻一九「言成論三因四縁者、三因謂生因、習因、依因。生因者、若法生時、能与其因。如業為報因。習因者、如習貪欲、貪欲増長。依因者、如心心数法依色香等」（大正三三、九五四下一四—一七行）によれば、生因・習因・依因のこと。『成実論』の原文は、巻二、法聚品「因縁者、生因、習因、依因。生因者、若法生時、能与作因。如業為報因。習因者、如習貪欲、貪欲増長。依因者、如心心数法依色香等。是名因縁」（大正三二、二五二下二八行—二五三上二行）を参照。

161 **『成論』に云わく、「四諦有るを見るは……道を得ること能わず」** 出典未詳。『講義』には、「論師の義を以て、論の説と為すなり」とある。

162 **『釈論』に三蔵の中の空門を明かすに、仮名の門無し** 『私記』によれば、『大智度論』巻一八「智者入三種法門、観一切仏語皆是実法不相違背。何等是三門。一者蜫勒門、二者阿毘曇門、三者空門」（大正二五、一九二上二八行—中一行）を参照。

163 **十喩** 『大品般若経』巻一、序品（大正八、二一七上を参照）には、諸法を幻・焰・水中月・虚空・響・犍闥婆城・夢・影・鏡中像・化の十種にたとえている。

164 **龍樹は方広を弾じて云わく、「仏の十喩を取りて……外道と同じ」** ぴったりした出典は不明であるが、『大智度論』巻六「問曰。若諸法都空、不生不滅、十譬喩等種種譬喩、種種因縁論議、我已悉知為空。若諸法都空、不応説是喩。若説是喩、是為不空。答曰。我説空、破諸法有。今所説者、若説有、先已破。若説無、不応難」（大正二五、一〇五下一〇―一五行）を参照。「方広」は、方広道人のこと。大乗の中の附仏法の外道を指す。同巻一に「更有仏法中方広道人言、一切法不生不滅、空無所有、譬如兎角亀毛常無」（大正同、六一上二八行―中一行）とある。

165 **『華厳』に亦た云わく、「如化忍、如夢忍、心は工みなる幻師の如し」** 『六十巻華厳経』巻二八、十忍品「菩薩摩訶薩成就十種忍、能得一切無礙忍地、又得一切諸仏無尽無礙之法。何等為十。所謂随順音声忍、順忍、無生法忍、如幻忍、如焔忍、如夢忍、如響忍、如電忍、如化忍、如虚空忍」（大正九、五八〇下六―一〇行）、同巻四三、離世間品「心如工幻師」（大正同、六七二下二一行）を参照。

166 **『涅槃』に亦た云わく、「諸法は幻化の如し。仏は中に於いて著せず」** ぴったりした出典は不明であるが、『南本涅槃経』巻一六、梵行品「譬如幻化誑於愚夫。智慧之人所不惑著」（大正一二、七一三中二六―二七行）を参照。

167 **通宗教** 通教と通宗とを合わせた表現。

168 **真** 『講義』には「通」に改めるべきであるとの指摘がある。

169 **彼れは『楞伽経』を引きて云わく、「説通は童蒙を教え、宗通は菩薩を教う」** 『楞伽阿跋多羅宝経』巻三、一切仏語心品「謂我二種通　宗通及言言　説者授童蒙　宗為修行者」（大正一六、五〇三上二九行―中一行）を参照。「童蒙」は、無知蒙昧のものを指す。

170 **覆却並決** 『講義』には「因縁・仮名も二乗に被れば、二乗を教うる不真宗も亦た因縁宗等と名づく可しと難ずるなり」とある。「覆却」は、くつがえししりぞけること。具体的には、四宗についてあれこれと検討することを意味するか。「並決」は、（四宗を）並べてきっぱりと決めること。

171 **『大経』に云わく、「大般涅槃は、是れ諸仏の法界なり」** 『南本涅槃経』巻四、四相品「大涅槃者、即是諸仏如来法界」（大正一二、六二九中一五行）を参照。

172 **劣謝** （『涅槃経』が『華厳経』よりも）劣り、（『涅槃経』が『華厳経』の前から）立ち去ること。

173 **『大品』に云わく、「一法として法性の外に出づる者を見**

ず」『大品般若経』巻二四、善達品「若法性外更有法者、応壊法性。法性外、法不可得。是故不壊。何以故。須菩提。仏及仏弟子知法性外法不可。不可得故、不説法性外有法」（大正八、三九九下一三―一七行）を参照。

174 **又た云わく、「一切の法は色に趣き、是の趣をば過ぎず」**『大品般若経』巻一五、知識品「一切法趣色、是趣不過。何以故。色畢竟不可得、云何当有趣不趣」（大正八、三三三中一二―一四行）を参照。

175 **真・常の両宗** 四宗の常宗と、六宗において新たに加えられる真宗（もう一つは円宗）との二宗のこと。

176 **『大品』に云わく、「色に即して是れ空なり。色滅して空なるに非ず」**『大品般若経』には見られない。類似の文は、『維摩経』巻中、入不二法門品「色、色空為二。色即是空、非色滅空、色性自空」（大正一四、五五一上一九―二〇行）を参照。

177 **『釈論』に解して云わく、「色は是れ生死……一にして二無し」**『大智度論』巻一九「空即是涅槃、涅槃即是空。中論中亦説、涅槃不異世間　世間不異涅槃　涅槃際世間際　一際無有異故」（大正二五、一九八上四―七行）を参照。なお、ここに引く『中論』の偈は、『国訳一切経・大智度論』の脚注によれば、『中論』巻四、観涅槃品「涅槃之実際　及与世間際　如是二際者　無毫釐差別」（大正三〇、三六上一〇―一一行）を指す。

178 **又た云わく、「一切は色欲に趣き、瞋に趣き、癡・諸見等に趣く」**『大品般若経』巻一五、知識品「一切法趣欲事、是趣不過。何以故。欲事畢竟不可得。云何当有趣不趣。須菩提。一切法趣瞋事、癡事、見事、是趣不過。何以故。瞋事、癡事、見事畢竟不可得」（大正八、三三三中一―四行）を参照。

179 **『浄名』に云わく、「一切の塵労は……仏道に通達す」**『維摩経』巻中、仏道品「塵労之疇為如来種」（大正一四、五四九中一七行）、同巻上、弟子品「不滅癡愛、起於明脱」（大正同、五四〇中二四―二五行）、同巻中、仏道品「若菩薩行於非道、是為通達仏道」（大正同、五四九上一―二行）を参照。

180 **倚傍** 依る、たのむの意。

181 **『頂王経』** 竺法護訳『仏説大方等頂王経』一巻、月婆首那訳『大乗頂王経』一巻とが現存するが、『講義』によれば、この二本に四宗の根拠となる文はない。

182 **『経』に云わく、「初めに因縁の諸法の空なることを説き、**

次に諸子に一乗常住の法を教う」 出典未詳。

183 **言語の道断え、心の行処滅す** 『大智度論』巻二「心行処滅、言語道断、過諸法如涅槃相不動」（大正二五、七一下七—八行）を参照。

184 **『大品』に、「須菩提問うて云わく、『若し諸法畢竟……十地有りと説かん』と。仏答えて云わく、『諸法は畢竟……十地に至る有り』」** 『大品般若経』巻二三、一念品「須菩提白仏言、世尊。若無所得法即是道、即是果、即是阿耨多羅三藐三菩提、云何有菩薩初地乃至十地。云何有無生法忍。……仏告須菩提、以諸法無所得相故、得菩薩初地乃至十地」（大正八、三八六中二二行—下四行）を参照。

185 **『法華』に何が故に「我れ若し仏乗を讃ぜば……諸仏は皆な歓喜す」と云わん** 『法華経』方便品「若但讃仏乗　衆生没在苦　不能信是法　破法不信故　墜於三悪道」（九下一三—一五行）、同、化城喩品「尋時思方便」（二七上一〇行）、同、如来神力品「諸仏皆歓喜」（五二中七行）を参照。

186 **五天往反** 『華厳経』は七処八会の説法といわれる。第一寂滅道場会・第二普光法堂会・第三忉利天宮会・第四夜摩天宮会・第五兜率天宮会・第六他化天宮会・第七重会普光法堂・第八逝多園林会である。したがって、ここには四天が出るのみで、五天ではない。このことについて、『釈籤』巻二〇「言華厳五天住返者、通挙上五。故云五天。其実但四。除化楽故。謂忉利説十住、夜摩説十行、兜率説十向、他化説十地」（大正三三、九五六上一四—一七行）を参照。

187 **但だ一大車有るのみにして、僕従の方便の侍衛有ること無し** 『法華経』譬喩品「爾時長者各賜諸子等一大車、其車高広、衆宝荘校、周匝欄楯、四面懸鈴。……又多僕従而侍衛之」（一二下一八—二四行）を踏まえた表現。

188 **覈** 厳しく事実を調べて明らかにすること。

189 **泥洹の真の法宝は、衆生各おの種種の門を以て入る** 『成実論』巻一六、四十四智品「泥洹是真法宝、以種種門入」（大正三二、三七三上三—四行）を参照。

190 **疑誤** 疑い誤ること。

191 **間然** 疑問点や欠点を指摘して非難すること。

192 **唯だ四術の一を……永く七術を失う** 涅槃の法を無常・苦・無我・不浄とする小乗の四顛倒を破る正しい常・楽・我・浄を四術という。これに、世間の法を常・楽・我・浄とする凡夫の四顛倒を破る正しい無常・苦・無我・不浄を合わせて、八術という。つまり、八術は八顛倒（Ⅱ巻九上註69を参照）を破るものである。『南本涅槃経』巻二、哀歎

品「復有明医暁八種術、善療衆病、知諸方薬、従遠方来」（大正一二、六一七下二五―二七行）を参照。

193 **鰥夫寡婦**　「鰥夫」は男やもめ、「寡婦」は女やもめ。

194 **流播**　時が移ること。

195 **添雑**　他のものが加わって雑多なものになること。『講義』には「後人の意を加うるを謂う」とある。

196 **晩賢**　最近の賢者の意。

197 **紛紜**　乱れるさまをいう。

198 **二鳥倶に遊び**　『南本涅槃経』巻八、鳥喩品「鳥有二種。一名迦隣提、二名鴛鴦。遊止共倶不相捨離。是苦無常無我等法亦復如是不得相離」（大正一二、六五五中一三―一六行）を参照。

199 **八術**　前註192を参照。

200 **慧有る方便は解、方便有る慧は解なり**　智慧の備わった方便は解脱であり、方便の備わった智慧は解脱であるとの意。『維摩経』巻中、文殊師利問疾品「又無方便慧縛、有方便慧解、無慧方便縛、有慧方便解」（大正一四、五四五中六―八行）を参照。

201 **具さには『釈論』の偈の如し**　『大智度論』巻五「有慧無多聞　是不知実相　譬如大闇中　有目無所見　多聞無智慧　亦不知実義　譬如大明中　有灯而無目　多聞利智慧　是所説応受　無慧亦無明　是名人身牛」（大正二五、一〇一中一〇―一五行）を参照。

202 **七処八会**　前註186を参照。

203 **譬えば日出でて先に高山を照らすが如し**　前註56を参照。

204 **『浄名』の中には、唯だ薝蔔を嗅ぐのみ**　『維摩経』巻中、観衆生品「如人入瞻蔔林、唯嗅瞻蔔、不嗅余香」（大正一四、五四八上二五―二六行）を参照。Ⅰ巻一上註102も参照。

205 **『法華』に云わく、「但だ無上道を説くのみ」**　巻九下註74を参照。

206 **始めて我が身を見……如来の慧に入る**　前註20を参照。

207 **若し衆生に遇わば、尽く仏道を教う**　巻九下註95を参照。

208 **『涅槃』の二十七に云わく、「雪山に草有り……即ち醍醐を得」**　前註142を参照。「二十七」は、ここで引用された『南本涅槃経』の経文がある巻数を指すと思われるが、実際は「巻第二十五」にある。本文の巻五下には、「二十五に云わく」として同じ経文が引用されていた（Ⅱ巻五下註3を参照）。ちなみに、『北本涅槃経』（四十巻本）では、対応する箇所は「巻第二十七」となる（大正一二、五二五下二五―二六行）。ただし、『南本涅槃経』巻二七、師子吼菩薩品には、この文言が「雪山有草、名曰忍辱。牛若食之、則成醍醐。衆生仏性亦復如是」（大正同、七八四上二七―二九行）と再説されており、玄義本文の巻数表示が誤りでなければ、ここではこの箇所を引用していると思われる。

209 **又た云わく、「我れ初めて成仏するに……汝が如く異なること無し」** 前註158を参照。

210 **『涅槃』の十三に云うが如し、「仏従り十二部経を出だし……般若従り涅槃を出だす」** 前註140を参照。

211 **『大経』の二十七に云うに依る、「毒を乳の中に……亦た能く人を殺す」** 『南本涅槃経』巻二七、師子吼菩薩品「譬如有人置毒乳中、乃至醍醐皆悉有毒。乳不名酪、酪不名乳、乃至醍醐亦復如是。名字雖変、毒性不失。遍五味中、皆悉如是。若服醍醐、亦能殺人、実不置毒於醍醐中。衆生仏性亦復如是。雖処五道受別異身、而是仏性常一無変」（大正一二、七八四下九―一四行）を参照。

212 **『智度論』に云うが如し、「教に二種有り……無生法忍を得」** 『大智度論』巻四「仏法有二種。一秘密、二顕（底本の「現」を、宋・元・明の三本、宮本によって「顕」に改める。以下同じ）示。顕示中、仏、辟支仏、阿羅漢皆是福田。以其煩悩尽無余故。秘密中、説諸菩薩得無生法忍、煩悩已断、具六神通、利益衆生。以顕示法故、前説阿羅漢、後説菩薩」（大正二五、八四下一七行―八五上四行）、同巻二「仏在波羅奈　仏為五比丘　初開甘露門　説四真諦法　苦集滅道諦　阿若憍陳如　最初得見道　八万諸天衆　皆亦入道迹」（大正同、六九中一三―一七行）、同巻三四「如釈迦文仏転法輪時、憍陳如一人得初道、八万諸天諸法中得法眼浄」（大正同、三一一中一―三行）を参照。

213 **諸もろの菩薩有りて……大涅槃に住す** ぴったりした出典は不明であるが、『南本涅槃経』巻一六、梵行品「一切菩薩安住方等大涅槃経、悉見仏性」（大正一二、七〇九中一一―一二行）を参照。

214 **諸もろの菩薩有りて……仏性を見ることを得** 出典未詳。

215 **涅槃の教の中の如き……究竟の涅槃に入る** 出典未詳。

216 **四種三昧** 常行三昧・常坐三昧・半行半坐三昧・非行非坐三昧のこと。

217 **凡夫は雑血の乳の如し** 『南本涅槃経』巻三二、迦葉菩薩品「衆生仏性如雑血乳。血者、即是無明行等一切煩悩。乳者、即是善五陰也」（大正一二、八一八下二―三行）を参照。次註218も参照。

218 **菩薩は熟蘇の如し** この前後の対応も含めて、『南本涅

槃経』巻九、菩薩品「云何性差別。仏言、善男子。声聞如乳、縁覚如酪、菩薩之人如生熟酥、諸仏世尊猶如醍醐。以是義故、大涅槃中説四種性而有差別。迦葉復言、一切衆生性相云何。仏言、善男子。如牛新生乳血未別。凡夫之性雑諸煩悩亦復如是」（大正一二、六六四中一八―二三行）を参照。

219 **弘** 底本の「私」を、全集本によって改める。

220 **法華・般舟等の四種三昧** 法華三昧は半行半坐三昧、般舟三昧（Ⅱ巻六下註98を参照）は常行三昧にそれぞれ収められる。

221 **方便品に云わく、「我れ始めて道場に坐し……亦た応に三乗を説くべし」** 『法華経』方便品「我始坐道場　観樹亦経行　於三七日中　思惟如是事　我所得智慧　微妙最第一　衆生諸根鈍　著楽癡所盲　如斯之等類　云何而可度」（九下四―八行）、同「我寧不説法　疾入於涅槃　尋念過去仏　所行方便力　我今所得道　亦応説三乗」（九下一六―一八行）を参照。

222 **序品に云わく、「仏は眉間の光を放ちて……諸もろの菩薩を教う」** 『法華経』序品「眉間光明　照于東方　万八千土　皆如金色　従阿鼻獄　上至有頂　諸世界中　六道衆生　生死所趣　善悪業縁　受報好醜　於此悉見　又覩諸仏　聖主師子　演説経典　微妙第一　其声清浄　出柔軟音　教諸菩薩　無数億万　梵音深妙　令人楽聞」（二下一四―二一行）を参照。

223 **次に云わく、「若し人、苦に遭わば……諸もろの苦際を尽くさしむ」** 『法華経』序品「若人遭苦　厭老病死　為説涅槃　尽諸苦際」（二下二三行―三上一行）を参照。

224 **文に云わく、「又た、諸もろの如来の……深法の義を敷演す」** 『法華経』序品「又見諸如来　自然成仏道　身色如金山　端厳甚微妙　如浄琉璃中　内現真金像　世尊在大衆　敷演深法義」（四下一二―一五行）を参照。

225 **次に即ち云わく、「一一の諸仏の土に、声聞衆無数なり」** 『法華経』序品「一一諸仏土　声聞衆無数」（四下一六行）を参照。

226 **仏答えて云わく、「是の如し、是の如し……仏慧に入ることを得しむ」** 『法華経』従地涌出品「爾時世尊於菩薩大衆中、而作是言、如是如是。諸善男子。如来安楽少病少悩。諸衆生等易可化度、無有疲労。所以者何。是諸衆生世世已来常受我化、亦於過去諸仏供養尊重、種諸善根。此諸衆生始見我身、聞我所説、即皆信受入如来慧。除先修習学小乗

者。如是之人、我今亦令得聞是経、入於仏慧」（四〇中四—一一行）を参照。

227 **大機の仏を扣く**　大乗を受けるべき機が、仏の応現を発動させること。

228 **擬**　仏教では、教えを仮りに与えて、その教えが相手に適当かどうかを考えるの意として用いられる。

229 **『涅槃』に云わく、「仏従り十二部経を……修多羅を出だす」**　前註140を参照。

巻第十下

1 **文に云わく、「我れは仏眼を以て……辟支仏に住す」**『無量義経』説法品「自我道場菩提樹下端坐六年、得成阿耨多羅三藐三菩提。以仏眼観一切諸法、不可宣説。所以者何。以諸衆生性欲不同。性欲不同、種種説法。……是故初説、中説、今説、文辞是一、而義差異。義異故、衆生解異。解異故、得法、得果、得道亦異。善男子。初説四諦、為求声聞人、而八億諸天来下聴法、発菩提心。中於処処演説甚深十二因縁、為求辟支仏人、而無量衆生発菩提心、或住声聞。次説方等十二部経、摩訶般若、華厳海雲（宋・元・明の三本、宮本は「空」に作る）、演説菩薩歴劫修行、而百千比丘、万億人天無量、得須陀洹、得斯陀含、得阿那含、得阿羅漢、住辟支仏因縁法中」（大正九、三八六上二六行—中二八行）を参照。

2 **茫然として鉢を棄て**　善吉（須菩提）が維摩詰に論破されたときの様子を説いたもの。『維摩経』巻上、弟子品「時我、世尊。聞此語茫然、不識是何言、不知以何答。便置鉢欲出其舎」（大正一四、五四〇下一二—一三行）を参照。巻十上註111も参照。

3 **怖畏して華を却く**　I巻一上註103を参照。

4 **『法性論』に云うに依る、「鈍根の菩薩は……後は則ち『涅槃』なり」**　『法性論』は、『法界性論』ともいうが、現存しないので、出典未詳。これと関連する興味深い『法界性論』の引用例として、『維摩経文疏』巻一六「第四為入大品法華涅槃之哢胤者、如法界性論云、若利根人於摩訶般若入法界、若中根人於法華入法界、若下根人於涅槃入法界」（続蔵一八、五八三中一九—二二行）を参照。

5 **四果**　声聞の四果のこと。先に引いた『無量義経』で、仏が「華厳海空」を説いて「百千の比丘、万億の人天は、須陀洹、及び阿羅漢を得」たことを指す。この「華厳海空」が小機を隔てる『華厳経』ではなく、三乗に共通な『大品般若経』のことである証左としている。

6 **衆物を領知し**　巻十上註40、後註23を参照。

7 **心漸く通泰す**　巻九下註42を参照。

8 **蛍火の日光に及ばざること**　巻九下註63を参照。

9 **倍更転**　類義字を連ねた表現で、ますますの意であろう。

10 **下の文に云わく、「始めて我が身を見て……仏慧に入る」**　巻十上註226を参照。

11 **大王の饍**　『法華経』授記品「如従飢国来　忽遇大王饍」（二一上六行）を参照。

12 **灯明仏は『法華経』を説き竟わりて……涅槃に入ると唱う**　『法華経』序品「是時日月灯明仏従三昧起、因妙光菩薩、説大乗経、名妙法蓮華、教菩薩法、仏所護念、六十小劫不起于座。……日月灯明仏於六十小劫、説是経已、即於梵、魔、沙門、婆羅門、及天、人、阿修羅衆中、而宣此言、如来於今日中夜、当入無余涅槃」（四上一三行―中一二行）を参照。

13 **迦葉仏の時も亦復た是の如し**　迦葉仏も日月灯明仏と同じく、『法華経』を説いた後、涅槃に入り、『涅槃経』を説かなかった、という記述の出典は未詳。玄義本文では、巻七下（Ⅱ一五七頁を参照）にも同様の記述が見られた。

14 **『法華』の八千の声聞……更に作す所無し**　巻十上註130を参照。「無量の損生の菩薩」とは、「損生」は生死輪廻を減らすことで、この語自体は『法華経』には出ないが、分別功徳品に説かれる微塵数の菩薩を指す。これらの菩薩は、如来寿量品において仏の寿命の長遠なることを聞いて、八生から一生の間に悟りに至ると授記されるなど、大いなる功徳・利益を得たとされる。

15 **五千自ら起ち、人天移さるるが若きは**　『法華経』方便品で、五千人の増上慢が『法華経』の会座から退席したことと、見宝塔品において、三変土田の過程で、娑婆世界の人天が他土に移されたことを意味する。『法華経』方便品「説此語時、会中有比丘、比丘尼、優婆塞、優婆夷五千人等、即従座起、礼仏而退」（七上七―八行）、同、見宝塔品「唯留此会衆、移諸天人置於他土」（三三上一三―一四行）を参照。

16 **摩訶般若従り大涅槃を出だす**　巻十上註140、144を参照。

17 **『釈論』に云わく、「須菩提は……更に畢定・不畢定を問う」**　『大智度論』巻九三「問曰。上阿鞞跋致品中説、如是相是阿鞞跋致、如是相非阿鞞跋致、阿鞞跋致即是畢定。須菩提今何以更問。答曰。……復次須菩提聞法華経中説、

於仏所作少功徳、乃至戯笑、一称南無仏、漸漸必当作仏。又聞阿鞞跋致品中有退不退。又復聞声聞人皆当作仏。若爾者、不応有退。如法華経中説畢定、余経説有退有不退。是故今問為畢定、為不畢定」（大正二五、七一三中一五行―下一行）を参照。「畢定」は、菩薩の成仏が確定していて、決して退転しないことを意味する。

18 **四大声聞** 須菩提・迦旃延・迦葉・目犍連のこと。

19 **文に云わく、「其の父は先より来……将い来らしむること勿かれ」** 『法華経』信解品「其父先来、求子不得、中止一城。其家大富、財宝無量。……多有僮僕、臣佐、吏民。……商估賈客亦甚衆多。時貧窮子遊諸聚落、経歴国邑、遂到其父所止之城。……作是念已、疾走而去。時富長者於師子座、見子便識、心大歓喜、即作是念、我財物庫蔵、今有所付。我常思念此子、無由見之、而忽自来、甚適我願。我雖年朽、猶故貪惜。即遣傍人、急追将還。爾時使者、疾走往捉。窮子驚愕、称怨大喚、我不相犯、何為見捉。使者執之愈急、強牽将還。于時窮子、自念無罪、而被囚執、此必定死。転更惶怖、悶絶躄地。父遙見之、而語使言、不須此人、勿強将来」（一六中二八行―一七上一行）を参照。

20 **爾の時、長者は将に其の子を……其の子に近づくことを得** 『法華経』信解品「爾時長者将欲誘引其子而設方便、密遣二人、形色憔悴無威徳者。汝可詣彼、徐語窮子、此有作処、倍与汝直。……雇汝除糞。……即脱瓔珞、細軟上服、厳飾之具、更著麁弊垢膩之衣、塵土坌身、右手執持除糞之器、状有所畏。語諸作人、汝等勤作、勿得懈息。以方便故、得近其子」（一七上七―一八行）を参照。

21 **十二部従り、後に修多羅を出だす** 巻十上註140、144を参照。次段以降の「修多羅従り方等経を出だす」「方等経従り『摩訶般若』を出だす」も同じ。

22 **『経』に「是れを過ぎて已後……故お本との処に在り」** 『法華経』信解品「過是已後、心相体信、入出無難、然其所止猶在本処」（一七上二七―二九行）を参照。

23 **是の時、長者に疾有りて……故お本との処に在り** 『法華経』信解品「爾時長者有疾、自知将死不久。語窮子言、我今多有金銀珍宝、倉庫盈溢、其中多少、所応取与、汝悉知之。我心如是、当体此意。所以者何。今我与汝、便為不異。宜加用心、無令漏失。爾時窮子、即受教勅、領知衆物、金銀珍宝及諸庫蔵、而無悕取一飡之意。然其所止故在本処」（一七上二九行―中六行）を参照。「餐」は、一回の食事のこと。「一餐」は、食事の回数を数える単位。

24 悕　底本の「怖」を、全集本によって改める。
25 復た少時を経て……未曾有なることを得　『法華経』信解品「復経少時、父知子意漸已通泰、成就大志、自鄙先心。臨欲終時、而命其子幷会親族、国王、大臣、刹利、居士、皆悉已集、即自宣言、諸君当知。此是我子、我之所生。……此実我子、我実其父。今我所有一切財物、皆是子有、先所出内、是子所知。世尊。是時窮子聞父此言、即大歓喜、得未曾有」（一七中七―一六行）を参照。「家業」については、Ⅱ巻九上註130を参照。
26 『法華』の中に於いて……更に作す所無きが如し　巻十上註130を参照。
27 不生不生を大涅槃と名づく　『南本涅槃経』巻一九、光明遍照高貴徳王菩薩品「云何不生不生。善男子。是大涅槃無有生相、是名不生不生」（大正一二、七三三中一八―一九行）を参照。
28 断奠　断定すること。『講義』には「決断奠定を謂う。猶お決了と云うがごとし」とある。
29 勝の三修　常、楽、我を修すること。
30 三十六問　『南本涅槃経』巻三、長寿品で、迦葉菩薩が仏に三十六種の質問をなしたことを指す（大正一二、六一九中―六二〇上を参照）。
31 其の意則ち別なり　『講義』には「末代の為めに律を扶け常を談ずれば、『法華』に関からざるが故なり」とある。
32 行蔵　『論語』の用例では、官に就くことと引退することとの意味。ここでは、より一般的に、行くことと止まることとの意味。『論語』述而篇「子謂顔淵曰、用之則行、舎之則蔵」を参照。
33 如来は殷勤に方便を称歎す　巻十上註34を参照。
34 無上の宝聚……実智の中に安住す　『法華経』信解品「無上宝聚　不求自得」（一七下一三行）、同、譬喩品「安住実智中」（一一中六行）を参照。
35 『無量義』に云わく、「三法・四果・二道一ならず」　『無量義経』説法品「其法性者、亦復如是。洗除塵労等無差別。三法四果二道不一」（大正九、三八六中七―八行）を参照。
36 故に云わく、「草庵に止宿す」　『法華経』信解品「止宿草庵」（一八上二九行）を参照。
37 汝等の行ずる所は、是れ菩薩の道なり　『法華経』薬草喩品「汝等所行　是菩薩道」（二〇中二三行）を参照。
38 汝は実に我が子なり　前註25を参照。
39 『無量義』に云わく、「四十余年、未だ真実を顕わさず」

『無量義経』説法品「四十余年、未曾顕〔「曾顕」を、宋・元・明の三本、宮本には「顕真」に作る〕実」（大正九、三八六中一―二行）を参照。

40 **『法性論』に中・下の二根の法界に入ることを明かす** 前註4を参照。

41 **未入位の声聞** 『講義』によれば、見道以前の声聞をいう。

42 **『般若』の三百の比丘の記を得る者の如き** 『大品般若経』巻二、往生品「説是般若波羅蜜品時、三百比丘従座起、以所著衣上仏、発阿耨多羅三藐三菩提心。……」（大正八、二二九中一五―一七行）を参照。

43 **『無量義』に云わく、「次に般若の歴劫修行、華厳海空を説く」** 前註1を参照。

44 **『像法決疑経』に云わく、「今日坐中の無央数の衆は……境界、真実の法なりと見る」** 『像法決疑経』一巻。中国で撰述されたといわれる。敦煌写本が現存する。大正八五所収。出典は、『像法決疑経』「今日座中無央数衆各見不同。或見如来入般涅槃。或見如来住世一劫。或見如来住無量劫。或見如来丈六之身。或見小身。或見大身。或見報身坐蓮華蔵世界海、為千百億釈迦牟尼仏、説心地法門。或見法身同於虚空無有分別無相無礙遍周法界。或見此処沙羅林地悉是土沙草木石壁。或見此処金銀七宝清浄荘厳。或見此処乃是三世諸仏所行之処。或見此処即是不可思議諸仏境界真実法体」（大正八五、一三三七上五―一五行）を参照。Ⅱ巻七下註21も参照。

45 **『涅槃』の後** 『釈籤』巻一五には、「次経曰今日座中等者、出像法決疑経。与大経文同」（大正三三、九二三中二四―二五行）とあり、上引の『像法決疑経』の経文は『大般涅槃経』の経文と同じであるとする。

46 **迦留陀夷** Kālodāyī, Kāludāyī の音写語。『法華経』五百弟子受記品（二八下を参照）に出る。『十誦律』巻一七（大正二三、一二一下―一二三中を参照）によれば、迦留陀夷は舎衛城において千家を度したが、千番目の家の子の夫人が賊と密通していたので、彼女のために婬欲の過失を説いた。ところが、彼女は迦留陀夷の口から夫に密通の事実を知られることを恐れ、賊をそそのかして迦留陀夷を殺させた。このことが、比丘は非時に聚落に入ってはならないという制戒の因縁になったという。

47 **均提は三衣を持して至る。仏は問う** 巻十上註97を参照。

48 **『釈論』に云わく、「初めの鹿苑従り……修妬路等の蔵と為す」** ぴったりした出典は不明であるが、『大智度論』巻

二「従転法輪経至大般涅槃、集作四阿含。増一阿含、中阿含、長阿含、相応阿含。是名修妬路法蔵」（大正二五、六九下四―六行）を参照。

49 **『陀羅尼』に云わく、「先に王舎城に於いて……我れ等に記を授く」**　『大方等陀羅尼経』巻二「昔於王舎大城授諸声聞記。今復於舎衛国祇陀林中、復授声聞記。昔於波羅捺授諸声聞大弟子記。世尊我今少有疑惑。欲請問如来唯仏聴許。爾時舎利弗問文殊師利法王子言、世尊弘慈無量。授我等声聞大弟子記已、不久当得阿耨多羅三藐三菩提成一切智。各於世界如今世尊、摂諸衆生常在道場。世尊不虚、所言真実、故能第二第三授我等声聞大弟子記。我等必当如釈迦牟尼如来、決定不虚無有疑也」（大正二一、六四九下二―一二行）を参照。「祇陀林」は、ジェータ（Jeta. 祇陀）太子の林苑（vana）のこと。祇洹（I巻一下註239を参照）、祇園ともいう。

50 **得道の夜従り……常に般若を説く**　巻十上註84を参照。

51 **『釈論』に云わく、「須菩提は、畢定・不畢定を問う」**　前註17を参照。

52 **『釈論』に云わく、「初発心従り……道を行ず」**　『大智度論』巻一一「復有人言、従初発意、乃至道樹下、於其中間所有智慧、是名般若波羅蜜。成仏時、是般若波羅蜜、転名薩婆若。復有人言、菩薩有漏無漏智慧、総名般若波羅蜜。何以故。菩薩観涅槃、行仏道。以是事故、菩薩智慧応是無漏」（大正二五、一三九下七―一二行）を参照。

53 **『大経』に云わく、「我れは道場の菩提樹下……無量の衆生を利益す」**　『南本涅槃経』巻三、長寿品「我坐道場菩提樹下初成正覚。爾時無量阿僧祇恒河沙等諸仏世界有諸菩薩。亦曾問我是甚深義。然其所問句義功徳、亦皆如是等無有異。如是問者、則能利益無量衆生」（大正一二、六二〇上一三―一七行）を参照。

54 **身子の云わく、「我れ昔、仏に従いて……作仏するを見る」**　『法華経』譬喩品「我昔従仏聞如是法、見諸菩薩授記作仏」（一〇下一一―一三行）を参照。

55 **四**　蔵教・通教・別教・円教のこと。

56 **四に当たりて**　四教それぞれにおいての意。

57 **二**　蔵教・通教のこと。

58 **二縁**　初心と漸機のこと。初心について、『講義』には「頓大の凡夫、別・円の内凡の位に入るを謂う」とある。「漸機」は、『華厳経』以降、段階的に教化を受ける二乗の小機を指す。

59 **候**　わずかに表面に現われたきざしの意。ここでは、病気の兆候をいう。

60 **無問・広・記**　十二部経（Ⅰ巻一下註4を参照）のうち、無問自説・方広・授記のこと。

61 **九**　九部経のこと。十二部経から無問自説・方広・授記を除いたもの。

62 **不縮**　大乗の十二部経を指す。

63 **縮**　小乗の九部経を指す。

64 **相生の次第**　他を生じる順序の意。ここでは、説教の順序を意味する。

65 **説**　底本の「脱」を、全集本によって改める。

66 **『大経』に云わく、「雪山に草有り……即ち醍醐を得」**　巻十上註142を参照。

67 **『大経』に云うが如し、「牛従り乳を出だし……醍醐を出だす」**　巻十上註140を参照。

68 **三百の比丘**　前註42を参照。

69 **『大経』に云わく、「毒を乳の中に置けば……悉く能く人を殺す」**　巻十上註211を参照。

70 **『大経』に云うが如し、「凡夫は乳の如く、声聞は酪の如く……仏は醍醐の如し」**　少し内容が違うが、『南本涅槃経』巻九、菩薩品「云何性差別。仏言、善男子。声聞如乳、縁覚如酪、菩薩之人如生熟酥、諸仏世尊猶如醍醐。以是義故、大涅槃中説四種性而有差別。迦葉復言、一切衆生性相云何。仏言、善男子。如牛新生乳血未別。凡夫之性雑諸煩悩亦復如是」（大正一二、六六四中一八―二三行）を参照。

71 **当教**　四教それぞれにおいての意。「教に当たりて」と読む。

72 **『大経』に云わく、「凡夫は乳の如く、須陀洹は酪の如く……仏は醍醐の如し」**　厳密には一致しないが、『南本涅槃経』巻三二、迦葉菩薩品「衆生仏性如雑血乳。血者、即是無明行等一切煩悩。乳者、即是善五陰也。是故我説従諸煩悩及善五陰得阿耨多羅三藐三菩提。如衆生身皆従精血而得成就。仏性亦爾。須陀洹人斯陀含人断少煩悩仏性如乳。阿那含人仏性如酪。阿羅漢人猶如生酥。従辟支仏至十住菩薩猶如熟酥。如来仏性猶如醍醐」（大正一二、八一八下二―九行）を参照。前註70も参照。

73 **三意**　頓・漸・不定の三種の意義のこと。

74 **『大経』の三十二に云わく、「凡夫の仏性は、雑血の乳の如し……仏は醍醐の如し」**　前註72を参照。

75 **第九に云わく、「衆生は、牛の新たに生まれて……諸仏世**

尊は猶お醍醐の如し」　前註70を参照。

76　**『大経』に云わく、「雪山に草有り……即ち醍醐を得」**　巻十上註142を参照。

77　**新医の乳を用う**　Ⅰ巻一上註213を参照。

78　**発**　毒の効力が発すること。仏性を見て、煩悩を断じることをたとえる。

79　**教迹**　仏・菩薩が衆生を救済するために、この世に現わす具体的な姿形、言葉で説く教えなどを迹という。教迹は、教えという跡の意。理本と対になる用語である。たとえば、浄影寺慧遠『大乗義章』に衆経教迹義という章名があり、また、『法華玄義』巻十下にも、「達摩欝多羅は教迹の義を釈して云わく……」（大正三三、八一二中二九行―下一行。本書八五頁）とある。

80　**十方の仏土の中には、唯だ一乗の法有るのみ**　巻九下註75を参照。

81　**故に云わく、「我れ本と誓願するが如き……是の事を不可と為す」**　『法華経』方便品「如我昔所願　今者已満足　化一切衆生　皆令入仏道」（八中六―七行）、同「若以小乗化　乃至於一人　我則堕慳貪　此事為不可」（八上二六―二七行）を参照。

82　**始め一従り、而も一を開し**　『講義』には「菩薩の一従り小の一を出だすなり」とある。

83　**終わりに一従り、而も一に帰す**　『講義』には「小の一従り円の一に帰するなり」とある。

84　**既に息むを知り已れば**　『法華経』化城喩品「既知息已、而告之言、宝処在近、此城非実、我化作耳」（二六上二三―二四行）を参照。

85　**四教の大乗の六度、七覚分、八正道なり**　蔵教の六度、通教の六度、別教の六度、円教の六度、七覚分、八正道を「六法」と数えている。

86　**下に向かわば**　底本の「不者下向」を、全集本によって「下向」に改める。

87　**十方の仏土の中には、唯だ一乗の法有るのみ**　巻九下註75を参照。

88　**本**　底本の「未」を、全集本によって改める。

89　**記者**　章安大師灌頂のこと。

90　**有る人、『釈論』会宗品に……是の三種は云何んが通ぜん」**　吉蔵『法華玄論』巻三「問。釈論解問乗品云、列十種大経、所謂雲経、大雲経、華手経、法華経等、是摩訶波若経於中最為深大。又論第百巻云、法華是秘密法、明阿羅

漢受記作仏。波若非秘密法、不明二乗作仏。又論釈畢定品云、須菩提聞法華経明一切衆生皆作仏、又聞波若経中有退。是故今問仏。是菩薩為畢定、為不畢定。又釈論大明品云、諸余善法入波若中。論云、諸余善法謂法華経。又云、法華是波若果名。是五処論文有三相違。初文列般若勝而法華等劣。第二文般若浅法華深。余三不別浅深。此三相違云何会通耶」（大正三四、三八二中三―一四行）を参照。『釈論』会宗品の引用については、『大智度論』巻四六「摩訶衍亦如是。菩薩初発意所行、為求仏道故、所修集善法、随可度衆生所説種種法。所謂本起経、断一切衆生疑経、華手経、法華経、雲経、大雲経、法雲経、弥勒問経、六波羅蜜経、摩訶般若波羅蜜経。如是等無量無辺阿僧祇経、或仏説、或化仏説、或大菩薩説、或声聞説、或諸得道天説。是事和合、皆名摩訶衍。此諸経中、般若波羅蜜最大故」（大正二五、三九四中一五―二三行）を参照。大明品の引用については、『大智度論』巻五七「諸余善法、入般若波羅蜜中者、亦応聞、受持乃至正憶念。何等是諸余善法。所謂檀波羅蜜、尸羅波羅蜜、羼提波羅蜜、毘梨耶波羅蜜、禅波羅蜜、内空、外空乃至無法有法空、諸三昧門、諸陀羅尼門、四念処乃至十八不共法、大慈大悲。如是等無量諸善法、皆入般若波羅蜜中、是亦応聞、受持乃至正憶念」（大正同、四六五中一六―二二行）、同「諸余善法入般若波羅蜜者、是諸余経、所謂法華経、密迹経等」（大正同、四六六中五―六行）を参照。第百巻の引用については、『大智度論』巻一〇〇「般若波羅蜜非秘密法、而法華等諸経説阿羅漢受決作仏、大菩薩能受持用」（大正同、七五四中二〇―二二行）を参照。「般若・法華は、是れ異名なるのみ」の引用については、『大智度論』にそのままの文はないが、巻五七「十二部経中義同般若者、雖不名為般若波羅蜜経、然義理即同般若波羅蜜」（大正同、四六六中六―八行）を参照。「是の三種は云何んが通ぜん」については、『大智度論』から四文を引用している（吉蔵の『法華玄論』では、五文を引用している）が、第一文・第二文は『般若経』が『法華経』よりも優れているとする立場、第三文は『法華経』が『般若経』よりも優れているとする立場、第四文は『般若経』と『法華経』とが平等であるとする立場を示す。三種とは、このような優劣関係を意味する。

91　有る人は会して云わく、「衆聖は無心を以て……故に知んぬ、大なり」　この答えの文も『法華玄論』巻三に基づく。『法華玄論』巻三「第一文云、波若於十種経中最大者、然揜衆経之極、以実相為宗。統群聖之心、用妙恵為主。夫万化非無宗而宗之者、無相虚宗非無契而契之者無心。故聖人以無心之妙恵契彼無相之虚宗。内外並冥、縁智倶寂。豈容名数於其間哉。斯二窮得一之原、尽重玄之妙。理無不統、教無不摂。如空之含万像、若海之納百川。波若盛明斯意、論称最大、豈虚構哉。問。子明大之有以。今用何文証之。答。四悉檀摂十二部経八万法蔵。前三悉檀猶可破可壊。第一義悉檀不可破不可壊。最上無過者、此経正明第一義悉檀故云、故説第一義悉檀、故説是経。即知波若盛明実相、証初境大義也。又云、前三悉檀皆帰第一義。即知八万法蔵為顕第一義。波若既正明第一義、即摂八万法蔵。故知最大也。二者龍樹開九十章以明二恵。六十六品明実恵。従無尽品竟経、辨方便恵。此二恵是十方三世諸仏法身父母。如浄名云、智度菩薩母、方便以為父。一切衆導師、無不由是生。此証第二智大義也。以此二義即於一切経中最大。豈但十経耶。蓋是論主略言十耳。問。衆経且明斯二。豈独波若将非論主一時揄揚耶。答。波若専明此二余経不爾。又衆経明此二者、皆摂入波若中。故前云、諸余善法者、謂法華皆入波若中也。蓋是論主理実言之、非随情称嘆。問。余経明此二摂属波若者、亦応波若明此二摂属余経。即余経為大、非独波若。答。已如前判、波若専明此二。又波若初説此二。余経無此両義、故不得称波若也。古有大品師謂波若為得道経。此言符論最大之旨。以一切得道皆由波若故、波若最大。此通上第一文也」（大正三四、三八四下一九行―三八五上二三行）に基づく。「此の二」は、無心と無相のこと。「九十品の前の六十品」は、『大品般若経』は九十品から成る。「六十」は「六十六」の誤りであろう。というのは、次に「無尽品」とあるのは、第六十七品であるからである。また、『法華玄論』の原文にも「六十六」とある。「善衆経」の「善」については、『講義』には「善は、旧本には盖に作る」とある。『法華玄論』にも「又衆経明此二者、皆摂入波若中」（大正三四、三八五上一四―一五行）とあり、「善」はない。したがって、「善」はない方が適当。

92　他、会通すらく、「『法華』に二乗作仏を明かすは……則ち「法華」の用高し」　『法華玄論』巻三「第二文明法華是秘密法、明二乗作仏。波若非秘密法、不明二乗作仏。故波若浅而法華深者、諸講論師雖誦此言、多不体其意旨。故異釈紛然。或讃揚波若抑破法華。或懸信師説、不詳文意。今断如是種種異説、龍樹論文為正。論云、波若非秘密法、不明二乗受記作仏故也。而法華是秘密法、明阿羅漢受記作仏故也。正拠二乗作仏不作仏、故辨秘密非秘密也。問。波若不明二乗作仏、何故是顕示教。法華明二乗作仏、何故是秘密教耶。答。前已釈竟。今当広述。波若但明菩薩是仏因故作仏、二乗非仏因故不作仏。此義於昔易解、故名顕示。法華経明二乗作仏与昔教相違、於昔難解、故名秘密。論主云、如用薬為薬、其事即易。用毒為薬、其事即難。波若明菩薩作仏、如用薬為薬。不明二乗作仏、如不用毒為薬。法華経明二乗作仏、如用毒為薬。其義即難解、所以為秘也。問。秘密与顕示為深為浅、為大為小。答。総論此二義、即有両途。一者小乗為顕示、大乗為秘密。如論第四巻云、仏法有二種。一顕示、二秘密。顕示教中、明阿羅漢断煩悩清浄。諸菩薩未断煩悩未清浄。即菩薩不及阿羅漢。故烈羅漢在前、而菩薩居後。秘密法中、明諸菩薩得六神通、断一切煩悩、智慧清浄、超出二浄之上。此文正約小浄浅易為顕示、大乗甚深為秘密。若爾者、則波若之与法華皆明菩薩得無生忍、具六神通。並属秘密甚深教摂。即指三蔵教為顕示也。二者以明義猶浅為顕示、明義甚深為秘密。如第百巻説、波若但明菩薩作仏者、波若已明仏乗是実、未明二乗作仏者、未開二乗是方便。約此一義、有劣法華、故名波若為浅。法華即明仏乗是実、復開二乗為権、故法華為深也。此同就大乗中、自有浅深。故分顕秘二教。問。波若未開権顕実、応是秘密。法華已開権顕実、応属顕示。何故不爾耶。答。若以未了為秘以了為顕者、則如所問。但今以浅易為顕示、甚深為秘密、故以波若為顕示、法華為秘密。説経因縁中已明此義竟。問。若波若明義未了、故称顕示者、前何故言波若於一切大乗経最為深大耶。答。各有其義。所言深大者、拠前二義也。後云未了者、就未明二乗作仏也。問。若法華勝明義已了、波若劣明義未了者、何初言波若勝明義已了、法華劣明義未了耶。答。不例也。初辨波若広明実相等二義故勝、法華不専明二義故法華劣耳。不言波若明義已了、法華明義未了、判勝劣。若是法華勝波若劣者、正就了不了判也。問。汝為自作此判。為義有所求耶。答。理数自然、何繁今問。作此釈竟。復見関中僧叡小品経序、盛判二経優劣、将余意同。叡公言、波若照也。法華実也。論其窮理尽性、夷明万行、則実不如照。取其大明真化、解本無三、則照不如実。是故嘆照、則波若之功重。美実、即法華之用高」（大正三四、三八五上二三行—下二〇行）を参照。「毒を用て薬と為す」は、『大智度論』巻一〇〇「般若波羅蜜非秘密法。而法華等諸経説阿羅漢受決作仏、大菩薩能受持用。譬如大薬師能以毒為薬」（大正二五、七五四中二〇—二二行）

を参照。『釈論』の第四の引用については、『大智度論』巻四「菩薩雖応次仏、以諸煩悩未尽故、先説阿羅漢。諸阿羅漢智慧雖少而已成熟。諸菩薩智慧雖多而煩悩未尽。是故先説阿羅漢。仏法有二種。一秘密、二顕（底本の「現」を、宋・元・明の三本、宮本によって「顕」に改める。以下同じ）示。顕示中、仏辟支仏阿羅漢皆是福田。以其煩悩尽無余故。秘密中、説諸菩薩得無生法忍、煩悩已断、具六神通、利益衆生。以顕示法故、前説阿羅漢、後説菩薩。……復次有人言、菩薩功徳智慧、超殊阿羅漢辟支仏。是故別説」（大正同、八四下一四行―八五上一四行）を参照。「叡師も亦た云わく」については、僧叡『小品経序』（『出三蔵記集』巻八所収）の「論其窮理尽性、夷明万行、則実不如照。取其大明真化、解本無三、則照不如実。是故歎深、則般若之功重。美実、則法華之用微」（大正五五、五四下二七行―五五上一行）を参照。

93 **『菩薩処胎経』に八蔵あり。謂わく、胎化蔵……仏蔵なり** 『菩薩処胎経』巻七、出経品「最初出経、胎化蔵為第一、中陰蔵第二、摩訶衍方等蔵第三、戒律蔵第四、十住菩薩蔵第五、雑蔵第六、金剛蔵第七、仏蔵第八、是為釈迦文仏経法具足矣」（大正一二、一〇五八中一九―二三行）を参照。

94 **神を降して** 神は魂の意。神を降すとは、魂が母胎に宿ることを意味する。

95 **時節節** 『講義』によれば、「節」は衍字である。つまり「時節」とあるべきである。

96 **『長阿含』の行品に、「仏、円弥城の北……是れ四大教と名づく」** 『長阿含経』巻三、遊行経「仏告阿難、汝等皆厳。当詣瞻婆村、揵荼村、婆梨婆村、及詣負弥城。対曰、唯然。即厳衣鉢、与諸大衆侍従世尊、路由跋祇漸至他城、於負弥城北、止尸舎婆林。仏告諸比丘、当与汝等説四大教法。諦聴、諦聴。善思念之。……何謂為四。若有比丘作如是言、諸賢。我於彼村彼城彼国、躬従仏聞、躬受是教。従其聞者、不応不信、亦不応毀。当於諸経推其虚実、依律依法究其本末。若其所言非経非律非法、当語彼言、仏不説此、汝謬受耶。所以然者、我依諸経依律依法、汝先所言与法相違。賢士。汝莫受持、莫為人説、当捐捨之。若其所言依経依律依法者、当語彼言、汝所言是真仏所説。所以然者、我依諸経依律依法、汝先所言与法相応。賢士。汝当受持、広為人説。慎勿捐捨。此為第一大教法也。復次比丘作如是言、我於彼村彼城彼国、和合衆僧多聞耆旧、親従其聞、親受是法是律

是教。従其聞者、不応不信、亦不応毀。当於諸経推其虚実、依法依律究其本末。……賢士。汝当受持、広為人説。慎勿捐捨。此為第二大教法也。復次比丘作如是言、我於彼村彼城彼国、衆多比丘持法持律持律儀者、親従其聞、親受是法是律是教。……是為第三大教法也。復次比丘作如是言、我於彼村彼城彼国、一比丘持法持律持律儀者、親従其聞、親受是法是律是教。……是為第四大教法也」（大正一、一七中二六行—一八上二二行）を参照。「円弥城」は、『長阿含経』遊行経には「負弥城」とある。パーリ本の Bhoganagara, 梵本の Bhoganagaraka に対応する。「尸舎婆村」については、「尸舎婆」は、パーリ本の Siṃsapā, 梵本の Śiṃśapā の音写語。シンサパ樹のこと。「和合衆・多比丘」は、『講義』には、「和合衆は、四比丘已上、多比丘は三人、或いは二人を兼ぬ」とある。

97 **『月灯三昧経』の第六に……諸行・訶責・煩悩・清浄を謂う**　『月灯三昧経』巻五（宋・元・明の三本と宮本には「六」に作る）「菩薩摩訶薩復有四種修多羅句。何等為四。一者諸行修多羅句不可思議。二者呵責有為修多羅句不可思議。三者煩悩修多羅句不可思議。四者清浄修多羅句不可思議。是為四種」（大正一五、五七八中一二—一六行）を参照。

98 **彼の経**　『月灯三昧経』巻五（大正一五、五七七中—五八一上を参照）を指す。

99 **『地論』の第七地に云わく、「一念の心に十波羅蜜……四家を具す」**　『十地経論』巻九「是菩薩住此菩薩遠行地中、念念具足十波羅蜜、亦具足四摂法、亦具足四家、三十七助菩提分法、三解脱門。略説乃至一切助菩提分法、於念念中皆悉具足」（大正二六、一七五中一六—二〇行）を参照。「第七地」とは、この出典にある「遠行地」のこと。「四摂」は、四摂法、四摂事ともいう。布施・愛語・利行・同事のこと。衆生を救い取る四種の方法のこと。

100 **四家を釈して云わく、「般若家、諦家、捨煩悩家、苦清浄家なり」**　『十地経論』巻九「如経亦具足四家、三十七助菩提分法、三解脱門故。家者、般若家、諦家、捨煩悩家、苦清浄家故」（大正二六、一七五下一三—一五行）を参照。

101 **達摩欝多羅は教迹の義を釈して云わく、「教とは、仏、下に……応跡・化跡なり」**　達摩欝多羅の解釈は現存しないので、出典未詳。Ⅰ巻二下註104、Ⅱ巻六上註128も参照。「蹤跡」は、足跡の意。「応跡・化跡」については、「応跡」は、この世に応現した跡。「化跡」は、教化の跡。

102 **一に云わく……**　浄影寺慧遠の『大乗義章』巻一、衆経

教迹義に、「晋武都山隠士劉虬説言、如来一化所説、無出頓漸。華厳等経是其頓教。余名為漸。漸中有其五時七階。言五時者、一仏初成道、為提謂等説五戒十善人天教門。二仏成道已十二年中、宣説三乗差別教門。求声聞者、為説四諦、求縁覚者、為説因縁、求大乗者、為説六度、及制戒律、未説空理。三仏成道已三十年中、宣説大品空宗、般若、維摩、思益、三乗同観、未説一乗破三帰一。又未宣説衆生有仏性。四仏成道已四十年後、於八年中説法華経、辨明一乗破三帰一、未説衆生同有仏性。但彰如来前過恒沙未来倍数、不明仏常。是不了教。五仏臨滅度、一日一夜、説大涅槃、明諸衆生悉有仏性、法身常住。是其了義。此是五時。言七階者、第二時中、三乗之別、通余説七【此是一説】。又誕公云、仏教有二。一頓、二漸。頓教同前。但就漸中、不可彼五時為定。但知昔説悉是不了、双林一唱是其了教【此是二説】。又菩提流支宣説如来一音、以報万機、大小並陳、不可以彼頓漸而別【此是三説】」（大正四四、四六五上九行―中二行）とある。劉虬（四三八―四九五）は南斉の隠士で、『注法華経』・『注無量義経』を著わしたとされるが、現存しない。『無量義経序』は現存する。

103 **定**　固定すること、確定することの意。

104 **人の云わく……**　前註102を参照。本文に示される頓漸・五時・七階説に対する批判は、慧遠の説の引用に基づく。一々引用しないが、『大乗義章』巻一（大正四四、四六五中二行―四六六下二行）を参照。

105 **五部戒律**　五部律として前出。I巻三下註94を参照。

106 **所為**　「為めにする所」と読み、説法する対象、相手を指す。

107 **『五戒経』**　『提謂波利経』のこと。巻十上註67を参照。

108 **二長者**　提謂と波利のこと。

109 **『普曜経』の中には、仏、二長者の為めに授記して、密成如来と号す**　『普曜経』巻七、商人奉麨品「爾時提謂波利之等、与賈人倶五百為侶」（大正三、五二六中一四行）、同「於是世尊無等倫徳歎其功勲、以是徳本於将来世、諸賈客等当得作仏、名曰蜜成如来、至真、等正覚、明行成為、善逝、世間解、無上士、道法御、天人師、為仏世尊」（大正同、五二七上一八―二一行）を参照。

110 **陳如**　憍陳如比丘として前出。I巻一下註130を参照。

111 **接次**　連続する意。

112 **『経』に言わく、「声聞の為めに四諦を説き、乃至、六度を説く」**　『法華経』序品「為求声聞者、説応四諦法、度生

老病死、究竟涅槃。為求辟支仏者、説応十二因縁法。為諸菩薩、説応六波羅蜜、令得阿耨多羅三藐三菩提、成一切種智」（三下二二―二六行）を参照。

113 **『増一経』に説かく、「釈迦は、十二年の中に……乃ち広く制す」** 『増一阿含経』巻四四、十不善品「我今如来出現於世、一会聖衆千二百五十人、十二年中無有瑕穢、亦以一偈為禁戒。護口意清浄　身行亦清浄　浄此三行跡　修行仙人道　十二年中説此一偈、以為禁戒。以生犯律之人、転有二百五十戒。自今已後衆僧集会、啓白如律」（大正二、七八七中四―一一行）を参照。「瑕玼」は、玉のきず、欠点の意。「玼」は、疵に通じる。

114 **『法華経』の中に、弥勒の言わく、「仏、成道してより来、始めて四十余年を過ぐ」** 『法華経』従地涌出品「爾時弥勒菩薩摩訶薩及無数諸菩薩等、心生疑惑、……即白仏言、世尊。如来為太子時、出於釈宮、去伽耶城不遠、坐於道場、得成阿耨多羅三藐三菩提。従是已来、始過四十余年」（四一中二九行―下六行）を参照。

115 **『大智論』に云わく、「須菩提は……今、退の義を問う」** 前註17を参照。「退」は、菩薩の退転のこと。つまり、菩薩の成仏が究極的に確定しているのか、確定せずに退転することがあるのかという問題について、須菩提が質問したことを指す。

116 **「色は空、乃至、大涅槃も亦た空なり」と云う** 『南本涅槃経』巻二四、光明遍照高貴徳王菩薩品「色亦空、眼亦空、識亦空、如来亦空、大般涅槃亦空」（大正一二、七六五下一九―二〇行）を参照。

117 **『大品』には涅槃は化に非ずと説き** 『大品般若経』巻二六、如化品「不誑相涅槃、是法非変化」（大正八、四一六上五―六行）を参照。「化」は、神通力によって作り出された実体のないものの意。

118 **『維摩』には仏身は五非常を離ると説く** 『釈籤』巻二〇には、『維摩経』巻上、方便品の「是身無常、無強、無力、無堅、速朽之法、不可信也」（大正一四、五三九中一三―一四行）を引用して、「離此非常、得五常身」（大正三三、九六三中二三行）と注し、また、同、弟子品「諸如来身、即是法身……」（大正一四、五四二上一六行）以下を引用し、これを「一非思欲身、二仏為世尊、三仏身無漏、四仏身無為、五不堕諸数」（大正三三、九六三中一四―一五行）と整理している。つまり、この五種を、五非常を離れることとの意義としている。

119 **涅槃の不空**　『大品般若経』における「涅槃は化に非ず」という説を指す。前註117を参照。

120 **二人在らず**　『南本涅槃経』巻一、序品「爾時閻浮提中比丘比丘尼一切皆集。唯除尊者摩訶迦葉阿難二衆」（大正一二、六〇八下一五―一六行）を参照。

121 **影響**　影響衆のこと。釈尊の教化を讃歎し、扶助するために、法身の菩薩が影や響きのように現われたものをいう。

122 **『涅槃』に亦た云わく、「我が法の最長子は……常と無常とを解了す」**　『南本涅槃経』巻一〇、一切大衆所問品「我法最長子　是名大迦葉　阿難勤精進　悩断一切疑　汝等当諦観　阿難多聞士　自然能解了　是常及無常」（大正一二、六六九下一―四行）を参照。

123 **法華の中の八千の声聞は……大果実を成ずるが如し**　巻十上註130を参照。

124 **『法華優波提舎』**　天親『法華論』のこと。I巻一下註116を参照。

125 **何が故に余経は……但だ菩薩にのみ付せん**　巻十上註159を参照。

126 **『文殊問』に、「菩提は是れ満足の道なり」**　ぴったりした出典は不明であるが、『文殊師利所説摩訶般若波羅蜜経』巻下「若菩薩摩訶薩得是一行三昧、皆悉満足助道之法、速得阿耨多羅三藐三菩提」（大正八、七三一下二―四行）を参照。

127 **誕公**　『私記』には「補注に云わく、僧伝の中に、江西釈の智誕有りて、亦た経論を善くす、と。其の人、是れか」とある。前註102で引いた『大乗義章』巻一、衆経教迹義の「二説」を参照。

128 **龍樹は『大智論』の中に於いて亦た云わく、「大迦葉と阿難とは……菩薩蔵と為す」**　『大智度論』巻一〇〇「復次有人言、如摩訶迦葉将諸比丘、在耆闍崛山中集三蔵。仏滅度後、文殊尸利、弥勒諸大菩薩、亦将阿難集是摩訶衍」（大正二五、七五六中一四―一六行）を参照。「香山」については、『私記』には、この『大智度論』巻一〇〇の文を引いて、「応に耆山と云うべきなり」と注している。また、「又た東春義讃に五山を列ぬ。第五を小香山と名づく」という別説を示している。

129 **『涅槃』に亦た云わく、「十一部経は二乗の……菩薩の持つ所と為る」**　『南本涅槃経』巻一九、光明遍照高貴徳王菩薩品「復有十一部経除毘仏略。亦無如是深密之義。今因此経而得知之。善男子。是名不聞而能得聞。聞已利益者、若

能聴受是大涅槃経、悉能具知一切方等大乗経典甚深義味」（大正一二、七三〇中一一―一六行）を参照。

130 **決定の声聞**　久しく小乗を習う声聞で、阿羅漢になることが決定している者。『法華論』巻下「声聞有四種。一者決定声聞。二者増上慢声聞。三者退菩提心声聞。四者応化声聞」（大正二六、九上一五―一七行）を参照。

131 **退菩提心の声聞**　もと大乗の菩薩であったが、小乗の声聞に転落した者。前註130を参照。

132 **自**　底本の「目」を、全集本によって改める。

133 **因縁**　ここでは十二因縁（縁起）を指す。

134 **退大の声聞**　退菩提心の声聞と同義。前註131を参照。

135 **符契**　割り符を合わせるように合致すること。

136 **教は一にして而も諸を蔽つ**　『講義』には「義は広しと雖も、多く言うを須いずして顕わし易きは、一隅を示して三隅に当て、文を省略するを謂う」とある。「蔽」は、当てるの意。まとめるという意味である。

137 **七義**　七番共解のこと。

138 **別体の七を研がば**　『講義』には「別釈の五章に各おの七番共解の意を具足するを究むるを謂う」とある。

139 **余の五の鉤瑣相承し**　「鉤瑣」は、かぎを連ねた鎖のこと。「瑣」は、鎖に通じる。『講義』には「通じて七番を用うと雖も、五章の意旨各別にして濫ぜず、同異互いに顕わるるを謂う」とある。

140 **宛宛**　うねうねと長く続くさまをいう。

141 **環合**　ぐるっと巡って合うこと。『講義』には「前後の文義、相い依りて離れざるなり」とある。

142 **名教**　本来は、名分の教えのことで儒教を指すが、ここでは仏教を意味する。

143 **凡夫の乾土を鑿ち、聖法の水泥を見る**　『法華経』法師品の高原穿鑿の譬喩に基づく表現。Ⅱ巻七上註36を参照。

144 **此れを前に備え**　この『法華玄義』を、『法華文句』の前に、準備すること。

145 **文を後に消するなり**　『法華玄義』の後に、『法華文句』において、『法華経』の文々句々を解釈すること。

観音玄義

877a

観音玄義《かんのんげんぎ》　巻上

隋《ずい》天台《てんだい》智《ち》者《しゃ》大師《だいし》説く　門人《もんじん》灌頂《かんじょう》記す

序——経題の略釈

夫《そ》れ法界《ほうかい》は円融《えんゆう》にして、像《ぞう》に[1]像する所無く、真如《しんにょ》は清浄《しょうじょう》にして、[2]化《け》に化する所無し。像に像する所無しと雖《いえど》も、所として像せざる無く、化に化する所無けれども、所として化せざる無し。故《ゆえ》に在《ざい》無く不在無く、[3]九《く》道《どう》の身に[4]化《け》応《おう》し、[5]有《う》に処《しょ》すれども永《なが》く有ならず、寂《じゃく》にして不二《ふに》の旨《むね》に入《い》る。是《ここ》を以《もっ》て三業《さんごう》もて致請《ちしょう》し、苦涯《くがい》を脱するを蒙《こうむ》り、四弘《しぐ》に誓《ちか》いを為《な》し、上楽《じょうらく》に霑《うるお》わしむ。故に[6]娑婆《しゃば》世《せ》界《かい》にて無畏《むい》の名を受け、[7]宝蔵仏《ほうぞうぶつ》の所にて観音の目を稟《う》け、[8]已《すで》に種覚《しゅかく》を成《じょう》じては正法明《しょうぼうみょう》と号《ごう》し、[9]次に補処《ふしょ》に当たりては称《しょう》して普《ふ》光《こう》功《く》徳《どく》と為す。其《そ》の本迹《ほんじゃく》は此《かく》の若《ごと》し。寧《いずく》んぞ測知《そくち》す可《べ》けん。方便《ほうべん》もて縁に随《したが》い、[10]趣《すみや》かに一名を挙《あ》ぐるのみ。

今、観世《かんぜ》音《おん》と言うは、西土《さいど》の正音《しょうおん》には、[11]阿《あ》耶《や》婆《ば》婁《る》吉低輸《きっていしゅ》と名づく。此《こ》こには観世音と言う。能所円融《のうしょえんゆう》して、有無《うむ》兼《か》ねて暢《の》ぶ。

正性《しょうしょう》を照らし窮《きわ》め、其の本末《ほんまつ》を察《さつ》するが故に、観《かん》と称するなり。世《せ》音《おん》とは、是《こ》れ所観《しょかん》の境《きょう》なり。万像《まんぞう》は流《る》動《どう》して、[12]隔《きゃく》別《べつ》して同じからず。[13]類音《るいおん》、唱《とな》えを殊《こと》にすれども、倶《とも》に苦を離《はな》るるを蒙る。菩薩の弘《ひろ》き慈《じ》は、一時に普《あまね》く救い、皆《み》な解《げ》脱《だつ》せしむるが故に、観世音と曰《い》う。此《こ》れは即《すなわ》ち境智《きょうち》双《なら》べて挙げ、能所合して標《ひょう》す。

経とは、由《ゆ》の義《ぎ》なり。文理表発《もんりひょうほつ》し、行者《ぎょうじゃ》の心を織《お》り成《な》すが故に、経と曰う。

普門《ふもん》とは、普は是《こ》れ遍《へん》の義《ぎ》なり。門は能通《のうつう》を曰《い》う。一実相《いちじつそう》を用《もっ》て、十[14]の普門を開くに、障閡《しょうげ》する所無きが故《ゆえ》に、普門と称《しょう》す。

品《ほん》とは、類《るい》なり。義[15]類相《あ》い従うが故に、名づけて品と為《な》すなり。

大[16]部に既《すで》に五[17]章有りて義を明かせば、今品《こんぽん》も例《れい》して此《こ》の釈《しゃく》を為す。五意とは、一に名を釈し、二に体《たい》を出《い》だし、三に宗《しゅう》を明かし、四に用《ゆう》を辯《べん》じ、五に教相《きょうそう》なり。

第一章　釈名

釈名《しゃくみょう》を二と為す。一に通釈《つうしゃく》、二に別釈《べっしゃく》なり。通とは、人法《にんぽう》合して明かし、別とは、人法各《おの》おの辯ず。何が故に爾《しか》らん。縁に利鈍《りどん》有り、説に広略有ればなり。

第一節　通釈

今、通釈に就《つ》いて四と為す。一に列名《れつみょう》、二に次第《しだい》、三に解釈《げしゃく》、四に料簡《りょうけん》なり。

第一項　列名

877b 一に列名とは、十義以《もっ》て通釈と為す。所以《ゆえん》は何《いか》ん。至理《しり》は清浄《しょうじょう》にして、名も無く相《そう》も無く、法に非《あら》ず人に非ず、諸《もろ》もろの数量《しゅりょう》を過ぎ、一二三に非ざればなり。但《た》だ妙理《みょうり》は虚[18]通《こつう》にして、無[19]名相《むみょうそう》の中に、名相を仮《か》りて説くが故に、無名の名を立て、仮りに人法と称す。数量に非ずと雖《いえど》も、亦《ま》た数量を論《ろん》ず。故に『大[20]論《だいろん》』に云《い》わく、「般若《はんにゃ》は是れ一法なれども、仏は種種《しゅじゅ》の名を説く。諸もろの衆生《しゅじょう》の類に随《したが》いて、之《こ》れが為《た》めに異字を立つ」と。今、中[21]《ちゅう》に処《しょ》して説き、略して十義を用て、以て通の意を釈するなり。

十義とは、一に人法、二に慈悲《じひ》、三に福慧《ふくえ》、四に真応《しんおう》、五に[22]薬珠《やくじゅ》、六に冥顕《みようけん》、七に権実《ごんじつ》、八に本迹《ほんじやく》、九に縁了《えんりよう》、十に智断《ちだん》なり。

第二項　次第

第二に次第とは、此れに両意有り。一に観《かん》に約《やく》して次第を明かす。二に教に約して次第を明かす。観に約すれば、則《すなわ》ち初・中・後の心の因円果《いんえんか》満《まん》を総《す》べ、教に約すれば、則ち漸頓小大《ぜんとんしようだい》の諸経を該括《がいかつ》す。

観に約するに、人法を以て初めと為すは、観行《かんぎよう》を明かさんと欲《ほつ》するに、必ず其《そ》の人有りて、人は必ず法を秉《と》る。譬《たと》えば人、一期《いちご》の果《か》報《ほう》を受くるに、陰《おん》を攬《と》りて人を成《じよう》ずるが如《ごと》し。無量《むりよう》の徳行《とくぎよう》を具《ぐ》すと雖も、必ず先ず名字《みようじ》を標《ひよう》す。故に人法を以て初めに居《こ》すること、意亦た此れに例す。人法の九義の初めに居することは爾る可《べ》し。何の意もて乗《じよう》ずるに人法を以て次《じ》と為さんや。此れは須《すべか》らく経に拠《よ》るべし。『[23]経』に云わく、「是の因縁を以て観世《かんぜ》音《おん》と名づく」と。即《すなわ》ち前に人を辯じ、後に方便《ほうべん》の力もて普門《ふもん》示《じ》現《げん》すと云う。即ち却《かえ》って法を論ず。人は能く法を乗《よ》るが故に、人法と言うなり。

二に次に慈悲とは、良《まこと》に観音《かんのん》の人は、実相普門の法を観ずるに由《よ》りて、非人非法の実相の理に達す。一切衆生も亦《ま》復た是《かく》の如し。故に『[24]華《け》厳《ごん》』に云わく、「心、仏、及び衆生、是の三に差別《しやべつ》無し」と。此の理は円足《えんそく》し、欠減《けつげん》有ること無し。云何《いか》んが衆生は[25]理《り》具《ぐ》して情《じよう》迷い、顚倒苦《てんどうく》悩《のう》せん。既に是れを観じ已《おわ》れば、即ち慈悲の誓《ちか》いを起こし、抜苦《ばつく》与楽《よらく》す。是の故に慈悲を明かすなり。

復《ま》た次に、若《も》し言説《ごんぜつ》を便《べん》と為すに就かば、初めに慈、後に悲なり。亦た是れ菩薩の本懐《ほんがい》に就かば、大慈《だいじ》もて楽を与えんと欲す。既に楽を得ざれば、次に大悲《だいひ》もて苦を抜く。故に初めに慈、後に悲なり。若し用の次第に従わば、初めに大悲を以て苦を抜き、後に方《まさ》に大慈を以て楽を与《あた》う。又《ま》た行者《ぎようじや》に就かば、先に苦を脱し、後に楽を蒙《こうむ》る。故に先に悲《ひ》、後に慈《じ》なり。今、前の義《ぎ》の次第《しだい》に従うなり。

877c 三に福慧《ふくえ》とは、初めには則《すなわ》ち人法相《にんぼうあ》い成《じょう》ず。此《こ》れは其《そ》の信に拠《よ》る。次には則ち[26]慈悲与抜《じひよばつ》するは、此れは其の願《がん》を明かす。此の願を満たさんと欲せば、必ず須《すべか》らく修行すべし。修行は福慧を出《い》でず。慧《え》は即《すなわ》ち般若《はんにゃ》、福《ふく》は即ち五度《ごど》なり。互相《たが》いに資《たす》け導き、行《ぎょう》を以《もっ》て願を[27]塡《みた》し、事理円足《じりえんそく》す。若《も》し智慧《ちえ》増《ま》す明らかならば、則ち大悲《だいひ》の誓《ちか》い満ち、抜苦《ばっく》の義成ず。若し福徳深厚《ふくとくじんこう》ならば、則ち大慈《だいじ》の誓い満ち、与楽《よらく》の義成ず。故《ゆえ》に福慧は三に居《こ》するなり。

復《ま》た次に、言説《ごんぜつ》を便《べん》と為《な》さば、先に福、後に慧なり。若し化他《けた》の本意ならば、先に実慧《じつえ》もて利益《りやく》せんと欲するに、如《も》し其し堪《た》えずば、方《まさ》に福徳を示す。又《ま》た、資くるが故に先に福、導くが故に先に慧なり。

四に真応《しんおう》とは、若し智慧転《うた》た明らかならば、則ち法性《ほっしょう》に契《かな》う。法性は即ち実相《じっそう》にして、名づけて法身《ほっしん》と為す。法身既《すで》に顕《あら》われれば、能《よ》く真従《しんよ》り応《おう》を起こす。真顕われ応起こるは、只《た》だ福慧に由《よ》りて開発《かいほつ》す。故に第四に次《やど》るなり。

又た、若し方便もて物《もつ》を化《け》するに就《つ》かば、先に応を用い後に真を用う。今、前の義に従いて次第と為すなり。

五に[28]薬珠二《やくじゅに》身《しん》を明かすとは、先に真応を明かすは、直《た》だ証得《しょうとく》を語るのみにして、未《いま》だ人を利《り》するに渉《わた》らず。今、両身倶《とも》に能く物を益《やく》することを明かす。真身《しんしん》の[29]取相《しゅそう》を破《は》するは、諭《たと》えば薬の如《ごと》し。応身《おうじん》の万機《まんき》に対するは、珠《しゅ》に類《るい》す。[30]両字に就いて次第を明かさば、慈悲と相い似《に》たり。

六に冥顕《みょうけん》を明かすとは、前に二身の道理は即ち能く顕益《けんやく》するを明かす。今、縁に被《こうむ》らしむるに冥益《みょうやく》を得《え》、或《あ》いは顕益を得《う》ることを辨《べん》ず。故に二身の後に次《やど》りて明かすなり。

七に権実《ごんじつ》を明かすとは、前の縁の得益《とくやく》と、何の意もて同じからざらん。良《まこと》に権巧無方《ごんぎょうむほう》に、機《き》に赴《おもむ》くこと[31]允当《いんとう》にして、其の宜《よろ》しきを失わざる二智の力に由るが故に、此れを以て次《じ》と為すなり。先に権《ごん》、後に実なるは、此れは浅深《せんじん》に就いて次と為すなり。

若し文《もん》に依《よ》らば、先に実を以て益し、次に権を以て度《ど》す。此れは物に随《したが》いて次と為す。若し仏の本意に就かば、先ず只だ一大事因縁《いちだいじいんねん》の為《た》めに、先に実益《じつやく》を顕わし、衆生《しゅじょう》は未だ堪えざれば、後に権を用《もっ》て度す。

八に本迹《ほんじゃく》を明かすとは、復た物を益すること権実の巧《たく》みありと雖《いえど》も、巧みに優降《うこう》有れば、必ず是《こ》れ上中下の智、本迹の殊《こと》なりあり。権実は略にして且《か》つ横なり。今、細《くわ》しく高下《こうげ》を判《はん》じて以て次位《じい》を明かさんと欲す。若其《も》し本《ほん》高くば、作《な》す所の権実の迹《しゃく》は則ち妙《みょう》なり。是の故に[32]総略《そうりゃく》の後に次りて、其の細妙《さいみょう》の能《のう》を辯《べん》ずるなり。

本に非ざれば以て迹を垂《た》るること無きが故に、先に本を明かし、迹に非ざれば以て本を顕わすこと無ければ、応《まさ》に先に迹なるべきなり。

九に了因《りょういん》・縁因《えんいん》を明かすとは、上来《じょうらい》、行人《ぎょうにん》は発心修行《ほっしんしゅぎょう》し、因従り果を剋《こく》す。他を化し物を利すること、深浅《じんせん》同じからず。人法従り真応に至るは、是れ自行《じぎょう》の次第なり。薬珠より本迹に至るは、是れ化他の次第なり。此れは乃《すなわ》ち順論にして、未だ是れ却《かえ》って根本を討《たず》ねず。今、其の性徳《しょうとく》の種子《しゅうじ》を原《たず》ぬるに、若し観智《かんち》の人は悲心誓願《ひしんせいがん》、智慧荘厳《ちえしょうごん》もて真身を顕出《けんしゅつ》せば、皆《み》な是れ了因を種子と為す。若是《も》し普門《ふもん》の法は慈心誓願《じしんせいがん》、福徳荘厳もて応身を顕出せば、皆な是れ縁因を種子と為す。故に第九に次るなり。

十に智断《ちだん》を明かすとは、前に縁了《えんりょう》を明かすは、是れ却《しりぞ》きて因源《いんげん》を討ぬ。今、智断を明かすは、是れ順《じゅん》じて究竟《くきょう》を論ず。始めは則ち了因自《よ》り起こり、終わりは則ち菩提大智《ぼだいだいち》なり。始めは則ち縁因自り起こり、終わりは則ち涅槃断徳《ねはんだんとく》なり。若し涅槃に入《い》らば、衆行《しゅぎょう》は休息《くそく》す。故に第十に居するなり。

二に諸教に約《やく》して次第を明かすとは、又た通別と為す。通の義は解《げ》す可《べ》し。別は今当《まさ》に説くべし。『華厳《けごん》』の頓教《とんぎょう》の如きは、教を大方広仏華厳《だいほうこうぶっけごん》と名づく。題に依るに、初めに人法を明かす。此の人は法を秉《と》るに、必ず慈悲を具《ぐ》す。菩薩は因を修《しゅ》するに、[33]居然《こねん》として福慧あり。既に地《じ》の位に入れば、必ず真応を証《しょう》す。既に能く物を利すれば、則ち薬珠を辯ず。物は其の益を得るに、冥《みょう》有り、顕《けん》有り。而《しか》るに未だ別に権実・本迹・縁了・智断を論ずることを得ざるは、通の義には則ち有り、別の意には則ち無ければなり。何が故に爾《しか》らん。仏の一期《いちご》、物を化するに、頓漸《とんぜん》を明かす。頓教は説くと雖《いえど》も、漸教《ぜんぎょう》は未《いま》だ彰《あら》われず。故に[34]四意を明かさざるなり。明かさざる所以《ゆえん》は、[35]彼《か》の経に「小は大を隔《へだ》つること、聾《ろう》の如く瘂《あ》の如し」と明かす。此《こ》の権《ごん》を覆《おお》い、未だ其《そ》の実《じつ》を顕《あら》わさず。[36]故に云《い》わく、「久《ひさ》しく斯《こ》の要を黙《もく》し、務《つと》めて速《すみや》かには説かず」と。故に権実《ごんじつ》無しと言うなり。本迹《ほんじゃく》無しと言うは、[37]彼の経に、未だ王宮《おうぐう》の生身《しょうしん》の迹、寂滅道《じゃくめつどう》場《じょう》の法身《ほっしん》の迹を発《ほっ》せず、未だ弾指謦欬《たんじきょうがい》して、久遠《くおん》に得《う》る所の生法二身の本《ほん》を発せず。故に本迹無しと言う。縁了《えんりょう》・智《ち》断《だん》無しと言うは、小乗の根性《こんじょう》、及び心有るの者に本自《も》と常住《じょうじゅう》の因有り、当《まさ》に智断の菩提《ぼだい》・本果《ほんが》を剋《こく》すべしと明かさざるが故に、無しと言うなり。

次に、三蔵教《さんぞうきょう》に約す。但《た》だ人法《にんぽう》・慈悲《じひ》・福慧《ふくえ》の三義有るのみにして、真応《しんおう》等の七種無し。何が故に爾《しか》らん。二乗教《にじょうきょう》の中、但だ[38]灰身滅智《けしんめっち》を明かすのみなれば、那《な》んぞ真従《しんよ》り応《おう》を起こすことを得《え》ん。既《すで》に真応無ければ、何を将《もっ》て物《もつ》を益《やく》せん。

私《わたくし》に難《なん》ず。通《つう》じて論ずれば十を備え、別《べっ》して語れば但だ三なるのみ。此の三、若《も》し真諦《しんたい》に約せば、則ち通の義に随《したが》い、乃《すなわ》ち十意を具《ぐ》す。何《なん》ぞ止但《た》だ三のみならん。若し是《こ》れ別なりと言わば、別は応《まさ》に中道《ちゅうどう》に約すべし。既に中道有ることを得れば、人法の三種にして、何の意もて七無からん。

私に答う。通じて十意を論ずるは、此れは三乗に約す。別して[39]三科を語るは、的《まさ》しく菩薩に拠る。三蔵の菩薩に慈悲・福慧・伏惑《ぶくわく》の義有ることを得れども、既に伏《ぶく》して断《だん》ぜざるが故に、真応の七法無し。師の云わく、「教に斉《かぎ》るに

878b

止《た》だ三のみ」と。

若し方等《ほうどう》の教に約せば、小に対して大を明かし、中道大乗の人法より冥顕《みょうけん》の両益《りょうやく》等に至る六意有ることを得《う》。然《しか》るに、猶《な》お方便を帯《お》びて衆生を調熟《じょうじゅく》するが故に、権実等の四意を説くことを得ず。

若し『般若《はんにゃ》』の教を明かさば、未だ小乗の人を会《え》せずと雖も、已《すで》に小法は皆《み》な是れ摩訶衍《まかえん》なりと会す。但だ人法等の六意を明かすのみにして、亦《ま》た方便を帯びて、未だ権実等を明かさざるなり。

若し『法華』の教に約せば、則ち小乗の人を会す。「[40]汝《なんじ》は実に我が子、我れは実に汝が父なり」、「[41]汝等《なんだち》の行《ぎょう》ずる所

878c

は、是れ菩薩の道なり」と。開権顕実《かいごんけんじつ》し、[42]発本顕迹《ほっぽんけんしゃく》し、了義決定《りょうぎけつじょう》して、相《あ》い疑難《ぎなん》せず。故に知《し》んぬ、『法華』は中道の人法を明かして、本迹の八意に至ることを得。前の諸教に明かさざる所、『法華』に方《まさ》に説く。[43]故に云わく、「未だ曾《かつ》て人に向かって、此《かく》の如き事を説かず」と。今説く所は、即ち是れ「今、[44]当に汝が為《た》めに最実事《さいじつじ》を説くべきなり」と。三世《さんぜ》の諸仏《しょぶつ》は衆生を調熟し、大事の因縁究竟《くきょう》して円満なるは、『法華』に備《そな》う。故に二万[45]の灯明《とうみょう》は但だ『法華』を説きて、化《け》を息《や》め滅《めつ》に入《い》る。[46]迦葉如来《かしょうにょらい》も亦復《ま》た是《かく》の如し。

若し『涅槃《ねはん》』に約せば、即ち二種有り。所謂《いわゆ》る利《り》と鈍《どん》なり。身子《しんし》の流《たぐい》の如きは、皆な『法華』に於《お》いて悟入《ごにゅう》す。八[47]義具足《ぐそく》して、『涅槃』を待たず。若し鈍根《どんこん》の弟子は、『法華』に於いて未だ悟らずば、更に此の人の為めに、却《かえ》って源《げん》由《ゆ》を討《たず》ね、広く縁・了を説きて、三仏性《さんぶっしょう》を明かす。若し性徳《しょうとく》の了因《りょういん》の種子《しゅうじ》を論ぜば、修徳《しゅとく》は即ち般若を成《じょう》じ、究竟して即ち智徳菩提《ちとくぼだい》を成ず。性徳の縁因《えんいん》の種子ならば、修徳は解脱《げだつ》の断徳涅槃《だんとくねはん》を成ず。性徳の縁に非ず了に非ざるが若《ごと》きは、即ち是れ正因《しょういん》なり。若し修徳成就せば、則ち是れ不縦不横《ふじゅうふおう》の三点の法身なり。故に知んぬ、『涅槃』に明かす所は、却って八法の始終を説き、智断を成じて、十義具足す。

此れは[48]五味《ごみ》に歴《へ》て、十法の次第を論ず。

[49]四教に約せば、則ち解《げ》す可《べ》し。故に知んぬ、十法は観教を収束し、始終を[50]結撮《けっさつ》す。大意を[51]商略《しょうりゃく》するに、何《いず》れの観か而《しか》も摂《しょう》せず、何れの教か而も収めざらん。意気宏遠《いきこうおん》にして、義味深邃《ぎみじんすい》なり。前後に次第有りて、麁細《そさい》相違せず、以て[52]生起《しょうき》の意を釈《しゃく》するなり。

問う。『法華』の前教に同じく六意[53]有り。云何《いか》んが異と為さん。

答う。『華厳《けごん》』の六意は、利人《りにん》に於いては醍醐《だいご》と成《な》り、鈍人《どんにん》に於いては乳《にゅう》と成る。三蔵の中の三意は、利人に於いては[54]密《ひそ》かに去り、鈍人に於いては酪《らく》と成る。方等の六意は、利人に於いては醍醐と成り、鈍人に於いては生酥《しょうそ》と成る。『般若』の六意は、利人に約しては醍醐と成り、鈍人に於いては熟酥《じゅくそ》と成る。『法華』の八意の若きは、鈍人に於いては醍醐《だいご》と成《な》る。

第三項　解釈

第三に解釈《げしゃく》とは、人は即ち仮名《けみょう》にして、所成《しょじょう》の人なり。法は即ち五陰《ごおん》にして、能成《のうじょう》の法なり。此《こ》の人法《にんぽう》は凡聖《ぼんしょう》に通ず。色《しき》・受《じゅ》・想《そう》・行《ぎょう》・識《しき》の若《ごと》きは、是れ[55]凡鄙《ぼんひ》の法なり。此の法を攬《と》りて、能《よ》く生死《しょうじ》の人を成ず。戒《かい》・定《じょう》・慧《え》・解脱《げだつ》・解脱知見《げだつちけん》は、是れ出世《しゅつせ》の法なり。此れを攬りて、出世の聖人《しょうにん》を成ず。故に『[56]大論《だいろん》』に云《い》わく、「衆生の無上《むじょう》とは、仏是《こ》れなり。法の無上とは、涅槃《ねはん》是れなり」と。凡聖に通ずと雖《いえど》も、差別《しゃべつ》無きに不《あら》ず。上中下の悪は、即ち三途《さんず》の人法を成ず。上中下の善は、即ち三善道《さんぜんどう》の人法を成ず。故に六趣《ろくしゅ》の[57]階差《かいしゃ》有り。若し更に細《くわ》しく論ぜば、百千万品《ひゃくせんまんぼん》なり。

聖人の人法も亦復《ま》た同じからず。

三蔵《さんぞう》の有門《うもん》の若きは、衆生・我《が》・人は[58]亀毛《きもう》・兎角《とかく》の如く、畢竟不可得《ひっきょうふかとく》にして、但だ五陰の法のみ有りと観《かん》ず。此れは即ち人は空《くう》にして、法は不空なり。此の法の無常《むじょう》・生滅《しょうめつ》・不住《ふじゅう》を観じて、[59]煖《なん》・頂《ちょう》等の位を発生《ほっしょう》す。即ち是れ方便の法を攬りて、似道《じどう》の賢人《げんにん》を成ず。若し真《しん》を発《ほっ》して聖《しょう》を成じ、[60]方便有余土《ほうべんうよど》に生ぜば、法性《ほっしょう》の色・識等を攬りて、彼《か》の土《ど》の行人《ぎょうにん》を成ず。

空門《くうもん》の若きは、[61]実法《じっぽう》の体《たい》有りと明かし、此の実法を攬りて、仮名の人有ることを得《う》。[62]三仮《さんけ》は浮虚《ふこ》なりと観じて、[63]空《くう》平《びょう》に会入《えにゅう》し煖・頂あり。即ち方便の法を攬りて、似道の賢人を成ず。若し真を発して無学《むがく》を成じ、方便土に生ぜば、法性の五陰を攬りて、彼の土の行人を成ず。

[64]余の両門の人法は、此れに例《れい》して知る可《べ》し。

摩訶衍《まかえん》の中に人法を明かすは、亦《ま》た人空《にんくう》・法不空《ほうふくう》を言わず、亦た体に仮用《けゆう》有りと言わず。但だ仮名の陰《おん》・入《にゅう》等を観ずるに、性《しょう》は本《も》自と空なり。故に『[65]大品《だいぼん》』に云わく、「色性《しきしょう》は我性《がしょう》の如く、我性は色性の如し」と。始め初心従《よ》り後《ご》心《しん》に終わるまで、常《つね》に人法倶《とも》に空なりと観ず。故に『大論』[66]に云わく、「菩薩は常に涅槃を観じて道を行《ぎょう》ず」と。人空を観ずるを以て即ち是れ了因《りょういん》の種子《しゅうじ》なりとは、『論』[67]に云わく、「衆生の無上とは、仏是れなり」と。仏とは即ち覚《かく》なり。覚は是れ智慧なり。始め人空を覚し、終わり法空《ほうくう》を覚す。故に知《し》んぬ、人空を観ずるは、是れ了因の種なり。法空を観ずるは是れ縁因《えんいん》の種なりとは、『大論』[68]に云わく、「法の無上とは、涅槃是れなり」と。生死の陰の断《だん》ずるを以て、涅槃の陰は興《おこ》る。『大経』[69]《だいきょう》に云わく、「是の色を滅《めつ》するに因《よ》りて、常色《じょうしき》を獲得《ぎゃくとく》す。乃至《ないし》、識も亦た是《かく》の如し」と。『大品』[70]に云わく、「菩薩は般若《はんにゃ》を行ずる時、無等等《むとうとう》の色、無等等の受・想・行・識を得」と。当《まさ》に知るべし、涅槃は是れ無上の法なり。此の法を攬りて、無上の衆生を成じ、之《こ》れを号《ごう》して仏と為す。故に知んぬ、法空を観ずるは、是れ縁因の種なり。

人法の空を観ずるを以て、即ち三種の仏性《ぶっしょう》を識《し》る。故に『大経』[71]に云わく、「衆生の仏性は、六法に即《そく》せず、六法を離れず」と。「即せず」とは、此れは正因仏性《しょういんぶっしょう》は陰に非ず我に非ざるを明かす。陰に非ざるが故に法に非ず、我に非ざるが故に人に非ず、人に非ざるが故に了に非ず、陰に非ざるが故に縁に非ず。故に「六法に即せず」と言うなり。「六法を離れず」とは、衆生の空を離れずして了因有り、陰の空を離れずして縁因有り。故に「六法を離れず」と言うなり。

仏は初発心《しょほっしん》従り人法の空を観じて、三仏性を修《しゅ》し、六即《ろくそく》の位に歴《へ》て、六即の人法を成ず。今、観世音《かんぜおん》は未《いま》だ是れ究《く》[72]竟《きょう》の人法ならず、即ち是れ分証《ぶんしょう》[73]の人法なり。

前[74]の一番の問答は、是れ分《ぶん》に無上の人を観世音と称《しょう》することを釈し、後の一番の問答は、分に無上の法を攬るが故に普門《ふもん》と称することを釈す。当に知るべし、人法の因縁の故に、故《ことさら》に観世音普門と名づくるなり。

二に慈悲《じひ》を釈すとは、悲は愍傷《みんしょう》[75]に名づけ、慈は愛念《あいねん》に名づく。愍《あわれ》むが故に苦を抜き、念《ねん》ずるが故に楽《らく》を与《あた》う。菩薩は若し但だ慈悲を起こすのみにして、心牢固《ろうこ》ならずば、故《ことさら》に須《すべか》らく弘誓《ぐぜい》を発し、加持《かじ》[76]して堅《けん》ならしむべし。譬《たと》えば工《く》匠《しょう》の物《もつ》を造るに、節解《せつげ》[77]は復《ま》た相応すと雖も、若し膠漆《きょうしつ》[78]無くば、則ち零落《れいらく》すること有るが如し。誓願《せいがん》の膠《にかわ》の如きなるも、

879b

亦復《ま》た是《かく》の如し。

悲心《ひしん》もて愍傷《みんしょう》して、世間の苦《く》・集《じゅう》の因果を抜かんとして、両《ふた》つの誓願《せいがん》を興《おこ》す。所謂《いわゆ》る衆生無辺誓願度《しゅじょうむへんせいがんど》、煩悩無量誓願断《ぼんのうむりょうせいがんだん》なり。此《こ》の両つの誓願は大悲心《だいひしん》従《よ》り起こる。慈愛《じあい》を以ての故に、道《どう》・滅《めつ》の出世《しゅつせ》の因果の楽《らく》を与えんと欲《ほっ》して、両つの誓願を興す。所謂る法門無辺誓願知《ほうもんむへんせいがんち》、無上仏道誓願成《むじょうぶつどうせいがんじょう》なり。此の両つの誓願は大慈心《だいじしん》従り起こる。但だ前に人法《にんぽう》の凡聖《ぼんしょう》の不同を明かし、今、慈悲《じひ》の大小も亦《ま》た異なるを辯《べん》ず。

若し三蔵《さんぞう》の行人《ぎょうにん》は[79]分段《ぶんだん》の生老病死《しょうろうびょうし》の[80]八苦《はっく》を観《かん》じて即ち誓願を起こさば、衆生無辺誓願度なり。若し分段の顚倒《てんどう》の結《けつ》業《ごう》を観じて誓願を起こさば、煩悩無量誓願断なり。衆生をして此の因果の無常生滅《むじょうしょうめつ》、念念流動《ねんねんるどう》するを観じ、[81]道品《どうほん》を修《しゅ》せしめんと欲して即ち誓願を起こさば、法門無量誓願知《ほうもんむりょうせいがんち》なり。若し真諦無為《しんたいむい》の理を観じて即ち誓願を起こさば、無上仏道誓願成なり。此《かく》の如き慈悲は、[82]有作《うさ》の四諦《したい》を縁《えん》じて起こす所なり。

復《ま》た次に、通教《つうぎょう》には老死八苦は幻《げん》の如く化《け》の如けれども、衆生は顚倒して謂《おも》いて真実と為すと観じて、即ち誓願を起こす。貪《とん》・恚《い》・癡《ち》等は幻の如く化の如けれども、衆生は顚倒して之《こ》れが為めに悩を受くと観[83]じて、即ち誓願を起こす。色《しき》に即《そく》して是れ空《くう》、識《しき》に即して是れ空、貪・癡等に即して是れ空、色滅して空なるに非ず、色性《しきしょう》は自《おのずか》ら空、空も亦た不可得《ふかとく》なれども、衆生は色に即して是れ空なること能《あた》わずと観じて、即ち誓願を起こす。又《ま》た、[84]涅槃《ねはん》に若し一法の涅槃を過ぐるもの有らば、我れは亦た幻化《げんけ》の如しと説けども、衆生は仏道の求む可《べ》き有りと謂うと観じて、即ち誓願を起こす。是れ無生《むしょう》の四諦に約して、慈悲誓願を起こすなり。

別教《べっきょう》は仮名《けみょう》の法の森羅《しんら》万象《ばんしょう》を観じて、応《まさ》に須《すべか》らく分別《ふんべつ》して衆生を導利《どうり》すべし。那《な》んぞ空に沈みて証《しょう》を取ることを得《え》ん。此の苦果は止《た》だ一種のみに非ずと観じて、即ち誓願を起こす。無量の苦は、無量の集に由《よ》る。集は既に無量なれば、治《じ》も亦た無量、滅も亦た無量なり。此の如き誓願は、界内外《かいないげ》の苦・集の因果、無量の四諦を縁じて、誓願を起こすなり。

円教《えんぎょう》は法界《ほうかい》の円融《えんゆう》を観ずるに、本《も》と違《い》に非ず順《じゅん》に非ず、明《みょう》に非ず闇《あん》に非ず。無明《むみょう》の闇の故に則ち違《い》す。之れに違すれば、則ち苦・集の因果有り。智慧の明の故に則ち順ず。之れに順ずれば、則ち道・滅の因果有り。此の違順の因果を縁じて、慈悲を起こす。譬《たと》えば磁石《じしゃく》の心想《しんそう》を作《な》さずして、[85]任運《にんぬん》に鉄を吸うが如し。今、此の慈悲は衆生、及《およ》び法の想を作さずして、任運に抜苦与楽《ばっくよらく》す。故に無縁《むえん》の慈悲と名づくるなり。菩薩は初発心《しょほっしん》従り無縁の慈悲を修して、六《ろく》即《そく》の位に歴《ふ》。今、此の観音は是れ分《ぶん》に慈悲を証《しょう》す。

前の一番の問答の若《ごと》きは、無縁の大悲もて苦を抜くを明かす。一心に名を称《しょう》せば、即ち解脱《げだつ》を得《う》。後の一番の問答は、無縁の大慈に従いて普門《ふもん》に楽を与え、皆な得度《とくど》せしむ。故に知《し》んぬ、大慈大悲の因縁を以ての故に、観世音普門《かんぜおんふもん》と名づくるなり。

三に福慧《ふくえ》を釈すとは、亦た定慧《じょうえ》と名づく。定は静愛《じょうあい》に名づけ、慧は観策《かんさく》に名づく。『[86]大論《だいろん》』に云《い》わく、「定は愛、慧は策なり」と。寂照《じゃくしょう》の智の幽《ゆう》として朗《ろう》ならざる無きこと、[87]明鏡《みょうきょう》の高堂の如し。福徳禅定《ふくとくぜんじょう》の[88]純厚《じゅんこう》にして[89]資発《しほつ》すること、明灯《みょうとう》の浄油《じょうゆ》の如し。亦た称して目足備《もくそくつぶ》さに得て[90]清涼池《しょうりょうち》に入《い》ると為す。池は即ち涅槃なり。涅槃を称して二種荘厳《にしゅしょうごん》と為して、法身《ほっしん》を荘厳す。

此の定慧を釈するに、自ら多種有り。三蔵は無常の観理を以て慧と為し、事中の諸禅定を以て福《ふく》と為す。定を以て慧を資《たす》け、真無漏天然《しんむろてんねん》の理を発《ほっ》するを、名づけて法身と為す。

879c

通教の若きは、但だ体法《たいほう》を以て析法《しゃくほう》と異《こと》にするのみ。

別教の若きは、縁修《えんしゅ》の智慧と諸禅定とを以て、中道法身《ちゅうどうほっしん》を[91]助開《じょかい》するなり。

円教は実相《じっそう》の観を以て慧と為し、実相の寂定《じゃくじょう》を福と為し、共に非定非慧《ひじょうひえ》の理を顕《あら》わして、実相の法身と名づく。

今、円教の菩薩は、初発心従り此の不二《ふに》の定慧を修して、六即に歴《ふ》。

観音の智光《ちこう》を用《もっ》て苦を照らす所以《ゆえん》は、苦は是れ顛倒迷惑《てんどうめいわく》の致《いた》す所、智慧は是れ破惑《はわく》の法なるが故に、智慧は能《よ》く苦を抜く。『[92]華厳《けごん》』に云わく、「又た、光明《こうみょう》を放《はな》つを智慧と名づく。又た、光明を放つを無悩《むのう》と名づく」と。『[93]思益《しやく》』も亦《ま》た然《しか》り。『[94]請観音《しょうかんのん》』に云《い》わく、「普《あまね》く浄《きよ》き光明《こうみょう》を放《はな》ちて、癡《ち》の闇瞑《あんみょう》を滅除《めつじょ》す」と。故に知《し》んぬ、前の問答は機《き》に応じて苦を抜けば、是れ慧荘厳《えしょうごん》に従いて以て名を得《う》。後の問答は首楞厳《[95]しゅりょうごん》に住《じゅう》して、普く色身《しきしん》を現《げん》ずれば、[96]滅定《めつじょう》を起《た》たずして、此《こ》の威儀《いぎ》を現ずるに、[97]安禅《あんぜん》して、千偈《せんげ》もて諸《もろ》もろの法王を讃《さん》ず。故に知んぬ、普門示現《ふもんじげん》は、福徳《ふくとく》に従いて名を受く。良《まこと》に福慧《ふくえ》の因縁を以ての故に、観世音普門《かんぜおんふもん》と名づくるなり。

四に真応《しんおう》を釈すとは、真は不偽不動《ふぎふどう》に名づけ、応は根縁《こんえん》に称適《かな》うに名づけ、[98]集蔵《じゅうぞう》を身と名づく。若し実相《じっそう》の不偽不動の理に契《かな》わば、即ち能《よ》く機に称《かな》いて応ず。譬《たと》えば鏡を攬《と》るに、像対せば即ち形《あらわ》るるが如し。此の真応は相《あ》い離《はな》るることを得ず。[99]若し外道《げどう》は作意《さい》して通を修《しゅ》せば、能く変化《へんげ》すと雖《いえど》も、譬えば瓦石《がしゃく》の[100]光影《こうよう》現ぜざるが如し。豈《あ》に此れを以て応と為す可《べ》けん。尚《な》お未だ四住《しじゅう》を破《は》して偏真《へんしん》の理を顕《あら》わさず。那《な》んぞ忽《たちま》ち中道《ちゅうどう》の真応有らん。若し二乗の変化は通を修して得《う》る所ならば、此れも亦た応に非ず。譬えば画《え》を図《えが》くに、作意して乃《すなわ》ち成《じょう》ぜば、了《つい》に相似《そうじ》せざるが如し。

大乗は爾《しか》らず。実相の真を得るを、明鏡《みょうきょう》を得るに譬う。作意を須《もち》いずして、法界《ほうかい》の色像《しきぞう》は即ち対せば即ち応ず。鏡の像を写すが如く、真と殊《こと》ならず。是の時乃ち真寂身《しんじゃくしん》の応と名づく。

菩薩は初発心《しょほっしん》従り六即《ろくそく》に歴《ふ》。今、経の前の問答は、真寂に於いて動《どう》ぜず、法界の大益《だいやく》あるを明かせば、観音は真身《しんしん》に従いて名を得。後の問答は、機に随《したが》いて広く利《り》するに出没《しゅつもつ》多《た》端《たん》なるを明かせば、普門は是れ応身《おうじん》に従いて名を得。良に真応の因縁を以ての故に、観世音普門と名づくるなり。

五に薬樹王身《やくじゅおうしん》・如意珠王身《にょいじゅおうしん》を釈すとは、薬王《やくおう》は苦患《くげん》を療治《りょうじ》す。『[101]奈女経《なにょきょう》』に出《い》づ。珠《しゅ》は是れ如意の宝なり。
広く諸教に歴《へ》て、病を治《じ》し宝を得るを明かす。今、円教《えんぎょう》に約して明かさば、『[102]華厳《けごん》』に云うが如し、「上薬樹有り、880a 其《そ》の根深く入《い》り、枝葉《しよう》四布《ふ》す。根茎枝葉《こんぎょうしよう》は、皆な能く病を愈《いや》す。香を聞《か》ぎ身に触《ふ》るれば、益《やく》を得ざること無し」と。

菩薩も亦た是《かく》の如し。大悲《だいひ》もて身に熏《くん》じ、形声《ぎょうしょう》の物《もつ》を利するを、大薬王身と名づく。又《ま》た、如意珠の、能く大千《だいせん》の珍宝《ちんぽう》を雨《ふ》らし、意に随いて窮《きわ》まらず尽《つ》きざるが如く、菩薩の大慈《だいじ》の、身に熏じて、衆生の楽《らく》を与《あた》うるを、如意珠王身と名づく。

此れも亦た六即に約して位を判《はん》ず。前の問答に就いて、遍《あまね》く幽厄苦難《ゆうやくくなん》を救う。此れは薬王身に従いて以て名を得。後の問答に従えば、求むる所に称適《かな》い、実相の雨を雨《ふ》らし、涅槃《ねはん》の楽を得しむ。此れは如意珠王身に従いて以て名を得。故に知んぬ、二身の因縁もて観世音普門と名づくるなり。

六に冥顕《みょうけん》の両益《りょうやく》を釈すとは、冥は是れ冥密《みょうみつ》、顕は是れ彰露《しょうろ》なり。大聖《だいしょう》は恒《つね》に二益を以て一切を利安《りあん》す。而《しか》るに衆生、及《およ》び[103]下地《げじ》は、[104]日《ひ》に用いて知らず。譬えば日月《にちがつ》の世を照らすに、盲は見ずと雖も、実に深恩《じんおん》を荷《こうむ》るが如し。故に[105]薬草《やくそう》喩《ゆ》に云わく、「而るに諸もろの草木《そうもく》は、覚《さと》らず知らざれども、只《た》だ同じく是れ一地《いちじ》なるのみ」と。下品《げぼん》は、上品《じょうぼん》の冥顕の両益を知らず。[106]文殊《もんじゅ》は妙音《みょうおん》の神力《じんりき》の作《な》す所を知らざるが如し。知らざるを以ての故に、名づけて冥益《みょうやく》と為す。

此れも亦た六即に約して位を判ず。若し前の問答に就かば、形声を見ず、密《ひそ》かに深祐《じんゆう》を荷るを、名づけて冥益と為す。聖人《しょうにん》の益は、知る可からずと雖も、聖《しょう》は知らしめんと欲《ほっ》せば、蜫虫《こんちゅう》も能く知る。後の問答の如きは、親《まのあた》り色身を観《み》、説法を聞くことを得。視聴は[107]彰灼《しょうしゃく》にして、法利《ほうり》は[108]顕然《けんねん》たり。故に知んぬ、観音は冥益に従いて名を得《え》、普門は顕《けん》益《やく》に従いて名を得。冥顕の因縁を以ての故に、観世音普門と名づくるなり。

七に権実《ごんじつ》を釈すとは、権は是れ[109]暫用《ざんゆう》、実は暫用に非ず。略して権実を言えば、則ち三種有り。一に自行《じぎょう》に権実を論ぜば、自《みずか》ら中道を観《かん》ずるを実と為し、[110]二観を権と為す。二に化他《けた》に就いて権実を論ぜば、他の根性《こんじょう》は不同なり。或《ある》いは権を説きて実と為し、実を説きて権と為して、定判《じょうはん》す可からず。但だ他意に約して以て権実を明かすのみ。三に自行化他合して権実を明かすとは、若し自ら三諦《さんたい》を観ぜば、権有り実有るを、皆な名づけて実と為す。化他《けた》随縁《ずいえん》にも亦た権有り実有るを、皆な名づけて権と為す。

此の三義を用《もっ》て四教に歴《ふ》。復《ま》た自行の権実に就いて、六即の判位を明かす。此の品《ほん》の意を尋《たず》ぬるに、是れ自行化他に権実を論ずるを明かす。前の問答は自行化他の実智《じっち》に従いて物を益《やく》し、後の問答は自行化他の権に従いて以て物を

880b
益《やく》す。故に知《し》んぬ、権実《ごんじつ》の因縁の故に、観世音普門《かんぜおんふもん》と名づくるなり。

八に本迹《ほんじゃく》を釈すとは、本《ほん》を実得《じっとく》と名づけ、迹《しゃく》を応現《おうげん》と名づく。若し通途《つうず》に本迹を作《な》さば、世智《せち》の凡夫《ぼんぶ》は、本の意測《はか》り難《がた》し。乃至《ないし》、別教《べっきょう》の本迹なり。若し円教《えんぎょう》は無始《むし》より発心《ほっしん》し、初めより無明《むみょう》を破《は》して得《う》る所の法身《ほっしん》ならば、之《こ》れを名づけて本と為し、形を百億に垂《た》れ、高下《こうげ》定まらざるを、之れを称して迹と為す。若し一往《いちおう》、真応《しんおう》を判《はん》ぜば、多く上地《じょうじ》を用《もっ》て真と為し本と為し、下地《げじ》を応《おう》と為し迹と為す。地地《じじ》伝えて此《こ》の判を作す。真本《しんほん》は唯《た》だ高に拠り、応迹《おうしゃく》は唯だ下を指すは、此の義は不可なり。今、細《くわ》しく本迹を明かさば、則ち真応と異なり。本は是れ実得なり。始めて道場に坐《ざ》し、及び初住《しょじゅう》に得る所の法身は、即ち是れ其《そ》の本にして、迹は上地の仏と為し、及び上地の菩薩と作し、悉《ことごと》く名づけて迹と為す。上地の高を以ての故に、之れを称して本と為し、始めて初住を得るを、之れを目《な》づけて迹と為す可《べ》からず。何を以ての故に。実は上地を得ず、上地は本に非ず。実は下地を得《え》、下地は迹に非ず。故に[111]寿量《じゅりょう》に云《い》わく、「随《ずい》自意《じい》、随他意《ずいたい》」と。是れ本迹の意なり。

本迹に就いて六即《ろくそく》を明かす。前の問答に就いては、説示《せつじ》す可からずして、但だ冥《みょう》に前人を祐《たす》くれば、本地《ほんじ》に従いて名を得《う》。後の問答は、形を殊《こと》にし状《かたち》を異にし、応現して度脱《どだつ》せしむれば、迹地《しゃくじ》に従いて名を得。故に知んぬ、本迹の因縁の故に、観世音普門と名づくるなり。

九に了因《りょういん》・縁因《えんいん》を釈すとは、了は是れ顕発《けんほつ》、縁は是れ資助《しじょ》なり。了を資助して法身を顕発す。了とは、即ち是れ般《はん》若《にゃ》、観智《かんち》なり。亦《ま》た慧行《えぎょう》、正道《しょうどう》、智慧荘厳《ちえしょうごん》と名づく。縁とは、即ち是れ解脱《げだつ》、[112]行行《ぎょうぎょう》、助道《じょどう》、福徳荘厳《ふくとくしょうごん》なり。[113]『大論《だいろん》』に云わく、「一人は能《よ》く耘《くさか》り、一人は能く種《う》う」と。種は縁を喩《たと》え、耘は了を喩う。通《つう》じて論ぜば、教教《きょうぎょう》は皆な縁了《えんりょう》の義を具《ぐ》す。今、正《まさ》しく円教の二種の荘厳の因を明かし、仏は二種の荘厳の果を具す。此の因果の根本を原《たず》ぬるに、即ち是れ性徳《しょうとく》の縁了なり。此の性徳は本自《も》と之れ有りて、今に適《はじ》むるに非ざるなり。[114]『大経《だいきょう》』に云わく、「一切諸法《いっさいしょほう》は本性自《おのずか》ら空《くう》なり」と。亦た菩薩は空を修習《しゅじゅう》するを用ての故に、諸法の空を見る。即ち了因の種子《しゅうじ》は本自と之れ有り。[115]又《ま》

880c

た云わく、「一切衆生に皆な初地《しょじ》の味禅《みぜん》有り」と。『思益《しやく》』[116]に云わく、「一切衆生は即ち滅尽定《めつじんじょう》なり」と。此れは即ち縁因の種子、本自と之れ有り。此の二種を以て、方便修習して、漸漸《ぜんぜん》に増長《ぞうじょう》すれば、毫末《ごうまつ》[117]より起こりて、修得《しゅとく》を成《じょう》ずることを得。合抱大樹《ごうほうだいじゅ》[118]は、摩訶般若《まかはんにゃ》、首楞厳定《しゅりょうごんじょう》なり。

此の一科は六即を論ぜず、但だ根本性徳の義に就くのみ。前の問答は了種に従いて名を受け、後の問答は縁種に従いて名を受く。故に知んぬ、了因・縁因なるが故に、観世音普門と名づくるなり。

十に智断《ちだん》を釈すとは、通途の意には、智は即ち有為功徳《ういくどく》の満なり。亦た円浄涅槃《えんじょうねはん》[119]と名づく。有為功徳と言うは、即ち是れ因時の智慧に、照用修成《しょうゆうしゅじょう》の義有るが故に、有為と称す。因は無常《むじょう》なりと雖《いえど》も、果は是れ常《じょう》なり。因を将《も》ち来《きた》りて果と名づくるが故に、有為功徳の満と言うなり。断《だん》は即ち無為功徳《むいくどく》の満なり。亦た解脱と名づけ、亦た方便浄涅槃《ほうべんじょうねはん》と名づく。無為と言うは、若し小乗は但だ煩悩《ぼんのう》の滅無《めつむ》を取りて断と為さば、但だ虚妄《こもう》を離《はな》るるを、名づけて解脱と為す。其の実は未だ一切の解脱を得ず。此れは乃《すなわ》ち無体《むたい》の断徳《だんとく》なり。

大乗は是れ有体《うたい》の断にして、滅無を取りて断と為さず。但だ調伏《じょうぶく》する所の衆生の処に随《したが》いて、悪も染《そ》むること能《あた》わず、縦任自在《じゅうにんじざい》にして、累縛《るいばく》有ること無きを取りて、名づけて断徳と為す。此れを指して無為功徳と名づく。故に『浄名《じょうみょう》』[120]に云わく、「癡愛《ちあい》を断ぜずして、諸《もろ》もろの明脱《みょうだつ》を起こす」と。又た[121]云わく、「諸見《しょけん》に於いて動ぜずして、而《しか》も三十七品《さんじゅうしちほん》を修《しゅ》す」と。愛見《あいけん》[122]を侍《じ》と為し、亦た如来種《にょらいしゅ》[123]と名づく。「乃至[124]、五無間《ごむけん》は皆な解脱を生ず」と。染礙《ぜんげ》する所無きを、名づけて一切解脱と為す。即ち是れ断徳無為なり。寂《じゃく》にして而も常《つね》に照らすは、即ち智徳《ちとく》なり。小乗の灰身滅智《けしんめっち》は、既に其れ身無ければ、何を将《もっ》て生死《しょうじ》に入《い》りて、調伏、無礙《むげ》、無染《むぜん》を論ぜん。智を滅すれば、何《なん》ぞ照らし寂にする所あらん。此の如き智断は円極《えんごく》なるが故に、法身は顕著《あら》わなり。即ち是れ三種仏性《さんしゅぶっしょう》[125]の義円《まど》かなり。

法身満足するは、即ち是れ非因非果《ひいんひか》の正因満《しょういんまん》ずるが故に、「隠《かく》[126]るるを如来蔵《にょらいぞう》と名づけ、顕《あら》わるるを法身と名づく」と云う。是れ因に非ずと雖も、名づけて正因と為す。是れ果に非ずと雖も、名づけて法身と為す。『大経』[127]に「非因

881a

非果を仏性《ぶっしょう》と名づく」と云《い》うは、即ち是れ此《こ》の正因仏性《しょういんぶっしょう》なり。又《ま》た、「[128]是れ因にして果に非ざるを名づけて仏性と為す」と云うは、此れは性徳《しょうとく》の縁了《えんりょう》に拠《よ》りて、皆な名づけて因と為すなり。又た、「[129]是れ果にして因に非ざるを仏性と名づく」と云うは、此れは修徳《しゅとく》の縁了に拠りて皆な満《まん》ず。[130]了転《りょうてん》を般若《はんにゃ》と名づけ、縁転《えんてん》を解脱《げだつ》と名づく。亦《ま》た菩提果《ぼだいか》と名づけ、亦た大涅槃果《だいねはんか》と名づく。果は皆な称して果と為すなり。仏性は因果に通じ、不縦不横《ふじゅうふおう》の性徳の時は三因、不縦不横の果満《かまん》の時を[131]三徳《さんとく》と名づく。故に『[132]普賢観《ふげんかん》』に云わく、「大乗の因とは、諸法《しょほう》の実相《じっそう》なり。大乗の果とは、亦た諸法の実相なり」と。智徳《ちとく》既に満ち、湛然《たんねん》として常照《じょうしょう》なれば、機《き》に随《したが》いて即ち応じ、一時に解脱せしむ。[133]断徳《だんとく》既に満ち、処処《しょしょ》に調伏《じょうぶく》すれば、皆な得度《とくど》せしむ。前の問答は智徳の[134]分満《ふんまん》に従いて名を受け、後の問答は断徳の分満に従いて名を受く。故に知《し》んぬ、智断《ちだん》の因縁を以て、観世音普門《かんぜおんふもん》と名づくるなり。

問う。此の十義の名字《みょうじ》は余経に出《い》づ。那《な》んぞ用《もっ》て此の品《ほん》を釈することを得ん。

答う。大乗の義は通じ、衆経《しゅぎょう》は共に用《もち》う。若し此れを許さずば、仏性は『涅槃』に出で、[135]五住《ごじゅう》・二死は『勝鬘《しょうまん》』に出づるに、諸師は那んぞ浪《みだ》りに用て衆経を通ずることを得んや。此の品は文《もん》に在《あ》るに十名無しと雖《いえど》も、総《そう》じて[136]二問答を将《もっ》て十義の意を[137]帖《じょう》す。[138]宛然《おんねん》として解《げ》す可《べ》し。今已《すで》に前の如し。今、更に別《べっ》して句句を点《てん》じ来《きた》りて十義を証《しょう》せば、文に「[139]何の因縁を以て観世音と名づけん」と云い、又た「[140]是の因縁を以て観世音と名づく」と云うが如きは、即ち是れ人名《にんみょう》に拠るなり。後の文に「[141]普門示現《ふもんじげん》」と云うは、即ち是れ法を明かすなり。「[142]是《かく》の如き等の大威神力《だいいじんりき》有りて、饒益《にょうやく》する所多し」は、即ち慈《じ》なり。「[143]諸《もろ》もろの四衆《ししゅ》を愍《あわれ》む」は、即ち悲《ひ》なり。智を知らんと欲《ほっ》せば説に在り。[144]十九説法《じゅうくせっぽう》は、即ち智慧なり。「[145]一時も礼拝《らいはい》せば、無量無辺《むりょうむへん》の福徳《ふくとく》の利を得《う》」は、即ち福徳なり。「[146]自在《じざい》の業《ごう》」は、即ち法身《ほっしん》なり。何が故に爾《しか》らん。法身は一切に於いて自在を得《え》、智慧は此れに契《かな》うが故に、名づけて業と為す。[147]寿量《じゅりょう》に云わく、「慧光《えこう》の照らすこと無量なるは、久《ひさ》しく業を修《しゅ》して得る所なり」と。「[148]威神の力は巍巍《ぎぎ》たること是の如し」と。是の如き満足の名は、即ち是れ真身《しんしん》なり。「[149]普門に神通力《じんずうりき》を示現す」は、即ち応身《おうじん》なり。「[150]諸もろの国土に遊び、衆生を度脱《どだつ》す」

は、即ち薬樹王身《やくじゆおうしん》なり。「[151]怖畏急難《ふいきゆうなん》の中に於いて、能《よ》く無畏《むい》を施《ほどこ》す」は、即ち如意珠王身《によいじゆおうしん》なり。「[152]福《ふく》は唐捐《とうえん》ならず」は、即ち冥益《みようやく》なり。[153]三十三身《さんじゆうさんしん》は、即ち顕益《けんやく》なり。「[154]仏身を現《げん》ず」は、即ち実智《じつち》なり。[155]余身《よしん》を現ずるは、即ち権智《ごんち》なり。観音身は即ち本《ほん》、余身は即ち迹《しやく》なり。又た、[156]大威神力は是れ本、[157]方便力《ほうべんりき》は是れ迹なり。是の観世音菩薩の名を聞く者、「[158]若し是の品を聞くこと有らば」とは、即ち了因《りよういん》を証す。「[159]功徳《くどく》少なからず」は、即ち縁因《えんいん》なり。「[160]肯《あえ》て受けず」は、常《つね》に[161]捨行《しやぎよう》なるが故なり。及び「[162]即時《そくじ》に其《そ》の音声《おんじよう》を観《かん》ず」と。観は、即ち智なり。「[163]皆な解脱を得しむ」は、種種《しゆじゆ》に衆生を調伏し、「[164]八万四千は発心《ほつしん》す」等は、是れ利益《りやく》にして、即ち断《だん》なり。

第四項　料簡

881b

第四に料簡《りようけん》とは、問う。人は観音に対し、法は普門に対すとは、『[165]方等《ほうどう》』に普門法王子《ふもんほうおうじ》有りて、人名を標《ひよう》す。此の義云何《いか》んが同じからん。

答う。此れは応《まさ》に四句を作《な》して分別《ふんべつ》すべし。人にして法に非ず、法にして人に非ず、人は即ち法なり、法は即ち人なり。若し『華厳《けごん》』の次第の意に約せば、地前《じぜん》の生死《しようじ》の行人《ぎようにん》は、未だ是れ実相の法ならず。此の法も亦た彼《か》の人に非ず。若し不次第の意を作さば、人は即ち実相、実相は即ち人にして、人法不二《にんぽうふに》なり。三蔵《さんぞう》の有門《うもん》の若《ごと》きは、仮人《けにん》無く、但だ実法《じつぽう》あるのみなるを明かす。此の法は人に非ず。空門《くうもん》の若きは、実法を攬《と》りて仮人を成《じよう》ず。人法は両《ふた》つながら異なり。若其《も》し人を離れずして法を論じ、法を離れずして人を論ぜば、此れは乃《すなわ》ち是れ二諦《にたい》の意にして、中道《ちゆうどう》の人法に非ざるなり。若し方等は小に対して大を明かし、人法を論ぜば、小を明かすは三蔵に同じく、大を明かすは『華厳』に同じ。『般若』・『涅槃』等も例《れい》して爾り。今、方等の中に普門を明かすは、即ち大乗の意なり。今、普門を明かすは是れ法なり。何《なん》ぞ法有りて人無きことを得ん。[166]彼れ普門を明かすは是れ人なり。何ぞ但だ人のみにして法無きことを得ん。此れは則ち人法互いに挙《あ》ぐ。彼の経には人を標し、此の処には法を標するのみ。例せば、小乗に、身子《しんし》は智慧第一にして、余の弟子は各《おの》おの余の法門に就いて第一を論ずるを明かすが如し。本《も》と智慧を以て惑《わく》を断じて真無漏《しんむろ》を発《ほっ》す。余の人は慧《え》無くして、那《な》んぞ道に入《い》ることを得ん。既に道果を得《う》れば、果《はた》して知《し》んぬ、慧有ることを。但だ各おの其《そ》の初門《しょもん》を挙げて、別《べっ》して第一と称す。譬《たと》えば刀の刃の物《もつ》を断つが如し。必ず背を藉《か》りて方《まさ》に利用《りゆう》有り。[167]諸数《しょしゅ》は刀の背の如く、慧数《えしゅ》は刀の刃の如し。今、普門《ふもん》の義も亦《ま》た爾《しか》り。但だ因縁の法を以て普門の名に当《あ》つ。何《なん》ぞ了因《りょういん》の人無きことを得んや。若し併《あわ》せて観音に従いて名を標《ひょう》せば、此れは則ち[168]通漫《つうまん》なり。世諦《せたい》をして乱《らん》ぜざらしめんと欲《ほっ》して、互いに別名《べつみょう》を挙《あ》ぐ。身に六根《ろっこん》を具《ぐ》するが如きを、但だ称して浄眼《じょうげん》・浄意《じょうい》と為すのみ。豈《あ》に余の根《こん》無きことを得んや。

慈悲《じひ》を料簡《りょうけん》せば、問う。若し大悲《だいひ》もて苦を抜かば、苦除《のぞ》こりて即ち是れ楽《らく》を得《う》。大慈《だいじ》もて楽を与《あた》えば、楽至りて即ち是れ苦を抜く。何の意もて両《ふた》つに分かれん。

答う。通じて論ずれば此《かく》の如し。別すれば則ち然《しか》らず。譬えば罪を獄に抜くが如し。未だ[169]五塵《ごじん》を施《ほどこ》さざれば、身は痛を免《まぬか》ると雖《いえど》も、根情《こんじょう》は未だ娯《たの》しまず。此れは但だ苦を抜くのみにして、未だ楽を与《あた》うと名づけず。又《ま》た、五塵を獄に施すが如し。耳眼《にげん》は悦《よろこ》ぶと雖も、苦を抜くと名づけず。為めに別義に従いて、各おの一辺を顕《あら》わす。故に別して説くのみ。

問う。此の中、何の意もて喜捨《きしゃ》を論ぜざらん。

答う。[170]四無量心《しむりょうしん》、名は四有りと雖も、但だ是れ三義なるのみ。『[171]大経《だいきょう》』に云《い》わく、「憂畢叉《うひっしゃ》」と。畢叉を捨と名づく。
881c 捨とは、[172]両捨《りょうしゃ》なり。即ち是れ慈に非ず悲に非ず不二《ふに》の意なり。不二にして而《しか》も二なるは、即ち是れ慈悲なり。喜とは、楽従《よ》り喜を生ず。初めに楽を与えんと欲すれども、衆生の苦重くして、楽を得ること能《あた》わざれば、則ち喜ぶ可《べ》き所無し。若し苦を抜き竟《お》わらば、即ち能《よ》く楽を得《え》、還《かえ》って本懐《ほんがい》を遂《と》ぐるが故に、楽の後に喜を加え、苦の後に此れ無し。故に喜を開かず。[173]阿輸加王《あしゅかおう》の如きは、七日に応《まさ》に死ぬべし。五欲《ごよく》の楽有りと雖も、憂苦《うく》、心に切《せつ》なり。又た、一身の少し許《ばかり》の痛悩《つうのう》の如きも、能く一身の楽を奪う。故に知んぬ、苦重ければ、楽を得ざるなり。

問う。[174]禅支《ぜんし》に喜を明かすこと前に在《あ》り、楽支《らくし》は後に在り。復《ま》た云何《いかん》。

答う。禅支は麁《そ》従り細《さい》に入るに就いて、此の中、彼《か》の楽を得ることを慶《よろこ》ぶ。故に喜心は後に在るなり。

復た次に、外道《げどう》は四無量を修《しゅ》す。自《みずか》ら禅定《ぜんじょう》を証《しょう》するも、想《そう》を作《な》して虚《むな》しく運べば、彼れに実益《じつやく》無く、他をして苦を抜き楽を得しむること能わず。自ら定《じょう》を獲《う》と雖も、虚妄《こもう》なり。世法《せほう》の報《ほう》は尽《つ》きて、還って堕《だ》して苦を免れず。自他倶《とも》に利益《りやく》無し。

二乗の四無量を修するが若《ごと》きは、但だ自ら苦を抜けども、他に於いて益《やく》無く、自ら分段《ぶんだん》を抜けども、未だ変易《へんにゃく》を免れず。灰身滅智《けしんめっち》は、究竟《くきょう》の楽に非ず。

今、菩薩は爾らず。凡夫《ぼんぶ》の行《ぎょう》に非ず、[175]賢聖《げんじょう》の行に非ず。凡夫に非ずとは、自ら禅楽《ぜんらく》を受くるに同じからず。賢聖に非ずとは、自ら苦を抜くに同じからず。自ら楽を受くるに同じからざるが故に、即ち他に楽を与う。自ら苦を抜くに同じからざるが故に、即ち他の苦を抜く。亦た是れ即ち苦を抜くは、是れ即ち楽を与う。即ち楽を与うるも、亦た即ち是れ苦を抜く。但だ分別《ふんべつ》して之《こ》れを説き、誓願相対《せいがんそうたい》するに、前に苦を抜くを明かし、後に楽を与うるを明かすのみ。

福慧《ふくえ》を料簡せば、問う。観音は智に対し、之れを称すれば而も苦を抜き、普門は福《ふく》に対し、之れを見れば而も楽を得るは何ぞや。

答う。智は是れ光明《こうみょう》にして、正《まさ》しく闇惑《あんわく》を治《じ》す。惑は是れ生死《しょうじ》の苦悩なり。若し闇惑の苦を治せば、豈に智解《ちげ》の光を用いざらん。故に智慧の人の名を称すれば、即ち苦を抜くなり。法は是れ法門なり。門は能く通ずるに名づく。通は涅槃安楽《ねはんあんらく》の処に至る。初めに此の法を習わば、是れ楽因《らくいん》を得、後に此の法を証せば、是れ楽果《らくか》を得。故に此の普門に対して、其の楽を与うるを明かすなり。

問う。福慧は相《あ》い須《ま》って、本《も》と相い離れず。若し定にして慧無くば、此の定を癡定《ちじょう》と名づく。譬えば盲児《もうに》の[176]瞎馬《かつめ》に騎《の》るに、必ず坑《あな》に堕《お》ち塹《ほり》に落つること疑い無きが如きなり。若し慧にして定無くば、此の慧を狂慧《きょうえ》と名づく。譬えば風の中に灯を然《も》やすに[177]揺颺《ようよう》するが如し。揺颺するは、物を照らすに了《りょう》ならず。故に知んぬ、福慧は相い資《たす》け、二輪平《にりんびょう》

882a

等《どう》にして、運載《うんさい》するに[178]堪能《たんのう》するなり。若し爾《しか》らば、何の意もて智慧を以て苦を抜き、福徳《ふくとく》もて楽《らく》を与えんや。

自《おのずか》ら福徳は是れ智慧、智慧は是れ福徳なること有り。自ら福徳は智慧に非ず、智慧は福徳に非ざること有り。大小乗に皆な四句を備《そな》う。[179]六度《ろくど》の菩薩、般若《はんにゃ》を修《しゅ》するが如きは、[180]閻浮提《えんぶだい》を分かちて七分《しちぶん》と為す。此れは是《こ》れ世智《せち》にして、惑《わく》を断ずること能《あた》わず。此れは猶《な》お福徳に属して摂《しょう》すれば、[181]即《そく》の名なり。此の福《ふく》は是れ智なるが故に、此の智は是れ福にして、惑を断ぜず。故に声聞《しょうもん》の人の若《ごと》きは、智慧能《よ》く断ず。若し智慧と名づけて福徳に非ずば、[182]餓《う》えたる羅漢《らかん》の如きなり。若し福徳は世智に非ず、亦《ま》た出世《しゅつせ》の智に非ずば、白象《びゃくぞう》の如きなり。

大乗の四句の若きは、別教《べっきょう》の地前《じぜん》の[183]三十心の行行《ぎょうぎょう》を福徳と名づけ、慧行《えぎょう》を智慧と名づく。此の慧《え》は無明《むみょう》を破《は》すること能わず。此の慧は還《かえ》って福徳に属して摂すれば、無明を破せず。故に此の福は是れ智慧にして、方便もて取相《しゅそう》を治《じ》す。故に若し地前は皆な福徳と名づけ、地上《じじょう》は皆な智慧と名づけば、此の智慧は福徳に非ず、福徳は智慧に非ず。

方等《ほうどう》・『般若』は、小を帯《お》びて大を明かす。小の福慧《ふくえ》を帯ぶるが若きは前の四句の如く、大の福慧を明かすは向《さ》きの四句の如し。今、此の普門《ふもん》を福慧と名づくるは、福は即ち是れ慧、慧は即ち是れ福にして、福慧《ふくえ》は不二《ふに》なればなり。故に『[184]大論《だいろん》』に云《い》わく、「是《かく》の如き尊妙《そんみょう》の人は、則ち能く般若を見る」と。此の慧は那《な》んぞ定《じょう》無きことを得ん。首楞《しゅりょう》厳定《ごんじょう》を得《う》れば、何《なん》ぞ曾《かつ》て慧無からん。『論』[185]に云わく、「健相三昧《けんそうざんまい》は能く彊敵《ごうてき》を破す」と。『[186]大経《だいきょう》』に云わく、「仏性《ぶっしょう》とは、五種の名有り。亦た般若と名づけ、亦た師子吼《ししく》と名づけ、亦た首楞厳と名づけ、亦た金剛《こんごう》、仏性《ぶっしょう》等と名づく」と。即ち是れ定慧具足《じょうえぐそく》の名なり。禅に非ざれば慧ならず、慧に非ざれば禅ならず、禅慧《ぜんえ》は不二なり。不二にして而《しか》も二なれば、門を分け説を別《わ》けて、定慧の二解《にげ》を作《な》す。故に『[187]釈論《しゃくろん》』に般若を解して十八空を明かし、禅定《ぜんじょう》を解して百八三昧を明かす。此れは是れ二なれども、二は即ち不二なりと説く。

真応《しんおう》を料簡《りょうけん》せば、亦た四句の殊《こと》なり有り。真に非ず応に非ず、応にして而も真に非ず、真にして而も応に非ず、亦た真亦た応なり。真に非ず応に非ざるが若きは、此れは理に就いて解す可《べ》し。又《ま》た、凡夫《ぼんぷ》に就いて理を見ざるが故に

882b

真に非ず、用《ゆう》無きが故に応に非ず。此れも亦た解す可し。応にして而も真に非ずとは、外道《げどう》も亦た[188]五通《ごつう》を得ること、他の[189]施化《せけ》に同じ。通じて論ぜば、亦た是れ応なることを得て、而も真と名づくることを得ず。真にして而も応に非ずとは、二乗の人は真に入《い》りて結《けつ》を断じ、灰身滅智《けしんめっち》して、応を起こすこと能わず。此れも亦た是れ通じて其《そ》の真を論ずるのみ。亦た真亦た応なりとは、此れは則ち別して中道《ちゅうどう》を顕《あら》わすを真と為し、真に即して而も用を論ずるを応と為せば、真応は不二なり。不二にして而も二なる者なるが故に、真応と言うのみ。

今、文《もん》に依《よ》りて互いに一往《いちおう》を挙げて、其の真応を言う。前番の問答は真身《しんしん》の常益《じょうやく》を明かし、後番の問答は応身《おうじん》の[190]間《けん》益《やく》を明かす。常・間《けん》は相《あ》い離《はな》るることを得ず、[191]二鳥倶《にちょうとも》に游《あそ》ぶ。[192]二往《におう》、論を為すに、真身も亦た恒《ごう》亦た不恒なり。応身も亦た間亦た不間なり。若し小乗もて義を明かさば、[193]例《れい》せば、善吉《ぜんきつ》は石窟に空《くう》を観《かん》じて、仏の法身《ほっしん》を見、蓮華尼《れんげに》は則ち見ざるが如し。此れは豈《あ》に小乗の中の真身の恒益《ごうやく》・不恒益の義に非ざらん。丈六《じょうろく》の応にも亦た見・不見有り。此れは豈に応身に間有り不間有る義に非ざらん。

大乗の法身も亦た爾り。理に於いて恒益と為し、情《じょう》に於いて不恒益と為す。応身も亦た爾り。此の縁滅《めつ》すれば彼《か》の縁興《おこ》り、断絶有ること無きは、是れ不間の義なり。[194]同質異見《どうぜついけん》は、是れ其の間の義なり。而るに今分別するに、一往、前の問答は恒益に属し、後の問答は不恒益に属するなり。

薬珠二身《やくじゅにしん》を料簡せば、薬に病を差《いや》し苦を抜くの功《く》有り。亦た身を全《まっと》うし命を増し宝を致《いた》すの用有り。故に『[195]経』に云わく、「若し身命《しんみょう》を全うせば、便《すなわ》ち已《すで》に玩好《がんこう》の具を得たりと為すなり」と。如意珠王《にょいじゅおう》は、但だ宝を雨《ふ》らすのみに非ず、亦た能く病を除く。[196]大施太子《だいせたいし》は海に入りて珠《しゅ》を得、還《かえ》りて父母《ぶも》の眼を治す。『[197]大品《だいぼん》』に云わく、「若し人、眼痛むに、珠を身上に著《お》かば、病は即ち除愈《じょゆ》す」と。故に知《し》んぬ、通じて二義を具《ぐ》す。若し別して一辺に拠らば、患《げん》を除くに約して以て薬に譬《たと》え、楽を証《しょう》するを以て珠に況《たと》うるのみ。

冥顕《みょうけん》の両益《りょうやく》を料簡するに、凡《およ》そ[198]三十六句有り。

権実《ごんじつ》の二智を料簡《りょうけん》せば、前の問答は実智《じっち》もて真《しん》を照らして衆生は脱することを得《え》、権智《ごんち》もて仮《け》を照らして衆生は度《ど》することを得《う》。度は為《は》た権を度するや、亦《ま》た実を度するや。脱は為た真を脱するや、亦た仮を脱するや。

答う。此《こ》れも亦た四句を具《ぐ》す。或いは真智《しんち》に因《よ》りて権を解脱《げだつ》す。[199]七難消除《しちなんしょうじょ》し、[200]二求願満《にぐがんまん》ずる、是れなり。或いは真智に因りて実を解脱す。[201]三毒《さんどく》皆な離《はな》る、是れなり。或いは権智に因りて実を度することを得。[202]三十三身《さんじゅうさんしん》もて度を得しむる、是れなり。或いは権智に因りて権を度することを得。[203]怖畏急難《ふいきゅうなん》の中に於いて無畏《むい》を得る、是れなり。或いは二倶《とも》に度し脱す。或いは二倶に度せず脱せず。今、文《もん》に依りて判《はん》ずるに、互いに一辺を出《い》だす。前の文は権を脱し、後の文は実を度す。

本迹《ほんじゃく》を料簡せば、通じて本迹を論ぜば、倶に能《よ》く苦を抜き楽《らく》を与《あた》う。故に[204]寿量《じゅりょう》に云《い》わく、「仏寿《ぶつじゅ》の無量《むりょう》なるを聞きて、清浄《しょうじょう》・無漏《むろ》・無量の果報《かほう》を得」と。即ち是れ本従《ほんよ》り楽を得。[205]『請観音《しょうかんのん》』に云わく、「或いは地獄に遊戯《ゆげ》して、大悲《だいひ》もて代《か》わりて苦を受く」と。此れは是れ迹従《しゃく》り苦を抜く。衆生は本源に達せざれば、後に流転《るてん》して苦悩するも、若し本理を識《し》らば、即ち苦に於いて解脱を得るなり。衆生は若し迹中の施化《せけ》を見ず、三業《さんごう》に福《ふく》を種《う》うること能《あた》わずば、則ち功徳の因無し。焉《いずく》んぞ楽果《らくか》を致《いた》さん。本に非ざれば以て迹を垂《た》るること無く、迹に非ざれば以て本を顕《あら》わすこと無し。前の問答は是れ迹の本を明かし、後の問答は是れ本の迹を明かす。

問う。本迹と真応《しんおう》とは云何《いか》んが異ならん。

答う。真応は一世に就いて横《よこ》に辯《べん》ず。諸経に明かす所の如し。本迹は三世《さんぜ》に就いて竪《たて》に論ず。寿量に説く所の如し。

縁了《えんりょう》を料簡せば、問う。縁了には既に性徳《しょうとく》の善有れば、亦た性徳の悪有らんや。

答う。具す。

問う。闡提《せんだい》と仏とは何等《なんら》の善悪をか断ぜん。

答う。闡提は修善《しゅぜん》を断じ尽《つ》くし、但だ性善《しょうぜん》のみ在《あ》り。仏は修悪《しゅあく》を断じ尽くし、但だ性悪《しょうあく》のみ在り。

問う。性徳の善悪は、何《なん》ぞ断ず可《べ》からざらん。

答う。性《しょう》の善悪は、但だ是れ善悪の法門の性は改《あらた》む可からず、三世に歴《ふ》るも、誰《た》れも能く毀《こぼ》つこと無く、復《ま》た断壊《だんえ》す可からず。譬《たと》えば魔は経を焼くと雖《いえど》も、何ぞ能く性善の法門をして尽くさしめんというが如し。縦令《たと》い仏は悪譜《あくふ》を焼くとも、亦た悪の法門をして尽くさしむること能わず。秦《しん》、典を焚《や》き儒《じゅ》を坑《あなうめ》にするが如し。豈《あ》に能く善悪をして断《だん》尽《じん》せしめんや。

問う。闡提は性善を断ぜざれば、還《かえ》って能く修善をして起こさしめん。仏は性悪を断ぜざれば、還って修悪をして起こさしめんや。

答う。闡提は既に性善に達せざれば、達せざるを以ての故に、還って善の染《そ》むる所と為り、修善起こることを得て、広く諸悪を治《じ》す。仏は性悪を断ぜずと雖も、能く悪に達す。悪に達するを以ての故に、悪に於いて自在《じざい》なり。故に悪の染むる所と為らず、修悪起こることを得ざるが故に、仏は永《なが》く復た悪無し。自在なるを以ての故に、広く諸悪の法門を用《もっ》て、衆生を化度《けど》す。終日之《こ》れを用《もち》うれども、終日染まらず。染まらざるが故に、起こらず。那《な》んぞ闡提を以て例《れい》と為すことを得んや。若し闡提、能く此の善悪に達せば、則ち復た名づけて一闡提《いっせんだい》と為さざるなり。若し他人の、闡提は善を断じ尽くし、阿梨耶識《ありやしき》の熏《くん》ずる所と為ることを明かすに依らば、更に能く善を起こす。梨耶は即ち是れ無《む》記無明《きむみょう》、善悪の依持《えじ》にして、一切の種子《しゅうじ》と為る。闡提は無明無記を断ぜざるが故に、還って善を生ず。仏は無記無明を断じ尽くして、熏ず可き所無きが故に、悪は復た還って生ぜず。若し悪を以て物《もつ》を化《け》せんと欲《ほっ》せば、但だ神通変現《じんずうへんげん》

883a

を作《な》して、衆生を度するのみ。

問う。若し仏地《ぶつじ》は悪を断じ尽くすも、神通を作して悪を以て物を化せば、此れは作意《さい》して方《まさ》に能く悪を起こす。人の諸《もろ》もろの色像《しきぞう》を画《えが》くが如し。是れ任運《にんぬん》なるに非ず。明鏡《みょうきょう》の動ぜずして、色像の自《おのずか》ら形《あら》わるるが如きにして、是れ不《ふ》可思議《かしぎ》なる可し。理として能く悪に応《おう》ず。若し作意せば、外道《げどう》と何ぞ異ならん。

今、明かさく、闡提《せんだい》は性徳《しょうとく》の善を断ぜず、縁に遇《あ》えば善発《ほっ》す。仏も亦《ま》た性悪《しょうあく》を断ぜず、機縁《きえん》に激《げき》せられ、慈力《じりき》に熏《くん》ぜられ、阿鼻《あび》に入《い》りて、一切の悪事に同《どう》じて衆生を化《け》す。性悪有るを以ての故に不断《ふだん》と名づけ、復《ま》た修悪《しゅあく》無きを不常《ふじょう》と名づく。若し修性《しゅしょう》倶《とも》に尽《つ》きば、則ち是れ断にして、不断不常と為すことを得ず。闡提も亦た爾《しか》り。性善《しょうぜん》は断ぜず、還《かえ》って善根《ぜんこん》を生ず。如来は性悪断ぜず、還って能《よ》く悪を起こす。悪を起こすと雖《いえど》も、是れ心に染《ぜん》無きことを解《げ》す。[206]悪《あく》際《さい》に通達《つうだつ》すれば、即ち是れ[207]実際《じっさい》にして、[208]能く五逆《ごぎゃく》の相《そう》を以て解脱《げだつ》を得《う》。亦た不縛不脱《ふばくふだつ》にして、非道《ひどう》を行《ぎょう》じて仏道に通達す。闡提は染《そ》められて而《しか》も達せず。此《こ》れと異なりと為すなり。

智断《ちだん》を料簡《りょうけん》せば、此れは是れ一法の異名《いみょう》にして、相《あ》い離《はな》るることを得ず。人の一体の如し。何が故に智に従いて苦を抜き、断に従いて楽《らく》を与えん。然《しか》而して慧解《えげ》の心を智と称し、縛礙《ばくげ》無き身を断と称す。譬《たと》えば人の縛《ばく》せらるるが如きは、力を運ぶは智に属し、粛然《しゅくねん》として外に附《ふ》するは断に属す。力を運ぶは心に属するが故に、智慧荘厳《ちえしょうごん》と名づく。[209]附断体散《ふだんたいさん》は色身《しきしん》に属するを、福徳荘厳《ふくとくしょうごん》と名づく。今の経文《きょうもん》の言説《ごんぜつ》は、一時なるを得ざるが故に、互いに智断を挙《あ》ぐ。

若し深く此の十義の意を得《え》ば、一を解して千従う。広く観世音普門《かんぜおんふもん》の義を釈せば、則ち尽くす可《べ》からざるなり。

第二節　別釈

第二に別して名を釈せば、二と為す。先に観世音を明かし、次に普門を明かす。

第一項　観世音を明かす

「[210]何の因縁を以て観世音と名づけん」は、通じて釈せば前の如し。別ならば則ち境智《きょうち》の因縁を以ての故に、観世音と名づく。云何《いか》んが境智ならん。境智に二有り。一に思議《しぎ》の境智、二に不思議の境智なり。思議の境智に又《ま》た二あり。一に理外《りげ》に約し、二に理内に約す。

理外を四と為す。一に天然《てんねん》の境智は、只《た》だ問う。此の境《きょう》は、為当《は》た境に由《よ》るが故に境なるや、智に由るが故に境なるや。此の智は、為当た智に由るが故に智なるや、境に由るが故に智なるや。若し境に由るが故に境ならば、此の境は是れ境にして、境は即ち自《おのずか》ら境を生ず。若し智は智に由るが故に智ならば、亦た是れ自生《じしょう》の智なり。自生の名は性《しょう》として自ら爾り。仏・天人《てんにん》の作《な》す所に非ず。照《しょう》と不照とは、恒《つね》に是れ境智なり。故に天然の境智と名づく。

二に相待《そうだい》を明かさば、若し境は自ら境ならず、智に因《よ》るが故に境にして、智は自ら智ならず、境に因るが故に智な[883b]らば、此れは即ち他生《たしょう》の義なり。何が故に爾らん。境は自ら境を生ずるを、既に称して自と為せば、境を以て智を望むに、智は即ち是れ他なり。今、境は智に従いて生ずれば、豈《あ》に他境《たきょう》に非ざらん。智も亦た是《かく》の如し。故に相待と名づく。

次に、因縁の境智を明かさば、若し境は智に由るが故に境ならず、亦た境に由るが故に境ならずば、智境は因縁なるが故に境なり。智も亦た是の如し。此れは即ち境智因縁共生《きょうちいんねんぐうしょう》の義なり。共生に[211]二過《にか》有り、自《じ》・他性《たしょう》の中に堕《だ》す。

次に、絶待《ぜつだい》もて境智を明かさば、境に非ず智に非ずして、而も境智を説くは、此れは即ち境を離れ智を離る。因縁無くして、而も境智を辯《べん》ずるは、此れは是れ無因縁の絶待なり。因縁に従うことすら尚《な》お不可得《ふかとく》なり。何《いか》に況《いわ》んや因縁無きをや。一往《いちおう》、絶と謂《い》うも、理もて之《こ》れを窮《きわ》むれば、絶待を成《じょう》ぜず。並びに是れ理外に心を行じ、妄想推計《もうぞうすいけ》す。故に『[212]中論《ちゅうろん》』に云《い》わく、「諸法《しょほう》は自ら生ぜず、亦た他従《よ》り生ぜず、共《ぐう》ならず、無因ならず。是の故に無生《むしょう》と説く」と。那《な》んぞ前の四種の如くなることを得ん。是れ実にして、余は妄語《もうご》なりと計執《けしゅう》す。[213]性実《しょうじつ》の執《しゅう》は、[214]見愛《けんあい》にして著《じゃく》を生じ、[215]九十八使《くじゅうはつし》あり、苦集浩然《くじゅうこうねん》として流転《るてん》して息《や》まず。云何んが此れに執して苦集を生ぜん。一種の境智に執するに随《したが》いて、謂いて以て是《ぜ》と為す。随順讃歎《ずいじゅんさんだん》すれば、心は則ち愛著《あいじゃく》して歓喜《かんぎ》を生ず。即ち是れ貪使《とんし》なり。若し人、違逆責毀《いぎゃくしゃくき》せば、心は則ち忿怒《ふんぬ》して瞋恚《しんに》を生ず。即ち是れ瞋使《しんし》なり。貪恚《とんに》既に起これば、豈に癡使《ちし》に非ざらん。我れ此の境智を解して、他の解せざる所、其《そ》の所執《しょしゅう》を以て、人に[216]矜傲《こうごう》す。豈に慢使《まんし》に非ざらん。既に此れに執して是と為せば、今、疑い無しと雖《いえど》も、後に当《まさ》に大いに疑うべし。豈《あ》に疑使《ぎし》に非ざらん。我れ此《こ》の法を知解《ちげ》して、法の中に我《が》を計《け》す。豈に身見《しんけん》に非ざらん。[217]六十二見は、随《したが》いて一辺に堕《だ》す。豈に辺見《へんけん》に非ざらん。此の如《かく》き妄執《もうしゅう》は、道理に当たらず。豈に邪見《じゃけん》に非ざらん。此れは是れ実なりと執《しゅう》し、計して涅槃《ねはん》と為す。豈に[218]見取《けんじゅ》の果盗《かとう》に非ざらん。此れを謂《い》いて道と為し、之《こ》れに依りて行《ぎょう》を進む。豈に[219]戒取《かいしゅ》の因盗《いんとう》に非ざらん。十使は宛然《おんねん》として皆な所執《しょしゅう》の境智上《きょうちじょう》に従いて起こる。此れを将《もっ》て[220]三界《さんがい》の四諦《したい》に歴《ふ》れば、則ち八十八使有り。[221]思惟《しい》に就いて三界に歴れば、則ち九十八使《くじゅうはっし》有り。

此れは則ち集諦《じったい》の結業顛倒《けつごうてんどう》は浩然《こうねん》として、方《まさ》に苦果を招き、生死《しょうじ》絶えず。其《そ》の境智に於いて、苦集《くじゅう》を識《し》らず。何処《いずく》にか道滅《どうめつ》有らん。既に四諦を識らざれば、則ち世間・出世間《しゅっせけん》の因果を破《は》す。世《せ》・出世《しゅっせ》の法無きが故に法宝《ほうぼう》無く、出世の果を識らざれば仏宝《ぶっぽう》無く、出世の因を識らざれば僧宝賢聖《そうぼうげんじょう》の義無く、一切倶《とも》に失う。若し此の如き執を作《な》して自《おのずか》ら境智を生ぜば、只《た》だ是れ生死を結構《けっこう》して、結業を増長《ぞうじょう》し、過患《かげん》は甚《はなは》だ多し。若し理外《りげ》の境智に非ずば、更に何等《なんら》を将て理外と為さんや。故に[222]『大論《だいろん》』に云《い》わく、「凡夫《ぼんぶ》に三種の語あり。見《けん》・慢《まん》・名字《みょうじ》なり。聖人《しょうにん》は但だ一種の語あるのみ。名字なり」と。今、凡夫は見慢もて取著《しゅじゃく》し、謬《あやま》りて仏語を用《もっ》て、爾《そ》の取著を介《たす》け、理に乖《そむ》いて諍《あらそ》いを成《じょう》ず。経論に[223]傍《よ》りて引きて文字《もんじ》を証《しょう》すと雖も、[224]虫の木を蝕《くら》いて、偶《たま》たま字を成ずることを得るが如く、其の内心を尋《たず》ぬれば、実に是れ字なるや字に非ざるやを解《げ》すること能《あた》わず。口に境智を言いて、境智を解せず。解せざるを以ての故に、[225]甘露《かんろ》を服するが如きも、則ち境智を以て見を起こし、命を傷つけて早夭《そうよう》す。故に龍樹《りゅうじゅ》の破する所と為る。今、此れを取りて境智と為して以て観世音《かんぜおん》を釈せず。自生《じしょう》の境智は既に爾《しか》れば、余の三句も亦《ま》た然《しか》り。

二に思議理内《しぎりない》の境智を明かさば、亦た上《かみ》の四門を作す。名字は同じと雖も、観智淳熟《かんちじゅんじゅく》して、執見《しゅうけん》を生ぜず。畢《つい》に故《ことさら》に新に造《いた》らず、方便道を成じ、煖《なん》・頂《ちょう》を発生《ほっしょう》し、乃至《ないし》、[226]十六心の眼智明覚《げんちみょうかく》して、[227]豁然《かつねん》として悟ることを得《う》。諸《もろ》もろの見《けん》惑《わく》を破して、理と相応す。譬《たと》えば盲人《もうにん》の[228]金錍《こんぺい》もて膜を抉《えぐ》るに、[229]灼然《しゃくねん》として謬らざるが如し。此の真観《しんかん》、之れを名づけて智と為す。照らす所の理、之れを名づけて境と為す。無漏《むろ》を発《ほっ》するを以ての故に、理内の境智と称す。此の理を見

884a

ると雖も、終《つい》に是れ作意《さい》して真に入《い》る。故に思議の境智と名づくるなり。今、観世音を明かすことも、亦た此の境智の因縁に従いて名を得るに不《あら》ざるなり。

次に、不思議の境智を明かすとは、若し自・他・共《ぐう》・無因等の四句は倶に境智に非ずば、今、諸経論に明かす所は、或いは自生・他生《たしょう》・共生《ぐうしょう》・無因等に従う。若し爾らずば、云何《いか》んが境智を辯《べん》ぜんや。

答う。経の中に明かす所は、皆な是れ[230]四悉檀《ししつだん》もて縁に赴《おもむ》き、名字を仮《か》りて説きて、四性《ししょう》の執を無からしむ。若し人、自生の境智を聞くことを楽《ねが》わば、即ち境は是れ自境、智は是れ自智なりと説きて、以て其の欣欲《ごんよく》の心に赴く。或る時は宜《よろ》しく自境自智を聞くべし。聞かば必ず善を生ず。或る時は対治《たいじ》して自生の境智を説く。説かば必ず惑《わく》を破す。有る時は此れを説きて即ち道を悟らしむ。若し四悉檀の益《やく》無くば、諸仏如来は空《むな》しく説法せず。四説を作すと雖も、四種の執無し。執無きが故に見愛《けんあい》無し。衆生聞かば、[231]快馬《けめ》の鞭影《べんよう》を見るが如く、即ち惑を破して道に入るが故に、名づけて智と為す。此の智の照らす所、之れを名づけて境と為す。是の如《かく》く通達《つうだつ》すれば、則ち苦集道滅を識り、三宝《さんぼう》・四諦は宛然として具足《ぐそく》す。若し智を以て境を照らさば、空《くう》に入りて証を取る。真諦理《しんたいり》内《ない》の思議の境智を成ずること、前に説くが如し。

若し果を以て証と為さずば、知《し》んぬ、此の境智は但だ名字のみ有りて、名づけて境智と為す。是の字は内《ない》・外《げ》・中《ちゅう》間《げん》に在《あ》らず。是の字は住《じゅう》せず、亦た住せざるに不《あら》ず。是の字は無《む》所《しょう》有なり。故に四句を作して境智を明かすと雖も、実に四句の境智を分別せず。四句を作して境智を聞くと雖も、実に四句の境智を得ず。四句の境智に体達《たいだつ》すと雖も、実に四句の思量境智《しりょうきょうち》を作さず。[232]言語《ごんご》の道断《た》え、心の行処《ぎょうしょ》滅すれば、四句もて思惟《しい》[233]図度《ずたく》す可《べ》からず。故に不思議の境智と名づく。[234]『金光明《こんこうみょう》』に云わく、「不思議の智は、不思議の智境を照らす」と。此れは具《つぶ》さには[235]『大本玄義《だいほんげんぎ》』の境《きょう》・智《ち》妙《みょう》の中に広く説くが如し。

[236]龍樹は先に一異《いちい》時《じ》方《ほう》を破して、然る後に如是《にょぜ》我《が》聞《もん》等の義を釈す。今、此れに類《るい》して先に理外の境智を破し、後に不

思議の四悉檀《ししつだん》を明かす。悉檀の義は『大本玄義《だいほんげんぎ》』の如し。

夫《そ》れ名字《みょうじ》に依るを便《べん》と為さば、応《まさ》に先に観智《かんち》を明かし、次に世境《せきょう》の音を辯《べん》ずべし。若し義を解《げ》するを便と為さば、前に世境を明かし、次に観智を辯ず。先に境《きょう》有りて、観《かん》を論ずることを得可《うべ》きが如し。若し未だ境有らずば、何《なん》ぞ観ず可き所あらん。譬《たと》えば[237]鏡鼓《きょうく》ありて、後に方《まさ》に映撃《ようげき》するが如し。

今は義便《ぎべん》に従い、先に世音《せおん》を明かし、後に観智を論ずるなり。世とは三と為す。一に五陰世間《ごおんせけん》、二に衆生世間、三に国土世間なり。既に実法《じっぽう》有れば、即ち仮人《けにん》有り。仮実《けじつ》正《まさ》しく成《じょう》ぜば、即ち依報《えほう》有るが故に、三種世間と名づくるなり。世は是れ隔別《きゃくべつ》なり。即ち十法界《じっぽうかい》の世、亦《ま》た是れ十種の五陰、十種の仮名《けみょう》、十種の依報なり。隔別不同なるが故に、名づけて世と為すなり。間《けん》は是れ間差《けんしゃ》なり。三十種の世間の差別《しゃべつ》は、相《あ》い謬乱《みょうらん》せず。故に名づけて間と為す。各各《おのおの》因有り、各各果有り。故に名づけて法と為す。各各[238]界畔分斉《かいはんぶんざい》有り。故に名づけて界と為す。今、一法界《いっぽうかい》に就いて、復《ま》た十法有り。所謂《いわゆ》る如是《にょぜ》相《そう》・性《しょう》・究竟等《くきょうとう》なり。十界《じっかい》は即ち百法有り。十界相互なれば、則ち千法有り。如是等の法は、皆な是れ因縁生《いんねんしょう》の法なり。六道《ろくどう》は是れ惑《わく》の因縁の法、四聖《ししょう》は是れ解の因縁の法なり。『[239]大経《だいきょう》』に云《い》わく、「無《む》漏《ろ》にも亦た因縁有り。無明《むみょう》を滅《めつ》するに因《よ》りて、即ち是れ三菩提《さんぼだい》の灯《ともしび》なり」と。是の諸《もろ》もろの因縁の法は、即ち是れ三《さん》諦《たい》なり。「[240]因縁もて生ずる所の法は、我れ即ち是れ空《くう》なりと説き、亦た名づけて仮名と為し、亦た中道《ちゅうどう》の義と名づく」
884b と。故に十種の法界《ほうかい》、三十種の世間は、即ち是れ観ずる所の境なるを明かす。

此《こ》の境は復た二と為す。所謂る自・他なり。他とは、衆生・仏を謂《い》う。自とは、即ち心にして而《しか》も具《ぐ》す。『[241]華厳《けごん》』に云うが如し、「心は工《たく》みなる画師《えし》の如く、種種《しゅじゅ》の五陰を造る。一切世間の中に、心由《よ》り造らざること莫《な》し」と。

問う。自他、那《な》んぞ各《お》おの十法界を具することを得《え》ん。

答う。[242]身を観ずるに実相《じっそう》なり。仏を観ずるも亦た然《しか》り。『[243]華厳』に云わく、「心は然り。仏も亦た然り。心、仏、及び衆生、是の三に差別無し」と。豈《あ》に各各三諦の境を具せざらんや。

音とは、即ち十法界の口業《くごう》の機《き》なり。界は既に同じからざれば、音も亦た異なり有り。

問う。衆生に各おの三業《さんごう》有り。何の意もて但だ音を観ずるのみならん。

然れども、通じて論ずれば皆な得《う》。[244]常念恭敬《じょうねんくぎょう》は、三毒《さんどく》を離《はな》るることを得れば、即ち是れ世音を観ず。[245]礼拝供養《らいはいくよう》して、求むる所の願満《がんまん》ずれば、即ち是れ世身《せしん》を観ず。

而《しか》して今、但だ観世音《かんぜおん》と言うは、旧《く》に此の義を釈するに六と為す。

一に趣立《しゅりゅう》とは、諸名《しょみょう》は累《かさ》ねて出だす可《い》からず、一趣《いっしゅ》を挙げて以て名を標《ひょう》す。若し称して観世身《かんぜしん》と為さば、已《すで》に復た還《かえ》って問わん。此の言《ごん》は何の意もて観世音と名づけざらんと。此れは則ち問いに非ず。

二に随俗《ずいぞく》とは、釈迦《しゃか》の説く所は、音声《おんじょう》を以て仏事《ぶつじ》と為す。故に観世音と言う。若し諸もろの国土に遊ばば、彼《か》の宜《よろ》しき所に随《したが》う。

三に互いに挙《あ》ぐとは、能観《のうかん》・所観《しょかん》なり。所観は、即ち衆生の色心《しきしん》なり。今、能観に従うが故に、但だ観と言う。能《のう》聞《もん》・所聞《しょもん》なり。能聞は、是れ聖人《しょうにん》の耳識《にしき》なり。所聞は、是れ衆生の音声なり。今、所聞の音声を取る。所聞を挙げて能聞を得《え》、能観を挙げて所観を得。此れに従いて名と為すが故に、観世音と言う。

旧に問う。能所《のうしょ》は既に爾《しか》れば、何ぞ所観の色心、能聞の耳識を取りて、以て名を標し、称して色心を聞く菩薩と為さざらんや。

旧に答えて云わく、菩薩は一に色心を観ずれば、此れは是れ応《おう》広し。衆生の一音《いっとん》、此れは是れ機狭《せま》し。若し難《なん》に従わば、則ち機に両字有り、応は但だ一字のみ。便《すなわ》ち是れ応狭機広《おうきょうきこう》なり。故に難ずる所の如《ごと》からず。

今、更に難を作《な》す。此の語は応に義理に従うべし。那んぞ字を逐《お》うことを得ん。菩薩は能観の色心を以て、何の意もて音声を観ずること能《あた》わざらん。衆生は何の意もて但だ声を以て感じて、色心は感ずること能わざらんや。若《も》其し倶感倶応《くかんくおう》、此れは字を逐いて観と為さば、則ち感応《かんのう》は斉等《ひと》し。若為《いか》んが其《そ》の広狭を判《はん》ぜん。今、此れを作さず。明らかに互いに凡聖《ぼんしょう》の感応《かんのう》を挙げ、皆な三業《さんごう》に通《つう》ず。而《しか》して聖人《しょうにん》は意を与え、凡夫《ぼんぶ》は声を与《あた》う。故に観世音《かんぜおん》と言うのみ。

四に義摂《ぎしょう》とは、声を発《ほっ》するが如き、必ず先に意気《いき》を仮《か》る。唇口《じんく》に触れて、其《そ》の音能《よ》く出《い》づ。口業《くごう》は若し成《じょう》ぜば、則ち身意《しんい》を摂得《しょうとく》す。若し口業を観《かん》ぜば、亦《ま》た身意を摂得す。余を観ずるは爾《しか》らず。故に義摂と言う。

五に隠顕《おんけん》とは、身は礼拝《らいはい》すと雖《いえど》も、意は[246]存想《ぞんそう》すと雖も、未だ帰趣《きしゅ》の何等《なんら》なるかを知らず。故に隠《おん》と名づく。口音宣《くおんせん》暢《ちょう》の若《ごと》きは、事義則ち彰《あら》わる。故に顕《けん》と名づく。顕を挙げ隠を没《もっ》するが故に、観世音と言う。

六に難易《なんい》とは、危《き》に臨《のぞ》み厄《やく》に在《あ》れば、意は則ち[247]十念成じ難《がた》く、身は則ち拝跪《はいき》すること遅鈍《ちどん》なり。口唱《くしょう》を急と為すが故に機《き》を成ずること、易《い》に従いて名を受くるなり。

又《ま》た、第六は有縁《うえん》の為めなり。観音は昔、凡夫の為めに茲《こ》の[248]忍界《にんかい》に居《こ》し、苦を見て誓《ちか》いを発す。今、西方に生ずるも、多く此《こ》の土に還《かえ》る。既に誓いの縁有れば、急に須《すべか》らく名を称すべし。

今、明かさく、前の六義の若《ごと》きは、皆な遍《あまね》く挙《あ》ぐる所有り。若し『釈論《しゃくろん》』に依らば、其の義は即ち円《まど》かなり。何を以《もっ》ての故に。[249]出入息《しゅつにゅうそく》は是れ身行《しんぎょう》、覚観《かくかん》は是れ口行《くぎょう》、受《じゅ》を心行《しんぎょう》と為す。心は覚観するが故に、尚《な》お三業を具《ぐ》す。何《いか》に況《いわ》んや音を発して声を成じ、而して三業を備えざらんや。

但だ一観を挙げて即ち三応《さんおう》を備え、但だ一音《いっとん》を挙げて即ち三機を備《そな》う。而るに凡情《ぼんじょう》は、声彊《つよ》く智利《するど》ければ物《もつ》を逐《お》いて名を標《ひょう》すと謂《い》う。円義もて往《い》きて推《お》すに、悉《ことごと》く皆く具足《ぐそく》す。

観音玄義巻上

観音玄義　巻下

隋天台智者大師説く　門人灌頂記す

第一項　観世音を明かす［続］

第二に観《かん》を明かすとは、又《ま》た二と為《な》す。一に世音《せおん》の境《きょう》[1]結束《けっそく》し、二に能観《のうかん》の智を明かす。境を結《けっ》するに即《すなわ》ち六と為す。一に十法界《じっぽうかい》を結するは是《こ》れ因縁の境なり。二に四諦《したい》の境なり。三に三諦《さんたい》の境なり。四に二諦《にたい》の境なり。五に一実諦《いちじったい》の境なり。六に無諦《むたい》の境なり。此《こ》れは具《つぶ》さに『大本玄義《だいほんげんぎ》』に出《い》づ。二に観智《かんち》を明かすとは、境に傍《よ》りて智を明かすに、[2]五番を作《な》して観智を明かす。[3]因縁に就《つ》かば、則《すなわ》ち[4]四番の因縁もて観を論《ろん》ず。四諦も亦《ま》た[5]四番有りて観を論ず。三諦は[6]両番有りて観を論ず。二諦は[7]七番有りて観を論ず。一実諦は則[885a]ち[8]一番ありて観を論ず。無諦は則ち観無し。此《かく》の如《ごと》き等の義は、具さに『[9]大本』に在《あ》り。

今、三諦に約《やく》して観を明かす。若《も》し通《つう》じて論ぜば、十法界は皆《み》な是れ[10]因縁もて生ずる所の法なり。此の因縁は即《そっ》空《くう》・即仮《そっけ》・即中《そくちゅう》なり。即空は是れ真諦《しんたい》、即仮は是れ俗諦《ぞくたい》、即中は是れ中道第一義諦《ちゅうどうだいいちぎたい》なり。若し別《べっ》して論ぜば、六道《ろくどう》の界は是れ因縁生《いんねんしょう》の法なり。二乗界《にじょうかい》は是れ空、菩薩界は是れ仮、仏界は是れ中なり。

境を論ずるに即ち二意有り。今、境に対して観を明かすに、亦た二意と為す。一に次第三観《しだいさんがん》、二に一心三観《いっしんさんがん》なり。次第とは、『[11]瓔珞《ようらく》』に云《い》うが如し、「従仮入空《じゅげにっくう》を二諦観と名づけ、従空入仮《じゅぐうにっけ》を平等観《びょうどうかん》と名づけ、二観を方便《ほうべん》と為して、中道第一義諦観《ちゅうどうだいいちぎたいかん》に入《い》ることを得《う》」と。此の三観は、即ち是れ『[12]大品《だいぼん》』に明かす所の三智なり。一に一切智《いっさいち》なり。一切の内法《ないほう》・内名《ないみょう》を知り、一切能《よ》く知り能く解《げ》す。一切の外法《げほう》・外名《げみょう》、能く知り能く解す。但《た》だ一切の道を用以《もっ》て一切の種を起こすこと能《あた》わざるが故《ゆえ》に、一切智《いっさいち》と名づく。二に道種智《どうしゅち》なり。能《よ》く一切の道種の差別《しゃべつ》を知れば、則《すなわ》ち仮名《けみょう》を分別《ふんべつ》すること謬《あやま》り無きが故に、道種智と名づく。三に一切種智《いっさいしゅち》なり。能く一種の智に於《お》いて、一切の道を知り、一切の種を知る。一相寂滅相《いっそうじゃくめつそう》、種種《しゅじゅ》の行類《ぎょうるい》、能く知り能く解《げ》するを、一切種智と名づく。通《つう》じて論を為《な》さば、観智《かんち》は是《こ》れ其《そ》の異名《いみょう》なり。別《べつ》して往《い》きて目《な》づけば、因時を観《かん》と名づけ、果時を智と名づく。此《こ》の三観智《さんがんち》は、即《すなわ》ち是れ『[13]大経《だいきょう》』の四種の十二因縁観《じゅうにいんねんかん》なり。下・中・上・上上なり。『涅槃《ねはん》』は通じて析法《しゃくほう》を取りて四観を明かし、『大品《だいぼん》』・『瓔珞《ようらく》』は直《ただ》ちに[14]摩訶衍《まかえん》に就《つ》いて、但《た》だ三観三智を明かす。今、若《も》し二経を開《かい》して『涅槃』に合せば、応《まさ》に衍法《えんぼう》の従仮入空《じゅげにっくう》観《がん》、生滅《しょうめつ》の一切智を開すべきなり。若し『涅槃』を合して二経に就かば、下・中の二観の同じく是れ一切智なるを合するなり。

若し三経の若《も》しは開、若しは合を将《もっ》て[15]五眼《ごげん》に対せば、天眼《てんげん》・肉眼《にくげん》の麁細《そさい》の事を照らすは、皆《み》な是れ世智《せち》にして、悉《ことごと》く諸観の境本《きょうほん》と為す。三観三智の若《ごと》きは、此れ従《よ》り即ち体法《たいほう》の一切智に入《い》る。四観四智の若きは、此れは即ち析法の一切智に入る。故に肉眼・天眼を本《ほん》と為す。若し一切智に入らば慧眼《えげん》に対し、道種智は法眼《ほうげん》に対し、一切種智は仏眼《ぶつげん》に対す。『[16]中論《ちゅうろん》』の偈《げ》の「因縁所生法」の一句を、観智の本と為す。[17]三句は三智に対す。

885b

若し三観智を将て四教に対せば、即ち須《すべか》らく之《こ》れを開すること前の如《ごと》かるべし。若し『涅槃[18]』の四観を将て四教に対せば、下智《げち》は是れ生滅の一切智にして、三蔵教《さんぞうきょう》に対するなり。中智《ちゅうち》は是れ体法の一切智にして、通教《つうぎょう》に対するなり。上智《じょうち》は即ち道種智にして、別教《べっきょう》に対す。上上智《じょうじょうち》は即ち一切種智にして、円教《えんぎょう》に対す。

応に三観を明かすべきに、那《な》んぞ忽《たちま》ち四教に対するやの所以《ゆえん》は何《いか》ん。若し教無くば、即ち観無し。教を稟《う》けて観を修《しゅ》して、智を成《じょう》ずることを得《う》。所以《ゆえ》に教を明かすなり。教に必《かなら》ず主有り。主有るは、即ち仏なり。或《あ》るいは可《か》なり、一仏は四教を説く。或いは可なり、四相を示すに、四仏を明かす。四教に既《すで》に四主有れば、即ち応に四の[19]補《ふ》処《しょ》有るべし。即ち是れ四種の菩薩は仏を輔《たす》けて、此の四教を弘《ひろ》むるなり。

[20]「諸法《しょほう》の寂滅の相《そう》は、言《ごん》を以《もっ》て宣《の》ぶ可《べ》からず」と言い、『[21]大経』に「生生不可説《しょうしょうふかせつ》、乃至《ないし》、不生不生亦不可説《ふしょうふしょうやくふかせつ》」と云《い》うが若きは、一教すら尚《な》お説く可からざるに、云何《いか》んが四有らん。

答う。理もて論ぜば実に爾《しか》り。皆な不可説なり。縁に赴《おもむ》き物《もつ》を利《り》せば、[22]因縁有るが故に、亦《ま》た説くことを得可《うべ》し。

但だ生生のみ説く可きに非《あら》ず、乃至、不生不生も亦た説く可し。仏教の門を以て、生死《しょうじ》の苦を出《い》づ。

三蔵教とは、『[23]釈論《しゃくろん》』に迦旃延子《かせんねんし》の菩薩の義を明かすを引くが如し。[24]釈迦《しゃか》は初めに陶師《とうし》と為り、昔の釈迦仏に値《あ》いて願《がん》を発《ほっ》す。是れ従り已来《このかた》、始めて菩薩心を発す。即ち是れ行人《ぎょうにん》の求むる所の菩提《ぼだい》にして、即ち名づけて法と為す。深く苦《く》・集《じゅう》を厭《いと》い、滅《めつ》・道《どう》を欣求《ごんぐ》すれば、即ち慈悲心《じひしん》を起こして、一切を度《ど》せんと誓《ちか》う。

六度《ろくど》の行《ぎょう》を行じ、行願相《あ》い扶《たす》けて、苦を抜き楽《らく》を与《あた》う。所以は何ん。[25]慳《けん》を名づけて集と為し、餓鬼《がき》に堕《だ》するを苦と名づけ、[26]檀《だん》を行ずるを道と名づけ、慳息《や》むを滅と名づく。菩薩は自《みずか》ら慳貪《けんどん》を伏《ぶく》し、悲心《ひしん》もて物に熏《くん》ず。衆生《しゅじょう》は名を称《しょう》すれば、即ち能く苦を脱す。自ら檀施《だんせ》を行じ、慈心《じしん》もて物に熏ず。物の応に度す可きあれば、即ち能く示現《じげん》して、安楽を得《え》しむ。当《まさ》に知るべし、弘誓《ぐぜい》を満たさんが為《た》めにして、檀行《だんぎょう》を修するなり。乃至、愚癡《ぐち》を集と名づけ、天に生ずるを苦と名づけ、慧《え》を修するを道と名づけ、癡《ち》伏するを滅と名づく。[27]慧度《えど》を修する時、自ら苦・集を破《は》し、為めに悲心を成じ、以て衆生に熏ず。衆生は名を称すれば、即ち解脱《げだつ》を得。自ら道・滅を証《しょう》し、以て慈心を成じ、以て衆生に熏ず。衆生に感《かん》有れば機《き》に応《おう》じ度することを得。故に知《し》んぬ、行は願を塡《みた》す。

[28]此の六度を行ずるに、各《おの》おの時節《じせつ》を論《ろん》ず。[29]尸毘《しび》の鴿《はと》に代わるは是れ檀の満《まん》なり。[30]須摩提《しゅまだい》の妄語《もうご》せざるは是れ尸《し》の満なり。[31]歌利王《かりおう》の割截《かっせつ》するも動《どう》ぜざるは是れ忍《にん》の満なり。[32]大施《だいせ》の海を抒《く》むは是れ精進《しょうじん》の満なり。[33]尚闍梨《しょうじゃり》の坐禅するは是れ定《じょう》の満なり。[34]劬賓大臣《くひんだいじん》の地を分かつは是れ般若《はんにゃ》の満なり。

885c

此《かく》の如く修行して初僧祇劫《しょそうぎこう》に至りて、作仏《さぶつ》・不作仏を知らず。第二僧祇にて、心に作仏を知りて、口に作仏を言わず。第三僧祇にて、心に知り口に言う。三僧祇を過ぎ已《おわ》りて、又《ま》た百劫《ひゃっこう》に相を種《う》う。百福《ひゃっぷく》は凡《およ》そ三千二百の福を用《もっ》て修成《しゅじょう》す。[35]三十二大人相《さんじゅうにだいにんそう》の現《げん》ずる時、方《まさ》に菩薩摩訶薩《ぼさつまかさつ》と称《しょう》す。但《た》だ惑《わく》を伏《ぶく》して断《だん》ぜざること、[36]無脂《むし》の肥羊《ひよう》の如《ごと》し。世智《せち》を取りて般若《はんにゃ》と為《な》すは、即《すなわ》ち此《こ》の意なり。

此の菩薩行《ぼさつぎょう》を用《もっ》て声聞《しょうもん》の行位《ぎょうい》に対せば、初僧祇《しょそうぎ》に[37]総《そう》・別《べつ》の念処《ねんじょ》に対す可《べ》し。二僧祇に煖法《なんぽう》に対す可し。三僧祇に頂《ちょう》法《ほう》に対す可し。百劫《ひゃっこう》に相《そう》を種《う》うるは忍法《にんぽう》に対す可し。道場に坐《ざ》する時、世《せ》第一《だいいち》に対す可し。三十四心に結《けつ》を断じて成仏するは、即ち十六心に真《しん》を発《ほっ》し、乃至《ないし》、九解脱《くげだつ》・無学《むがく》に対するなり。爾《そ》の時、道場の上に坐し、三十四心に惑を断じて、正《しょう》・習《じゅう》倶《とも》に尽《つ》くるを、名づけて三蔵仏《さんぞうぶつ》と為す。釈迦《しゃか》の精進《しょうじん》する所以《ゆえん》は、弟子《でし》純熟《じゅんじゅく》すればなり。精進を以《もっ》ての故《ゆえ》に、九劫前に超えて[38]八相成仏《はっそうじょうぶつ》す。此れは即ち是《こ》れ三蔵教の主の説く所の教門なり。

此の中の補処《ふしょ》は、位、百劫に在《あ》りて、相を種え惑を伏して、最後身に住《じゅう》し、六度《ろくど》の行成《ぎょうじょう》じて、誓願《せいがん》将《まさ》に満《まん》ぜんとす。慈悲《じひ》は衆生《しゅじょう》に熏《くん》じて、苦を抜き楽《らく》を与《あた》う。若《も》し此れに就《つ》いて辯《べん》ぜば、但だ是れ因縁生《いんねんしょう》の法にして、世智もて観《かん》を明かす。即ち是れ三蔵教の観世音《かんぜおん》の義なり。

問う。三蔵の説に依《よ》るに、釈迦と弥勒《みろく》は同時に発心《ほっしん》するも、一は[39]九劫を超《こ》ゆ。何の意もて二仏は倶に[40]賢劫《げんごう》の中の仏と成《な》らんや。

答う。[41]釈迦は弗沙《ほっしゃ》に値《あ》いて、百劫を促《つづ》む。弥勒は諸仏《しょぶつ》に値う。何《なん》ぞ必《かなら》ずしも促めて九十一劫と為さざらんや。

若し爾《しか》らば、則《すなわ》ち百劫の義無からん。

答う。此の法門に任ずれば、則ち百劫有り。精進の力を以て[42]伝じて超ゆ。

通教《つうぎょう》とは、『[43]大品《だいぼん》』に明かすが如し。三乗の人は、同じく第一義諦《だいいちぎたい》、無言説《むごんぜつ》の道を以て、煩悩《ぼんのう》を断じて涅槃《ねはん》に入《い》るに、共に一理を縁じて、観を用て惑を断ず。通《つう》なり。亦《ま》た共般若教《ぐうはんにゃきょう》と名づく。此の事は三蔵と異なり。『[44]釈論《しゃくろん》』に破《は》して云《い》わく、「豈《あ》に不浄《ふじょう》の心を以て菩薩行を修《しゅ》せん。毒器《どくき》に食《じき》を盛るに、食すれば則ち人を殺すが如し」と。檀《だん》に上・中・下有り。財《ざい》・身《しん》・命《みょう》を捨《す》つるを謂《い》うなり。勇士《ゆうじ》烈女《れつにょ》も亦た能《よ》く身を捨つ。何ぞ中の捨《しゃ》を檀満《だんまん》と名づくることを得《え》ん。中の檀は但だ施《せ》と名づく。波羅蜜《はらみつ》に非《あら》ず。

[45]能《のう》・所《しょ》・財物《ざいもつ》を見ず。三事皆《み》な空《くう》なれば、慳《けん》に非ず施に非ず、此れは是れ真の檀波羅蜜《だんはらみつ》なり。乃至、愚《ぐ》に非ず智に

886a

非ず、無著《むじゃく》の空慧《くうえ》を、真の般若と名づけ、世智を取らず。『論』[46]に云わく、「若し空を信ぜずば、一切は皆な違失《いしつ》す。当《まさ》に知るべし、汝《なんじ》の修する所は皆な理と相応せず。若し諸法《しょほう》の空を信ぜば、一切作《な》す所有り。良《まこと》に空を以ての故に、能く一切諸法を成ず」と。故に知《し》んぬ、若し空慧を得《え》ば、能く一切法を具《ぐ》するなり。

又復《ま》た、菩薩は無量劫《むりょうこう》に修行す。何ぞ但だ三阿僧祇《さんあそうぎ》のみならん。是《かく》の如き等、種種《しゅじゅ》に三蔵の失《しつ》を破して、以て摩訶《まか》衍《えん》の中の通教の意を顕《あら》わすなり。『大品』[47]に云わく、「菩薩は発心して薩婆若《さつばにゃ》と相応す」と。此れは即ち真を観じ結を断じて、理と相応するなり。発心より已来《このかた》、即ち真を観じ結を断ずるを、便《すなわ》ち菩薩と称す。即ち是れ仮人《けにん》なり。又《ま》た、真を観ずるは即ち是れ法なり。常《つね》に慈悲と倶に起こる。自《みずか》ら苦《く》・集《じゅう》を断じ、道《どう》・滅《めつ》を修し、亦た慈悲の誓願を以て、一切衆生の苦・集を断じ、其《そ》れに道・滅を与う。諸法は幻《げん》の如く化《け》の如く不生不滅《ふしょうふめつ》なりと体達《たいだつ》すれば、三事は倶に亡《もう》じて以て檀を行ず。乃至、一切法は著《じゃく》する所無きを般若と名づく。此の諸行《しょぎょう》を以て願《がん》を塡《みた》して、即ち能く四住惑《しじゅうわく》を破して第一義を見る。則ち[48]三乗共《さんじょうぐう》の十地《じゅうじ》有り。所謂《いわゆ》る乾慧《けんね》、乃至、仏地《ぶつじ》なり。

若し此の十地を将《も》ち来《きた》りて声聞に対せば、乾慧地は総・別の念処に対し、性地《しょうじ》は四善根位《しぜんこんい》に対し、八人地《はちにんじ》は八忍《はちにん》に対し、見地《けんじ》は初果に対し、薄地《はくじ》は二果に対し、離欲地《りよくじ》は三果に対し、已辦地《いべんじ》は四果に対し、支仏地《しぶつじ》は自《おのずか》ら支仏位に対し、菩薩地は自ら是れ出仮《しゅつけ》の方便《ほうべん》にして、[49]道観双流《どうかんそうる》し、正《しょう》を断じ習《しゅう》を侵《おか》すは、仏地に尽《つ》く。故に『論』[50]に云わく、「是の人は煩悩尽きて、習尽きず」と。誓《ちか》いを以て習を扶《たす》け、還《かえ》りて三界《さんがい》に生じ、衆生を利益《りやく》し、仏国土《ぶっこくど》を浄《きよ》む。豈に三蔵の菩薩の、惑を伏し六度の行を行ずるに同じからんや。此の菩薩は修行し断惑して、余残《よざん》未《いま》だ尽きず。譬《たと》えば微煙《みえん》の若《ごと》し。五道を慈悲し、示現《じげん》して物《もつ》を度《ど》す。衆生の若《も》しは名を称し、若しは感見《かんけん》せば、即ち能く苦を抜き楽を与え、解脱得度《げだつとくど》せしむるなり。此れは是れ通教の体仮入空観《たいけにっくうがん》なり。亦た一切智《いっさいち》と名づく。即ち是れ通教の観世音の義なり。

886b

別教《べっきょう》とは、別《べつ》は通《つう》に異なるなり。別して不共般若《ふぐうはんにゃ》を明かすが故に、別と言うなり。[51]此《こ》の教は中道《ちゅうどう》を明かすと雖《いえど》も、鈍根《どんこん》の人の為《た》めに方便もて中《ちゅう》を説く。次第《しだい》して理を顕《あら》わせば、広く歴劫修行《りゃっこうしゅぎょう》を明かす。故に『[52]大品《だいぼん》』に云《い》わく、「菩薩有りて、初発心従《しょほっしんよ》り神通《じんずう》に遊戯《ゆげ》し、仏国土《ぶっこくど》を浄《きよ》む」と。次第に恒沙《ごうじゃ》の法門を修習《しゅじゅう》して、中理《ちゅうり》を助顕《じょけん》す。前に四住《しじゅう》を却《しりぞ》け、次に塵沙《じんじゃ》を破《は》し、後に無明《むみょう》を破す。十信《じっしん》は通じて諸惑《しょわく》を伏《ぶく》して、正《まさ》しく四住を伏す。十住《じゅうじゅう》も亦《ま》た是れ通じて諸惑を伏して、正しく四住を断《だん》じ、一切智《いっさいち》を成《じょう》ず。十行《じゅうぎょう》は出仮《しゅっけ》して無知《むち》を断じ、道種智《どうしゅち》を成じ、兼《か》ねて界外《かいげ》の塵沙を伏す。十回向《じゅうえこう》は界外の塵沙を断じ、道種智を成じて、正しく中道を修《しゅ》し、無明を伏す。十地《じゅうじ》は無明を断じて、仏性《ぶっしょう》を見《み》、一切種智《いっさいしゅち》を成ず。譬《たと》えば金を焼くに、塵垢《じんく》は先に去り、然《しか》る後に金を鎔《とか》すが如し。次第に結《けつ》を断ずるも、亦復《ま》た是《かく》の如し。此の菩薩は発心して法を乗《と》り、慈悲《じひ》もて修行す。自《みずか》ら無明を断じ、真応《しんおう》を成就す。大誓慈悲《だいせいじひ》は、法界《ほうかい》に熏《くん》じ、衆生の機《き》感ぜば、即ち苦を抜き楽《らく》を与《あた》う。此れは是れ従空出仮観《じゅぐうしゅつけがん》、道種智なり。別教の観世音《かんぜおん》の義なり。

円教《えんぎょう》とは、此れは正しく中道を顕わし、二辺《にへん》を遮《しゃ》す。空《くう》に非ず仮《け》に非ず、内に非ず外に非ず。十法界《じっぽうかい》の衆生を観《かん》ずるに、鏡中の像、水中の月の内に在《あ》らず外に在らざるが如し。有《う》と謂《い》う可《べ》からず、無《む》と謂う可からず。畢竟《ひっきょう》して実《じつ》に非ざれども、而《しか》も三諦《さんたい》の理は宛然《おんねん》として具足《ぐそく》す。前無く後無く、一心の中に在り。一に即《そく》して而も三を論じ、三に即して而も一を論ず。観智《かんち》既《すで》に爾《しか》れば、諦理《たいり》も亦た然り。一諦《いったい》は即ち三諦、三諦は即ち一諦なり。『[53]大品』に云わく、「菩薩有りて、初発心従り即ち道場に坐《ざ》し、法輪《ほうりん》を転《てん》じて衆生を度《ど》す」と。即ち初心に於いて、具《つぶ》さに三諦、一切の仏法《ぶっぽう》を観じ、無縁《むえん》の慈悲は一心の中に於いて、具さに万行《まんぎょう》、諸波羅蜜《しょはらみつ》を修す。十信の鉄輪《てつりん》に入《い》り、已《すで》に能《よ》く長く苦輪《くりん》海《かい》と別《わ》かる。四住惑尽《つ》き、六根清浄《ろっこんしょうじょう》なるを、似解《じげ》と名づく。進みて十住の銅輪《どうりん》に入り、初心に即ち無明を破し、実相《じっそう》を開発《かいほつ》し、三智《さんち》現前《げんぜん》し、如来《にょらい》の一身無量身《いっしんむりょうしん》を得て、湛然《たんねん》として一切に応ず。即ち是れ[54]仏知《ぶっち》見《けん》を開き、示《じ》・悟《ご》・入《にゅう》等なり。[55]文《もん》に云わく、「正直に方便を捨てて、但だ無上道《むじょうどう》を説くのみ」と。[56]又《ま》た云わく、「今、当《まさ》に汝《なんじ》が為めに最実事《さいじつじ》を説くべし」と。即ち是れ円教の一実《いちじつ》の諦《たい》にして、三観《さんがん》は一心の中に在るなり。『[57]大品』に云わく、「若し阿字門《あじもん》を聞かば、

886c

則ち一切の義を解《げ》す」と。[58]『大経《だいきょう》』に云わく、「発心と畢竟との二は別ならず。是の如き二心には、前心難《かた》し。是の故に初発心に敬礼《きょうらい》す」と。即ち是の義なり。此の中の知見は、但だ称して仏知・仏見と為すのみ。即ち是れ一切種智の知、仏眼《ぶつげん》の見《けん》なり。仏眼の見、仏智《ぶっち》の知なり。余法を照了《しょうりょう》せざるに非ず、勝《しょう》に従いて名を受く。[59]譬えば衆流《しゅる》の海に入りて、本《も》との名字《みょうじ》を失うが如し。[60]『大論《だいろん》』に云わく、「十智《じっち》は如実智《にょじっち》に入れば、復《ま》た本との名無し。但だ如実智と称するのみ」と。眼も亦た是の如し。五眼具足《ごげんぐそく》して菩提《ぼだい》を成ず。而《しか》して今、但だ称して仏眼と為すのみ。[61]『大経』に云わく、「大乗を学ぶ者は、肉眼《にくげん》有りと雖も、名づけて仏眼と為す。若し此の語に例《れい》せば、小乗を学ぶ者は、慧眼《えげん》有りと雖も、名づけて肉眼と為すなり」と。若し能く是の如く解せば、円教の人法《にんぽう》と名づく。無作《むさ》の四諦《したい》に約《やく》して、無縁の慈悲を起こし、不二《ふに》の定慧《じょうえ》を修して、真応の二身を真遍《しんぺん》の法界に成じ、薬珠《やくじゅ》は普《あまね》く一切に応じ、横竪《おうじゅ》に機に逗《ず》し、冥《みょう》顕《けん》の両益《りょうやく》あり。無欠の宝蔵《ほうぞう》、金剛般若《こんごうはんにゃ》を以て、根本を抜いて、究竟《くきょう》して解脱《げだつ》せしむ。首楞厳《しゅりょうごん》、法界の健相《けんそう》を以て、[62]三点の涅槃《ねはん》、大自在《だいじざい》の楽を与う。是れ中道第一義諦観《ちゅうどうだいいちぎたいかん》、一切種智と名づく。是れ円教の観世音の義と名づくるなり。

問う。此の観は、衆生を空に非ず有に非ずと観ぜば、云何《いか》んが慈悲を行《ぎょう》ぜん。

答う。[63]『浄名《じょうみょう》』の中に説くが如し。

問う。若し十法界は空に非ず仮に非ずと観ぜば、即ち是れ一切の因果を破せんや。

答う。若し中道を明かさずば、則ち非権非実《ひごんひじつ》を識《し》らず。亦た権無く実無くば、則ち四番の因果無し。若し中道を明かさば、則ち権実双《なら》べて照らし、三種の権《ごん》の四諦の苦《く》・集《じゅう》の因果、三種の道《どう》・滅《めつ》の因果、乃至《ないし》、一実の無作の四諦の世《せ》・出世《しゅつせ》の因果有ることを得《え》、宛然として具足して一念《いちねん》の心の中に在り。所以《ゆえん》は何《いか》ん。実相の慧《え》を以て、諸法《しょほう》の非空《ひくう》非有《ひう》を覚了《かくりょう》するが故に、名づけて仏宝《ぶっぽう》と為す。覚《かく》する所の法性《ほっしょう》の理は、三諦具足すれば、即ち是れ法宝《ほうぼう》なり。此の如《かく》く覚慧《かくえ》と理事《りじ》と和《わ》するを、僧宝《そうぼう》と名づく。事と和すれば、即ち前の三教の賢聖僧《げんじょうそう》有り。理と和すれば、即ち円教の四十二の賢聖僧有り。故に[64]『大経』は月光の増損《ぞうそん》に、而も両喩《りょうゆ》を挙《あ》ぐ。前の十五日は光に約して増を論じ、後の十五日

887a

は光に約して滅を論ず。而《しか》して其《そ》の月の性《しょう》は実に偏円《へんえん》ならず。前後往《い》きて望むに、[65]盈昃《ようしき》無きに不《あら》ず。月の性の円《まど》かなるは、実相《じっそう》を喩《たと》う。光明《こうみょう》の増減《ぞうげん》は、以て智断《ちだん》を喩う。智の光増《ま》すは、即ち諸法《しょほう》は不生《ふしょう》にして、而も般若《はんにゃ》は生ず。断の光減《げん》ずるは、即ち是れ諸法は不滅《ふめつ》にして、而も煩悩《ぼんのう》は滅《めつ》す。『[66]大経《だいきょう》』も亦《ま》た無明《むみょう》を称して明《みょう》と為す。故に知《し》んぬ、用《もっ》て邪光《じゃこう》の滅を譬《たと》うるなり。是《かく》の如き増減は、日日之《こ》れ有り。是の如き智断は、地地《じじ》に皆《み》な具《ぐ》す。十五日の若《ごと》きは、体《たい》円かに光足らば、則ち月は更に円かならず、光は更に盛んならず。此《こ》れは中道《ちゅうどう》の理極《きわ》まり、菩提《ぼだい》の智満《まん》ずるを喩う。[67]故に云《い》わく、「不生不生を大涅槃《だいねはん》と名づく」と。三十日の若きは、体尽《つ》き光減じ、究竟《くきょう》して無余《むよ》なり。此れは無明已《すで》に遣《や》り、邪倒《じゃとう》永《なが》く除いて、惑《わく》の断《だん》ず可《べ》き無きを喩う。[68]故に云わく、「不滅不滅を大涅槃と名づく」と。初めの三日の月は、即ち三十心の智断を喩う。次の十日の月は、十地《じゅうじ》の智断を喩う。十四日の月は、等覚《とうがく》の智断を喩う。十五日の月は、妙覚《みょうかく》の智断を喩う。『[69]仁王《にんのう》』・『天王《てんのう》』等の般若は、十四日を以て、十四般若を譬う。即ち此の意なり。此《かく》の如く僧宝《そうぼう》の智断を明かすは、皆な中道一実相《ちゅうどういちじつそう》の法に約す。一切の因果は破失《はしつ》する所無きなり。若し中道の非空《ひくう》非仮《け》を明かさずして、但だ断常《だんじょう》等を計《け》せば、即ち是れ生滅《しょうめつ》の四諦《したい》、世《せ》・出世《しゅつせ》の因果を破《は》し、三蔵《さんぞう》の三宝《さんぼう》を破す。若し但だ無常《むじょう》生滅《しょうめつ》を説かば、即ち無生《むしょう》の四諦、通教《つうぎょう》の三宝を破す。若し但だ体法《たいほう》の不生不滅の真諦《しんたい》を説かば、即ち無量《むりょう》の四諦、別《べっ》教《きょう》の三宝を破す。若し但だ次第に非空非仮を顕《あら》わすを説かば、此れも亦た円教《えんぎょう》の無作《むさ》の四諦、一体の三宝を破す。[70]伝《でん》伝相《でんあ》い望むに、前に破失する所の者は多く、後に破失する所の者は少なし。意を以て得《う》可《べ》し。

[71]問う。若し円かに実相を修《しゅ》せば、一法三諦《いっぽうさんたい》、一心三観《いっしんさんがん》に諸法を具足《ぐそく》す。亦た応《まさ》に一教四詮《いっきょうしせん》なるべし。円教と称せば、即ち足らん。何《なん》ぞ四教を用て前の如く分けんや。

答う。上《かみ》に章を開きて次第三観《しだいさんがん》、一心三観と云う。教を明かすに亦た二あり。若し一教円かに一切諸法を詮《せん》ぜば、利根《りこん》の人に赴《おもむ》く。若し四教差別《しきょうしゃべつ》せば、鈍根《どんこん》の人に逗《ず》す。若し漸次《ぜんじ》の分別《ふんべつ》を仮《か》らずば、円頓《えんどん》は何に由《よ》りてか解《げ》す可けん。別を用て円《えん》を顕わすが故に、先に四教を明かすなり。[72]種種《しゅじゅ》の道を説くと雖《いえど》も、其れ実に一乗の為めなり。又《ま》た、[73]如来の余の深法《じんぼう》の中に於いて、示教利喜《じきょうりき》す。余法は、即ち[74]三方便《さんほうべん》にして、引導《いんどう》[75]弄引《ろういん》して、空法道を開く。若し仏慧《ぶつて》に入《い》らば、方便は用《ゆう》無し。[76]故に云わく、「唯《た》だ此の一事のみ実《じつ》にして、余の二は則ち真《しん》に非ず」と。故に知んぬ、但だ一円頓の教、一切種智《いっさいしゅち》、中道正観《ちゅうどうしょうがん》、唯だ此れを実の観世音《かんぜおん》と為す。余は皆な方便の説なり。

復《ま》た次に、若し所説有らば、若《も》しは権《ごん》、若しは実、悉《ことごと》く是れ方便なり。非権非実《ひごんひじつ》は、[77]言語《ごんご》の道断《た》え、心の行処《ぎょうしょ》滅し、説示《せつじ》す可からず。不生不生なれば、妙悟《みょうご》して理に契《かな》うを、方《まさ》に名づけて真と為す。此れも亦た実の実とす可き無し。

次に、観心《かんじん》を明かすとは、夫《そ》れ心源《しんげん》は本《も》と浄《じょう》にして、無為無数《むいむしゅ》、一に非ず二に非ず、無色無相《むしきむそう》にして、偏《へん》に非ず円に非ず。復た覚知《かくち》すと雖も、亦た覚知無し。若しは念《ねん》・未念の[78]四運《しうん》もて心を検《けん》するに、畢竟《ひっきょう》して得亘《えがた》し。豈《あ》に次第不次第、偏円の観《かん》ある可けんや。猶《な》お虚空《こくう》の等《ひと》しくして異なり有ること無きが如し。此の心性《しんしょう》は畢竟して無心なるも、因縁有る時、亦た心を明かすことを得《う》。既に心を論ずること有れば、即ち方便・正観《しょうかん》の義有り。譬えば虚空に亦た陰《おん》陽《よう》の両時有るが如し。心も亦た是の如し。偏円無しと雖も、亦た漸頓《ぜんとん》を論ず。若し次第の観心を作《な》さば、即ち是れ方便漸次の意なり。若し心具《しんぐ》を観ぜば、性徳《しょうとく》の三諦、性徳の三観、及び一切法有りて、前無く後無く、次第有ること無く、一念《いちねん》に具足す。十法界《じっぽうかい》の法、千種の性相《しょうそう》、因縁生《いんねんしょう》の法は、即空《そっくう》・即仮《そっけ》・即中《そくちゅう》なり。千種の三諦、無量無辺《むりょうむへん》の法は、一心に悉く具足す。此れは即ち不次第の観なり。

『[79]華厳《けごん》』に云わく、「一切世間の中、心従《よ》り造らざること無し。心は工《たく》みなる画師《えし》の如く、種種の五陰《ごおん》を造る」と。心は若し心の空《くう》を観ぜば、心従り造る所は一切皆な空なり。若し心の有《う》を観ぜば、心従り生ずる所は一切皆な有なり。心は若し定《さだ》んで有ならば、空ならしむ可からず。心は若し定んで空ならば、有ならしむ可からず。定んで空ならざるを以て、空は則ち空に非ず。定んで有ならざるを以て、有は則ち有に非ず。空に非ず有に非ず、双《なら》べて二辺を遮《しゃ》するを、名づけて中道と為す。若し心の非空非有《ひくうひう》を観ぜば、則ち一切の心従り生ずる法も亦た空に非ず有に非ず。是の如き等の一切諸法は、一心の中に在《あ》り。若し能《よ》く是の如く心を観ぜば、上上観《じょうじょうかん》もて、諸仏菩提《しょぶつぼだい》を得と名づく。『[80]浄名《じょうみょう》』に云わく、「身を観《かん》ずるに実相《じっそう》なり。仏を観ずるも亦《ま》た然《しか》り」と。身を観ずるに、相《そう》は既に仏に等《ひと》しければ、心を観ずるも、相は亦た仏に等し。[81]『華厳《けごん》』に云《い》わく、「心、仏、及び衆生、是の三に差別《しゃべつ》無し」と。当《まさ》に知るべし、此《こ》の心源《しんげん》を観ずれば、如来と等し。

若し余観の観心《かんじん》を作《な》さば、皆な是れ方便にして、名づけて邪観《じゃかん》と為す。若し此の如き円観《えんかん》を作さば、名づけて真実の正観《しょうかん》と為す。即ち[82]仏知見《ぶっちけん》を開き、[83]如来の座《ざ》に坐す。此の如き慈悲《じひ》は、即ち是れ如来の室に入《い》る。此の法を安忍《あんにん》するは、即ち是れ如来の衣《ころも》を著《じゃく》す。此の観慧《かんえ》を修《しゅ》するは、[84]即ち是れ如来の荘厳《しょうごん》にして、其《そ》の人は行住坐臥《ぎょうじゅうざが》に、皆な応《まさ》に塔を起こし、如来の想を生ずべし。此の如く心を観ずるを、仏心を観ずと名づくるなり。

第二項　普門を明かす

第二に普門《ふもん》を明かす。即ち二と為す。一に通途《つうず》に門を明かし、二に十義に歴《へ》て解釈《げしゃく》す。通の六意とは、一に略して
887c 門の名を列し、二に門の相を示し、三に権実《ごんじつ》を明かし、四に普《ふ》・不普を明かし、五に四随《しずい》に約し、六に観心を明かす。

門の名を列すとは、通じて世間に従う。人の門戸の通じて貴賤《きせん》の居室《こしつ》に至るが如し。[85]凡鄙《ぼんぴ》は、十悪五逆《じゅうあくごぎゃく》を以て門と為すに、通じて三途《さんず》に至る。[86]清昇《しょうしょう》は、五戒《ごかい》・十善《じゅうぜん》・[87]四禅《しぜん》・[88]四定《しじょう》等を以て門と為すに、通じて人天《にんでん》に至る。外道《げどう》は、断常《じょう》を以て門と為すに、通じて惑苦《わくく》に至る。愛《あい》は四倒《しとう》を以て門と為し、見《けん》は四句を以て門と為す。善悪は殊《こと》なりと雖《いえど》も、束《つか》ねて言《ごん》を為さば、倶《とも》に是れ有漏世間《うろせけん》の門にして、通じて生死《しょうじ》に至るのみ。

若し仏法《ぶっぽう》に就いて門を論ぜば、亦復《ま》た衆多《しゅた》なり。三蔵《さんぞう》の四門は、有余《うよ》・無余涅槃《むよねはん》に通ず。通教《つうぎょう》の四門は、近くは化《け》城《じょう》に通じ、遠くは常住《じょうじゅう》に通ず。別教《べっきょう》の四門は、漸《ようや》く常住に通ず。円教《えんぎょう》の四門は、頓《とみ》に常住に通ず。此れは則ち[89]四四十六の教門あり。又《ま》た、十六の観門有り。合して三十二門あり。能通《のうつう》の義は、其の相を分別すること、『大本玄《だいほんげん》』の中に在《あ》り。

二に門の相を示すとは、三蔵の四門は、所謂《いわゆる》『阿毘曇《あびどん》』は是れ有門《うもん》、『成実《じょうじつ》』は是れ空門《くうもん》、『[90]昆勒《こんろく》』は亦空亦有《やくくうやくう》門《もん》、[91]車匿《しゃのく》は非空非有門《ひくうひうもん》なり。一一、広く行法を明かして賢聖《げんじょう》の位を判《はん》じ、門に由《よ》りて理に通ず。通教の四門は、如《にょ》幻《げん》の有《う》、如幻の空《くう》、亦空亦有、非空非有を謂《い》う。一一、行相《ぎょうそう》を作して賢聖の位を判じ、門に由りて理に通ず。別教の四門は、仏性《ぶっしょう》を観ずるに、闇室《あんしつ》の瓶盆《びょうぼん》の如し。即ち有門なり。仏性を観ずるに、空の迦毘羅城《かびらじょう》の如し。空は即ち無門なり。仏性を観ずるに、石の中の金に、福人《ふくにん》は宝を得《え》、罪人は石を見るが如し。是れ亦有亦無門《やくうやくむもん》なり。仏性を観ずるに、二辺《にへん》を離れて、即ち中道《ちゅうどう》なるは、非有非無門《ひうひむもん》なり。一一、行相を作して位を判じ、門に由りて理に通ず。円教の四門は、名は別《べつ》に異ならず。但だ一門は即ち三門、三門は即ち一門なり。不一不四にして、歴別《りゃくべつ》の殊なり無ければ、円融不四《えんゆうふし》の四なり。一一、不思議の行位《ぎょうい》の相を判じ、門に由りて理に通ず。此の義は皆な『大本』に在り。

次に、諸門の権実を論ず。三蔵・通教の教観《きょうかん》の十六門は、能通・所通《しょつう》は皆な是れ権《ごん》なり。別教の教観は、能通は是れ権、所通は是れ実《じつ》なり。円教の教観の八門は、能通・所通は皆な是れ実なり。具《つぶ》さに論ずること、彼《か》の『玄義』に在り。

888a 次に、普・不普を明かすとは、凡夫《ぼんぶ》・外道の見愛《けんあい》等の門の若《ごと》きは、尚《な》お三界《さんがい》すら通出すること能《あた》わず。何《いか》に況《いわ》んや普をや。三蔵・通教は、化城に通ずと雖も、亦復た普に非ず。別教は、漸く通ずるも、亦た普の義に非ず。唯《た》だ円教の教観、実相の法門のみ、能《よ》く十法界《じっぽうかい》、[92]千の性相《しょうそう》に遍《あまね》くして、三諦《さんたい》は一時に円《まど》かに通ず。円かに中道に通じて、双《なら》べて二諦《にたい》を照らせば、独《ひと》り称して普門と為すなり。

復《ま》た次に、[93]『浄名《じょうみょう》』の中に入不二《にゅうふに》門《もん》を説くが如きは、生死・涅槃を二と為す。生死に依《よ》らず、涅槃に依らざるを、名づけて不二と為す。亦復た一に非ず。何を以ての故に。既に二を除いて、若し復た一を在《お》かば、一は不一に対し、還《かえ》って復た二と成《な》る。豈《あ》に不二と名づけんや。今、二を在かざるが故に、不一不二と言う。亦た不有不無《ふうふむ》と名づく。不有は是れ仮《け》を破《は》し、不無は是れ空を破し、不有は是れ二を破し、不無は是れ一を破す。若し爾《しか》らば、応に中道を存《そん》すべし。中道《ちゅうどう》も亦《ま》た空《くう》なり。『[94]大経《だいきょう》』に云《い》わく、「明《みょう》と無明《むみょう》とは、其《そ》の性不二《しょうふに》なり。不二の性は、即ち是れ中道なり」と。中道は既に二辺《にへん》を空ずれば、此《こ》の空も亦た空なり。故に空を空ずる空と名づけ、不可得空《ふかとくくう》と名づく。是れ入不二《にゅうふに》法門《ほうもん》と為す。即ち是れ円教《えんぎょう》、空門《くうもん》に就いて普門《ふもん》の意を辯《べん》ずるなり。[95]三十一の菩薩は、各《おの》おの不二門を説き、文殊《もんじゅ》は説無きを説きて不二門と為し、浄名《じょうみょう》は口を杜《と》じて不二門と為す。細《くわ》しく彼《か》の文《もん》を尋《たず》ぬるに、皆な四門の義有り。[96]肇師《じょうし》の注に云わく、「諸菩薩の歴《あまね》く法相《ほっそう》を言うは、即ち有門《うもん》なり。文殊は言《ごん》無きを言う。此れは即ち空門なり」と。『[97]思益《しやく》』に云わく、「一切法は正《しょう》、一切法は邪なり」と。亦た是れ普門の意なり。「[98]心を法界《ほうかい》に遊ばすは、虚空《こくう》の如し」は、是れ亦空亦有門《やくくうやくうもん》なり。浄名の黙然《もくねん》するは、即ち非空非有門《ひくうひうもん》なり。

『[99]大品《だいぼん》』の四十二字門は、先に阿《あ》、後に荼《だ》、中に四十字有り。皆な諸字の功徳《くどく》を具す。此れも亦た是れ不二の普門なり。上《かみ》の[100]方便品《ほうべんぼん》に云わく、「其の智慧《ちえ》の門は、難解難入《なんげなんにゅう》なり」と。[101]譬喩《ひゆ》に云わく、「唯《た》だ一門のみ有りて、而《しか》も復《ま》た狭《きょう》小《しょう》なり」と。衆経《しゅぎょう》に実理《じつり》の門を明かすは、悉《ことごと》く普門の意なり。

[102]四随《しずい》、観心《かんじん》等は、悉く『大本《だいほん》』に在《あ》り。

二に別して普門を釈すとは、至理《しり》は数に非ず、縁に赴《おもむ》きて物《もつ》を利《り》す。或《あ》るいは一、二の名を作り、或いは無量《むりょう》に至る。広略宜《よろ》しく然《しか》るべし。且《しば》らく[103]中適《ちゅうじゃく》を存《そん》せば、十義なり。一に慈悲普《じひふ》、二に弘誓普《ぐぜいふ》、三に修行普、四に断惑普《だんわくふ》、五に入法門普、六に神通普《じんずうふ》、七に方便普、八に説法普、九に供養諸仏普《くようしょぶつふ》、十に成就衆生普《じょうじゅしゅじょうふ》なり。

上の[104]通途《つうず》の普門は、已《すで》に法に約し竟《お》わる。此の十の普門は、皆な修行に約す。福徳荘厳《ふくとくしょうごん》なり。前の五章は是れ自行《じぎょう》、
888b
次の三章は是れ化他《けた》、後の二章は前の両意を結《けつ》す。自行の中の前の四は是れ修因《しゅいん》、後の一は是れ明果《みょうか》なり。修因に又《ま》た二あり。初めの二は是れ願《がん》、後の二は是れ行《ぎょう》なり。

総《そう》じて生起《しょうき》せば、菩薩は一切の苦悩の衆生を見て、大慈悲《だいじひ》を起こす。此の心は即ち是れ菩提心《ぼだいしん》ならずと雖《いえど》も、能《よ》く菩提心を発生《ほっしょう》す。譬《たと》えば地・水は種子《しゅうじ》に非ずと雖も、能く芽をして生ぜしむるが如し。今、大悲《だいひ》に因《よ》りて菩提心を起

こすも、亦復《ま》た是《かく》の如し。

次に、誓願《せいがん》とは、若し但だ慈悲のみならば、喜びて多く退堕《たいだ》す。[105]魚子《ぎょし》、菴羅華《あんらけ》、菩薩の初発心《しょほっしん》の三事は、因時に多く、其の成就に及びては少なし。不定《ふじょう》なるを以ての故に、須《すべか》らく誓願を起こし、[106]要期《ようご》して此の心を[107]制持《せいじ》すべし。即ち菩提堅固《ぼだいけんご》なり。

次に、修行を明かすとは、若し但だ発願《ほつがん》のみならば、他に於いて未《いま》だ益《やく》あらず。財物《ざいもつ》、勢力《せいりき》、権謀《ごんぼう》無ければ、難《なん》を抜くこと能《あた》わざるが如し。菩薩も亦た爾《しか》り。福徳の財、神通の力、智慧の謀《はかりごと》を須《ま》って、乃《すなわ》ち[108]化道《けどう》す可《べ》し。『[109]大経』に云わく、「先に定《じょう》を以て動き、後に慧《え》を以て抜く」と。修行の願を塡《みた》すこと、意此《こ》こに在るなり。

次に、断惑とは、成論人《じょうろんにん》は[110]無礙道《むげどう》に伏《ぶく》し、解脱道《げだつどう》に断《だん》ず。若し然らば、修行は是れ[111]伏道《ぶくどう》なるを因と為し、断惑は是れ解脱道なるを果と為す。『毘曇《びどん》』の若《ごと》きは、無礙道は一念《いちねん》に即ち断ずと明かす。那《な》んぞ[112]七覚《しちかく》を[113]容与《ようよ》して伏惑《ぶくわく》の義有ることを得《え》ん。方便道を以て無礙道を伏し、解脱道を断じ証《しょう》す。『[114]釈論《しゃくろん》』を引きて云わく、「無礙道の中に行ずるを菩薩と名づけ、解脱道の中に行ずるを仏と名づく」と。此れは究竟《くきょう》に約して語を為す。仏は三菩提《さんぼだい》を証するを、解脱道と名づくるなり。若し然らば、修行は是れ方便道、断惑は是れ無礙道、入法門は是れ解脱道なり。此の自行の次第を取るなり。

次に、神通とは、若し他を化《け》せんと欲《ほっ》せば、[115]三密《さんみつ》を示す。
神通は是れ色身《しきしん》を示す。
方便は意を示して情に同《どう》ず。
説法は是れ口《く》を示して其の類音《るいおん》に随《したが》う。此れは是れ化他の次第なり。
諸仏を供養するは、自行を結す。但だ華《け》・香《こう》・[116]四事のみ是れ供養なるに非ず。随順修行《ずいじゅんしゅぎょう》は是れ法供養《ほうくよう》にして、供養の中に於いて最《さい》なり。『[117]大経』に云わく、「汝《なんじ》の我が語に随うは、即ち仏を供養す」と。教を稟《う》けて行ずるは、是れ自

888c

行を結《けつ》するなり。

衆生を成就するは、是れ化他《けた》を結す。菩薩は[118]四威儀《しいぎ》の中に、尚《な》お衆生を忘れず。何《いか》に況《いわ》んや入諸法門、浄仏国土《じょうぶっこくど》の、皆な一切衆生を饒益《にょうやく》せんが為めなるをや。故に一句は、化他を結するなり。

次に、解釈《げしゃく》とは、始め人天従《にんでんよ》り乃《すなわ》ち上地《じょうじ》に至るまで、皆な慈悲《じひ》有り。此《こ》の語は乃ち通ずれども、[119]衆生・法縁《ほうえん》・無縁《むえん》を出《い》でず。若し衆生を縁《えん》ぜば、衆生に差別《しゃべつ》ありて、仮名《けみょう》同じからず、因果苦楽に異なり有りて、尚お法縁の慈に入《い》ることを得ず。何《なん》ぞ普《ふ》と称することを得んや。若し法縁に人無く我《が》無く衆生無くば、仮《け》従り以て空《くう》に入り、尚お諸《もろ》もろの仮名を得ず。何に況んや是れ普ならん。無縁の慈の若《ごと》きは、[120]二十五有《にじゅうごう》の仮名を縁ぜず、二乗の涅槃《ねはん》の法を縁ぜず、此《こ》の二辺《にへん》を縁ぜざれば、縁ずる所無しと雖《いえど》も、能《よ》く双《なら》べて空仮《くうけ》を照らす。此れに約して慈を起こすを、無縁の慈と名づく。[121]慈は三諦《さんたい》に通ずるを、之《こ》れを称して普と為すなり。

別して釈せば、若し衆生縁《しゅじょうえん》の慈を修《しゅ》する者、一法界《いっぽうかい》の衆生の仮名を観《かん》ぜば、普と名づけざる可《べ》し。今、十法界《じっぽうかい》の衆生の仮名を観ずるに、一一の界に各《おの》おの十種の性相《しょうそう》、本末究竟等《ほんまつくきょうとう》有り。十法界交互《きょうご》にすれば、即ち百法界・千種の性相有り。冥伏《みょうぶく》して心に在《あ》りて現前《げんぜん》せずと雖も、宛然《おんねん》として具足《ぐそく》す。譬《たと》えば人の面《おもて》、[122]休否《きゅうひ》の相《そう》を備うれども、[123]庸人《ようにん》は知らず、[124]相師《そうし》は善《よ》く識《し》るが如し。今、衆生の性相、一心に具足するも、亦復《ま》た是《かく》の如し。凡人《ぼんにん》は顛倒《てんどう》多く、不顛倒少なく、理具《りぐ》して情迷う。聖人《しょうにん》は知覚して即ち識ること、彼《か》の相師の如し。此の千種の性相は皆な是れ因縁生《いんねんしょう》の法なるを知る。若《も》し悪の因縁生の法に、即ち苦の性相、乃至《ないし》、苦の本末有りて、既に未だ解脱《げだつ》せずば、此の苦を観じて大悲《だいひ》を起こす。若し善の因縁生の法を観ぜば、即ち楽の性相、乃至、楽の本末有り。此れを観じて大慈《だいじ》を起こす。具《つぶ》さに解《げ》すること、『大本《だいほん》』の如し。

今、[125]初後の両界に約す。中間《ちゅうげん》は解す可し。地獄界の如是性《にょぜしょう》とは、性は不改に名づく。竹の中に火性有るが如し。若其《も》し無くば、応《まさ》に竹に従いて火を求め、地に従いて水を求め、扇に従いて風を求むべからず。心に地獄界の性有る

889a

も、亦復た是の如し。地獄の相とは、攬《と》りて別《わ》かつ可き、之れを名づけて相と為す。善く心を観ずる者は、即ち地獄の相を識る。善き相師の相を別かつに謬《あやま》り無きが如し。故に相と名づくるなり。体《たい》とは、心を以て体と為す。心に苦楽を覚《かく》す。故に以て体に当《あ》つ。譬えば[126]釵鐺《さいとう》、[127]環釧《かんせん》の殊《こと》なりは、終《つい》に銀を以て体質《たいぜつ》と為すが如し。六道《ろくどう》の色《しき》は乃ち異なれども、只《た》だ是れ心に約す。故に心を体と為すなり。乃至、運御《うんご》を力《りき》と名づく。山を縁じ火に入るは、皆な是れ其《そ》の力なり。作《さ》とは、動を為すを作と曰《い》う。已《すで》に能く力有るは、即ち作《な》す所有り。或いは善を作し悪を作すなり。因とは、業《ごう》は是れ因なり。縁とは、[128]仮藉《けじやく》を縁と為すなり。愛《あい》は業を潤《うるお》すが如く、因縁合するなり。果とは、習果《しゅうか》なり。地獄の人の如きは、前世《ぜんせ》に多淫《たいん》なれば、地獄の中に生じて、還《ま》た多淫に約して、可愛《かあい》の境《きょう》を見て、即ち往《い》きて親附《しんふ》するを、習果と名づくるなり。報《ほう》とは、報果《ほうか》なり。昔、淫罪有りて、今、地獄に堕《だ》して、焼炙《しょうしゃ》の苦を受くるを、報果と名づくるなり。本《ほん》とは、性徳《しょうとく》の法なり。末《まつ》とは、修得《しゅとく》の法なり。究竟等とは、修得を攬るに、即ち等《ひと》しく性徳有り、性徳を攬るに、即ち具さに修得有りて、初後相《あ》い在り。故に等と言うなり。地獄界の十の相性は既に此《かく》の如ければ、余の九も亦《ま》た然《しか》り。

問う。当界に十の性相有るは然る可し。云何《いか》んが交互に相い有らん。余界の交互は、已に信ず可きこと難《かた》し。云何んが地獄に仏の性・相、本末有らんや。

答う。[129]『大経《だいきょう》』に云《い》わく、「夫《そ》れ心有る者は、皆な当《まさ》に三菩提《さんぼだい》を得《う》べし。仙予《せんよ》の婆羅門《ばらもん》を殺すに、即ち三念有るが如し」と。又《ま》た、[130]婆藪《ばす》は、地獄の人に好高剛柔《こうこうごうにゅう》等の義あれば、地獄に在りと雖も、仏性《ぶっしょう》の理は究竟して失わず。故に知《し》んぬ、地獄界に即ち仏性有り。仏相《ぶっそう》とは、即ち是れ性徳の相なり。[131]『浄名経《じょうみょうきょう》』に云わく、「一切衆生は、即ち菩提の相なり」と。聖人は之れを鑑《かんが》みて、[132]冷然《りょうねん》として別かつ可きなり。体とは、即ち是れ地獄界の心、実相《じっそう》の理なり。力とは、法性《ほっしょう》の[133]十力《じゅうりき》、[134]変通《へんずう》の大用《だいゆう》なり。作とは、[135]無住《むじゅう》の本従り一切の法を立つ。因とは、正《しょう》[136]師子《しし》の筋《すじ》、師子の乳の如きなり。因《いん》なり。縁とは、性徳の縁・了《りょう》なり。果は、即ち般若菩提《はんにゃぼだい》の大果《だいか》なり。報は、即ち大涅槃の果果《かか》なり。本は、即ち性徳《しょうとく》、末《まつ》は、即ち修得《しゅとく》なり。等《とう》とは、修得の相貌《そうみょう》にして性徳の中に在《あ》り、性徳の中にも亦《ま》た修得の相貌を具《ぐ》す。故に究竟等《くきょうとう》と言うなり。[137]『大経《だいきょう》』に云《い》わく、「雪山《せっせん》の中に妙薬の王有り、亦た毒草有り」と。地獄の一界にすら尚《な》お仏果の性相《しょうそう》の十法を具す。何《いか》に況《いわ》んや余界をや。地獄は互いに九界有り。余界の互いに有るも亦た是《かく》の如し。菩薩は深く十法界《じっぽうかい》の衆生を観《かん》ずるに、千種の性相、一心に具す。遠く根源を討《たず》ね、其《そ》の性徳の悪、性徳の善を照らすに、尚《な》自お[138]冷然《りょうねん》たり。何に況んや修得の善悪を照らさざらんや。雪山の薬王《やくおう》、毒草を見るが如し。性徳の悪毒を観ずるを以て、[139]惻愴憐愍《しきしょうれんみん》して、大悲心《だいひしん》を起こし、其の苦を抜かんと欲《ほっ》す。性徳の善楽《ぜんらく》を観ずるを以て、愛念歓喜《あいねんかんぎ》して、大慈心《だいじしん》を起こし、其の楽を与えんと欲す。此《こ》の十法界は一切衆生を収めて、罄《つ》くして尽《つ》きざること無し。此の衆生の仮名《けみょう》を
889b
縁《えん》じて慈《じ》を修《しゅ》す。豈《あ》に衆生の慈普《じふ》に非ざらんや。

問う。地獄界は重苦すら未だ抜かず。云何《いか》んが楽を与《あた》うと言わんや。

答う。衆生は地獄に入《い》る時、多く三念を起こす。菩薩は機《き》を承《う》けて、即ち楽因《らくいん》を与う。故に楽を与うと言うなり。又《ま》た、菩薩は能《よ》く大悲もて代わりて苦を受くるに、其れをして休息《くそく》せしむ。余界は苦軽し。与楽《よらく》の義は解《げ》す可《べ》し。

二に法縁《ほうえん》の慈とは、十法界の性相を観ずるに、一切の善悪は悉皆《ことごと》く虚空《こくう》なり。十法界の仮名、仮名は皆な空《くう》なり。十法界の色《しき》・受《じゅ》・想《そう》・行《ぎょう》・識《しき》、行・識は皆な空なり。十法界の処所《しょしょ》、処所は皆な空なり。我《が》無く我所《がしょ》無く、皆な不可《ふか》得《とく》なり。幻《げん》の如く化《け》の如く、[140]真実有ること無し。[141]常《つね》に寂滅《じゃくめつ》の相《そう》にして、終《つい》に空に帰《き》す。衆生は云何んが彊《し》いて計《け》して実《じつ》と為さん。良《まこと》に衆生の不覚不知《ふかくふち》を以て苦と為し悩と為して、無為寂滅《むいじゃくめつ》の楽を得ず。其れより此の苦を抜かんとして大悲を起こし、其れに此の楽を与えんと欲するが故に大慈を起こす。[142]『浄名《じょうみょう》』に云わく、「能く衆生の為めに此《かく》の如き法を説く」と。即ち真実の慈なり。若し一法界《いっぽうかい》の法を縁じて慈を起こさば、普《ふ》と名づけざる可し。今、十法界の法を縁ず。豈に普に非ざらんや。是れ法縁の慈普と名づくるなり。

三に無縁《むえん》の慈とは、若し十法界の性相等の差別《しゃべつ》の仮名を縁ぜば、此の仮《け》は則ち仮に非ず。十法界の如幻如化《にょげんにょけ》の空は

則ち空に非ず。仮に非ざるが故に、十法界の性相を縁ぜず。空に非ざるが故に、十法界の真《しん》を縁ぜず。既に此の二辺《にへん》を遮《しゃ》すれば、無住無著《むじゅうむじゃく》にして、名づけて中道《ちゅうどう》と為す。亦た中《ちゅう》の縁ず可き無く、畢竟清浄《ひっきょうしょうじょう》なり。是の如く観ずる時、空仮《くうけ》を縁ぜずと雖《いえど》も、任運《にんぬん》に双《なら》べて二辺を照らし、無縁の慈悲《じひ》を起こして、[143]二死の苦を抜き、中道の楽を与う。磁石《じしゃく》の鉄を吸うが如し。教うる者有ること無くして、自然《じねん》に相応す。無縁の慈悲は、三諦《さんたい》の機を吸いて、更に[144]差忒《しゃとく》無く、作念《さねん》を須《もち》いず。故に無縁の慈悲と言うなり。行者《ぎょうじゃ》は始め凡地《ぼんじ》に於いて此の慈悲を修して、即ち[145]五品弟子《ごほんでし》に入ることを得《う》。観行《かんぎょう》の無縁の慈悲は進みて十信位《じっしんい》に入り、相似《そうじ》の無縁の慈悲は十住《じゅうじゅう》に入れば、方《まさ》に是れ分証《ぶんしょう》の無縁の慈悲なり。乃《すなわ》ち等覚《とうがく》に至りて、隣極《りんごく》の慈悲は衆生に熏《くん》ず。動《どう》ぜざること明鏡《みょうきょう》の如く、念《ねん》無きこと磁石の任運に鉄を吸うが如し。故に無縁の慈悲と名づく。三諦具足《さんたいぐそく》するを、之《こ》れを名づけて普と為す。通じて中道に至るが故に、称して門と為すなり。

889c

二に弘誓普《ぐぜいふ》とは、弘は名づけて広と為し、誓は名づけて制と為す。願《がん》は要求《ようぐ》に名づく。是の故に其の心を制御して広く勝法《しょうぼう》を求む。故に弘誓と名づくるなり。弘誓は本《も》と慈悲を成《じょう》ず。慈悲は既に苦楽を縁ずれば、弘誓も亦た四諦《したい》に約す。若し苦諦《くたい》の逼迫《ひっぱく》、[146]楚毒《そどく》、辛酸《しんさん》を見《み》ば、此れを縁じて誓《ちか》いを起こす。故に[147]未だ度《ど》せざるを度せしむと言うなり。若し集諦《じったい》の顚倒流転《てんどうるてん》、迷惑繫縛《めいわくけばく》、生死浩然《しょうじこうねん》として[148]涯畔《がいはん》無くして、甚《はなは》だ哀傷《あいしょう》す可きを見ば、此れに約して誓いを起こす。故に[149]未だ解せざるを解せしむと言うなり。清浄の道、衆生は識《し》らず。此の道を行ずる者は、能く生死を出《い》でて、安楽《あんらく》地《じ》に至れば、衆生に示して、此の道に立たしめんと欲す。故に[150]未だ安《やす》んぜざるを安んぜしむと言う。煩悩《ぼんのう》を滅《めつ》する処を、名づけて涅槃《ねはん》と為す。[151]子《し》・果《か》の縛《ばく》断じて、[152]二涅槃を獲《う》れば、此れに約して誓いを起こす。故に[153]未だ涅槃を得ざるに、涅槃を得しむと云う。生死の因は識り難《がた》く、苦果は知り易《やす》し。故に果を先にし因を後にす。涅槃の理は妙《みょう》なれば、方便の善を須《もち》う。故に因を先にし果を後にす。『[154]大経』に云わく、「鑽揺《さんよう》を解せざれば、漿《しょう》すら猶《な》お得《え》難《がた》し。況んや復《ま》た生酥《しょうそ》・醍醐《だいご》をや」と。此の如き四意は、但だ一往《いちおう》のみ。只《た》だ迷心《めいしん》もて業《ごう》を起こし、業は即ち果を感ず。果源を識らんと欲《ほっ》して、果は集《じゅう》に因《よ》ることを知り、心を制して業《ごう》を息《や》むれば、則ち生死《しょうじ》の輪壊《え》し、煩悩調伏《ぼんのうじょうぶく》す。之《こ》れを名づけて道《どう》と為す。修行して懈《おこた》らざれば、[155]苦忍明発《くにんみょうほっ》し、子《し》・果《か》倶《とも》に断じて、[156]尽《じん》・無生《むしょう》を証《しょう》す。之れを名づけて滅《めつ》と為す。四の別有りと雖《いえど》も、終《つい》に是れ一念《いちねん》にして、更に異法に非ず。四諦《したい》は既に爾《しか》れば、弘誓《ぐぜい》も亦《ま》た然《しか》り。

次に、普《ふ》・不普を明かすとは、凡夫《ぼんぶ》の若《ごと》きは、既に下を厭《いと》い上に攀《よ》ずれば、此《こ》れに約して誓《ちか》いを立つるは、是れ普と名づけず。二乗は三界《さんがい》の火宅《かたく》を見て、此れを畏《おそ》れて道を修《しゅ》す。此れは乃《すなわ》ち分段《ぶんだん》の四諦を見る。亦た普と名づけず。別教《べっきょう》の若きは、先に分段に約し、次に変易《へんにゃく》に約す。此れも亦た普に非ず。円教《えんぎょう》の菩薩の若きは、一心の中に於いて、一切の苦集滅道《くじゅうめつどう》を照らす。遍《あまね》く凡夫の見愛《けんあい》を知る。即ち有作《うさ》の集なり。二乗の著空《じゃくくう》は、即ち無作《むさ》の集なり。故に『[157]浄名《じょうみょう》』に云《い》わく、「法を無染《むぜん》と名づく。若し法に染《ぜん》せば、是れ染法《ぜんぽう》と名づく。法を求むるに非ざるなり」と。[158]又《ま》た云わく、「結習《けつしゅう》未だ尽《つ》きざれば、華《はな》は則ち身に著《つ》く」と。即ち是れ変易の惑《わく》、全く未だ除かざるなり。『[159]大経《だいきょう》』に云わく、「汝《なんじ》、諸《もろ》もろの比丘《びく》は、此の大乗に於いて、未だ正法《しょうぼう》の為めに諸もろの結使《けっし》を除かず」と。即ち無作の集なり。乃至《ないし》、[160]順道《じゅんどう》法愛《ほうあい》生ずれば、亦た是れ無作の集なり。是れ遍く集を知ると名づく。

890a
遍く苦を知るとは、集有るを以ての故に、即ち能《よ》く苦報《くほう》を招く。有作の集は分段の苦を招き、無作の集は変易の苦を招く。即ち苦諦《くたい》を知るなり。遍く苦・集を対治《たいじ》するの道・滅を知る。五戒《ごかい》・十善《じゅうぜん》に従わば、不動不出《ふどうふしゅつ》なり。二乗の四諦・十二因縁《じゅうにいんねん》は、通じて有余《うよ》・無余《むよ》の涅槃《ねはん》に至る。通教《つうぎょう》も亦た爾り。別教の歴別《りゃくべつ》は、通じて常住《じょうじゅう》に至るも、一道に於いて無量道《むりょうどう》有ること能《あた》わざれば、普道《ふどう》と名づけず。円教の中道《ちゅうどう》は、即ち是れ実相《じっそう》なり。『[161]普賢観《ふげんかん》』に云わく、「大乗の因とは、諸法《しょほう》の実相なり」と。此《かく》の如き道を修するを、名づけて円因《えんいん》と為し、称して普道と為す。故に得《う》る所の涅槃は、即ち是れ究竟常住《くきょうじょうじゅう》なり。一切の煩悩は永《なが》く遺余無し。譬《たと》えば[162]劫火《ごうか》に復《ま》た[163]遺燼《ゆいじん》無きが如し。故に普滅《ふめつ》と名づく。観《かん》ずる所の四諦は既に周《あまね》ければ、諦《たい》を縁《えん》じて誓いを起こす。何《なん》ぞ遍《へん》ならざることを得《え》ん。故に弘誓普《ぐぜいふ》と称するなり。

私《わたくし》に十法界《じっぽうかい》の性徳《しょうとく》・修得《しゅとく》の善悪を観ずるを用《もっ》て、弘誓を起こし、普・不普を論ず。自《おのずか》ら是れ一節の大義なり。四諦と語異なるが故に、逭《たが》いに之れを用《もち》うるも、亦た応《まさ》に善なるべきなり。

三に修行普を明かす。先に次第の修行を明かし、次に不次第の修行を明かす。具《つぶ》さには『大本《だいほん》』の行妙《ぎょうみょう》の中に在《あ》り。

四に断惑普《だんわくふ》を明かすとは、従仮入空《じゅげにっくう》の若きは、止《た》だ四住惑《しじゅうわく》を断ずるのみ。華[164]は猶《な》お身に著く。[165]未だ正法の為めに諸もろの結使を除かず。但だ虚妄《こもう》を離《はな》るるのみにして、一切の解脱《げだつ》に非ず。従空入仮《じゅぐうにっけ》の若きは、止だ塵沙《じんじゃ》を除くのみ。根本に依りて断ぜざるを、亦た普と名づけず。空仮不二《くうけふに》の若きは、正《まさ》しく中道を観ず。根本は既に傾けば、枝条《しじょう》は自ら去る。大地を覆《くつがえ》せば、草木《そうもく》は悉《ことごと》く砕《くだ》かるるが如し。故に断惑普と名づくるなり。

五に入法門普とは、二乗は若し一の法門に入《い》らば、二に入ること能わず。何《いか》に況《いわ》んや衆多《しゅた》をや。若し歴別の行《ぎょう》を修せば、階差浅深《かいしゃせんじん》あり。[166]「我れは唯《た》だ此の一の法門を知るのみ。余は知ること能わず」とは、此れも亦た普に非ず。若し[167]王三昧《おうざんまい》に入らば、一切は悉く其《そ》の中に入る。譬えば王の来《きた》るに、必ず[168]営従《えいじゅう》有りて、営従に復た営従有るが如し。王三昧も亦た是《かく》の如し。此の三昧《さんまい》に入れば、一切の三昧は悉く其の中に入る。所謂《いわゆる》三諦三昧《さんたいざんまい》なり。三諦三昧に復た無量の法門有りて、眷属《けんぞく》と為る。亦た皆悉《み》な王三昧の中に入る。故に入法門普と名づく。

六に神通普《じんずうふ》とは、若し大羅漢《だいらかん》の天眼《てんげん》は大千《だいせん》を見、支仏《しぶつ》は百の仏土《ぶつど》を見、菩薩は恒沙《ごうじゃ》の仏土を見ば、皆な是れ限量《げんりょう》の通なるが故に、普と名づけず。何を以ての故に。境《きょう》を縁ずること既に狭ければ、通を発《ほっ》するも亦た小なり。今、円教
890b
の菩薩は十法界の境を縁じて通を発すれば、遍く十法界を見て限極《げんごく》無し。三乗は尚《な》お其の名すら知らず。何に況んや其の境界《きょうがい》を見ん。眼見《げんけん》既に爾れば、余も例《れい》して知る可《べ》し。神通妙《じんずうみょう》の中に、当《まさ》に広く説くべし。

七に方便普とは、進行方便《しんぎょうほうべん》は是れ道前《どうぜん》の方便、起用方便《きゆうほうべん》は是れ道後《どうご》の方便なり。今、正しく道後の方便を明かすなり。二乗、及び小菩薩の若きは、行ずる所の方便は一の法門に入る。若し他を化《け》せんと欲せば、其の得る所に斉《かぎ》りて、用《ゆう》を起こして物《もつ》を化す。道前・道後は倶に是れ普なるに非ず。円教の菩薩は、二諦《にたい》を方便と為して、一切の方便を収《しゅう》得《とく》す。中道に入り已《おわ》りて、双《なら》べて二諦を照らす。二諦の神変《じんぺん》は、十法界に遍くして、而《しか》も法身《ほっしん》に於いて、損減《そんげん》する所

無し。道前《どうぜん》・道後《どうご》は皆な名づけて普《ふ》と為す。

八に説法普とは、二乗、小菩薩の説法は、一時に遍《あまね》く衆声《しゅしょう》に答うること能《あた》わず。又《ま》た、[169]殊方異俗《しゅほういぞく》なれば、其《そ》れをして倶《とも》に解《げ》せしむること能わず。『[170]大経《だいきょう》』に云《い》わく、「拘絺羅《くちら》は声聞《しょうもん》の中に於いて、四無礙辯《しむげべん》、最第一と為す」と。菩薩と謂《い》うには非ざるなり。今、円教《えんぎょう》の人は、[171]一音《いっとん》もて法を演《の》ぶるに、類《るい》に随《したが》いて解を得《う》。[172]一妙音《いちみょうおん》を以て、十方界《じっぽうかい》に遍満《へんまん》す。[173]修羅《しゅら》の琴《こと》は人意《にんい》に随いて声を出《い》だすが如し。故に説法と名づく。説法妙《せっぽうみょう》の中に広く説く。

九に供養諸仏普《くようしょぶつふ》とは、此《こ》れに就いて二と為す。一に事、二に理なり。『[174]華厳《けごん》』に云わく、「一仏の一国土の微塵《みじん》の仏を供養するが為めにせず。乃至《ないし》、不可説不可説《ふかせつふかせつ》の仏を供養するが為めにす」と。[175]能《よ》く滅定《めつじょう》を起《た》たずして、諸《もろ》もろの威儀《いぎ》を現《げん》ずるに、[176]安禅合掌《あんぜんがっしょう》して、諸もろの法王を讃《さん》ず。身《しん》・命《みょう》・財《ざい》の一切の供具《くぐ》を以て、周《あまね》く十方に至る。譬《たと》えば雲雨《うんう》の如く諸仏を供養するなり。理《り》解《げ》せば、円智正観《えんちしょうかん》の心を、名づけて覚《かく》と為す。覚は即ち是れ仏の義なり。万行《まんぎょう》の功徳《くどく》は此の智に熏修《くんじゅ》すれば、此の智を一切と名づく。功徳を修《しゅ》して此の智に資供《しぐ》すれば、即ち是れ一切智《いっさいち》を供養す。『[177]浄名《じょうみょう》』に云わく、「一食《いちじき》を以て一切に施《ほどこ》す」と。故に供養諸仏普と云う。

十に成就衆生普《じょうじゅしゅじょうふ》とは、蛍火《けいか》・灯燭《とうそく》・星月《しょうがつ》は益《やく》を為すこと蓋《けだ》し微《かす》かにして、日光の世を照らすは、一切の卉木《きもく》・叢林《そうりん》、遍く生長《しょうちょう》し華果《けか》成就せしむるに譬う。外道《げどう》は蛍火の如く、二乗は灯燭の如く、通教《つうぎょう》は星の如く、別教《べっきょう》は月の如し。成就の義は約なり。今、円教の聖人《しょうにん》は、慈慧《じえ》もて饒潤《にょうにん》し、冥顕《みょうけん》両《ふた》つながら益して限量《げんりょう》無し。『[178]華厳』に云わく、「菩薩は一衆生・一国土・一方の衆生の為めに菩提心《ぼだいしん》を発《ほっ》せず、乃《すなわ》ち不可説不可説の仏刹《ぶっせつ》の微塵の国土の衆生の為めに発心《ほっしん》し、
890c
成立利益《じょうりゅうりやく》し、一時に等《ひと》しく潤《うるお》す。譬えば大雨の一切四方に倶に下るが如し」と。故に成就衆生普と名づく。

普門《ふもん》の義に、何《いか》なる量、何なる辺かあらん。豈《あ》に窮尽《ぐうじん》す可《べ》けん。[179]浄名の儔《ともがら》の受持《じゅじ》すること能わざるが如し。今、此の観世音普門《かんぜおんふもん》は、即ち三号《さんごう》に対す。観は即ち是れ覚にして、覚を名づけて仏と為す。世音《せおん》は是れ境《きょう》、境は即ち是れ如《にょ》なり。普門は即ち正遍知《しょうへんち》なり。此の三義は、窮尽す可からず。若し其の意を見《み》ば、則ち自在《じざい》に説くなり。

私《わたくし》に普門品《ふもんぼん》に就いて、十普《じっぷ》の義を捜《さが》して、此れを証成《しょうじょう》せば、観音[180]の諸もろの四衆《ししゅ》を愍《あわれ》みて其の瓔珞《ようらく》を受くるが若如《ごと》きは、諸は是れ不一の名、愍《みん》は是れ悲傷《ひしょう》の義なり。此れは即ち慈悲《じひ》普《ふ》なり。慈悲有れば、任運《にんぬん》に弘誓《ぐぜい》普《ふ》の義有るなり。[181]「種種《しゅじゅ》の形を以て、諸もろの国土に遊び、衆生を度脱《どだつ》す」は、即ち是れ仏国土《ぶっこくど》を浄《きよ》む。豈に修行普に非ざらん。自《みずか》ら既に縛《ばく》無ければ、能く他の縛を解《と》き、自ら既に毒無ければ、他をして毒を離れしめ、一時[182]に称名《しょうみょう》して、皆な解脱《げだつ》を得《え》しむ。皆《かい》は是れ偏悉《へんしつ》の言《ごん》なり。豈に断惑《だんわく》普《ふ》に非ざらん。[183]「普門示現《ふもんじげん》」は、即ち是れ入法門普なり。「方便の力」[184]は、即ち是れ方便普なり。[185]「神通力《じんずうりき》」とは、即ち神通普なり。[186]「而《しか》も為めに説法す」は、即ち説法普なり。[187]「饒益《にょうやく》する所多し」は、即ち成就衆生普なり。[188]「分かちて二分と作《な》し、二如来に奉ず」は、即ち供養諸仏普なり。是《かく》の如き義意は、悉《ことごと》く経文《きょうもん》に在《あ》り。故に引きて以て証《しょう》と為すなり。

第二章　出体

第二に体《たい》を釈すとは、霊智《りょうち》の法身《ほっしん》に合するを以て体と為す。若し余経に三身《さんじん》を明かさば、則ち単に法身を以て体と為す。此の品《ほん》には但だ二身の義有るのみ。故に理《り》智合するを用《もっ》て体と為すなり。只《た》だ此の智は即ち実相《じっそう》の理なり。何を以ての故に。若し霊智無くば、実相の隠《かく》るるを、如来蔵《にょらいぞう》と名づくればなり。今、権実《ごんじつ》の相《そう》の理と不二《ふに》なるを知る。左右の名の如きのみ。実相の体の義を明かすが若《ごと》きは、広く『大本玄義《だいほんげんぎ》』に出《い》づ。

第三章　明宗

第三に宗《しゅう》を明かすとは、感応《かんのう》を以て宗と為す。十界《じっかい》の機《き》は、寂照《じゃくしょう》の知を扣《たた》き、前後の感応の益有るを致《いた》す。益の文《もん》

891a

は広しと雖《いえど》も、直《た》だ感応《かんのう》を将《もっ》て往《い》きて収《おさ》む。綱を牽《ひ》けば目動くが如し。所以《ゆえ》に感応を用《もっ》て宗《しゅう》と為す。余経は或いは因果を用て宗と為す。今品《こんぽん》は爾《しか》らずとは、因果の語は通じて、凡従《ぼんよ》り乃《すなわ》ち上地《じょうじ》に至るまで、各《おの》おの因果有り。能感《のうかん》・所《しょ》感《かん》は既に皆な因果有れば、但だ経文《きょうもん》の意は此《こ》こに至らざるに似《に》たり。機家《きけ》に因果有りと雖も、但だ感《かん》を以て名と為し、聖《しょう》に因果無しと雖も、但だ応《おう》を以て名と為せば、則ち文《もん》を扶《たす》け義は便《べん》なり。

　感応の義に六有り。一に名を列し、二に相《そう》を釈し、三に同異《どうい》を釈し、四に相対《そうたい》を明かし、五に普《ふ》・不普を明かし、六に観心《かんじん》を辯《べん》ず。具《つぶ》さには『大本《だいほん》』に在《あ》り。

問う。若し機《き》は是れ微善《みぜん》の将《まさ》に生ぜんとすと言わば、悪の微《かす》かなるものの将に生ぜんとするも亦《ま》た是れ機なるや。

答う。然《しか》り。

問う。機は是れ善と為すや、不善と為すや。若し已《すで》に是れ善ならば、何《なん》ぞ聖を感ずることを須《もち》いん。若し未だ是れ善ならずば、那《な》んぞ善の将に生ぜんとすと言うことを得《え》ん。

答う。性善《しょうぜん》の冥伏《みょうぶく》すること、蓮華の泥に在るが如し。聖人《しょうにん》若し応ぜば、日照らせば則ち出《い》づるが如し。

又《ま》た問う。若し機は是れ関《かん》なりと言わば、善関と為すや、善関ならざるや。若し已に是れ善ならば、何ぞ聖に関《かか》わりて善を成《じょう》ずることを須いん。若し是れ善なるに非ずば、復《ま》た何ぞ聖に関わりて非善を成ずることを得ん。凡聖《ぼんしょう》[189]は条然《じょうねん》なり。何ぞ曾《かっ》て相《あ》い関わらん。

答う。善は大慈《だいじ》に関わり、悪は大悲《だいひ》に関わる。故に相関と言う。

問う。若し宜《ぎ》もて機を釈すと言わば、此れは乃ち是れ応《おう》が家《や》の機を観《かん》じて用与《ゆうよ》[190]するの言《ごん》なり。那んぞ感の義を釈せん。

答う。円蓋《えんがい》・円底《えんてい》は、互いに相い宜《よろ》しきを得《う》。

問う。法身《ほっしん》を用て応ずと為すや、応身《おうじん》を用て応ずと為すや。応身は無常《むじょう》なれば、此れは則ち応ずること無からん。

891b

法身若し応ぜば、此れは則ち法身に非ず。

答う。法は既に身と言えば、何ぞ応ずと言わざらん。応身は既に応と称すれば、何の意もて応ぜざらん。故に倶《とも》に応ず。

又た問う。感応は一と為すや、異と為すや。若し一ならば、感は即ち是れ応なれば、凡は便《すなわ》ち是れ聖ならん。若し異ならば、則ち相い関わらざらん。

答う。不一不異《ふいつふい》にして、而《しか》も感応を論ず。

問う。感応は虚《こ》と為すや、実《じつ》と為すや。若是《も》し実ならば、凡夫《ぼんぷ》は是れ実なり。実ならば、則ち何ぞ化《け》す可《べ》けん。若し是れ虚なりと言わば、虚は何ぞ化する所あらん。

答う。云云《うんぬん》。

他の問いを以《もち》いば、聖人は是れ所感、凡夫は是れ能感、聖人は是れ能応《のうおう》、凡夫は是れ所応《しょおう》なり。所感は是れ感なるに非ず、所応は是れ応なるに非ず。云何《いかん》が感応道交《かんのうどうきょう》と言わん。

答う。所感は実に感ずること無く、感に従いて所感と名づくれば、聖人は是れ所感なりと言う。所応は実に応ずること無く、応に従いて所応と名づくれば、凡夫は是れ所応なりと言う。還《かえ》って是れ感所を応能と為し、応能を感所と為す。亦た是れ応所を感能と為し、感能を応所と為す。既に感応の実無ければ、亦た感応の異なり無し。不異にして而も異なるは、聖は所感を没《もっ》して、目《な》づけて能応と為す。凡は所応を没して、目づけて能感と為す。故に感応道交と言う。

私《わたくし》に此の語を難《なん》ず。若し実に感応の異なり無くば、今、聖は能感を没し、凡は能応を没す。何ぞ聖は能応を没し、凡は能感を没せざらん。若し此《かく》の如くば、則ち凡聖の殊《こと》なり無し。若し此の如くならずば、感応は便ち異なり。何ぞ異ならずと言わん。又た、感能に感能の実無くして、而も感能と名づけば、何ぞ応能と名づけざらん。若し応所に実無くば、何《なん》ぞ感所と名づけざらん。若し爾《しか》らば、則ち凡聖《ぼんしょう》の感応《かんのう》無し。若し爾らずば、則ち是れ異なり。云何《いか》んが異ならざらん。

又《ま》た難《なん》ず。若し感能を以て応所と為し、感所を応能と為さば、此《こ》れは是れ自生《じしょう》の義なり。若し能応《のうおう》は只《た》だ是れ所応《しょおう》、能感《のうかん》は只だ是れ所感《しょかん》ならば、還《かえ》って是れ自生の義なり。若し応能は応所を生じ、感能は感所を生ぜば、能感は所感を生じ、所感は能感を生ず。能応は所応を生じ、所応は能応を生ず。皆な是れ他従《よ》り生ず。豈《あ》に他生《たしょう》[191]の義に非ざらん。若し共生《ぐうしょう》ならば、則ち二過《にか》あり。若し二を離《はな》れば、無因の過に堕《だ》す。

問う。若し爾らば、則ち感応無し。

答う。聖人《しょうにん》は平等無住《びょうどうむじゅう》の法を以て感《かん》に住《じゅう》せず。四悉檀《ししつだん》を以て機《き》に随《したが》いて応ずるのみ。

問う。妄執《もうしゅう》の善は能《よ》く感ずるや。

答う。妄執は是れ悪、亦《ま》た感ずることを得《う》。

問う。妄執は既に一に非ざれば、応《おう》も亦た二と為す。

答う。応は本《も》と二無けれども、縁の為めに何ぞ作《な》さざる所あらん。

問う。凡《ぼん》は凡僻《ぼんびゃく》に名づく。善は則ち楽を招き、悪は則ち苦を感ず。聖《しょう》は名づけて正《しょう》と為す。正は則ち善に非ず悪に非ず、苦に非ず楽に非ず。善悪の僻《びゃく》は、何ぞ能く非善非悪の正を感ぜんや。

答う。正聖《しょうしょう》の慈悲《じひ》は、其《そ》の善悪の僻を抜いて、非善非悪の正に入《い》らしむ。故に感応有り。

第四章　辯用

第四に慈悲もて物《もつ》を利《り》するを用《ゆう》と為すとは、二智は用に当たらざるや。

答う。二智は語通ずれば、今、別して文《もん》に附《ふ》す。盛んに隠顕《おんけん》の益《やく》を明かすを以ての故に、此れを以て用に当《あ》つるのみ。

他、釈すらく、法身《ほつしん》の冥益《みようやく》を常《じよう》と為し、応身暫《おうじんしばら》く出《い》でて還《ま》た没《もつ》するを無常《むじよう》と為す、と。今、明かさく、法身は常《じよう》寂《じやく》にして、而《しか》も恒《つね》に照らす。此の理は宜《よろ》しく然《しか》るべし。応身は処処《しよしよ》に利益《りやく》し、未だ嘗《かつ》て休廃《くはい》せず。亦た是れ常の義なり。若し応・不応有りて、以て無常と為すと言わば、法身も亦た益・無益有り。故に知《し》んぬ、倶《とも》に是れ常・無常、倶に冥顕《みようけん》有り。日月《にちがつ》共に照らし、一は虧《か》け一は盈《み》つるが如し。如来は恒に常・無常の二法を以て衆生に熏修《くんじゆ》す。故に二《に》[192]鳥《ちよう》は双《なら》びて遊ぶと言う。而も呼びて常・無常と為すのみ。譬《たと》えば種植《う》うるに、或いは外の日・風・雨を仮《か》り、内に土気の煖潤《なんにん》有りて、万物《まんもつ》増すことを得《う》るが如し。冥顕の両益《りようやく》も亦復《ま》た是《かく》の如し。此の中、応《まさ》に王三昧《おうざんまい》、十番に二十五《にじゆうご》有《う》を破《は》するを用《もつ》て、以て慈悲益物《じひやくもつ》の用を辯《べん》ず。具《つぶ》さには『大本玄《だいほんげん》』の中に在《あ》り。

問う。観音は物を利するの広大なること此《かく》の如し。已《すで》に成仏すと為すや、猶《な》お是れ菩薩なるや。

答う。本地《ほんじ》は知り難《がた》し。而《しか》して経に両説有り。『[193]観音受記経《かんのんじゆききよう》』に明かすが如きは、観音・勢至《せいし》は如幻三昧《によげんざんまい》を得て、周《しゆう》 891c 旋往返《せんおうへん》し、十方《じつぽう》に物を化《け》す。昔は金光師子遊戯如来《こんこうししゆげによらい》の国に於いて、王ありて威徳《いとく》と名づけ、二子を化生《けしよう》す。左を宝意《ほうい》と名づけ、即ち是れ観音なり。右を宝尚《ほうしよう》と名づけ、即ち是れ勢至なり。往《い》きて仏に問うらく、「何《いず》れの供養《くよう》か勝《すぐ》れん」と。仏の言わく、「当《まさ》に菩提心《ぼだいしん》を発《ほつ》すべし」と。如来に従いて初めて菩提心を発す。次に阿弥陀仏《あみだぶつ》の後に、当に正覚《しようがく》を成《じよう》ずべし。観音を普光功徳山王《ふこうくどくせんおう》と名づけ、勢至を善住功徳宝王《ぜんじゆうくどくほうおう》と名づく、と。又た、『[194]如来蔵経《によらいぞうきよう》』に亦た云《い》わく、「観音と文殊《もんじゆ》は皆な未だ成仏せず」と。『[195]観音三昧経《かんのんざんまいきよう》』に云うが若《ごと》し、「先に已に成仏して正法明如来《しようぼうみようによらい》と号《ごう》す。釈迦《しやか》は彼《か》の仏の為めに苦行《くぎよう》の弟子と作《な》る」と。二文は相《あ》い乖《そむ》く。此の言《ごん》は云何ん。乃《すなわ》ち是れ四悉檀もて物を化す。其の実《じつ》を求む可《べ》からざるなり。

第五章　教相

第五に教相《きょうそう》を明かすとは、夫《そ》れ『観音経《かんのんぎょう》』の部党《ぶとう》は甚《はなは》だ多し。或いは『請観世音《しょうかんぜおん》』・『観音受記《かんのんじゅき》』・『観音三昧《かんのんざんまい》』・『観音懺悔《かんのんさんげ》』・『大悲雄猛観世音《だいひゆうみょうかんぜおん》』等ありて同じからず。今、伝うる所は、即ち是れ一千五百三十言、『法華』の一品《いっぽん》なり。而《しか》して別して伝うる者は、乃《すなわ》ち是れ[196]曇摩羅讖法師《どんまらしんほっし》なり。亦《ま》た伊波勒菩薩《いはろくぼさつ》と号《ごう》す。[197]葱嶺《そうれい》に遊化《ゆうけ》し、[198]河西《かさい》に来至《らいし》す。河西王[199]沮渠蒙遜《そきょもうそん》は正法《しょうぼう》に帰命《きみょう》す。兼《か》ねて疾患《しつげん》有りて、以て法師に告ぐ。師の云《い》わく、「観世音は此《こ》の土と縁有り」と。乃ち誦念《じゅねん》せしむるに、患苦《げんく》は即ち除《のぞ》こる。是れに因《よ》りて別伝の一品は部外《ぶげ》に流通《るずう》するなり。此の品《ほん》は是れ『法華』の流通分《るずうぶん》なり。既に開権顕実《かいごんけんじつ》の教に通ずれば、冥顕《みょうけん》の両益《りょうやく》をして将来に被《こうむ》らしむ。十法界《じっぽうかい》の身を以て円《まど》かに一切に応じ、解脱《げだつ》を得《え》しむ。円人《えんにん》は円法を乗《と》りて、此の円教《えんぎょう》を流通するが故に、即ち是れ円教の相《そう》を流通するなり。五味《ごみ》もて論を為さば、即ち是れ醍醐味《だいごみ》を流通するなり。

問う。[200]文《もん》に云わく、「方便の力は種種《しゅじゅ》同じからず」と。説も亦た応《まさ》に異なるべし。何《なん》ぞ是の円教の相を得ん。

答う。能説《のうせつ》の人に就いて円《えん》と為す。円教を弘《ひろ》め、遍《あまね》く法界《ほうかい》の機《き》に逗《ず》す。機は同じからずと雖《いえど》も、能《よ》く法を乗る人をして機に随《したが》いて遍からしむ可《べ》からず。例《れい》せば、[201]仏は一乗に於いて分別して三と説くが如し。豈《あ》に仏をして便《すなわ》ち是れ声聞《しょうもん》・縁覚《えんがく》ならしむ可けんや。又《ま》た、[202]付嘱《ふぞく》に云わく、「若し人、深く信解《しんげ》せば、為めに此の経を説く。若し信ぜずば、
892a
余の深法《じんぽう》の中に於いて、示教利喜《じきょうりき》す」と。既に仏旨《ぶっし》を奉ずれば、円かに万機《まんき》に逗す。「種種同じからず」は、只《た》だ是れ円教を流通す。

又た問う。能説の人円ならば、教に於いても亦た円なり。行人《ぎょうにん》の機は異なれば、此の人は何の教を稟《う》けんや。若し偏教《へんぎょう》を稟けば、鹿苑人《ろくおんにん》と同じ。若し円教を稟けば、機も亦た応に一なるべし。

答う。昔、鹿苑の仏は未だ発本顕迹《ほつぽんけんしやく》せず、会《え》三帰《さんき》一《いち》せざれば、人法《にんぼう》未だ円かならず。稟くる所の方便は、円と称することを得ず。今経《こんぎよう》は已《すで》に開顕権実《かいけんごんじつ》す。是れ種種の身なりと雖も、本迹《ほんじやく》は不思議一なり。種種の法を説き、為めに円道を開くと雖も、義に於いて咎《とが》無し。

問う。[203]上《かみ》の文に云わく、「正直に方便を捨《す》つ」と。此の中、那《な》んぞ「方便を以て」と言わん。

答う。上は正《まさ》しく顕実するが故に、其《そ》れ捨つと言う。此の中、用《ゆう》を論ずるが故に、「[204]示《じ》現《げん》」と言う。体用《たいゆう》は不思議一なり。

観音玄義巻下

観音玄義　註

巻上

1 **像**　形として現われるという動詞の意味。

2 **化**　ここでは言葉・音声による教化の意。仏の衆生に対する活動を形（具体的な姿・形を現わすこと）と声にまとめ、前者を「像」と表現し、後者を「化」と表現している。

3 **九道**　地獄・餓鬼・畜生・阿修羅・人・天・声聞・縁覚・菩薩の九つの生存領域を意味する。

4 **化応**　姿・形を現わすこと。『法華文句』巻六上「三界是仏化応之処」（大正三四、七六中一三行）を参照。

5 **有に処すれども永く有ならず**　底本の「処有不永」を、会本によって「処有不永有」に改める。

6 **娑婆世界にて無畏の名を受け**　『法華経』観世音菩薩普門品「是観世音菩薩摩訶薩、於怖畏急難之中、能施無畏。是故此娑婆世界、皆号之為施無畏者」（五七中二二―二四行）を参照。

7 **宝蔵仏の所にて観音の目を稟け**　『悲華経』巻三、諸菩薩本授記品「善男子。爾時宝蔵仏尋為授記。善男子。汝観天人及三悪道一切衆生、生大悲心、欲断衆生諸苦悩故、欲断衆生諸煩悩故、欲令衆生住安楽故。善男子。今当字汝為観世音」（大正三、一八六上八―一二行）を参照。

8 **已に種覚を成じては正法明と号し**　吉蔵『法華義疏』巻一二に、「問。観音為是仏現仏身、為非仏耶。答。経出不同。観音三昧経云、観音在我前成仏、名正法明如来。我為苦行弟子」（大正三四、六二八中一八―二〇行）とある。引用文にある『観音三昧経』については、牧田諦亮『六朝古逸観世音応験記の研究』（平楽寺書店、一九七〇年）所収の『仏説観世音三昧経』には、「仏告阿難、我今道実、其事不虚。我念、観世音菩薩於我前成仏、号曰正法明如来・応供・正遍智・明行足・善逝・世間解・無上士・調御丈夫・天人師・仏・世尊、我於彼時、為彼仏下作苦行弟子、受持斯経七日七夜、読誦不忘、復不念食、不念五欲、即見十方百千諸仏在我前立、於斯悟道、今得成仏、号曰釈迦牟尼、受持斯経、猶故読誦」（一四六―一四七頁）とある。

9　**次に補処に当たりては称して普光功徳と為す**　『法華義疏』巻一二「弥陀仏滅後世界出法音不断。彼仏於中夜入滅、観音補処。世界転名衆宝普集荘厳、仏号普光功徳山王」（大正三四、六二八中二五―二八行）を参照。

10　**趣かに**　急いでの意。『法華経疏義纉』巻六に引用されている『観音玄義』のテキストには、「輒挙一名耳」（続蔵二九、一〇七中六―七行）とあるように、「輒」に作るが、これは、たちまち、すぐにの意。趣も輒もほぼ同じ意味である。

11　**阿耶婆婁吉低輸**　Avalokiteśvara の音写であるが、『法華経指掌疏』巻七「別行玄云、西方正音名阿那婆婁吉底輸。此云観世音」（続蔵三三、六七六下一八―一九行）とあるように、「阿那婆婁吉底輸」に作る文献もある。「耶」も「那」も衍字である可能性が高い。

12　**隔別**　他と区別されていること。

13　**類音**　さまざまな種類の衆生の出す音声のこと。『南本涅槃経』巻一、序品「二月十五日臨涅槃時、以仏神力出大音声。其声遍満乃至有頂。随其類音普告衆生」（大正一二、六〇五上七―九行）を参照。

14　**十の普門**　すぐ後に出る人法、慈悲、福慧、真応、薬珠、冥顕、権実、本迹、縁了、智断を指す。佐藤哲英『天台大師の研究』（百華苑、一九六一年）四八二―四八五頁によれば、この十双は、吉蔵『法華玄論』巻一〇「論観音普門義。就観音、略有二十条義。一者人法一双。二者本迹一双。三者三輪一双。四者名徳一双。五者内外一双。六者智慧功徳一双。七者智断一双。八者顕密一双。九者慈悲一双。十者二身一双。十一者権実一双。十二者三業一双。十三明三徳。十四者浅深。十五明二徳。十六神通示現。十七力無畏。十八四等四摂。十九解行。二十悲慧一双」（大正三四、四四七上一七―二四行）、『法華義疏』巻一二「初双標中凡有十対。一者人法一双……二者真応一双……三者……内外一双也。四者……謂慈悲一双。五者……珠薬二王為一双也。六者……謂感応一双也。七者……謂世出世一双也。八者……謂神通示現一双也。九者……謂顕密一双也。十者……謂名徳一双也」（大正同、六二三下二一行―六二四上二九行）に暗示を受けて組み立てられたものと推定されている。

15　**義類**　内容的に類似したものの意。

16　**大部**　『法華玄義』を指す。

17　**五章**　名・体・宗・用・教の五重玄義を指す。

18 虚通　障害なく通じること。

19 無名相の中に、名相を仮りて説く　「無名相」は、名と相のないこと。名づけることもできず、対象化できる特徴も持たないこと。『仏蔵経』巻上、諸法実相品「舎利弗白仏言、世尊。我在静処毎作是念。世尊。乃於無名相法、以名相説。無語言法、以語言説。思惟是事、生希有心」（大正一五、七八二下二四―二六行）を参照。

20 『大論』に云わく、「般若は是れ一法……異字を立つ」　『大智度論』巻一八「般若是一法　仏説種種名　随諸衆生力　為之立異字」（大正二五、一九〇下三―四行）を参照。

21 中に処して　中道、中間の立場に身を置くこと。ここでは、広略の中道を採用するの意。

22 薬珠　薬樹王身と如意珠王身のこと。『釈籤』巻一三「初文中言薬樹王身者、則示可畏破悪之形。如大経第二十九菩薩品云、譬如薬樹名曰樹王。於諸薬中最為殊勝、能滅諸病。樹不作念、若取枝葉及皮身等、雖不作念、能愈諸病。涅槃亦爾云云。如意珠王身者、示為可愛生善之形。如大品第十云、如摩尼珠所在住処、一切非人不得其便。其珠著身、暗中得明、熱時得涼、寒時得温。若在水中、随物現色」（大正三三、九〇五上一―九行）を参照。なお、引用文中の「大経」については、『南本涅槃経』巻九、菩薩品「譬如薬樹名曰薬王。於諸薬中最為殊勝。若和乳酪若蜜若酥若水若漿、若末若丸、若以塗瘡薫身塗目、若見若嗅、能滅衆生一切諸病。如是薬樹不作是念、一切衆生若取我根、不応取葉。若取葉者、不応取根。若取身者、不応取皮。若取皮者、不応取身。是樹雖復不生是念、而能除滅一切病苦。善男子。是大涅槃微妙経典亦復如是、能除一切衆生悪業、四波羅夷五無間罪、若内若外所有諸悪、諸有未発菩提心者、因是則得発菩提心」（大正一二、六五九上二三行―中四行）を参照。また、「大品」については、『大品般若経』巻一〇、法称品「譬如無価摩尼珠宝、在所住処、非人不得其便。若男子女人有熱病、以是宝著身上、熱病即時除愈。若有風病、若有冷病、若有雑熱風冷病、以宝著身上、皆悉除愈。若闇中、是宝能令明。熱時能令涼、寒時能令温。宝所住処、其地不寒不熱、時節和適」（大正八、二九一下一〇―一六行）を参照。

23 『経』に云わく、「是の因縁を以て観世音と名づく」　『法華経』観世音菩薩普門品「若有百千万億衆生、為求金、銀、琉璃、車𤦲、馬瑙、珊瑚、虎珀、真珠等宝、入於大海、仮使黒風吹其船舫、飄堕羅刹鬼国、其中若有、乃至一人、称

観世音菩薩名者、是諸人等皆得解脱羅刹之難。以是因縁名観世音」（五六下一一―一六行）を参照。

24 **『華厳』に云わく、「心、仏、及び衆生、是の三に差別無し」**　『六十巻華厳経』巻一〇、夜摩天宮菩薩説偈品「心仏及衆生　是三無差別」（大正九、四六五下二九行）を参照。

25 **理具して情迷い**　衆生は聖人と本質的に差別がないという理が備わっているけれども、情＝煩悩があるので迷っていること。

26 **慈悲与抜**　慈の与楽と、悲の抜苦を縮めた表現。

27 **塡**　底本の「順」を、会本によって改める。「塡願」は、願を満足させること、実現することで、こちらの方が「順願」より意味が取りやすい。

28 **薬珠二身**　前註22を参照。

29 **取相**　固定的実体としての様相に執著すること。

30 **両字**　薬と珠の二文字のこと。

31 **允当**　適正であるの意。

32 **総略**　大略の意。本文に「権実は略にして且つ横なり」とあるように、「総略」は、具体的には第七の権実の項を指す。本迹は、縦と見なされる。仲長統『昌言』「教有道、禁不義、而身以先之、令徳者也。身不能先、而総略能行之、厳明者也」を参照。

33 **居然**　確かに、明らかにの意。『三国志』魏志、何夔伝「顕忠直之賞、明公実之報、則賢不肖之分、居然別矣」を参照。

34 **四意**　権実・本迹・縁了・智断の四項を指す。

35 **彼の経に「小は大を隔つること、聾の如く瘂の如し」と明かす**　『六十巻華厳経』巻四四、入法界品「爾時諸大声聞舎利弗、目揵連、摩訶迦葉……如是等諸大声聞在祇洹林、而悉不見如来自在如来荘厳如来境界……如是等事皆悉不見。亦復不見不可思議菩薩大会……。以是因縁、諸大弟子不見不聞、不入不知、不覚不念、不能遍観、亦不生意」（大正九、六七九中二八行―下二八行）を参照。「如聾如瘂」は、二乗が『華厳経』の説法をまったく理解できなかったことをたとえる。

36 **故に云わく、「久しく斯の要を黙し、務めて速かには説かず」**　『法華経』薬草喩品「久黙斯要　不務速説」（一九下一二行）を参照。

37 **彼の経に、未だ王宮の生身の迹……生法二身の本を発せず**　『華厳経』には『法華経』の発迹顕本（開迹顕本）が説かれないことを指摘したものである。「弾指謦欬」は、『法華経』如来神力品「釈迦牟尼仏及宝樹下諸仏現神力時、満百千歳、然後還摂舌相。一時謦欬、倶共弾指、是二音声、遍至十方諸仏世界、地皆六種震動」(五一下二一―二四行)に基づく。「弾指」は、親指と人差し指で音を立てること。指はじき。「謦欬」は、咳払いのこと。

38 **灰身滅智** 無余涅槃に入って、身も心＝智もまったく無に帰すこと。

39 **三科** 人法・慈悲・福慧のこと。

40 **汝は実に我が子、我れは実に汝が父なり** 『法華経』信解品「此実我子、我実其父」(一七中一三―一四行)を参照。

41 **汝等の行ずる所は、是れ菩薩の道なり** 『法華経』薬草喩品「汝等所行 是菩薩道」(二〇中二三行)を参照。

42 **発本顕迹** 『法華玄義』『法華文句』『維摩経玄疏』にもこの語が出るが、意味としては「発迹顕本」という表現の方が理解しやすい。

43 **故に云わく、「未だ曾て人に向かって、此の如き事を説かず」** 『法華経』信解品「父母念子、与子離別五十余年、而未曾向人説如此事」(一六下五―六行)を参照。

44 **今、当に汝が為めに最実事を説くべきなり** 『法華経』薬草喩品「今為汝等 説最実事」(二〇中二二行)を参照。

45 **二万の灯明は但だ『法華』を説きて、化を息め滅に入る** 『法華経』序品「如是二万仏、皆同一字、号日月灯明、又同一姓、姓頗羅堕」(三下一七―一九行)、同「是時日月灯明仏従三昧起、因妙光菩薩、説大乗経、名妙法蓮華、教菩薩法、仏所護念、六十小劫不起于座。……日月灯明仏於六十小劫、説是経已、即於梵、魔、沙門、婆羅門、及天、人、阿修羅衆中、而宣此言、如来於今日中夜、当入無余涅槃」(四上一三行―中一行)を参照。

46 **迦葉如来も亦復た是の如し** 『法華玄義』にも同様の記述が見られた。Ⅲ巻十下註13を参照。

47 **八義** 人法から本迹までの八項。

48 **五味** 『涅槃経』(『南本涅槃経』巻一三、聖行品、大正一二、六九〇下―六九一上)に説かれる乳味・酪味・生蘇味・熟蘇味・醍醐味の五味の譬えを指す。これは牛から乳が出て、それが順に発酵精製されていく様子を、仏がさまざまな教えを順に説く様子に重ね合わせたものである。乳味は『華厳経』、酪味は三蔵教、生蘇味は方等経、熟蘇味は『般若経』、醍醐味は『法華経』・『涅槃経』をそれぞれ指す。

49 **四教** 化法の四教のことで、蔵教(三蔵教)・通教・別教・円教を指す。

50 **結撮** 統括する、総括するの意。

51 **商略** はかり検討すること。范寧『穀梁伝集解』序「於是乃商略名例、敷陳疑滞、博示諸儒異同之説」を参照。

52 **生起** 通釈の四段のなかの第二「次第」と同義。

53 **六意** 人法から冥顕までの六項。

54 **密かに去り** 利根の者は三蔵教の説法の場から秘密裏に去ること。『観音玄義記』巻一「若八万諸天獲無生忍、故云密去。二乗之人方破見思、故但成酪」(大正三四、八九六下一七―一八行)を参照。

55 **凡鄙** 凡庸で見識が狭いの意。『晋書』庾亮伝「臣凡鄙小人、才不経世」を参照。

56 **『大論』に云わく、「衆生の無上とは……涅槃是れなり」** 『大智度論』巻二「涅槃法無上。仏自知是涅槃不従他聞、亦将導衆生令至涅槃。如諸法中涅槃無上、衆生中仏亦無上」(大正二五、七二中一―四行)を参照。

57 **階差** 段階、等級の意。

58 **亀毛・兎角** 存在しないものの譬え。『大智度論』巻一「更有仏法中方広道人言、一切法不生不滅、空無所有、譬如兎角亀毛常無」(大正二五、六一上二八行―中一行)を参照。

59 **煖・頂等の位** 煖・頂は、四善根の前二者をいう。小乗仏教の階位では、五停心・別相念処・総相念処の三賢を外凡夫といい、煖・頂・忍・世第一法の四善根を内凡夫という。見道以上は聖位になる。

60 **方便有余土** 天台教学における四土(凡聖同居土・方便有余土・実報無障礙土・常寂光土)の一つである方便有余土のこと。見思惑を断じたが、まだ塵沙・無明惑を断じていない二乗・菩薩の住所。

61 **実法** 実体としての存在で、五陰などをいう。これに対して次下に出る「仮名の人」は仮法ともいい、その実法＝五陰が仮りに和合して成立する衆生を指す。

62 **三仮** 『成実論』巻一一、仮名相品(大正三二、三二七下二九行―三二八下二三行)に基づいて概念化された因成仮・相続仮・相待仮の三種の仮名有のこと。仮は、実体がないの意。因成仮は、一切の有為法が因縁によって成立したものであることをいう。相続仮は、有為法が前後相続して存在することをいう。相待仮は、大小、長短のような相対的な存在をいう。『大般涅槃経集解』巻四七の僧宗の注に、「以其体無常故、是相続仮。以其無自性故、有一時因成仮也。相待得称故、有相待仮」（大正三七、五二三中七—九行）とある。

63 **空平** 『観音玄義記』巻一には、「由此観故、会入真空平等之道」（大正三四、八九七下三行）とあり、真空平等の意と解釈している。

64 **余の両門** 亦有亦空門、非有非空門を指す。

65 **『大品』に云わく、「色性は我性の如く、我性は色性の如し」** ぴったりした出典は見あたらないが、『大品般若経』巻七、十無品「色性無故、菩薩前際不可得。受想行識性無故、菩薩前際不可得」（大正八、二六七下四—六行）を参照。『法華玄義』巻八下にも、「大品云、色性如我性、我性如色性。此二皆如幻化」（大正三三、七八四下二三—二五行。Ⅱ二一八頁）とあり、『維摩経文疏』巻二にも、「二通教明我者、如大品経云、色性如我性、我性如色性。如我但有字、色亦但有字。我之与色皆如幻化也」（続蔵一八、四七三上一八—二〇行）とある。

66 **『大論』に云わく、「菩薩は常に涅槃を観じて道を行ず」** 『大智度論』巻一一「復有人言、従初発意、乃至道樹下、於其中間所有智慧、是名般若波羅蜜。成仏時、是般若波羅蜜、転名薩婆若。復有人言、菩薩有漏無漏智慧、総名般若波羅蜜。何以故。菩薩観涅槃、行仏道。以是事故、菩薩智慧応是無漏」（大正二五、一三九下七—一二行）を参照。

67 **『論』に云わく、「衆生の無上とは、仏是れなり」** 前註56を参照。

68 **『大論』に云わく、「法の無上とは、涅槃是れなり」** 前註56を参照。

69 **『大経』に云わく、「是の色を滅するに因りて……識も亦た是の如し」** 『南本涅槃経』巻三五、憍陳如品「色是無常。因滅是色、獲得解脱常住之色。受想行識亦是無常。因滅是識、獲得解脱常住之識」（大正一二、八三八中一四—一六行）を参照。

70 **『大品』に云わく、「菩薩は般若を行ずる時……無等等の受・想・行・識を得」** 『大品般若経』巻二、歎度品「世尊本亦復行此般若波羅蜜、具足無等等六波羅蜜、得無等等法、得無等等色、得無等等受想行識、仏転無等等法輪」（大正八、二二九下二三—二五行）を参照。

71 **『大経』に云わく、「衆生の仏性は、六法に即せず、六法を離れず」** 『南本涅槃経』巻三〇、師子吼菩薩品「説仏性者亦復如是。非即六法、不離六法」（大正一二、八〇二下一—二行）を参照。

72 究竟　六即のなかの究竟即＝妙覚を指す。

73 分証　六即のなかの分証真実即＝分真即を指す。

74 前の一番の問答……後の一番の問答　この両句は、「前の問答」「後の問答」と略した形を含めて、この後頻出するが、その中に「経の前の問答」ともあるように、『法華経』観世音菩薩普門品で展開される無尽意菩薩と仏との間の二つの問答をいう。前者は、同品冒頭の「爾時無尽意菩薩、即従座起、偏袒右肩、合掌向仏、而作是言、世尊。観世音菩薩、以何因縁名観世音」（五六下三―五行）という問いに対し、仏が、衆生は観世音菩薩の名を唱えれば、あらゆる危難から救われ利益が得られるとして、その危難・利益を具体的に列挙し答えている箇所、後者は、「無尽意菩薩白仏言、世尊。観世音菩薩、云何遊此娑婆世界。云何而為衆生説法。方便之力、其事云何」（五七上二〇―二二行）という問いに対し、仏が、観世音菩薩は三十三種の姿に変身して衆生を救済するとして、その一々を列挙し答えている箇所を指す。

75 愍傷　あわれみ痛むこと。『漢書』蓋寛饒伝「諫大夫鄭昌愍傷寛饒忠直憂国、以言事不当意而為文吏詆挫」を参照。

76 加持　仏・菩薩が神秘的な力によって衆生を支え守ること。

77 節解　「解」は、役所のことで、ここでは意味が通じない。「節」は、柱の上部の木組みのことで、「節解」は文脈上、このような意味のはずである。

78 膠漆　にかわとうるし。いずれも接着剤としての用途がある。

79 分段　界内（三界の内部）の生死を意味する分段の生死のこと。これに対して、界外（三界の外部）の生死は不思議変易の生死といわれる。分段とは、身体と寿命に分段（限界の意）のあることを意味する。変易とは、身体と寿命の長短を自在に変化させることのできることを意味する。

80 八苦　生老病死の四苦に、愛別離苦・怨憎会苦・求不得苦・五盛陰苦を加えたものを八苦という。

81 道品　bodhipākṣika, bodhipakṣya の漢訳。菩提分ともいう。悟りを得るための実践修行の意。四念処・四正勤・四如意足・五根・五力・七覚支・八正道の三十七道品が有名。

82 有作の四諦　これは生滅の四諦に相当すると思われる。通常は、四諦を生滅の四諦・無生滅の四諦・無量の四諦・無作の四諦の四種に分類し、それぞれ蔵教・通教・別教・円教の所説に配当する。

83 **観** 底本の「貪恚癡等」を、会本によって「観貪恚癡等」に改める。

84 **涅槃に若し一法の……幻化の如しと説けども** 『小品般若経』巻一、釈提桓因品「須菩提言、諸天子。設復有法過於涅槃、我亦説如幻如夢。諸天子。幻夢、涅槃、無二無別」(大正八、五四〇下一六—一八行)を参照。

85 **任運** 自然に、なりゆきに任せての意。『宋書』王景文伝「有心於避禍、不如無心於任運」を参照。また、道朗『大涅槃経序』(『出三蔵記集』巻八所収)「其為体也、妙存有物之表、周流無窮之内、任運而動、見機而赴」(大正五五、五九中七—八行)を参照。

86 **『大論』に云わく、「定は愛、慧は策なり」** 出典未詳であるが、『大智度論』巻一七「得禅定楽、其心楽著愛味」(大正二五、一八九下二二—二三行)、同巻二二「正語等、持是智慧諸功徳、不令散失。正方便駆策令速進不息」(大正同、二二六中一五—一七行)を参照。「策」は、竹製のむちのこと。また、むち打つこと。

87 **明鏡の高堂の如し** 「明鏡」は明るい月をたとえたもので、高い建物の上にかかった明るい月のように、すべてを明るく照らすことをたとえていると思われる。『法華経疏義纘』巻六には、「智慧荘厳是亦名定慧。定名静処、慧名観策。大論云、定処慧策。寂照之智無幽不朗、如明鏡高台。福徳禅定純厚資発、如明焼浄油」(続蔵二九、一〇八中二三行—下一行)とあり、「明鏡高台」とある。なお、『法華経疏義纘』の「明焼浄油」は、「明灯浄油」の誤り。

88 **純厚** 純粋で豊かなこと。『管子』形勢解「能寛裕純厚而不苛忮、則民人附」を参照。

89 **資発** 助けとなって生じさせること。後の本文を参照すると、禅定が智慧を助けて理を生じさせることを指す。

90 **清涼池** 涼しい池の意であるが、煩悩の苦熱のない涅槃をたとえる。また、『大智度論』巻八三「仏答、無不入者、須菩提明智慧利根者能入。仏意、但一心精進欲学者可入。譬如熱時、清涼池、有目有足皆可入。雖近、不欲入者則不入。四門、般若波羅蜜池亦如是。四方衆生無有遮者」(大正二五、六四〇下八—一二行)を参照。

91 **助開** 助け開くこと。十乗観法の第七の「対治助開」という用語にも出る。

92 **『華厳』に云わく、「又た、光明を放つを……無悩と名づく」** 出典未詳であるが、『六十巻華厳経』巻七、賢首菩薩品「又放光名慧荘厳　彼光覚悟愚癡者　善知縁起得解脱

智慧照明了諸根」（大正九、四三七上一二—一四行）、同巻三四、宝王如来性起品「復有光明、名自在除滅一切疑惑。復有光明、名無依普照。復有光明、名智慧自在、除滅一切境界虚妄」（大正同、六一六下一五—一七行）を参照。

93 **『思益』も亦た然り** 出典未詳であるが、『思益梵天所問経』巻一、序品「又如来光名離煩悩、若有衆生遇斯光者、能問如来声聞乗所行之道。又如来光名善遠離、若有衆生遇斯光者、能問如来辟支仏所行之道。又如来光名益一切智、若有衆生遇斯光者、能問如来大乗仏事。……又如来光名曰生楽、仏以此光、能滅地獄衆生苦悩。又如来光名曰上慈、仏以此光、能令畜生不相悩害。又如来光名曰涼楽、仏以此光、能滅餓鬼饑渇熱悩。……又如来光名無悩熱、仏以此光、能令毀禁衆生皆得持戒。……又如来光名曰能解、仏以此光、能令愚癡衆生皆得智慧」（大正一五、三三下九行—三四上八行）を参照。

94 **『請観音』に云わく、「普く浄き光明を放ちて、癡の闇瞑を滅除す」** 『請観世音菩薩消伏毒害陀羅尼呪経』「普放浄光明　滅除癡暗冥」（大正二〇、三四下二三行）を参照。「闇瞑」は、闇冥、闇暝と同義で、暗いこと。

95 **首楞厳** Śūraṃgama の音写語。健相、健行、一切事竟などと訳す。三昧の名。

96 **滅定を起たずして、此の威儀を現ず** 『維摩経』巻上、弟子品「不起滅定而現諸威儀、是為宴坐」（大正一四、五三九下二一—二三行）に基づく。

97 **安禅して、千偈もて諸もろの法王を讃ず** 『法華経』序品「安禅合掌　以千万偈　讃諸法王」（三上二三行）に基づく。

98 **集蔵を身と名づく** 『菩薩瓔珞本業経』巻上、賢聖学観品「法名自体、集蔵為身」（大正二四、一〇一五下二四行）を参照。「集蔵」は、身（kāya）の基本的意味を示したもので、集まり、くらの意。

99 **若** 底本の「苦」を、会本によって改める。

100 **光影** 光り輝きの意。

101 **『柰女経』に出づ** 『仏説㮈女祇域因縁経』「最後有一小枝、裁長尺余。試取以照、具見腹内。祇域大喜、知此小枝定是薬王」（大正一四、八九八中一—三行）を参照。

102 **『華厳』に云うが如し、「上薬樹有り……益を得ざること無し」** 出典未詳。「四布」は、四方に広がるの意。『後漢書』隗囂伝「威命四布、宣風中岳」を参照。

103 **下地** 『法華玄義』巻七上「弥勒尚闇。何況下地。何況凡

夫」（大正三三、七六六上二六―二七行。Ⅱ一四五頁）によれば、弥勒より低位で、凡夫よりは高位の者を指しているようである。この場合は、本文の「衆生」「及以び下地」の「衆生」が凡夫に相当するように思われる。また、『観音義疏』巻二「如妙音所作文殊不知。況下地凡夫為示真身耶」（大正三四、九三三中二―三行）によれば、下地と凡夫を区別していないように思われる。いずれにしろ正確にはどのくらい低い位の者を指すのかは不明であるが、低位の者という意味であることは間違いない。

104 **日に用いて知らず**　『周易』繫辞上「百姓日用而不知、故君子之道鮮矣」を参照。

105 **薬草喩に云わく、「而るに諸もろの草木は……是れ一地なるのみ」**　そのままの経文はないが、『法華経』薬草喩品「雖一地所生、一雨所潤、而諸草木、各有差別」（一九中五―六行）を参照。

106 **文殊は妙音の神力の作す所を知らざるが如し**　『法華経』妙音菩薩品「文殊師利白仏言、世尊。是菩薩（妙音菩薩のこと―菅野注）種何善本、修何功徳、而能有是大神通力。行何三昧。願為我等説是三昧名字。我等亦欲勤修行之。行此三昧、乃能見是菩薩色相大小、威儀進止。唯願世尊。以神通力、彼菩薩来令我得見」（五五中二八行―下四行）を参照。

107 **彰灼**　明らかなの意。『三国志』呉志・呉主伝「事已彰灼、無所復疑、宜為之備」を参照。

108 **顕然**　明らかなの意。『後漢書』周燮伝「吾既不能隠処巣穴、追綺季之跡、而猶顕然不遠父母之国、斯因以滑泥揚波、同其流矣」を参照。

109 **暫用**　暫時の作用を持つものの意。

110 **二観**　空観と仮観をいう。『菩薩瓔珞本業経』巻上、賢聖学観品「三観者、従仮名入空二諦観、従空入仮名平等観、是二観方便道。因是二空観、得入中道第一義諦観。双照二諦心心寂滅、進入初地法流水中、名摩訶薩聖種性」（大正二四、一〇一四中一九―二三行）を参照。

111 **寿量に云わく、「随自意、随他意」**　このままの経文はない。

112 **行行**　行に慧行と行行の二種があり、慧行は正行で、行行は助行とされる。『摩訶止観』巻三下「行有両種。所謂慧行行行。若三蔵中慧行行行、乃至円中慧行行行。慧行是正行、行行是助行」（大正四六、三〇中一三―一五行）を参照。

113 **『大論』に云わく、「一人は能く耘り、一人は能く種う」** 出典未詳。『法華玄義』巻二上にも、「大論云、一人能耘、一人能種。万行資成如種、智慧破惑如耘。増道損生意在於此」（大正三三、六九五上二七―二八行。Ⅰ七八頁）と出る。

114 **『大経』に云わく、「一切諸法は本性自ら空なり」** 『南本涅槃経』巻三、長寿品「我已修学一切諸法本性空寂明了通達」（大正一二、六一八下一八―一九行）を参照。

115 **又た云わく、「一切衆生に皆な初地の味禅有り」** 『南本涅槃経』巻二三、光明遍照高貴徳王菩薩品「一切衆生不断貪心、心共貪生、心共貪滅。如欲界衆生一切皆有初地味禅」（大正一二、七六〇下一六―一八行）を参照。「初地の味禅」とは、初禅地（色界の四禅のなかの初禅）の煩悩を指す。『涅槃経義記』巻八「禅有三種。一者浄禅。所謂上界有漏浄心。二無漏禅。諦理之静。三者味禅。分別有三。一就通以論。初禅地中一切煩悩通名味禅。味著境界、故名為味。禅地法故、説之為禅。二偏就愛説。愛心著境、与定相似、説為味禅。三正論体。為上界中煩悩心辺相応定数、是味禅体。故雑心云、味為愛相応。味禅如是。此之味禅、欲界衆生皆具有之。一切染法味断已来、在下其必成就上故。問曰、何故偏説味禅。浄及無漏修習方有。不同味定身在下地、於上地中未断之処、性常成就。故取為喩。問曰、味禅下皆成上。以何義故、偏説初地。且挙初地、余類可知、故略不論。又問、何故偏説欲界衆生皆有。欲界衆生望初地味、未起而有。似彼貪欲不起而有、故偏挙之。在初禅者現起説有、理在易知、何待言論。二禅已上不成下味、為是不説」（大正三七、八一六上四―二〇行）を参照。

116 **『思益』に云わく、「一切衆生は即ち滅尽定なり」** 『思益梵天所問経』巻二、難問品「普華言、汝入滅尽定、能聴法耶。舎利弗言、入滅尽定、無有二行而聴法也。普華言、汝信仏説一切法是滅尽相不。舎利弗言、然。一切法皆滅尽相、我信是説。普華言、若然者、舎利弗常不能聴法。所以者何。一切法常滅尽相故」（大正一五、四三上八―一四行）を参照。「滅尽定」は、滅受想定ともいい、nirodha-samāpatti の訳語。心と心の作用をすべて滅した無心の禅定で、これを修して、無色界の最高である非想非非想処に生まれるとされる。

117 **毫末** 毫末は細い毛の先。『法華玄義』巻八上にも、「起自毫末、終成合抱也」（大正三三、七七五中二一―二二行。Ⅱ一八二頁）と出る。『老子』第六四章「合抱之木、生於毫末」に基づく。なお、この前後の文は、底本には「起於毫末得成修得合抱大樹摩訶般若首楞厳定」に作るが、文字の混乱があるかもしれない。まず、『翻訳名義集』巻六には、「天台別行玄云、原此因果根本、即是性徳縁了也。此之性徳、本自有之。非適今也。又云、以此二種方便修習、漸漸増長。起於毫末、得成修徳合抱大樹」（大正五四、一一四七中一四―一八行）とあり、「修得」を「修徳」に作る。「修徳」の方が意味が取りやすい。また、『法華経会義』巻七には、「従於毫末、得成合抱大樹。所謂摩訶般若、首楞厳定」（続蔵三二、二〇二上一八―一九行）とあり、「修得」を削除している。智旭の『法華経会義』が最も理解しやすい。

118 **合抱大樹**　両腕で抱えるほど大きな樹木の意。前註117を参照。

119 **円浄涅槃**　三涅槃（性浄涅槃・円浄涅槃・方便浄涅槃）の一つ。『法華玄義』巻五下「八類通三涅槃者、地人言、但有性浄方便浄。実相名為性浄涅槃、修因所成為方便浄涅槃。今以理性為性浄涅槃、修因所成為円浄涅槃。此則義便。薪尽火滅為方便浄涅槃。此文便。若将修因所成為方便涅槃者、以薪尽火滅為何等涅槃。故知応有三涅槃」（大正三三、七四五中二五行―下二行。Ⅱ六五頁）を参照。

120 **『浄名』に云わく、「癡愛を断ぜずして、諸もろの明脱を起こす」**　『維摩経』巻上、弟子品「不滅癡愛、起於明脱」（大正一四、五四〇中二四―二五行）を参照。

121 **又た云わく、「諸見に於いて動ぜずして、而も三十七品を修す」**　『維摩経』巻上、弟子品「於諸見不動、而修行三十七品、是為宴坐」（大正一四、五三九下二一―二四行）を参照。

122 **愛見を侍と為し**　『維摩経』巻中、文殊師利問疾品に「又仁所問、何無侍者、一切衆魔及諸外道、皆吾侍也」（大正一四、五四四下七―八行）とあり、この経文に対する『維摩経文疏』の注のなかに、巻二〇「此即用愛見所成衆生以為侍也」（続蔵一八、六二三中五―六行）とある。

123 **如来種**　『維摩経』巻中、仏道品「一切煩悩為如来種」（大正一四、五四九中一三行）を参照。

124 **乃至、五無間は皆な解脱を生ず**　『維摩経文疏』巻一三「是則五逆実相、即是滅諦也。故大通方広経云、乃至五無間皆生解脱相」（続蔵一八、五五八下七―九行）を参照すると、出典として『大通方広経』を挙げている。『大通方広懺悔滅罪荘厳成仏経』巻上「乃至五無間　当生解脱相」（大正八五、一三四一中二四―二五行）を参照。「五無間」は、無間地獄に堕ちる原因となる五種の行為＝五無間業（殺母・殺父・殺阿羅漢・出仏身血・破和合僧）を指す。

125 **三種仏性**　正因仏性・了因仏性・縁因仏性のこと。

126 **隠るるを如来蔵と名づけ、顕わるるを法身と名づく**　『勝鬘経』法身章「如是如来法身不離煩悩蔵、名如来蔵」（大正一二、二二一下一〇―一一行）を参照。『維摩経玄疏』巻六「経云、隠名如来蔵、顕名為法身」（大正三八、五五九下二八行）、『法華玄論』巻一「故云、隠名如来蔵、顕名為法身」（大正三四、三六七中一四―一五行）のように、智顗や吉蔵の著作によく出る表現である。

127 **『大経』に「非因非果を仏性と名づく」と云う**　ぴったりした出典はないが、『南本涅槃経』巻二五、師子吼菩薩品「仏性者、亦色非色非色非非色、亦相非相非相非非相、亦一非一非一非非一、非常非断非非常非非断、亦有亦無非有非無、亦尽非尽非尽非非尽、亦因亦果非因非果、亦義非義非義非非義、亦字非字非字非非字」（大正一二、七七〇中二〇―二五行）を参照。次註128も参照。

128 **是れ因にして果に非ざるを名づけて仏性と為す**　『南本涅槃経』巻二五、師子吼菩薩品「十二因縁不出不滅不常不断非一非二不来不去非因非果。善男子。是因非果、如仏性。是果非因、如大涅槃。是因是果、如十二因縁所生之法。非因非果、名為仏性」（大正一二、七六八中二〇―二四行）を参照。

129 **是れ果にして因に非ざるを仏性と名づく**　果であって因でないものは、通常、涅槃と規定されるはずであるが、ここでは、仏性が非因非果、是因非果、是果非因であるとする三種の立場を紹介している。前註128を参照。

130 **了転を般若と名づけ、縁転を解脱と名づく**　了因種子が発展して果（この場合は般若）を実現し、縁因種子が発展して果（この場合は解脱）を実現すること。

131 **三徳**　大涅槃の備える法身・般若・解脱の三をいう。それぞれが常・楽・我・浄の四徳を備えるので、三徳という。

132 **『普賢観』に云わく、「大乗の因とは……亦た諸法の実相なり」**　『観普賢菩薩行法経』「汝今応当観大乗因。大乗因者、諸法実相是」（大正九、三九二中一―二行）を参照。ただし、「果」についての記述は見られない。『法華玄義』巻五上と巻九下に同文が、巻八上にも類似の文が出た。Ⅱ巻五上註14も参照。

133 **断徳既に満ち**　底本の「断徳」を、会本によって「断徳既満」に改める。その他、『法華経文句輔正記』巻一〇（続蔵二八、八〇四中一四行）、『法華経疏義纉』巻六（続蔵二九、一〇九中一九行）も同様である。さらに、『法華経会義』巻七によれば、「断徳既満処処調伏、現形説法皆令得度」（続蔵三二、二〇二中二三行）とあるように、「現形説法」という一句が増えている。智徳についての文章と対比すると、『法華経会義』の文章が最も適当である。

134 **分満** 「分」は部分的な到達・成就を、「満」は完全な到達・成就をそれぞれ意味する。

135 **五住・二死は『勝鬘』に出づ** 「五住」は、五住地煩悩（見一処住地惑・欲愛住地惑・色愛住地惑・有愛住地惑・無明住地惑）のこと。「二死」は、分段の生死と不思議変易の生死のこと。『勝鬘経』一乗章「是阿羅漢辟支仏所不能断煩悩有二種。何等為二。謂住地煩悩、及起煩悩。住地有四種。何等為四。謂見一処住地、欲愛住地、色愛住地、有愛住地。此四種住地、生一切起煩悩。起者、刹那心刹那相応。世尊。心不相応無始無明住地」（大正一二、二二〇上一―六行）、同「有二種死。何等為二。謂分段死、不思議変易死。分段死者、謂虚偽衆生。不思議変易死者、謂阿羅漢辟支仏大力菩薩意生身乃至究竟無上菩提」（大正同、二一九下二〇―二三行）を参照。類似の句は『法華玄義』巻二下（大正三三、七〇四下二〇―二一行。I 一一六頁）にも出た。

136 **二問答** 前註74を参照。

137 **帖す** 「牒」「貼」と通じて用いられ、貼り付けるの意で、経文やテーマを提示することを意味する。

138 **宛然** そっくりそのままにの意。

139 **何の因縁を以て観世音と名づけん** 『法華経』観世音菩薩普門品「世尊。観世音菩薩、以何因縁名観世音」（五六下四―五行）を参照。

140 **是の因縁を以て観世音と名づく** 前註23を参照。

141 **普門示現** 『法華経』観世音菩薩普門品「若有衆生、聞是観世音菩薩品自在之業、普門示現神通力者、当知是人功徳不少」（五八中四―五行）を参照。

142 **是の如き等の大威神力有りて、饒益する所多し** 『法華経』観世音菩薩普門品「観世音菩薩、有如是等大威神力、多所饒益。是故衆生常応心念」（五七上五―六行）を参照。「饒益」は、人に利益を与えること。

143 **諸もろの四衆を愍む** 『法華経』観世音菩薩普門品「即時観世音菩薩、愍諸四衆及於天龍人非人等、受其瓔珞、分作二分、一分奉釈迦牟尼仏、一分奉多宝仏塔」（五七下三―六行）を参照。

144 **十九説法** 観世音菩薩普門品のなかで、観音菩薩の三十三身を説明するなかに、「説法」という言葉が十九回出る。これを指す。『法華文句』巻一〇下にも「凡有三十三身十九説法」（大正三四、一四六中一五―一六行）と出る。

145 **一時も礼拝せば、無量無辺の福徳の利を得**　『法華経』観世音菩薩普門品「仏言、若復有人、受持観世音菩薩名号、乃至一時礼拝供養、是二人福正等無異、於百千万億劫、不可窮尽。無尽意。受持観世音菩薩名号、得如是無量無辺福徳之利」（五七上一六―一九行）を参照。

146 **自在の業**　前註141を参照。

147 **寿量に云わく、「慧光の照らすこと……業を修して得る所なり」**　『法華経』如来寿量品「我智力如是　慧光照無量　寿命無数劫　久修業所得」（四三下二〇―二一行）を参照。

148 **威神の力は巍巍たること是の如し**　『法華経』観世音菩薩普門品「観世音菩薩摩訶薩、威神之力巍巍如是」（五六下二九行―五七上一行）を参照。「巍巍」は、堂堂とした の意。

149 **普門に神通力を示現す**　前註141を参照。

150 **諸もろの国土に遊び、衆生を度脱す**　『法華経』観世音菩薩普門品「是観世音菩薩成就如是功徳、以種種形、遊諸国土、度脱衆生」（五七中一九―二一行）を参照。

151 **怖畏急難の中に於いて、能く無畏を施す**　前註6を参照。

152 **福は唐捐ならず**　『法華経』観世音菩薩普門品「若有衆生、恭敬礼拝観世音菩薩、福不唐捐。是故衆生皆応受持観世音菩薩名号」（五七上一〇―一二行）を参照。「唐捐」は、だめになる、むだになるの意。

153 **三十三身**　観音菩薩が現一切色身三昧に住して、三十三身を現じて、衆生を救済することを指す。『法華経』観世音菩薩普門品「若有国土衆生、応以仏身得度者、観世音菩薩即現仏身而為説法。応以辟支仏身得度者、即現辟支仏身而為説法。応以声聞身得度者、即現声聞身而為説法。応以梵王身得度者、即現梵王身而為説法。応以帝釈身得度者、即現帝釈身而為説法。応以自在天身得度者、即現自在天身而為説法。応以大自在天身得度者、即現大自在天身而為説法。応以天大将軍身得度者、即現天大将軍身而為説法。応以毘沙門身得度者、即現毘沙門身而為説法。応以小王身得度者、即現小王身而為説法。応以長者身得度者、即現長者身而為説法。応以居士身得度者、即現居士身而為説法。応以宰官身得度者、即現宰官身而為説法。応以婆羅門身得度者、即現婆羅門身而為説法。応以比丘、比丘尼、優婆塞、優婆夷身得度者、即現比丘、比丘尼、優婆塞、優婆夷身而為説法。応以長者、居士、宰官、婆羅門婦女身得度者、即現婦女身而為説法。応以童男、童女身得度者、即現童男、童女身而為説法。応以天、龍、夜叉、乾闥婆、阿修羅、迦楼羅、緊那羅、摩睺羅伽、人非人等身得度者、即皆現之而為説法。応以執金剛身得度者、即現執金剛身而為説法」（五七上二三行―中一九行）を参照。

154 **仏身を現ず** 『法華経』観世音菩薩普門品「若有国土衆生、応以仏身得度者、観世音菩薩即現仏身而為説法」（五七上二三―二四行）を参照。

155 **余身を現ず** 観音菩薩の三十三身のうち、仏身以外の身体を現ずること。前註153を参照。

156 **大威神力** 前註142を参照。

157 **方便力** 『法華経』観世音菩薩普門品「観世音菩薩、云何遊此娑婆世界。云何而為衆生説法。方便之力、其事云何」（五七上二〇―二二行）を参照。

158 **若し是の品を聞くこと有らば** 前註141を参照。

159 **功徳少なからず** 前註141を参照。

160 **肯て受けず** 『法華経』観世音菩薩普門品「時観世音菩薩不肯受之」（五七中二七行）を参照。

161 **捨行** 『観音玄義記』巻二には、「捨行者、畢竟空智、無所受著」（大正三四、九〇三上二〇行）とある。

162 **即時に其の音声を観ず** 『法華経』観世音菩薩普門品「若有無量百千万億衆生受諸苦悩、聞是観世音菩薩、一心称名、観世音菩薩即時観其音声、皆得解脱」（五六下六―八行）を参照。

163 **皆な解脱を得しむ** 前註162を参照。

164 **八万四千は発心す** 『法華経』観世音菩薩普門品「仏説是普門品時、衆中八万四千衆生、皆発無等等阿耨多羅三藐三菩提心」（五八中五―七行）を参照。

165 **『方等』に普門法王子有りて** 『大方等陀羅尼経』巻二「観世音法王子」（大正二一、六五〇中一一行）を参照。

166 **彼れ普門を明かすは是れ人なり** 前註165に引用したように、『大方等陀羅尼経』に出る観世音法王子（この『観音玄義』には、普門法王子として言及されている）は人を指すという意味である。

167 **諸数……慧数** 数は心数（新訳では心所、心所有法）のこと。五位七十五法のうち、心数に四十六法あり、「慧数」はその一つである。「諸数」とあるのは、慧数以外の心数を指す。

168 **通漫** 中国の経疏に用例は多い。広い範囲に拡散して締まりがないさまを形容している。

169 **五塵** 色・声・香・味・触の五境（五種の対象）。心を汚すので塵といわれる。

170 **四無量心** 慈・悲・喜・捨の心を無量に起こし、無量の衆生を救済すること。

171 **『大経』に云わく、「憂畢叉」** 『南本涅槃経』巻二八、師子吼菩薩品「憂畢叉者、名曰平等。亦名不諍。又名不観。亦名不行。是名為捨」（大正一二、七九二下一六―一七行）を参照。憂畢叉は、upekṣā の音写語で、捨と漢訳される。

172 **両捨** 本文に「慈に非ず悲に非ず」とあるように、二つのもの（この場合は慈と悲）を否定すること。

173 **阿輪加王の如きは、七日に応に死ぬべし……心に切なり** アショーカ王のこと。阿輪加は、Aśoka の音写語。この話は、『善見律毘婆沙』巻二（大正二四、六八二中―下を参照）に見える。その概略を示せば、以下の通りである。阿輪加王（本書では阿育王）は即位に際し、弟の帝須を太子に立てた。折しも当時の僧伽は異端説が数多く生じて和合が乱されていた。ある日、帝須は林に入り、鹿の群れが草を食み水を飲みながら穏やかに和合しているのを見て、諸比丘僧は寺房にあって十分に供養されているのに、どうしてこのように和合できないのか、と疑問を抱いた。それを聞いた阿育王は、帝須の誤った疑念を正すため、「汝に王位を七日間譲り、その後、汝を殺す」と宣言した。その間、帝須は昼夜に伎楽飲食のあらゆる供養を受けたが、死への恐怖のため、心楽しまず、やつれはててしまった。そこで阿育王は「汝は七日後に死ぬと知っただけでそのようなありさまであるが、比丘たちは呼吸するたびに常に無常の恐怖にさらされているのだ」と諭し、これを機に帝須は仏法に対し信心を生じたという。なお、同様の話は、『阿育王伝』巻二（大正五〇、一〇六上―下を参照）、『阿育王経』巻三（大正同、一四一中―一四二中を参照）にも見られる。両書では、それぞれ王の名が阿恕伽王、阿育王、弟の名が宿大哆、毘多輸柯とあり、弟が外道の法を信じて仏法を誹謗したので、王は弟を仏法に帰依させる方便として、弟に謀反の罪を着せて処刑する前に、七日間の猶予を与えて王位に即けたという。

174 **禅支** 初禅を構成する五支は、覚・観・喜・楽・一心の五種の功徳のことである。

175 **賢聖** ここでは声聞・縁覚の二乗を指す。

176 **瞎馬** 失明している馬の意。『世説新語』排調「盲人騎瞎馬、夜半臨深池」を参照。

177 **揺颺** 揺れひるがえること。梁沈約『八詠』会圃臨春風「蝶逢飛揺颺、燕値羽差池」を参照。

178 **堪能** 「～することができる」の意。『後漢書』胡広伝「陳留近郡、今太守任欠。広才略深茂、堪能撥煩、願以参選」を参照。

179 **六度の菩薩** 蔵教の菩薩の意。「六度」は、六波羅蜜のこと。布施・持戒・忍辱・精進・禅定・智慧（般若）の六種の行為の完成のこと。波羅蜜（pāramitā）は度と訳され、完成の意。

180 **閻浮提を分かちて七分と為す** 『大智度論』巻四「菩薩大心思惟分別、如劬嬪陀婆羅門大臣、分閻浮提大地作七分、若干大城小城聚落村民尽作七分。般若波羅蜜如是」（大正二五、八九中二二―二四行）を参照。「閻浮提」は、Jambu-dvīpa の音写語。須弥山の周囲にある四大洲の一つで南方にある。

181 **即の名なり** 智と福を相即すると見る立場を意味すると思われる。

182 **餓えたる羅漢の如きなり** 『大智度論』巻八「業報因縁、各各不同。或有人有見仏因縁、無飲食因縁。或有飲食因縁、無見仏因縁。譬如黒蛇而抱摩尼珠臥。有阿羅漢人乞食不得」（大正二五、一一九中一三―一七行）を参照。

183 **三十心** 十住・十行・十廻向の位の菩薩のこと。

184 **『大論』に云わく、「是の如き尊妙の人は、則ち能く般若を見る」** 『大智度論』巻一八「無量衆罪除　清浄心常一　如是尊妙人　則能見般若」（大正二五、一九〇中二二―二三行）を参照。

185 **『論』に云わく、「健相三昧は能く彊敵を破す」** 出典未詳であるが、『大智度論』巻四七「首楞厳三昧者、秦言健相、分別知諸三昧行相多少深浅、如大将知諸兵力多少。復次菩薩得是三昧、諸煩悩魔及魔人、無能壊者、譬如転輪聖王主兵宝将、所往至処無不降伏」（大正二五、三九八下二七行―三九九上二行）を参照。

186 **『大経』に云わく、「仏性とは……亦た金剛、仏性等と名づく」** 『南本涅槃経』巻二五、師子吼菩薩品「首楞厳三昧者、有五種名。一者首楞厳三昧、二者般若波羅蜜、三者金剛三昧、四者師子吼三昧、五者仏性。随其所作、処処得名」（大正一二、七六九中六―九行）を参照。

187 **『釈論』に般若を解して……百八三昧を明かす** 『大智度論』巻四六「六波羅蜜是摩訶衍体、但後広分別其義。如十

八空、四十二字等、是般若波羅蜜義。百八三昧等、是禅波羅蜜義」（大正二五、三九五上一―四行）、同巻四七「上以十八空釈般若波羅蜜、今以百八三昧釈禅波羅蜜」（大正同、三九八下二三―二四行）を参照。「十八空」は、内空、外空、内外空、空空、大空、第一義空、有為空、無為空、畢竟空、無始空、散空、性空、自相空、諸法空、不可得空、無法空、有法空、無法有法空を指す。『大品般若経』巻一、序品（大正八、二一九下九―一二行）を参照。

188 **五通**　神足通・天眼通・天耳通・他心通・宿命通の五種の神通力のこと。

189 **施化**　教化を実施すること。『北史』孫紹伝「建国有計、雖危必安。施化能和、雖寡必盛」を参照。

190 **間益**　「常益」と対になっていることから推定して、恒常的な利益ではなく、間断のある利益の意であろう。

191 **二鳥倶に游ぶ**　『南本涅槃経』巻八、鳥喩品「鳥有二種。一名迦隣提、二名鴛鴦。遊止共倶不相捨離。是苦無常無我等法亦復如是不得相離」（大正一二、六五五中一三―一六行）を参照。

192 **二往**　再往と同義。「一往」に対して、さらに深く考察する立場を表現する。

193 **例せば、善吉は石窟に空を観じて……蓮華尼は則ち見ざるが如し**　『大智度論』巻一一「爾時須菩提於石窟中住、自思惟、仏従忉利天来下、我当至仏所耶、不至仏所耶。又念言、仏常説、若人以智慧眼観仏法身、則為見仏中最。是時以仏従忉利天下故、閻浮提中四部衆集、諸天見人、人亦見天。座中有仏、及転輪聖王、諸天大衆、衆会荘厳、先未曾有。須菩提心念、今此大衆、雖復殊特、勢不久停、磨滅之法、皆帰無常。因此無常観之初門、悉知諸法空無有実。作是観時、即得道証。爾時一切衆人皆欲求先見仏、礼敬供養。有華色比丘尼、欲除女名之悪、便化為転輪聖王及七宝千子。衆人見之、皆避坐起去。化王到仏所已、還復本身、為比丘尼、最初礼仏。是時仏告比丘尼、非汝初礼、須菩提最初礼我。所以者何。須菩提観諸法空、是為見仏法身、得真供養、供養中最、非以致敬生身為供養也」（大正二五、一三七上二―一九行）を参照。

194 **同質異見**　同じものを異なったものとして見ること。

195 **『経』に云わく、「若し身命を全うせば……得たりと為すなり」**　『法華経』譬喩品「若全身命、便為已得玩好之具。況復方便於彼火宅而抜済之」（一三上五―六行）を参照。

196 **大施太子は海に入りて珠を得、還りて父母の眼を治す**

『大智度論』巻一二「龍子既死、生閻浮提中為大国王太子、名曰能施。生而能言、問諸左右、今此国中有何等物、尽皆持来以用布施。衆人怪畏、皆捨之走。其母憐愛、独自守之。語其母言、我非羅刹、衆人何以故走。我本宿命常好布施、我為一切人之檀越。母聞其言、以語衆人、衆人即還。……我等曾聞有如意宝珠、若得此珠、則能随心所索、無不必得。菩薩聞是語已、白其父母、欲入大海求龍王頭上如意宝珠。……」（大正二五、一五一上二三行―中八行）を参照。

197 **『大品』に云わく、「若し人、眼痛むに……病は即ち除愈す」** 『大品般若経』巻一〇、法称品「若男子女人眼痛膚医盲瞽、以宝近之、即時除愈」（大正八、二九一下一八―二〇行）を参照。

198 **三十六句有り** 『法華玄義』巻六上「二就三十六句論機応不同者、前冥顕互論、略挙四句。若具足辨者、用四機為根本。所謂冥機、顕機、亦冥亦顕機、非冥非顕機。冥是過去、顕是現在、冥顕是過現、非冥非顕是未来。如仏為闡提説法云云。於一句中復為四句。所謂冥機冥応、冥機顕応、冥機亦冥亦顕応、冥機非冥非顕応。余三機亦如是。四四即成十六句。機既召応、応亦有十六句。一機而感四応。一応而赴四機。機応各為十六、合成三十二句。就前根本四句、便是三十六句機応也」（大正三三、七四八中二八行―下一〇行。Ⅱ七七―七八頁）を参照。

199 **七難** 観世音菩薩品に説かれる七種の難のこと。火難・水難・風難・刀杖難・悪鬼難・枷鎖難・怨賊難。『法華経』観世音菩薩普門品「若有持是観世音菩薩名者、設入大火、火不能焼、由是菩薩威神力故。若為大水所漂、称其名号、即得浅処。若有百千万億衆生、為求金、銀、琉璃、車渠、馬瑙、珊瑚、虎珀、真珠等宝、入於大海、仮使黒風吹其船舫、飄堕羅刹鬼国、其中若有、乃至一人、称観世音菩薩名者、是諸人等皆得解脱羅刹之難。以是因縁名観世音。若復有人臨当被害、称観世音菩薩名者、彼所執刀杖尋段段壊、而得解脱。若三千大千国土、満中夜叉、羅刹、欲来悩人、聞其称観世音菩薩名者、是諸悪鬼、尚不能以悪眼視之、況復加害。設復有人、若有罪、若無罪、杻械、枷鎖検繋其身、称観世音菩薩名者、皆悉断壊、即得解脱。若三千大千国土、満中怨賊、有一商主、将諸商人、齎持重宝、経過嶮路、其中一人作是唱言、諸善男子。勿得恐怖、汝等応当一心称観世音菩薩名号。是菩薩能以無畏施於衆生。汝等若称名者、於此怨賊当得解脱。衆商人聞、倶発声言、南無観世音菩薩。称其名故、即得解脱」（五六下八―一九行）を参照。

200 **二求願** 観世音菩薩品に説かれる男の子を求めることと女の子を求めること。『法華経』観世音菩薩普門品「若有女人、設欲求男、礼拝供養観世音菩薩、便生福徳智慧之男、設欲求女、便生端正有相之女、宿殖徳本、衆人愛敬」（五七上七―九行）を参照。

201 **三毒** 観世音菩薩品には、貪欲・瞋恚・愚癡の三種の煩悩から離れる功徳を説く。『法華経』観世音菩薩普門品「若有衆生多於婬欲、常念恭敬観世音菩薩、便得離欲。若多瞋恚、常念恭敬観世音菩薩、便得離瞋。若多愚癡、常念恭敬観世音菩薩、便得離癡」（五七上一―五行）を参照。

202 **三十三身** 前註153を参照。

203 **怖畏急難** 前註6を参照。

204 **寿量に云わく、「仏寿の無量なるを聞きて……果報を得」** 如来寿量品の趣旨をまとめたもの。『法華経』分別功徳品「如是種種事　昔所未曾有　聞仏寿無量　一切皆歓喜」（四四下一五―一七行）を参照。

205 **『請観音』に云わく、「或いは地獄に遊戯……苦を受く」** 『請観世音菩薩消伏毒害陀羅尼呪経』「亦遊戯地獄　大悲代受苦」（大正二〇、三六中一七行）を参照。

206 **悪際** 悪の境界の意。

207 **実際** bhūta-koṭi の訳語。真際とも訳す。真実、究極の境界の意。現象世界の真実のあり方を意味する。

208 **能く五逆の相を以て……仏道に通達す** 『維摩経』巻上、弟子品「以五逆相而得解脱、亦不解不縛」（大正一四、五四〇中二五―二六行）、同巻中、仏道品「若菩薩行於非道、是為通達仏道」（大正同、五四九上一―二行）に基づく。「五逆」は、母を殺す・父を殺す・阿羅漢を殺す・仏の身より血を出す・和合僧を破することで、無間地獄に堕ちるとされる。

209 **附断体散** よく分からない。「附断」は、「粛然として外に附するは断に属す」と関係がある表現だと思われるが、観音菩薩が外の衆生に適応する意か。「体散」は、体が散らばるの意であるが、観音菩薩の三十三身を指すか。

210 **何の因縁を以て観世音と名づけん** 前註139を参照。

211 **共生に二過有り、自・他性の中に堕す** 『中論』巻一、観因縁品に、「諸法不自生　亦不従他生　不共不無因　是故知無生」（大正三〇、二中六―七行）とあるのに基づく。共生は自生と他生との共同なので、自生と他生の二つの過失があること。

212 **『中論』に云わく、「諸法は自ら生ぜず……是の故に無生**

と説く」 前註211を参照。

213 **性実の執** 自性、実体として執著すること。

214 **見愛** 見は、見煩悩、見惑のことで、我見・邪見などの知的な煩悩を指す。愛は、愛煩悩、思惑（修惑）のことで、貪欲・瞋恚などの情的な煩悩を指す。

215 **九十八使** 三界の見惑・思惑の総数。見惑が八十八、思惑が十ある。使は煩悩の異名。

216 **矜傲** 傲慢不遜であること。

217 **六十二見** 六十二種の外道の誤った見解をいう。

218 **見取の果盗** 『摩訶止観』巻四上「此是見取、非果計果、是為果盗」（大正四六、四〇下二二―二三行）を参照。

219 **戒取の因盗** 『摩訶止観』巻四上「非因計因、名為戒取。豈非因盗」（大正四六、四〇下二〇―二一行）を参照。

220 **三界の四諦に歴れば、則ち八十八使有り** 三界の見惑は八十八使あるとされる。欲界の苦諦に関して十使、集諦・滅諦に関してそれぞれ七使、道諦に関して八使があり、計三十二使となる。色界の四諦の一々に関して七使あり、計二十八使となる。無色界の四諦の一々に関しても七使あり、計二十八使ある。欲界の三十二使、色界の二十八使、無色界の二十八使を合計して八十八使となる。

221 **思惟に就いて三界に歴れば、則ち九十八使有り** 見惑に八十八使があり、思惑に十使があって、合計九十八使となる。思惑の十使は、欲界の貪・瞋・癡・慢、色界の貪・癡・慢、無色界の貪・癡・慢を指す。

222 **『大論』に云わく、「凡夫に三種の語あり……一種の語あるのみ。名字なり」** 『大智度論』巻一「一切凡人三種語。邪、慢、名字。見道学人二種語。慢、名字。諸聖人一種語。名字」（大正二五、六四上二九行―中二行）を参照。

223 **傍** よる、したがうの意。たとえば、『華厳経行願品疏』巻七に、「依傍経論、以釈経文」（続蔵五、一四二中一四行）とあるように、傍は依と同義で用いられている。

224 **虫の木を蝕いて……解すること能わず** 『南本涅槃経』巻二、哀歎品「是時客医復語王言、王今不応作如是語。如虫食木有成字者。此虫不知是字非字。智人見之、終不唱言是虫解字、亦不驚怪。大王。当知旧医亦爾。不別諸病、悉与乳薬。如彼虫道偶得成字」（大正一二、六一八中一―六行）を参照。

225 **甘露を服するが如きも……命を傷つけて早夭す** 『南本涅槃経』巻八、如来性品「或有服甘露　傷命而早夭　或復服甘露　寿命得長存」（大正一二、六五〇上三―四行）に基づく表現である。

226 **十六心** 見道において四諦を現観する無漏智に、見惑を断じる無間道（無礙道）の智＝忍と、断じおわって四諦の理を証する解脱道の智がある。全部で八忍八智の十六心がある。欲界の苦諦に関して苦法智忍・苦法智、上界の苦諦に関して苦類智忍・苦類智があり、以下同様にして、集法智忍・集法智・集類智忍・集類智、滅法智忍・滅法智・滅類智忍・滅類智、道法智忍・道法智・道類智忍・道類智がある。道類智の前の十五心が見道に属し、道類智は修道に属す。

227 **豁然** からっと開けたさま。疑いなどがすっきりと解決することを形容する。顔之推『顔氏家訓』勉学「積年凝滞、豁然霧解」を参照。

228 **金錍** 古代の眼の手術道具。『南本涅槃経』巻八、如来性品「如百盲人為治目故造詣良医。是時良医即以金錍決（明本には「抉」に作る）其眼膜、以一指示、問言、見不。盲人答言、我猶未見。復以二指三指示之、乃言少見」（大正一二、六五二下四―七行）を参照。

229 **灼然** 明らかなさま。徐幹『中論』審大臣「文王之識也、灼然若披雲而見日、霍然若開霧而観天」を参照。

230 **四悉檀** 『大智度論』巻一に、「復次仏欲説第一義悉檀相故、説是般若波羅蜜経。有四種悉檀。一者世界悉檀、二者各各為人悉檀、三者対治悉檀、四者第一義悉檀。四悉檀中、一切十二部経、八万四千法蔵、皆是実、無相違背。仏法中、有以世界悉檀故実、有以各各為人悉檀故実、有以対治悉檀故実、有以第一義悉檀故実」（大正二五、五九中一七―二四行）と出る。仏の説法を四種に分類したものである。悉檀は siddhānta の音写語で、確定した説の意。世界悉檀は世俗における真実、各各為人悉檀は衆生の性質・能力に応じて、善を生じるように説かれた真実、対治悉檀は衆生の悪を断ち切るように説かれた真実、第一義悉檀は究極的な真実をいう。

231 **快馬の鞭影を見るが如く** 『大智度論』巻一「爾時、長爪梵志、如好馬見鞭影即覚、便著正道」（大正二五、六二上六―七行）を参照。

232 **言語の道断え、心の行処滅す** 『大智度論』巻二「心行処滅、言語道断、過諸法如涅槃相不動」（大正二五、七一下七―八行）を参照。

233 **図度** 推測するの意。

234 **『金光明』に云わく、「不思議の智は、不思議の智境を照**

らす」 出典未詳であるが、『合部金光明経』巻二、業障滅品「若欲願求一切智智、浄智、不思議智、不動智、三藐三菩提正遍智、亦応懺悔滅除業障」（大正一六、三六九上一六―一八行）を参照。

235 **『大本玄義』** 『法華玄義』を指す。

236 **龍樹は先に一異時方を破して** 『大智度論』巻一五「復次外道及仏弟子、説常法有同、有異。同者、虚空、涅槃。外道有神、時、方、微塵、冥初、如是等名為異」（大正二五、一七一中一八―二〇行）を参照。

237 **鏡** 底本の「境」を、会本によって改める。

238 **界畔** 境界の意。

239 **『大経』に云わく、「無漏にも亦た因縁有り……三菩提の灯なり」** 『南本涅槃経』巻一九、光明遍照高貴徳王菩薩品「世尊亦有因縁。因滅無明、則得熾然阿耨多羅三藐三菩提灯」（大正一二、七三二上二一―二四行）を参照。

240 **因縁もて生ずる所の法は……亦た中道の義と名づく** 『中論』巻四、観四諦品「衆因縁生法　我説即是無　亦為是仮名　亦是中道義」（大正三〇、三三中一一―一二行）を参照。

241 **『華厳』に云うが如し、「心は工みなる画師の如く……心由り造らざること莫し」** 『六十巻華厳経』巻一〇、夜摩天宮菩薩説偈品「心如工画師　画種種五陰　一切世界中　無法而不造　如心仏亦爾　如仏衆生然　心仏及衆生　是三無差別」（大正九、四六五下二六―二九行）を参照。

242 **身を観ずるに実相なり。仏を観ずるも亦た然り** 『維摩経』巻下、見阿閦仏品「如自観身実相、観仏亦然」（大正一四、五五四下二九行―五五五上一行）を参照。

243 **『華厳』に云わく、「心は然り……是の三に差別無し」** 前註241を参照。

244 **常念恭敬は、三毒を離るることを得れば** 前註201に引いた『法華経』観世音菩薩普門品の経文に基づく表現。

245 **礼拝供養して、求むる所の願満ずれば** 前註200に引いた『法華経』観世音菩薩普門品の経文に基づく表現。

246 **存想** 思念、思量するの意。

247 **十念** 十種の対象に対して心を込めて思うこと。『増一阿含経』巻一、序品「時仏在中告比丘、当修一法専一心、思惟一法無放逸。云何一法。謂念仏、法念、僧念、及戒念、施念、去相次天念、息念、安般、及身念、死念、除乱謂十念」（大正二、五五〇中一六―一九行）を参照。

248 **忍界** 娑婆（sahā の音訳）世界を指す。忍土、堪忍土ともいう。

249 **出入息は是れ身行、覚観は是れ口行、受を心行と為す**　『大智度論』巻三六「或説三行。身行、口行、意行。身行者、出入息。所以者何。息属身故。口行者、覚観。所以者何。先覚観、然後語言。意行者、受、想。所以者何。受苦楽、取相心発、是名意行」（大正二五、三二五中二二―二六行）を参照。「出入息」は、呼吸のこと。「覚観」は、推し量る心の粗い働きを覚といい、細かな働きを観という。いずれも禅定の妨げとなる。新訳では、それぞれ尋、伺と訳す。

巻下

1 **結束**　束ねる、統合すること。

2 **五番**　十二因縁、四諦、三諦、二諦、一実諦を指す。

3 **因縁**　十二因縁のこと。

4 **四番**　蔵教・通教・別教・円教の四教をいう。

5 **四番**　蔵教・通教・別教・円教の四教をいう。

6 **両番**　別教・円教の二教をいう。

7 **七番**　蔵教・通教・別教・円教の四教と、別接通・円接通・円接別の三被接を合わせた七つ。

8 **一番**　円教を指す。

9 **『大本』**　『大本玄義』＝『法華玄義』のこと。

10 **因縁もて生ずる所の法なり。此の因縁は即空・即仮・即中なり**　『中論』巻四、観四諦品「衆因縁生法　我説即是無　亦為是仮名　亦是中道義」（大正三〇、三三中一一―一二行）に基づく表現。

11 **『瓔珞』に云うが如し、「従仮入空を……中道第一義諦観に入ることを得」**　巻上註110を参照。

12 **『大品』に明かす所の三智なり**　『大品般若経』巻二一、三慧品「須菩提言、仏説一切智、説道種智、説一切種智。是三種智有何差別。仏告須菩提、薩婆若是一切声聞辟支仏智。道種智是菩薩摩訶薩智。一切種智是諸仏智」（大正八、三七五中二三―二七行）を参照。

13 **『大経』の四種の十二因縁観なり。下・中・上・上上なり**　『南本涅槃経』巻二五、師子吼菩薩品「観十二縁智、凡有四種。一者下、二者中、三者上、四者上上。下智観者、不見仏性。以不見故、得声聞道。中智観者、不見仏性。以不見故、得縁覚道。上智観者、見不了了。不了了故、住十住地。上上智観者、見了了故、得阿耨多羅三藐三菩提道」（大正一二、七六八下一二―一七行）を参照。

14 **摩訶衍**　mahāyāna の音写語。大乗と訳す。

15 **五眼** 肉眼・天眼・慧眼・法眼・仏眼の五種の眼。『大智度論』巻三三「何等五。肉眼、天眼、慧眼、法眼、仏眼。肉眼、見近不見遠、見前不見後、見外不見内、見昼不見夜、見上不見下。以此礙故求天眼。得是天眼、遠近皆見、前後内外、昼夜上下、悉皆無礙。是天眼見和合因縁生仮名之物、不見実相。所謂空、無相、無作、無生、無滅。如前中後亦爾。為実相故求慧眼。得慧眼、不見衆生、尽滅一異相、捨離諸著、不受一切法、智慧自内滅、是名慧眼。但慧眼不能度衆生。所以者何。無所分別故。以是故生法眼。法眼令是人行是法、得是道、知一切衆生各各方便門、令得道証。法眼不能遍知度衆生方便道。以是故求仏眼。仏眼無事不知、覆障雖密、無不見知。於余人極遠、於仏至近。於余幽闇、於仏顕明。於余為疑、於仏決定。於余微細、於仏為麁。於余甚深、於仏甚浅。是仏眼無事不聞、無事不見、無事不知、無事為難。無所思惟、一切法中仏眼常照」（大正二五、三〇五下一八行―三〇六上七行）を参照。

16 **『中論』の偈の「因縁所生法」の一句** 前註10に引いた偈の第一句「衆因縁生法」を指す。

17 **三句** 前註10に引いた偈の第二句から第四句「我説即是無　亦為是仮名　亦是中道義」を指す。

18 **『涅槃』の四観** 前註13を参照。

19 **補処** 仏の処を補うの意。次生で成仏する菩薩（一生補処の菩薩）をいう。

20 **諸法の寂滅の相は、言を以て宣ぶ可からず** 『法華経』方便品「諸法寂滅相　不可以言宣」（一〇上四行）を参照。

21 **『大経』に「生生不可説、乃至、不生不生亦不可説」と云う** 『南本涅槃経』巻一九、光明遍照高貴徳王菩薩品「仏言、善哉善哉。善男子。不生生不可説。生生亦不可説。生不生亦不可説。不生不生亦不可説。生亦不可説。不生亦不可説。有因縁故、亦可得説」（大正一二、七三三下九―一二行）を参照。

22 **因縁有るが故に、亦た説くことを得可し** 前註21を参照。

23 **『釈論』に迦旃延子の菩薩の義を明かすを引くが如し** 『大智度論』巻四「復次阿毘曇中、迦旃延尼子弟子輩言、何名菩薩。自覚復能覚他、是名菩薩。必当作仏、是名菩薩」（大正二五、八六下四―六行）を参照。

24 **釈迦は初めに陶師と為り、昔の釈迦仏に値いて願を発す** 『大智度論』巻一二「如釈迦牟尼仏初発心時、作大国王、名曰光明、求索仏道、少多布施。転受後身作陶師、能以澡浴之具及石蜜漿、布施異釈迦牟尼仏及比丘僧。其後転身作

大長者女、以灯供養憍陳若仏。如是等種種、名為菩薩下布施」（大正二五、一五〇中三―八行）を参照。

25 慳　物惜しみすること。

26 檀　dāna の音写語。布施のこと。

27 慧度　般若波羅蜜のこと。

28 此の六度を行ずるに……　以下、この段で述べられる六度（六波羅蜜）それぞれの満と例話は、登場人物の名前に一部違いはあるが、『大智度論』巻四（大正二五、八七下二五行―八九中二四行）に見られるものと一致する。以下、その一々を註29から註34で掲げるが、註29の檀波羅蜜の満と、註30の尸〔羅〕波羅蜜の満は、例話が詳細にわたるので、冒頭と末尾のみを掲げ、その後に要旨を示す。なお、この段の文章と類似するものが『維摩経玄疏』巻三にも出る。「四明六波羅蜜満者、菩薩一切能施、乃至不惜身命。如尸毘王以身施鴿、心不悔恨。是為檀満。尸波羅蜜満者、持戒不惜身命。如須摩提王、精進持戒、常依実語、赴鹿足王就死。是為尸羅満。羼提波羅蜜満者、菩薩忍辱不惜身命。如羼提比丘、為歌利王割截、心生慈忍、発誓身復名羼提満。毘梨耶波羅蜜満者、精進不惜身命。如大施太子、為国民入海採宝、得如意珠。海神因其寝臥、盗珠還海。太子発誓抒海水、為衆生求珠、困苦垂命、心無懈退。名精進満。禅波羅蜜満者、菩薩具足禅定。於外道禅定、出入自在。如尚闍梨仙人、坐禅時無出入息、鳥於髻上生子、慈悲不動、乃至鳥子飛出。是名禅満。般若波羅蜜満者、菩薩大心分別。如劬頻婆羅門大臣、分閻浮大地為七分、若干大城小城聚落分作七分。般若波羅蜜亦如是。此為菩薩六波羅蜜満」（大正三八、五三六中一九行―下七行）を参照。

29 尸毘の鴿に代わるは是れ檀の満なり　『大智度論』巻四「問曰。檀波羅蜜云何満。答曰。一切能施、無所遮礙、乃至以身施時、心無所惜。譬如尸毘王以身施鴿。釈迦牟尼仏本身作王、名尸毘。……如是等種種相、是檀波羅蜜満」（大正二五、八七下二七行―八八下二七行）を参照。釈尊が前世で尸毘王であったとき、自分を頼る者は必ず救うという誓願を立てていた。無仏の世を憂えていた釈提桓因（帝釈天）は、この王が久しからずして仏となる菩薩の相を有しているか試すために、毘首羯磨天と示し合わせて、それぞれ鷹と鴿に変身し、鷹に追われた鴿が王の腋の下に飛び込んだ。鴿を差し出すよう求める鷹に対し、王はその代わりに自らの身肉を与えたという。『菩薩本行経』巻下「仏言、我為尸毘王時、為一鴿故、割其身肉、興立誓願除去一切衆

生危嶮」（大正三、一一九上二三―二五行）も参照。

30 **須摩提の妄語せざるは是れ尸の満なり** 『大智度論』巻四「問曰。尸羅波羅蜜云何満。答曰。不惜身命、護持浄戒、如須陀須摩王、以劫磨沙波陀大王故、乃至捨命不犯禁戒。昔有須陀須摩王。是王精進持戒、常依実語。……如是等種種本生中相、是為尸羅波羅蜜満」（大正二五、八八下二七行―八九中一一行）を参照。ある日の朝、須陀須摩（本文では「須摩提」）王は婇女たちを伴って車で園に向かおうとしていた。城門を出たとき、一人の婆羅門が布施を乞うてきたので、帰りに布施しようと約束した。ところが園で過ごしている最中に、翼を持った劫磨沙波陀（鹿足）という鬼神の王が飛来して須陀須摩王を連れ去ってしまった。この王は自らが殺されることでなく、生まれてよりこのかた妄語したことのない自分が婆羅門との約束を果たせないことを悲しみ泣いたので、鹿足は七日間の猶予を王に与えた。王はその間に婆羅門に布施し、太子に王位を譲るなど、自分亡き後の準備を整えて、鹿足との約束通り戻ってきた。鹿足はこのことに歓喜して、同様に捕らえていた九十九人の王とともども解放したという。

31 **歌利王の割截するも動ぜざるは是れ忍の満なり** 『大智度論』巻四「問曰。羼提波羅蜜云何満。答曰。若人来罵、撾捶、割剝、支解、奪命、心不起瞋、如羼提比丘、為迦梨王（本文では「歌利王」）、截其手足耳鼻、心堅不動」（大正二五、八九中一一―一四行）を参照。『方広大荘厳経』巻五、音楽発悟品「尊憶往昔作仙人　歌利王瞋断支節　起大慈心無悩恨　所傷之処皆流乳」（大正三、五六六上二八―二九行）も参照。

32 **大施の海を抒むは是れ精進の満なり** 『大智度論』巻四「問曰。毘梨耶波羅蜜云何満。答曰。若有大心勤力、如大施菩薩、為一切故、以此一身、誓抒大海、令其乾尽、定心不懈」（大正二五、八九中一四―一六行）を参照。巻上註196も参照。

33 **尚闍梨の坐禅するは是れ定の満なり** 『大智度論』巻四「問曰。禅波羅蜜云何満。答曰。如一切外道禅定中得自在。又如尚闍梨仙人、坐禅時無出入息、鳥於螺髻中生子、不動不揺、乃至鳥子飛去」（大正二五、八九中一七―二一行）を参照。

34 **劬嬪大臣の地を分かつは是れ般若の満なり** 『大智度論』巻四「問曰。般若波羅蜜云何満。答曰。菩薩大心思惟分別、如劬嬪陀婆羅門大臣、分閻浮提大地作七分、若干大城小城

聚落村民尽作七分。般若波羅蜜如是」（大正二五、八九中二一―二四行）を参照。

35 **三十二大人相** 偉人の備える三十二の身体的特徴の意。

36 **無脂の肥羊の如し** 『大智度論』巻一五「復次思惟観空、無常相故、雖有妙好五欲、不生諸結。譬如国王有一大臣、自覆蔵罪、人所不知。王言、取無脂肥羊来、汝若不得者、当与汝罪。大臣有智、繋一大羊、以草穀好養、日三以狼而畏怖之。羊雖得養、肥而無脂。牽羊与王、王遣人殺之、肥而無脂。王問、云何得爾。答以上事。菩薩亦如是、見無常、苦、空狼、令諸結使脂消、諸功徳肉肥」（大正二五、一六九中四―一一行）を参照。

37 **総・別の念処** 別相念処・総相念処のこと。四念処に別相念処と総相念処の二つがある。別相念処には、身・受・心・法の四に対して、順次に不浄・苦・無常・無我であると、それぞれの自相を観察する自相別観と、身・受・心・法の四はいずれも不浄・苦・無常・無我であると、それらの共相を観察する共相別観とがある。総相念処は、身・受・心・法の四を総じて不浄・苦・無常・無我であると観察することである。

38 **八相成仏す** 釈尊が衆生救済のために、八種の姿を示したこと。下天・託胎・降誕・出家・降魔・成道・転法輪・入涅槃のこと。八相のなかで、成道（成仏）が最も重要なので、別出する。

39 **九劫を超ゆ** 『南本涅槃経』巻一三、聖行品「如我往昔為半偈故、捨棄此身。以是因縁、便得超越足十二劫、在弥勒前成阿耨多羅三藐三菩提」（大正一二、六九三上二八行―中二行）、『大宝積経』巻一一一「我時乃発阿耨多羅三藐三菩提心。由我勇猛精進力故、便超九劫、於賢劫中、得阿耨多羅三藐三菩提」（大正一一、六二九下二一―二三行）を参照。平井俊榮『法華文句の成立に関する研究』（春秋社、一九八五年）四九八頁を参照。

40 **賢劫** 現在の一大劫（成・住・壊・空の四劫）を意味する。ちなみに最も近い過去の一大劫を荘厳劫、未来の一大劫を星宿劫と名づける。

41 **釈迦は弗沙に値いて、百劫を促む** 『大智度論』巻四「過去久遠、有仏名弗沙。時有二菩薩。一名釈迦牟尼、一名弥勒。弗沙仏欲観釈迦牟尼菩薩心純淑未。即観見之、知其心未純淑、而諸弟子心皆純淑。又弥勒菩薩心已純淑、而弟子未純淑。是時弗沙仏如是思惟、一人之心易可速化、衆人之心難可疾治。如是思惟竟、弗沙仏欲使釈迦牟尼菩薩疾得成仏、上雪山上、於宝窟中入火定。是時釈迦牟尼菩薩作外道仙人、上山採薬、見弗沙仏坐宝窟中、入火定、放光明。見已、心歓喜信敬、翹一脚立、叉手向仏、一心而観、目未曾眴、七日七夜、以一偈讃仏。天上天下無如仏　十方世界亦無比　世界所有我尽見　一切無有如仏者。七日七夜諦観世尊、目未曾眴、超越九劫、於九十一劫中得阿耨多羅三藐三菩提」（大正二五、八七中二七行―下一四行）を参照。

42 **伝じて**　江戸時代の版本には、「伝」について、「一本に得に作る。是と為す」と傍書する。この場合は、「超ゆることを得」と訓読する。

43 **『大品』に明かすが如し**　出典未詳であるが、『大品般若経』巻二一、三慧品「世間言説故有差別、非第一義。第一義中無有分別説。何以故。第一義中無言説道、断結故説後際」（大正八、三七六上一二―一五行）を参照。

44 **『釈論』に破して云わく、「豈に不浄の心を以て……人を殺すが如し」**　出典未詳であるが、『大智度論』巻一五「譬如毒食、初雖香美、久則殺人」（大正二五、一七三上二七行）を参照。『法華玄義』巻三下にも、「故龍樹破云、豈有不浄心中修菩提道。猶如毒器不任貯食、食則殺人」（大正三三、七一二中八―一〇行。I一四六頁）という同様の引用が見られる。I巻三下註8も参照。

45 **能・所・財物**　それぞれ布施について能施の人（布施する人）、所施の人（布施される人）、施物を指す。ここではいわゆる三輪清浄について述べている。

46 **『論』に云わく、「若し空を信ぜずば……能く一切諸法を成ず」**　『大智度論』巻二五「若信諸法空　是則順於理　若不信法空　一切皆違失　若以無是空　無所応造作　未作已有業　不作有作者」（大正二五、二四五下九―一二行）を参照。

47 **『大品』に云わく、「菩薩は発心して薩婆若と相応す」**　ぴったりした出典は未詳であるが、『大品般若経』巻一、習応品「菩薩摩訶薩行般若波羅蜜、薩婆若不与過去世合。何以故。過去世不可見。何況薩婆若与過去世合。薩婆若不与未来世合。何以故。未来世不可見。何況薩婆若与未来世合。薩婆若不与現在世合。何以故。現在世不可見。何況薩婆若与現在世合。舎利弗。菩薩摩訶薩如是習応、是名与般若波羅蜜相応」（大正八、二二三中二一―二九行）、同巻二四、善達品「又幻作須陀洹、斯陀含、阿那含、阿羅漢、辟支仏、菩薩摩訶薩、従初発意行檀那波羅蜜、尸羅波羅蜜、羼提波羅蜜、毘梨耶波羅蜜、禅那波羅蜜、般若波羅蜜、行初地乃至行十地、入菩薩位遊戯神通、成就衆生、浄仏国土、遊戯諸禅解脱三昧、行仏十力、四無所畏、四無礙智、十八不共法、大慈大悲、具足仏身三十二相、八十随形好、以示衆人」（大正同、四〇〇中一〇―一七行）、同巻一、習応品「菩薩摩訶薩従初発意行六波羅蜜、乃至坐道場、於其中間常為諸声聞、辟支仏作福田」（大正同、二二二中二〇―二二行）などを参照。「薩婆若」は、sarvajña の音写語。一切智と訳す。

48 **三乗共の十地**　三乗に共通な十地であり、天台教学では、通教の十地といわれる。もと『大品般若経』巻一七（大正八、三四六中を参照）に説かれる。

49 **道観双流**　他を教化する道＝化道と、空の理を観察する空観とを並び行なうこと。

50 **『論』に云わく、「是の人は煩悩尽きて、習尽きず」**『大智度論』巻八四「如来煩悩及習都尽。声聞、辟支仏但煩悩尽、而習気有余」（大正二五、六四九下二一―三行）を参照。

51 **此**　底本の「比」を、会本によって改める。

52 **『大品』に云わく、「菩薩有りて、初発心従り……仏国土を浄む」**『大品般若経』巻二、往生品「有菩薩摩訶薩遊戯神通、従一仏国至一仏国、所至到処其寿無量」（大正八、二二五下二六―二八行）を参照。また、『大智度論』巻八九「菩薩摩訶薩従初発意、行檀波羅蜜、尸羅波羅蜜、羼提波羅蜜、毘梨耶波羅蜜、禅波羅蜜、般若波羅蜜、行初地乃至行十地、入菩薩位、遊戯神通、成就衆生、浄仏国土、遊戯諸禅、解脱、三昧。行仏十力、四無所畏、四無礙智、十八不共法、大慈大悲、具足仏身三十二相、八十随形好、以示衆人」（大正二五、六九〇上一三―一九行）、同巻九四「菩薩摩訶薩行般若波羅蜜時、応如是遊戯神通、能浄仏国土、成就衆生」（大正同、七一六上二三―二五行）を参照。

53 **『大品』に云わく、「菩薩有りて、初発心従り……衆生を度す」**　ぴったりした文ではないが、『大品般若経』巻二〇、摂五品「菩薩摩訶薩行般若波羅蜜、従初発意乃至坐道場、無有妄想分別」（大正八、三六七下五―七行）、同巻二六、畢定品「菩薩摩訶薩具足是善法已、当得一切種智。得一切種智已、当転法輪。転法輪已、当度衆生」（大正同、四一一中一二―一四行）を参照。

54 **仏知見を開き、示・悟・入等なり**　『法華経』方便品「諸仏世尊、欲令衆生開仏知見、使得清浄故、出現於世。欲示衆生仏之知見故、出現於世。欲令衆生悟仏知見故、出現於世。欲令衆生入仏知見道故、出現於世。舎利弗。是為諸仏以一大事因縁故、出現於世」（七上二三―二八行）を参照。

55 **文に云わく、「正直に方便を捨てて、但だ無上道を説くのみ」**『法華経』方便品「正直捨方便　但説無上道」（一〇上一九行）を参照。

56 **又た云わく、「今、当に汝が為めに最実事を説くべし」** 巻上註44を参照。

57 **『大品』に云わく、「若し阿字門を聞かば、則ち一切の義を解す」**『大品般若経』巻五、広乗品に、「阿字門、一切法初不生故」（大正八、二五六上八行）とあり、『大智度論』巻四八にこの経文を注釈して、「菩薩若一切語中聞阿字、即時随義。所謂一切法従初来不生相」（大正二五、四〇八中一五―一六行）とあるのを参照。

58 **『大経』に云わく、「発心と畢竟との……初発心に敬礼す」**『南本涅槃経』巻三四、迦葉菩薩品「発心畢竟二不別　如是二心先心難　自未得度先度他　是故我礼初発心」（大正一二、八三八上四―五行）を参照。『法華玄義』Ⅱ巻五上註60も参照。

59 **譬えば衆流の海に入りて、本との名字を失うが如し**　次註60を参照。

60 **『大論』に云わく、「十智は如実智に入れば……但だ如実智と称するのみ」**『大智度論』巻二三「復次是十智入如実智中、失本名字、唯有一実智。譬如十方諸流水、皆入大海、捨本名字、但名大海」（大正二五、二三四上一一―一三行）を参照。

61 **『大経』に云わく、「大乗を学ぶ者は……名づけて肉眼と為すなり」**『南本涅槃経』巻六、四依品「声聞之人雖有天眼、故名肉眼。学大乗者雖有肉眼、乃名仏眼」（大正一二、六三八上二一―二三行）を参照。

62 **三点の涅槃**　大涅槃の法身・般若・解脱の三徳を、悉曇文字の伊字の三点のように、縦にも横にも一列に並ばず、三角形をなしているさまにたとえ、三徳の一体不離の関係を表わす。

63 **『浄名』の中に説くが如し**　『維摩経』巻中、観衆生品「譬如幻師見所幻人、菩薩観衆生為若此。如智者見水中月、如鏡中見其面像、如熱時焔、如呼声響、如空中雲、如水聚沫、如水上泡、如芭蕉堅、如電久住、如第五大、如第六陰、如第七情、如十三入、如十九界、菩薩観衆生為若此」（大正一四、五四七中一―六行）を参照。

64 **『大経』は月光の増損に……光に約して滅を論ず**　『南本涅槃経』巻一八、梵行品「譬如月光従初一日至十五日、形

色光明漸漸増長。月愛三昧亦復如是。令初発心諸善根本漸漸増長、乃至具足大般涅槃。是故復名月愛三昧。大王。譬如月光従十六日至三十日、形色光明漸漸損減。月愛三昧亦復如是。光所照処所有煩悩能令漸滅。是故復名月愛三昧」（大正一二、七二四中一一―一七行）を参照。

65 **盈昃** 月の満ちることと欠けること。

66 **『大経』も亦た無明を称して明と為す** 出典未詳であるが、『南本涅槃経』巻八、如来性品「若言無明因縁諸行。凡夫之人聞已分別、生二法想。明与無明、智者了達其性無二。無二之性即是実性」（大正一二、六五一下一―四行）を参照。

67 **故に云わく、「不生不生を大涅槃と名づく」** 『南本涅槃経』巻一九、光明遍照高貴徳王菩薩品「云何不生不生不可説。不生者、名為涅槃。涅槃不生、故不可説」（大正一二、七三三下一六―一七行）を参照。

68 **故に云わく、「不滅不滅を大涅槃と名づく」** 出典未詳。前註67を参照。

69 **『仁王』・『天王』等の般若は、十四日を以て、十四般若を譬う** 出典未詳であるが、『法華玄義』巻五上にも、「仁王明十四忍。三十心為三般若、十地為十般若、等覚為一般若。十四般若在菩薩心中、皆名為忍。転至仏心、名之為智。此与十五日明智位同。勝天王明十四般若位、正用十四日月為譬。故作此釈也」（大正三三、七三五上五―九行。Ⅱ二七―二八頁）とある。『仁王般若経』については、巻上、菩薩教化品「衆生本業、是諸仏菩薩本業、本所修行、五忍中十四忍具足」（大正八、八二七上六―七行）、同「善男子。其所説十四般若波羅蜜、三忍地地上中下三十忍、一切行蔵一切仏蔵不可思議」（大正同、八二八上一九―二一行）を参照。『勝天王般若波羅蜜経』については、巻二、法界品「譬如初月十五日、月虧盈有異、月性無差。此等諸身皆悉堅固、猶如金剛不可破壊」（大正同、六九七上四―六行）を参照。

70 **伝伝** 次々にの意。

71 **問う。若し円かに実相を……前の如く分けんや** この文を引用する『法華経会義』巻七には、「問。若円修実相、則一法三諦、一心三観、具足諸法、亦応一教四詮。但明円教、即足。何用四教如前分別耶」（続蔵三二、二〇六中一三―一五行）とある。本文の理解に参考となる。

72 **種種の道を説くと雖も、其れ実に一乗の為めなり** 『法華経』方便品「未来世諸仏　雖説百千億　無数諸法門　其実為一乗」（九中六—七行）を参照。

73 **如来の余の深法の中に於いて、示教利喜す** 『法華経』嘱累品「若有衆生不信受者、当於如来余深法中、示教利喜」（五二下一九—二〇行）を参照。

74 **三方便** 蔵教・通教・別教の方便の三教を意味する。

75 **弄引** 正説にたとえられる弄（歌曲の意）を引き出すものの意で、方便の意となる。

76 **故に云わく、「唯だ此の一事のみ実にして、余の二は則ち真に非ず」** 『法華経』方便品「唯此一事実　余二則非真　終不以小乗　済度於衆生」（八上二一—二二行）を参照。

77 **言語の道断え、心の行処滅し** 巻上註232を参照。

78 **四運もて心を検するに** 心の進展に四つのあり方、未念、欲念、念、念已があり、そのいずれによって心を探求しても、心は把握できないことをいう。『摩訶止観』巻二上「初明四運者、夫心識無形不可見。約四相分別。謂未念、欲念、念、念已。未念名心未起、欲念名心欲起、念名正縁境住、念已名縁境謝。若能了達此四、即入一相無相」（大正四六、一五中二一—二四行）を参照。

79 **『華厳』に云わく、「一切世間の中……種種の五陰を造る」** 巻上註241を参照。

80 **『浄名』に云わく、「身を観ずるに実相なり。仏を観ずるも亦た然り」** 『維摩経』巻下、見阿閦仏品「如自観身実相、観仏亦然」（大正一四、五五四下二九行—五五五上一行）を参照。

81 **『華厳』に云わく、「心、仏、及び衆生、是の三に差別無し」** 巻上註24を参照。

82 **仏知見を開き** 前註54を参照。

83 **如来の座に坐す……如来の衣を著す** 『法華経』法師品「是善男子、善女人、入如来室、著如来衣、坐如来座、爾乃応為四衆広説斯経。如来室者、一切衆生中大慈悲心是。如来衣者、柔和忍辱心是。如来座者、一切法空是」（三一下二三—二七行）に基づく表現。

84 **即ち是れ如来の荘厳……如来の想を生ずべし** 『法華経』分別功徳品「阿逸多。是善男子、善女人、若坐、若立、若行処、此中便応起塔」（四五下二九行—四六上一行）、同「其所住止処　経行若坐臥　乃至説一偈　是中応起塔　荘厳令妙好　種種以供養」（四六中九—一一行）に基づく表現。

85 **凡鄙** 平凡で卑俗なの意。巻上註55を参照。

86 **清昇** 清らかで上に昇ること。十界のなかの人天界の相を形容する言葉。「清升」とも書く。『法華文句』巻一上「此

序非為人天清升作序、非為二乗小道作序、不為即空通三作序、不為独菩薩法作序、乃為正直捨方便但説無上仏道作序耳」（大正三四、二下一六―一九行）を参照。また、『法華経入疏』巻二「二人天表清升、為楽即善相也」（続蔵三〇、四五中二三行）を参照。

87 **四禅** 色界の四禅（初禅・二禅・三禅・四禅）のこと。

88 **四定** 無色界の四無色定（空無辺処定・識無辺処定・無所有処定・非想非非想処定）のこと。

89 **四四十六の教門** 蔵教・通教・別教・円教の化法の四教にそれぞれ有門・空門・亦有亦空門・非有非空門の四門があるので、十六門となる。

90 **『毘勒』** 『大智度論』巻一八に、「問曰。云何名蜫勒。云何名阿毘曇。云何名空門。答曰。蜫勒有三百二十万言、仏在世時、大迦栴延之所造。仏滅度後人寿転減、憶識力少、不能広誦、諸得道人撰為三十八万四千言。若人入蜫勒門、論議則無窮。其中有随相門対治門等種種諸門」（大正二五、一九二中一―七行）とあるが、現存しない。この書がパーリ文献の *Peṭakopadesa* に相当するのではないかという説がある。Stefano Zacchetti, “Some Remarks on the ‘*Peṭaka* Passages’ in the *Da zhidu lun* and their Relation to the Pāli *Peṭakopadesa*”（『創価大学国際仏教学高等研究所年報』五、二〇〇二年三月、六七―八五頁）を参照。

91 **車匿** Chandaka の音写語。釈尊が出城するときの馭者であった。後に出家したが、生来の悪口が改まらなかったので、悪口車匿、悪性車匿と呼ばれた。『止観輔行伝弘決』巻六之二「悪口車匿依梵法治。若心調柔軟、当為説那陀迦旃延経。離有離無、乃可得道」（大正四六、三三五下八―一〇行）を参照。

92 **千の性相** 十界互具＝百界と十如是を乗じた千如是のこと。

93 **『浄名』の中に入不二門を説くが如きは** 『維摩経』巻中、入不二法門品の所説を指す。

94 **『大経』に云わく、「明と無明とは……即ち是れ中道なり」** 前註66を参照。

95 **三十一の菩薩は……浄名は口を杜じて不二門と為す** 『維摩経』入不二法門品において、どのようにして菩薩は不二法門に入るのかという維摩詰の質問に対して、第一段階として三十一人の菩薩の答え、第二段階として文殊菩薩の答え、第三段階として維摩詰の答えがそれぞれ示される。三十一人の菩薩は、さまざまに二とは何かを規定した上で、その二を否定超越することが不二法門に入ることであると答えている。文殊菩薩は、一切法（これは三十一人の菩薩が二として取りあげたものすべてを包括する）について、いかなる言語表現も不可能であるとすることが不二法門に入ることであると答えている。これは不二法門に入ることが言語で説くことができないことについて、ほかならぬ言語によって説いたのである。最後に、文殊菩薩が維摩詰に同じ質問をすると、維摩詰は沈黙を守って一言も答えない。それを見た文殊は維摩詰の沈黙の意味を理解し、維摩詰を絶賛するのである。

96　**肇師の注に云わく、「諸菩薩の歴く法相……此れは即ち空門なり」**『注維摩詰経』巻八「肇曰。有言於無言、未若無言於無言。所以黙然也。上諸菩薩措言於法相、文殊有言於無言、浄名無言於無言。此三明宗雖同、而迹有深浅。所以言後於無言、知後於無知、信矣哉」（大正三八、三九九中二九行―下五行）を参照。

97　**『思益』に云わく、「一切法は正、一切法は邪なり」**『思益梵天所問経』巻一、分別品「又網明。一切法正、一切法邪。梵天言、於諸法性無心故、一切法名為正。若於無心法中、以心分別観者、一切法名為邪。一切法離相名為正。若不信解達是離相、是即分別諸法。若分別諸法、則入増上慢、随所分別、皆名為邪」（大正一五、三六中二一―二八行）を参照。

98　**心を法界に遊ばすは、虚空の如し**　『六十巻華厳経』巻三、盧舎那仏品「遊心法界如虚空」（大正九、四〇九下一行）を参照。

99　**『大品』の四十二字門は、先に阿、後に茶、中に四十字有り**　「後に茶」の「茶」について、底本の「茶」を、会本によって「茶」に改める。悉曇四十二字門の最初の文字が「阿」であり、最後の文字が「茶」である。『大智度論』巻四八「是字、初阿後茶中有四十」（大正二五、四〇八中一四行）、『大品般若経』巻二四、四摂品「善男子。当善学分別諸字。亦当善知一字乃至四十二字。一切語言皆入初字門、一切語言亦入第二字門乃至第四十二字門。一切語言皆入其中、一字皆入四十二字、四十二字亦入一字」（大正八、三九六中二一―二五行）を参照。

100　**方便品に云わく、「其の智慧の門は、難解難入なり」**『法華経』方便品「諸仏智慧甚深無量、其智慧門難解難入、一切声聞、辟支仏所不能知」（五中二五―二七行）を参照。

101　**譬喩に云わく、「唯だ一門のみ有りて、而も復た狭小な**

り」『法華経』譬喩品「是舍唯有一門、而復狭小」（一二中二五—二六行）を参照。

102 **四随**　随楽欲・随便宜・随対治・随第一義のこと。

103 **中適**　中正適当の意。漢賈誼『新書』容経「言秉中適而拠乎宜」を参照。

104 **通**　底本の「過」を、会本によって改める。

105 **魚子、菴羅華、菩薩の……成就に及びては少なし**　『大智度論』巻四「菩薩発大心　魚子菴樹華　三事因時多　成果時甚少」（大正二五、八八上一〇—一一行）、同巻三五「如魚子、菴羅樹華、発心菩薩、是三事因時雖多、成果甚少」（大正同、三一四下二四—二五行）を参照。「魚子」は、魚卵のこと。「菴羅華」は、マンゴーの花のこと。「菴羅」は、菴摩羅（āmra の音写語）、つまりマンゴー樹のこと。

106 **要期**　期日を定めること。『呂氏春秋』貴因「武王入殷、聞殷有長者、武王往見之、而問殷之所以亡。殷長者対曰、王欲知之、則請以日中為期。武王与周公旦明日早要期、則弗得也」を参照。『涅槃経会疏』巻一一には、「四従善男子菩薩願下、是具誓願。制心為誓、要期為願」（続蔵三六、五〇二中一五—一六行）とあり、「誓願」の語注として、誓を制心、願を要期と解釈している。後註107も参照。

107 **制持**　コントロールすること、うまく処理すること。応劭『風俗通』正失「如其聡明遠識、不忘数十年事、制持万機、天資治理之材、恐文帝亦且不及孝宣皇帝」を参照。

108 **化道**　化導と同じ。教化すること。

109 **『大経』に云わく、「先に定を以て動き、後に慧を以て抜く」**　『南本涅槃経』巻二九、師子吼菩薩品「如抜堅木、先以手動、後則易出。菩薩定慧亦復如是。先以定動、後以智抜」（大正一二、七九三下二六—二八行）を参照。

110 **無礙道**　三界（欲界・色界・無色界）は九地（欲界・四禅天・四無色天）に分けられ、九地の一々に見惑と修惑（思惑）がある。そして、それぞれの地の修惑に九品の段階を設け、その一品の修惑を断じるのに、無礙道（無間道ともいう。惑を断じつつある位）と解脱道（惑を断じおわって解脱を得る位）がある。したがって、一地ごとに、九無礙道、九解脱道があることになる。

111 **伏道**　煩悩を完全には断じないで、制伏するだけのあり方をいう。

112 **七覚**　七覚分（七覚支、七菩提分）のことで、三十七道品の構成要素の一つ。覚分（bodhyaṅga）は、悟りへ導く要素の意。択法・精進・喜・軽安・捨・定・念の七種をいう。

113 **容与**　放任すること。『荘子』人間世「因案人之所感、以求容与其心」を参照。

114 **『釈論』を引きて云わく、「無礙道の中に……仏と名づく」**　『大智度論』巻九四「菩薩摩訶薩無礙道中行、是名菩薩摩訶薩。解脱道中無一切闇蔽、是為仏」（大正二五、七一八中一九―二一行）を参照。

115 **三密**　凡夫の身口意の三業に対して、仏の不可思議な身口意にわたる活動を身密・口密・意密という。

116 **四事**　飲食・衣服・臥具・湯薬の四種の僧侶の必需品。

117 **『大経』に云わく、「汝の我が語に随うは、即ち仏を供養す」**　『南本涅槃経』巻五、四相品「汝随我語則供養仏。為解脱故即供養法。衆僧受者則供養僧」（大正一二、六三六上二九行―中二行）を参照。

118 **四威儀**　行住坐臥にわたる礼式に合致した行為の意。

119 **衆生・法縁・無縁**　慈悲に衆生縁の慈悲、法縁の慈悲、無縁の慈悲の三種がある。衆生縁の慈悲は、衆生を対象として起こす慈悲で、凡夫の慈悲である。法縁の慈悲は、諸法無我を悟って起こす慈悲で、阿羅漢、初地以上の菩薩の慈悲である。無縁の慈悲は、縁＝対象に制約されない絶対平等の仏の大慈悲を指す。

120 **二十五有**　衆生の輪廻する三界六道を二十五種に分類したもの。四洲（東弗婆提・南閻浮提・西瞿耶尼・北鬱単越）、四悪趣（地獄・餓鬼・畜生・阿修羅）、六欲天（四王天・忉利天・夜摩天・兜率天・化楽天・他化自在天）、色界の七天（初禅天・大梵天・二禅天・三禅天・四禅天・浄居天・無想天）、無色界の四天（空処天・識処天・無所有処天・非想非非想処天）のこと。

121 **慈**　底本の「心」を、会本によって改める。

122 **休否**　吉凶のこと。『魏書』元熙伝「臣聞安危無常、時有休否」を参照。

123 **庸人**　平凡な人。『韓非子』内儲説上「故今有於此、曰、予汝天下而殺汝身。庸人不為也」を参照。

124 **相師**　人相、家相、骨相などを見る占い師。

125 **初後の両界**　地獄界と仏界のこと。

126 **釵鐺**　かんざしと耳飾りのこと。

127 **環釧**　ブレスレットのこと。

128 **仮藉**　頼ること、借りること。『墨子』尚賢中「此非中実愛我也。仮藉而用我也。夫仮藉之瓦、将豈能親其上哉」を参照。

129 **『大経』に云わく、「夫れ心有る者は……三念有るが如し」**

『南本涅槃経』巻二五、師子吼菩薩品「凡有心者、定当得成阿耨多羅三藐三菩提」（大正一二、七六九上二〇―二一行）、同巻一一、聖行品「我念往昔、於閻浮提作大国王名曰仙預、愛念敬重大乗経典。其心純善、無有麁悪嫉妬慳悋。口常宣説愛語善語。身常摂護貧窮孤独、布施精進、無有休廃。時世無仏声聞縁覚。我於爾時愛楽大乗方等経典、十二年中、事婆羅門、供給所須。過十二年、施安已訖、即作是言、師等今応発阿耨多羅三藐三菩提心。婆羅門言、大王。菩提之性是無所有、大乗経典亦復如是。大王云何乃欲令人同於虚空。善男子。我於爾時心重大乗、聞婆羅門誹謗方等、聞已即時断其命根。善男子。以是因縁、従是已来不堕地獄。善男子。擁護摂持大乗経典、乃有如是無量勢力」（大正同、六七六上二三行―中八行）を参照。「三念」については、『観音玄義記』巻四「仙予聞謗、乃殺五百。五百堕獄、即生三念。一念此是何処、乃知地獄。二念従何処来、乃知人道。三念何因堕獄、知謗方等。因茲悔過、便生仏国、終獲仏身」（大正三四、九一五下七―一〇行）を参照。

130 **婆藪** Vasu の音写語。王舎城の仙人の名で、殺生の罪により、地獄に堕ちたとされ、『大智度論』巻三（大正二五、七六上―中を参照）、『大方等陀羅尼経』巻一（大正二一、六四三中以下を参照）に出る。

131 **『浄名経』に云わく、「一切衆生は、即ち菩提の相なり」** 『維摩経』巻上、菩薩品「夫如者不二不異。若弥勒得阿耨多羅三藐三菩提者、一切衆生皆亦応得。所以者何。一切衆生即菩提相」（大正一四、五四二中一四―一七行）を参照。

132 **泠然** 底本の「冷」を、会本によって「泠」に改める。泠は聆に通じ、理解するさまをいう。

133 **十力** 仏の持つ十種の智慧の力のこと。処非処智力・業異熟智力・静慮解脱等持等至智力・根上下智力・種種勝解智力・種種界智力・遍趣行智力・宿住随念智力・死生智力・漏尽智力。

134 **変通** もと『周易』繋辞伝上に出、自在に変化適応して滞らないことを意味するが、仏教用語としては神変、神通と同義。不可思議な力、あるいはそれによって現わされる不可思議な現象をいう。

135 **無住の本従り一切の法を立つ** 『維摩経』巻中、観衆生品「従無住本、立一切法」（大正一四、五四七下二二行）を参照。

136 **師子の筋、師子の乳の如きなり** 『法華玄義』巻七下にも、「如師子乳、如師子筋弦」（大正三三、七七三中二七―

二八行。Ⅱ一七四頁）と出る。『六十巻華厳経』巻五九、入法界品「譬如有人用師子筋、以為琴絃、音声既奏、余絃断絶。一切如来波羅蜜身、出菩提心功徳音声、若楽五欲二乗法者、聞悉断滅。譬如牛馬羊乳合在一器、以師子乳投彼器中、余乳消尽、直過無礙。如来師子菩提心乳、著無量劫所積諸業煩悩乳中、皆悉消尽、不住声聞縁覚法中」（大正九、七七八下七—一四行）を参照。

137 **『大経』に云わく、「雪山の中に妙薬の王有り、亦た毒草有り」** 『南本涅槃経』巻三四、迦葉菩薩品「如雪山中雖有毒草、亦有妙薬」（大正一二、八三二上七—八行）などを参照。

138 **冷** 底本の「冷」を、会本によって改める。前註132を参照。

139 **惻愴** 哀れむこと。荀悦『漢紀』文帝紀論「夫賈誼過湘水、弔屈原、惻愴慟懐、豈徒忿怨而已哉」を参照。

140 **真実** ここでは、固定的実体の意。

141 **常に寂滅の相にして、終に空に帰す** 『法華経』薬草喩品「究竟涅槃常寂滅相、終帰於空」（一九下四—五行）を参照。

142 **『浄名』に云わく、「能く衆生の為めに此の如き法を説く」** 出典未詳であるが、『維摩経』巻中、文殊師利問疾品「所生無縛、能為衆生説法解縛、如仏所説」（大正一四、五四五中二—三行）を参照。

143 **二死** 分段の生死と不思議変易の生死を指す。巻上註135を参照。

144 **差忒** たがう、食い違うこと。『呂氏春秋』季夏「是月也、命婦官染采、黼黻文章、必以法故、無或差忒」を参照。

145 **五品弟子** 円教の十信以前の位で、随喜品・読誦品・説法品・兼行六度品・正行六度品をいう。六即のなかの観行即に相当。

146 **楚毒** 苦痛の意。

147 **未だ度せざるを度せしむと言うなり** 『法華経』薬草喩品「未度者令度、未解者令解、未安者令安、未涅槃者令得涅槃、今世後世、如実知之」（一九中一一—一三行）を参照。

148 **涯畔** 果て、かぎりの意。葛洪『抱樸子』君道「我之涯畔無外、而彼之斤両可限矣」を参照。

149 **未だ解せざるを解せしむと言うなり** 前註147を参照。

150 **未だ安んぜざるを安んぜしむと言う** 前註147を参照。

151 **子・果の縛** 子縛と果縛のこと。子縛は、煩悩が我を束縛すること。果縛は、煩悩の果報である生死の苦果が我を束縛すること。

152 **二涅槃**　有余涅槃と無余涅槃のこと。

153 **未だ涅槃を得ざるに、涅槃を得しむと云う**　前註147を参照。

154 **『大経』に云わく、「鑽揺を解せざれば……生酥・醍醐をや」**『南本涅槃経』巻三、長寿品「雖有盛処、不知攅揺、漿猶難得。況復生酥」（大正一二、六二二下二二―二三行）を参照。「鑽」と「攅」は通じて用いられている。攅は集めること、揺は揺らすこと。よく分からないが、文脈としては、乳を精製することを意味するか。

155 **苦忍**　苦法智忍（苦法忍）のこと。この智によって、欲界の苦諦を現観して、苦諦に迷う煩悩を断じる。

156 **尽・無生**　「尽智」は、小乗の十智（世俗智・法智・類智・苦智・集智・滅智・道智・他心智・尽智・無生智）の第九、「無生智」は第十に相当する。尽智は、三界内のすべての煩悩を断ち切り、四諦について、苦をすでに知り、集をすでに断じ、滅をすでに証し、道をすでに修したと知る智を言う。無生智は、利根の阿羅漢だけが得る智で、苦をすでに知ったから、もはや知る必要がなく、集をすでに断じたから、もはや断じる必要がなく、滅をすでに証したから、もはや証する必要がなく、道をすでに修したから、もはや修する必要がないと知る智である。

157 **『浄名』に云わく、「法を無染と名づく……法を求むるに非ざるなり」**『維摩経』巻中、不思議品「法名無染、若染於法、乃至涅槃、是則染著、非求法也」（大正一四、五四六上一六―一七行）を参照。

158 **又た云わく、「結習未だ尽きざれば、華は則ち身に著く」**『維摩経』巻中、観衆生品「結習未尽、華著身耳。結習尽者、華不著也」（大正一四、五四八上六行）を参照。維摩詰の部屋に住む天女が華を散らせると、菩薩にふりかかった華は地に落ちたが、舎利弗をはじめとする声聞たちにふりかかった華は身に著いて落ちず、神通力によって取り除こうとしてもだめだったことに起因する。

159 **『大経』に云わく、「汝、諸もろの比丘は……諸もろの結使を除かず」**『南本涅槃経』巻二、哀歎品「汝諸比丘。雖除鬚髪、未為正法除諸結使」（大正一二、六一六中一―二行）を参照。

160 **順道法愛**　別教の初住、初地においては、一分の中道法性を証するけれども、まだ無明を断じていないので、中道法愛（中道という法に対する執著）があるという。初住以前の法愛を順道法愛（似道法愛）といい、初住以上の法愛を真道法愛という。

161 **『普賢観』に云わく、「大乗の因とは、諸法の実相なり」** 巻上註132を参照。

162 **劫火** 壊劫の最後の期間に起こる火災のこと。

163 **遺燼** 燃えかすの意。

164 **華は猶お身に著く** 前註158を参照。

165 **未だ正法の為めに諸もろの結使を除かず** 前註159を参照。

166 **我れは唯だ此の一の法門を知るのみ。余は知ること能わず** 『華厳経』入法界品で、善財童子が訪問し、教えを受けた多数の善知識の、共通の趣旨の言葉に由来する。『法華玄義』巻三下にも、「如善財入法界中説。於一善知識所、各聞一法為行。……種種一行。皆云、仏法如海。我唯知此一法門。余非所知。乃至一百一十善知識、一一法門皆如是」（大正三三、七一六上二九行―中四行。Ⅰ一六〇頁）と出る。Ⅰ巻三下註100も参照。

167 **王三昧** 三昧王三昧の略。三昧のなかの王の意で、最高の三昧のこと。

168 **営従** 随従する者の意。『法華経三大部補注』巻八「営従、管（営の誤りか）猶衛也、部也。侍衛部従也」（続蔵二八、二九〇上二―三行）、『法華経指掌疏』巻三「営従者、経営従随。即前所将衆中、八万億人也」（続蔵三三、五九八上二一行）を参照。

169 **殊方異俗** 地域が異なると風俗が異なること。

170 **『大経』に云わく、「拘絺羅は声聞の中……最第一と為す」** 『南本涅槃経』巻一五、梵行品「迦葉菩薩白仏言、世尊。若諸声聞縁覚之人一切無有四無礙者、云何世尊説舎利弗智慧第一、大目犍連神通第一、摩訶拘絺羅四無礙第一。如其無者、如来何故作如是説。爾時世尊讃迦葉言、善哉善哉。善男子。譬如恒河有無量水、辛頭大河水亦無量、博叉大河水亦無量、悉陀大河水亦無量、阿耨達池水亦無量、大海之中水亦無量、如是諸水雖同無量、然其多少、其実不等。声聞縁覚及諸菩薩四無礙智亦復如是。善男子。若説等者、無有是処。善男子。我為凡夫説摩訶拘絺羅四無礙智為最第一。汝所問者、其義如是。善男子。声聞之人、或有得一、或有得二、若具足四、無有是処」（大正一二、七〇六中一二―二六行）を参照。ここでの趣旨は、拘絺羅はあくまで声聞のなかでの四無礙第一なのであって、菩薩については言っていないということである。

171 **一音もて法を演ぶるに、類に随いて解を得** 『維摩経』

巻上、仏国品「仏以一音演説法　衆生随類各得解　皆謂世尊同其語　斯則神力不共法」（大正一四、五三八上二―三行）を参照。

172 **一妙音を以て、十方界に遍満す**　たとえば、『六十巻華厳経』巻一、世間浄眼品「如来所演一妙音　広大法海説無余　仏以一音遍十方　是名勝勇善法門」（大正九、三九九下六―七行）を参照。

173 **修羅の琴は人意に随いて声を出だすが如し**　『大智度論』巻一七「法身菩薩変化無量身為衆生説法、而菩薩心無所分別。如阿修羅琴、常自出声、随意而作、無人弾者。此亦無散心、亦無摂心、是福徳報生故、随人意出声。法身菩薩亦如是、無所分別、亦無散心、亦無説法相」（大正二五、一八八下一八―二二行）を参照。

174 **『華厳』に云わく、「一仏の一国土の……仏を供養するが為めにす」**　出典未詳であるが、『六十巻華厳経』巻三八、離世間品「菩薩摩訶薩於不可説不可説劫、恭敬供養無量諸仏。於一一劫中、恭敬供養不可説不可説仏」（大正九、六四四上一八―二〇行）を参照。

175 **能く滅定を起たずして、諸もろの威儀を現ず**　巻上註96を参照。

176 **安禅合掌して、諸もろの法王を讃ず**　巻上註97を参照。

177 **『浄名』に云わく、「一食を以て一切に施す」**　『維摩経』巻上、弟子品「以一食施一切、供養諸仏、及衆賢聖、然後可食」（大正一四、五四〇中七―八行）を参照。

178 **『華厳』に云わく、「菩薩は一衆生……一切四方に倶に下るが如し」**　出典未詳。

179 **浄名**　Vimalakīrti の訳語。維摩詰と音訳する。

180 **観音の諸もろの四衆を愍みて其の瓔珞を受く**　巻上註143を参照。

181 **種種の形を以て……衆生を度脱す**　巻上註150を参照。

182 **一時に称名して、皆な解脱を得しむ**　巻上註162を参照。ただし、経文の「一心」が本文では「一時」となっている。

183 **普門示現**　巻上註141を参照。

184 **方便の力**　巻上註157を参照。

185 **神通力**　巻上註141を参照。

186 **而も為めに説法す**　巻上註153、154を参照。

187 **饒益する所多し**　巻上註142を参照。

188 **分かちて二分と作し、二如来に奉ず**　巻上註143を参照。

189 **条然**　はっきりと分かれているさまをいう。

190 **用与**　『法華文句』巻五上「和光六道、曲順万機、即実

智之僮僕也」（大正三四、六六下二七―二八行）に対する注として、『法華文句記』巻六上に、「用与権変、故云和光等」（大正同、二五九中一七行）とある。さらにそれに対する注として、『法華経文句輔正記』巻五に、「用与権変者、用謂能用、与謂称機、故云和光」（続蔵二八、七一七下一二行）とある。これによれば、用は用いることのできるという意味であり、与は機に合致するという意味である。

191 **生**　底本の「性」を、文意によって改める。

192 **二鳥は双びて遊ぶ**　巻上註191を参照。

193 **『観音受記経』に明かすが如きは……勢至を善住功徳宝王と名づく**　『観世音菩薩授記経』の内容を要約したものである。たとえば、「爾時金光師子遊戯如来法中有王、名曰威徳王。千世界正法治化、号為法王。其威徳王多諸子息、具二十八大人之相」（大正一二、三五五下一七―二〇行）、「彼威徳王、於其園観、入于三昧。其王左右有二蓮花、従踊出、雑色荘厳、其香芬馥、如天栴檀。有二童子化生其中、加趺而坐。一名宝意、二名宝上」（大正同、三五六上九―一三行）、「如是等供養、云何為最勝。爾時彼仏即為童子而説偈言、当発菩提心　広済諸群生　是則供正覚　三十二明相」（大正同、三五六中七―一〇行）などを参照。

194 **『如来蔵経』に亦た云わく、「観音と文殊は皆な未だ成仏せず」**　『大方等如来蔵経』「彼四菩薩未成仏者、文殊師利、観世音、大勢至、汝金剛慧是」（大正一六、四六〇上二三―二四行）を参照。

195 **『観音三昧経』に云うが若し、「先に已に成仏して……苦行の弟子と作る」**　巻上註8を参照。

196 **曇摩羅讖法師なり。亦た伊波勒菩薩と号す**　「曇摩羅讖」は、曇無讖のこと。「伊波勒菩薩」については、『高僧伝』巻二「菩薩地持経応是伊波勒菩薩伝来此土」（大正五〇、三三七上二―三行）を参照。また、『法華伝記』巻一「唯有什公普門品。於西海而別行。所以者何。曇摩羅懺、此云法豊。中印人婆羅門種。亦称伊波勒菩薩。弘化為志、遊化葱嶺、来至河西。河西王沮渠蒙、帰命正法。兼有疾患、以語菩薩。即云、観世音此土有縁。乃令誦念、病苦即除。因是別伝一品流通部外也」（大正五一、五二下一一―一八行）を参照。

197 **葱嶺**　パミール高原。

198 **河西**　中国甘粛省西部の地域。

199 **沮渠蒙遜**　三六八―四三三。五胡十六国時代の北涼の第二代王。

200　**文に云わく、「方便の力は種種同じからず」**　出典未詳であるが、『法華経』方便品「如是諸世尊　種種縁譬喩　無数方便力　演説諸法相」（八下四―五行）、同「知第一寂滅　以方便力故　雖示種種道　其実為仏乗」（九中一五―一六行）を参照。

201　**仏は一乗に於いて分別して三と説く**　たとえば、『法華経』方便品「諸仏以方便力、於一仏乗分別説三」（七中二六―二七行）を参照。

202　**付嘱に云わく、「若し人、深く信解せば……示教利喜す」**　『法華経』嘱累品「於未来世、若有善男子、善女人、信如来智慧者、当為演説此法華経、使得聞知。為令其人得仏慧故。若有衆生不信受者、当於如来余深法中、示教利喜」（五二下一六―二〇行）を参照。

203　**上の文に云わく、「正直に方便を捨つ」**　前註55を参照。

204　**示現**　巻上註141を参照。

法華経安楽行義

697c

法華経安楽行義《ほけきょうあんらくぎょうぎ》

陳南嶽思《ちんなんがくし》大禅師《だいぜんじ》説く

一　総論——法華経の功徳

『法華経』とは、大乗の[1]頓覚《とんがく》、[2]師無くして自《みずか》ら悟り、[3]疾《と》く仏道を成《じょう》ずる、[4]一切世間にて信じ難《がた》き法門なり。凡《およ》そ是《こ》れ一切の新学《しんがく》の菩薩、大乗を求め、一切の諸菩薩を超過《ちょうか》して、疾く仏道を成ぜんと欲《ほっ》せば、須《すべか》らく持戒《じかい》・忍辱《にんにく》・精進《しょうじん》し、勤《つと》めて禅定《ぜんじょう》を修《しゅ》し、専心《せんしん》に勤めて[5]法華《ほっけ》三昧《ざんまい》を学び、一切衆生《いっさいしゅじょう》を観《かん》じて皆《み》な仏の如《ごと》く想い、合掌礼拝《がっしょうらいはい》すること世尊《せそん》を敬《うやま》うが如くし、亦《ま》た一切衆生を観じて皆な大菩薩・善知識《ぜんちしき》の如く想うべし。

[6]勇猛　精進《ゆうみょうしょうじん》して仏道を求むる者は、[7]薬王菩薩《やくおうぼさつ》の、難行苦行《なんぎょうくぎょう》して、過去の日月浄明徳仏《にちがつじょうみょうとくぶつ》の法の中に於《お》いて、名づけて一切衆生喜見菩薩《いっさいしゅじょうきけんぼさつ》と為《な》し、『法華経』を聞きて、精進して仏を求め、一生の中に於いて、仏の神通《じんずう》を得《う》るが如くせよ。亦た過去の[8]妙荘厳王《みょうしょうごんのう》の、国王の位を捨て、以《もっ》て其《そ》の弟に付《ふ》し、王及び群臣、夫人《ぶにん》、太子、内外《ないげ》の眷属《けんぞく》の、雲雷音王仏《うんらいおんのうぶつ》698aの法の中に於いて出家《しゅっけ》し、『法華経』を誦《じゅ》して、専《もっぱ》ら仏道を求め、八万四千歳を過ぎて、一生に諸仏《しょぶつ》の神通を具足《ぐそく》し、記《き》を受けて仏と作《な》るが如くせよ。爾《そ》の時、人民《にんみん》の寿命の大いに長きものは八万九千歳、今の閻浮提《えんぶだい》の八十年四百日と等《ひと》しく、[9]三天下《さんてんげ》の八十四年に等し。今時の人の寿命は短促《たんそく》にして、悪世《あくせ》、劫濁《こうじょく》にして苦逼《せま》り悩み多し。是の故《ゆえ》に此《こ》こに於いて道を求むれば得易《えやす》し。

[10]一切衆生を観じて皆な仏の如く想うとは、常不軽菩薩品《じょうふきょうぼさつほん》の中に説くが如し。[11]勤めて禅定を修すとは、安楽行品《あんらくぎょうほん》の初めに説くが如し。何を以ての故に。一切衆生は[12]法身蔵《ほっしんぞう》を具足し、仏と一にして異なること無ければなり。『[13]仏蔵経《ぶつぞうきょう》』

698b

の中に説くが如《ごと》し。[14]三十二相《さんじゅうにそう》・八十種好《はちじっしゅごう》は、湛然《たんねん》として清浄《しょうじょう》なり。衆生《しゅじょう》は但《た》だ心を乱す惑障《わくしょう》、[15]六情《ろくじょう》の暗濁《あんじょく》を以《もっ》て、法《ほっ》身《しん》は現《げん》ぜず。鏡は塵垢《じんく》もて、面の像の現ぜざるが如し。是《こ》の故《ゆえ》に、行人《ぎょうにん》は勤《つと》めて禅定《ぜんじょう》を修《しゅ》し、惑障の垢を浄《きよ》めば、法身は顕現《けんげん》す。是の故に『経[16]』に言わく、「法師《ほっし》に父母《ぶも》の生ずる所の清浄の常眼《じょうげん》あり。耳《に》・鼻《び》・舌《ぜっ》・身《しん》・意《い》も亦復《ま》た是《かく》の如し」と。坐禅する時の若《ごと》きは、諸法《しょほう》の常《じょう》と無常《むじょう》とを見ず。[17]安楽行《あんらくぎょう》の中に、「菩薩は一切法を観《かん》ずるに、常住《じょうじゅう》有ること無く、亦《ま》た起滅《きめつ》無し。是れ智者《ちしゃ》の親近《しんごん》する所の処と名づく」と説くが如し。

無上道《むじょうどう》を求めんと欲《ほっ》せば、『法華経』を修学《しゅがく》せよ。身心《しんじん》に甘露《かんろ》の清浄妙《しょうじょうみょう》の法門を証《しょう》せん。戒《かい》を持《たも》ち忍辱《にんにく》を行《ぎょう》じ、諸《もろ》もろの禅定を修習《しゅじゅう》せば、諸仏《しょぶつ》の三昧《さんまい》を得《え》、六根《ろっこん》は性《しょう》として清浄ならん。

菩薩は『法華』を学ぶに、二種の行を具足《ぐそく》す。一には無相行《むそうぎょう》、二には有相行《うそうぎょう》なり。

無相の四安楽は、甚深妙《じんじんみょう》なる禅定なり。[18]六情根と諸法は本来浄《じょう》なりと観察《かんざつ》す。

衆生は性として無垢《むく》にして、本《ほん》無く、亦た浄無し。対治行《たいじぎょう》を修せず、自然《じねん》に衆聖《しゅしょう》を超《こ》ゆ。

師無く自然に覚《さと》り、次第行《しだいぎょう》に由《よ》らず。解《げ》は諸仏と同じく、[19]妙覚《みょうかく》は[20]湛然たる性なり。

上妙《じょうみょう》の六神通《ろくじんずう》と清浄なる安楽行もて、二乗《にじょう》の路に游《あそ》ばず、大乗の[21]八正《はっしょう》を行ず。

菩薩は大慈悲《だいじひ》もて、一乗の行を具足す。[22]甚深なる如来蔵《にょらいぞう》は、畢竟《ひっきょう》して衰老《すいろう》無し。

是れ摩訶衍《まかえん》、如来の八正道と名づく。衆生に五欲《ごよく》無く、亦た煩悩《ぼんのう》を断《だん》ずるに非《あら》ず。

妙法蓮華経《みょうほうれんげきょう》は、是れ大摩訶衍なり。衆生は教の如く行ぜば、自然に仏道を成《じょう》ぜん。

[23]云何《いか》んが一乗と名づけん。一切衆生は皆《み》な如来蔵を以て、畢竟して恒《つね》に安楽なるを謂《い》う。

亦た[24]師子吼《ししく》の、『涅槃《ねはん》』の中にて仏に、「世尊《せそん》よ。実性《じっしょう》の義は、一と為《な》すや、非一と為すや」と問うが如し。

[25]仏は師子吼に答う、「亦た一、亦た非一なり。一に非ず非一に非ず。云何んが名づけて一と為さん。一切衆生は皆な是れ一乗なるが故なるを謂う。云何んが非一と名づけん。是れ数法《しゅほう》なるに非ざるが故なり。

云何んが非一に非ざらん。数《しゅ》と非数《ひしゅ》とは、皆な不可得《ふかとく》なるが故なり。是れ衆生の義と名づく」と。

二　各論——問答

経題の解釈

問うて曰《い》う。云何んが名づけて妙法蓮華経と為さん。云何んが復《ま》た一乗の義と名づけん。云何んが復た如来蔵と名づけん。云何んが名づけて摩訶衍と為さん。云何んが復た大摩訶衍と名づけん。[26]『大品経《だいぼんきょう》』に、「摩訶は大を言い、衍とは乗と名づく。亦た到彼岸《とうひがん》と名づく」と説くが如し。云何んが更に大摩訶衍有らん。云何んが復た衆生の義と名づけん。

答えて曰う。妙とは、衆生は妙なるが故なり。法とは、即《すなわ》ち是れ衆生の法なり。蓮華とは、是れ喩《たと》えを借《か》る語なり。譬《たと》えば世間の水陸の華《はな》に、各《おの》おの狂華《おうけ》の、虚誑《こおう》にして実《みの》らず、実《みの》る者の甚《はなは》だ少なき有るが如し。若《も》是し蓮華ならば、即ち此《かく》の如からずして、一切の蓮華には皆な狂華無く、華有れば即ち実《み》有り。余華《よけ》は実を結ぶに、顕露《けんろ》にして知り易《やす》し。蓮華は実を結ぶに、隠顕見難《おんけんみがた》し。狂華とは、諸もろの外道《げどう》を喩う。

余華の果《か》を結ぶに、顕露にして知り易しとは、即ち是れ二乗なり。亦た是れ鈍根《どんこん》の菩薩なり。次第の道行《どうぎょう》に優劣差《うれっしゃ》別《べつ》あり、煩悩の集《じゅう》を断ずるも、亦た顕露にして知り易しと名づく。法華の菩薩は、即ち此の如からず、次第行を作《な》さず、
698c ず、亦た煩悩を断ぜず。若《も》し『法華経』を証せば、畢竟して仏道を成ず。若し法華の行を修せば、二乗の路を行ぜず。

問うて曰う。余華は、一華《いっけ》の一果を成じ、蓮華は、一華の衆果《しゅか》を成ず。一華一果とは、豈《あ》に一乗に非ざらん。一華は衆果を成ずとは、豈に次第に非ざらん。

答えて曰う。諸もろの水陸の華にして、一華の一果を成ずる者は甚だ少なく、堕落《だらく》して成ぜざる者は甚だ多し。狂華に果の説く可《べ》き無し。一華は一果を成ずとは、声聞《しょうもん》の心を発《ほっ》して即ち声聞の果有り、縁覚《えんがく》の心を発して縁覚の果有

り。菩薩・仏の果と名づくることを得ず。復《ま》た次に、鈍根《どんこん》の菩薩は対治行《たいじぎょう》を修《しゅ》し、次第《しだい》に道に入《い》り、初めの一地《いちじ》に登る。是《こ》の時、名づけて法雲地《[27]ほううんじ》と為《な》すことを得ず。地地《じじ》に別に修し、証《しょう》は一時に非《あら》ず。是の故《ゆえ》に一華《いっけ》は衆果《しゅか》を成《じょう》ずと名づけず。

法華の菩薩は、即《すなわ》ち此《かく》の如《ごと》からず。一心に一学すれば、衆果は普《あまね》く備え、一時に具足《ぐそく》し、次第に入るに非ず。亦《ま》た蓮華《れんげ》は、一華の衆果を成じ、一時に具足するが如し。是れ一乗は衆生《しゅじょう》の義なりと名づく。是の故に『涅槃経《[28]ねはんぎょう》』に言わく、「或《あ》いは菩薩有りて、善《よ》く一地従《よ》り一地に至るを知る」と。『思益経《[29]しやくきょう》』に言わく、「或《ある》いは菩薩有りて、一地従り一地に至らず」と。

「一地従り一地に至る」とは、是れ二乗の声聞《しょうもん》、及び鈍根の菩薩、方便道《ほうべんどう》の中に、次第して修学《しゅがく》す。

「一地従り一地に至らず」とは、是れ利根《りこん》の菩薩、正直[30]に方便を捨て、次第行を修せず。若《も》し法華三昧《ほっけざんまい》を証せば、衆果悉《ことごと》く具足す。

六根の清浄

問うて曰《い》う。云何《いか》んが衆生妙《しゅじょうみょう》と名づけん。云何んが復た衆生法と名づけんや。

答えて曰う。衆生妙とは、一切の人身《にんしん》の六種の相《そう》は妙《みょう》にして、六自在王《[31]ろくじざいおう》は性《しょう》として清浄《しょうじょう》なるが故なり。

六種の相とは、即ち是れ六根《ろっこん》なり。人有りて道を求め、『法華』を受持《じゅじ》し、読誦修行《どくじゅしゅぎょう》し、法の性空《しょうくう》を観《かん》じ、十八界《じゅうはっかい》の無《む》所有性《しょうしょう》を知れば、深き禅定《ぜんじょう》を得《え》、四種の妙なる安楽行《あんらくぎょう》を具足し、六神通《ろくじんずう》、父母《ぶも》の生ずる所の清浄の常眼《じょうげん》を得《う》。此《こ》の眼を得る時、善く一切諸仏《いっさいしょぶつ》の境界《きょうがい》を知り、亦た一切衆生の業縁《ごうえん》、色心《しきしん》の果報《かほう》を知る。生死出没《しょうじしゅつもつ》、上下好醜《じょうげこうしゅう》をば、一念《いちねん》に悉く知る。眼通《げんつう》の中に於《お》いて、十力《[32]じゅうりき》、十八不共《[33]じゅうはちふぐう》、三明《[34]さんみょう》、八解《[35]はちげ》を具足す。一切の神通は、悉く眼通に在《あ》りて、一時に具足す。此れは豈《あ》に是れ衆生の眼の妙なるに非ざらん。衆生の眼の妙なるは、即ち仏眼《ぶつげん》なり。

699a

云何んが種と名づけん。

種に二有り。一に凡種《ぼんしゅ》と名づけ、二に聖種《しょうしゅ》と名づく。

凡種とは、覚了《かくりょう》すること能《あた》わず。[36]眼の色《しき》を見るに因《よ》りて、貪愛《とんあい》の心を生ず。愛とは、即ち是れ無明《むみょう》なり。愛の為《た》めに業《ごう》を造るを、之《こ》れを名づけて行《ぎょう》と為す。[37]業に随《したが》いて報《ほう》を天人《てんにん》の諸趣《しょしゅ》に受け、遍《あまね》く六道《ろくどう》を行くが故に、行と称《しょう》するなり。相続《そうぞく》して絶えざるを、之れを名づけて種と為す。是れ凡種と名づく。

聖種とは、善知識《ぜんちしき》に因りて、善《よ》く覚了す。眼の色を見る時、是の思惟《しい》を作《な》す、「今、色を見るとは、誰《た》れか能《よ》く見るや。眼根《げんこん》見るや、眼識《げんしき》見るや、[38]空《くう》・明《みょう》見るや、為《は》た色自《みずか》ら見るや、意識対するや」と。若し意識対せば、盲は応《まさ》に色を見るべし。若し色自ら見《み》ば、亦復《ま》た是《か》の如し。若し空・明見ば、空・明に心無く、亦た覚《かく》・触《そく》無く、色を見ること能わず。若し眼識能く見ば、識《しき》に自体《じたい》無く、衆縁《しゅえん》に仮託《けたく》す。衆縁は性空にして、合散《ごうさん》有ること無し。一一に諦《たい》観《かん》するに、眼を求むるに得ず、亦た眼の名字《みょうじ》も無し。若し眼能く見ば、[39]青盲《しょうもう》の人も亦た応に色を見るべし。何を以《もっ》ての故に。根《こん》は壊《え》せざるが故なり。是の如く観ずる時、眼も無く色も無く、亦た見る者も無く、復た見ざることも無し。男女《なんにょ》等の身は、本《も》と一念の無明、不了《ふりょう》の妄念《もうねん》の心従り生ず。此の妄念の心は、猶《な》お虚空《こくう》の如く、身は夢の如く影の如く、焔の如く化《け》の如く、亦た[40]空華《くうげ》の如し。求むるに不可得《ふかとく》なり。断《だん》無く常《じょう》無し。眼の色に対する時には、則《すなわ》ち貪愛無し。何を以ての故に。虚空は貪愛すること能わざればなり。虚空は無明を断ぜず、明を生ぜず。是の時、煩悩《ぼんのう》は、即ち是れ菩提《ぼだい》にして、[41]無明の行に縁たるは、即ち是れ涅槃なり。乃至《ないし》、老死も亦復た是の如し。法に若し生無くば、即ち老死無し。諸法《しょほう》に著《じゃく》せざるが故に、聖種と称す。凡種・聖種は、一も無く二も無し。明と無明も亦復た是の如し。故に名づけて眼種《げんしゅ》の相の妙と為す。耳《に》・鼻《び》・舌《ぜっ》・身《しん》・意《い》も亦復た是の如し。

六自在王は性として清浄なりとは、一には眼王《げんのう》なり。[42]眼の色を見るに因りて、貪愛の心を生ず。愛とは、即ち是れ無明なり。一切の煩悩は、皆《み》な貪愛に属す。是の愛・無明は、能く制する者無く、自在なること王の如し。性とし

699b

て清浄《しょうじょう》なりとは、上《かみ》の眼《げん》を観《かん》ずる義の中に説くが如し。金剛慧《こんごうえ》を用《もっ》て、愛心《あいしん》は即ち是れ無明《むみょう》も無く、老死も無しと覚了《かくりょう》す。是の金剛慧は、其《そ》の力最大にして、名づけて[43]首楞厳定《しゅりょうごんじょう》と為す。譬《たと》えば健将《けんしょう》は能く怨敵《おんてき》を伏《ぶく》し、能く四方の世界をして清浄ならしむるが如し。是の金剛の智慧《ちえ》も亦《ま》復た是《かく》の如し。能く貪愛《とんあい》・無明の諸行《しょぎょう》は、即ち是れ菩提《ぼだい》・涅槃《ねはん》の聖行《しょうぎょう》なりと観ず。無明・貪愛は、即ち是れ菩提、金剛の智慧なり。眼自在王《げんじざいおう》は、性《しょう》として本《も》と常《つね》に浄《じょう》にして、能く汚す者無し。是の故に[44]仏の言わく、「父母《ぶも》の生ずる所の清浄の常眼《じょうげん》あり。耳《に》・鼻《び》・舌《ぜつ》・身《しん》・意《い》も亦復た是の如し」と。是の故に『[45]般若経《はんにゃきょう》』に説《と》かく、「六自在王は性として清浄なり」と。故に[46]龍樹菩薩《りゅうじゅぼさつ》の言わく、「当《まさ》に人身《にんしん》の六種の相《そう》の妙《みょう》を知るべし」と。人身とは、即ち是れ衆生身にして、衆生身は、即ち是れ如来身なり。衆生の身は、同一の法身《ほっしん》にして、変易《へんにゃく》せざるが故なり。是の故に『[47]華厳経《けごんぎょう》』の歓喜地《かんぎじ》の中に言わく、「其の性は本《よ》と従り来《このかた》、寂然《じゃくねん》として生滅《しょうめつ》無く、本と従り已来《このかた》空にして、永《なが》く諸煩悩《しょぼんのう》無し」と。[48]諸法爾《しょほうしか》るを覚了すれば、超勝《ちょうしょう》して仏道を成《じょう》ず。凡夫《ぼんぶ》の人は若し能く此《こ》の諸陰《しょおん》の実法《じっぽう》を覚《かく》せば、『[49]涅槃』の中にて迦葉《かしょう》は仏に、「言う所の字とは、其の義は云何《いか》ん」と問うが如し。仏は迦葉に、「十四音有るを、名づけて字の義と為す。言う所の字とは、名づけて菩提と為す。常《じょう》なるが故に流れず。若し流れずば、即ち是れ無尽《むじん》なり。夫《そ》れ無尽とは、即ち是れ如来の金剛の身なり」と告ぐ。

問うて曰《い》う。云何んが常なるが故に流れずと名づけん。

答えて曰う。眼は常なるが故に、名づけて流れずと為す。云何んが常と名づけん。無生《むしょう》なるが故に常なり。

問うて曰う。云何んが無生ならん。

答えて曰う。眼は生ぜざるが故なり。何を以ての故に。眼の色《しき》を見る時、及び眼の原《おおもと》を観ずるに、眼を求むるも得ず。即ち情識《じょうしき》無く、亦《ま》た色有ること無し。眼界《げんかい》は空なるが故に、即ち断常《だんじょう》無く、亦た中道《ちゅうどう》に非ず。眼界は、即ち是れ諸仏《しょぶつ》の法界《ほうかい》なり。此の眼に始めも無く来処《らいしょ》も無く、亦た無始《むし》も無きことを覚知《かくち》す。猶《な》お虚空《こくう》は三世《さんぜ》の摂《しょう》に非ざるが若《ごと》し。『[50]般若経』の中にて曇無竭菩薩《どんむかっぽさつ》は薩陀波崙《さつだはりん》に、「善男子《ぜんなんし》よ。空法は来《きた》らず去らず。空法は、即ち是れ仏なり。無生法は来《らい》も無く去《こ》も無し。無生法は、即ち是れ仏なり。無《む》滅《めつ》法《ほう》は来も無く去も無し。無滅法は、即ち是れ仏なり」と言うが如し。是の故に当に知るべし、眼界は空なるが故に、空とは即ち是れ常なり。眼は空にして常なるが故に、眼は即ち是れ仏なり。眼に貪愛無し。愛とは、即ち是れ流《る》なり。流とは、即ち是れ生なり。眼に貪愛無ければ、即ち流《る》動《どう》無し。若し流動無くば、即ち生有ること無し。眼は生ぜざるが故に、来も無く去も無し。無生は、即ち是れ仏なり。眼は既《すで》に無生なれば、即ち滅《めつ》有ること無し。滅とは、名づけて尽《じん》と為す。眼に既に滅無ければ、当に尽無しと知るべし。眼は既に尽に非ざれば、来も無く去も無く、亦た住《じゅう》処《しょ》も無し。眼に尽無きは、即ち是れ仏なり。菩薩は是の金剛の智慧を以て、諸法の如《にょ》に生も無く尽も無しと知る。眼等の諸法の如は、即ち是れ仏なるが故に、如来の金剛の身と名づく。諸法の如を覚するが故に、名づけて如来と為す。独《ひと》り金色身《こんじきしん》のみ如来なるに非ざるなり。如実智《にょじっち》を得《う》るが故

699c

に、如来と称す。眼色《げんしき》の如実智、耳声《にしょう》・鼻香《びこう》・舌味《ぜつみ》・身触《しんそく》・意法《いほう》の如実智を得るが故に、如来の金剛の身と名づく。法相《ほっそう》の如く解《げ》し、法相の如く説く。如は無生を言い、来は無滅を言う。仏は是の如く来りて、更に復《ま》た去らず、如実の道に乗《じょう》ずるが故に、如来と名づく。

問うて曰う。仏は何《いず》れの経の中にか、眼等の諸法の如を、名づけて如来と為すと説かん。

答えて曰う。『大強精進経《だいごうしょうじんきょう》』[51]の中にて仏は鴦崛摩羅《おうくつまら》に、「云何んが一学と名づけん」と問う。鴦崛は仏に、「一学とは、一乗に名づく」と答う。乗とは、名づけて能度《のうど》の義と為し、亦た運載《うんさい》と名づく。鴦崛摩羅は十種もて仏に答う。一答に二種有れば、足して二十答あり。今、且《しば》らく略説するに、鴦崛摩羅の第五答の中、乃至《ないし》、第六答を以てす。

此の二処の四種の答えの中を以て、総《そう》じて眼等の如来の義を説く。[52]「云何んが名づけて五と為さん。所謂《いわゆ》る彼《か》の五《ご》根《こん》なり。此れは則ち声聞乗《しょうもんじょう》にして、是れ如来の義なるに非ず。云何んが如来の義ならん。所謂る彼の眼根《げんこん》は、諸《もろ》もろの如来の常をば、決定《けつじょう》して分明《ふんみょう》に見《み》、具足《ぐそく》して減《げん》無く修《しゅ》す。所謂る彼の耳根《にこん》は、諸もろの如来の常をば、決定して分明に聞き、具足して減無く修す。所謂る彼の鼻根《びこん》は、諸もろの如来の常をば、決定して分明に嗅《か》ぎ、具足して減無く

修《しゅ》す。所謂《いわゆ》る彼《か》の舌根《ぜっこん》は、諸《もろ》もろの如来の常《じょう》をば、決定《けつじょう》して分明《ふんみょう》に嘗《な》め、具足《ぐそく》して滅《げん》無く修す。所謂る彼の身根《しんこん》は、諸もろの如来の常をば、決定して分明に触れ、具足して滅無く修す。[53]所謂る彼の意根《いこん》は、諸もろの如来の常をば、決定して分明に識《し》り、具足して滅無く修す。

　云何《いか》んが名づけて六と為さん。所謂る六入処《ろくにゅうしょ》なり。是れは則ち声聞乗《しょうもんじょう》にして、是れ如来の義なるに非ず。所謂る眼《げん》入処《にゅうしょ》は、諸もろの如来の常をば、明らかに見る来入門《らいにゅうもん》にして、具足して滅無く修す。所謂る耳入処《ににゅうしょ》は、諸もろの如来の常をば、明らかに聞く来入門にして、具足して滅無く修す。所謂る鼻入処《びにゅうしょ》は、諸もろの如来の常をば、明らかに嗅《か》ぐ来入門にして、具足して滅無く修す。所謂る舌入処《ぜつにゅうしょ》は、諸もろの如来の常をば、明らかに嘗むる来入門にして、具足して滅無く修す。所謂る身入処《しんにゅうしょ》は、諸もろの如来の常をば、明らかに触《ふ》るる来入門にして、具足して滅無く修す。所謂る意入処《いにゅうしょ》は、諸もろの如来の常をば、決定して分明に識る浄信《じょうしん》の来入門にして、具足して滅無く修す」と。

　是の故に初発心《しょほっしん》の新学《しんがく》の諸菩薩は、応《まさ》に善《よ》く眼《げん》の原《おおもと》は畢竟《ひっきょう》して生滅《しょうめつ》無く、耳《に》・鼻《び》・舌《ぜつ》・身《しん》・意《い》は、其《そ》の性《しょう》は本《も》と従《よ》 700a り来《このかた》、断《だん》ならず亦《ま》た常に非ず、寂然《じゃくねん》として生滅無しと観《かん》ずべし。

　色《しき》の性に空仮《くうけ》無く、没《もつ》せず亦た出《い》でず、性浄《しょうじょう》にして真如《しんにょ》と等《ひと》しく、畢竟して生滅無し。声《しょう》・香《こう》・味《み》・触《そく》・法《ほう》は、本と従り已来《このかた》空にして、明《みょう》に非ず亦た暗《あん》に非ず、寂然として生滅無し。根塵《こんじん》は既に空寂《くうじゃく》なれば、六識は即ち無生《むしょう》なり。[54]三六は[55]如如《にょにょ》の性にして、十八界《じゅうはっかい》は無名《むみょう》なり。衆生と如来とは、同じく共に一法身《いちほっしん》にして、清浄妙《しょうじょうみょう》なること無比《むひ》なれば、妙法華経と称す。是の故に『[56]大集《だいじつ》』の中にて仏は浄声王《じょうしょうおう》に、「汝《なんじ》の名は浄声と曰《い》う。当《まさ》に汝の自界《じかい》を浄《きよ》むべし。自界の眼界《げんかい》は空なれば、即ち戒《かい》を持《たも》つこと清浄なり。眼界は空寂なるが故に、即ち仏土《ぶつど》は清浄なり。耳・鼻・舌・身・意は、性として畢竟空寂なり。是れ諸もろの如来の浄土《じょうど》を修習《しゅじゅう》する義と名づく」と告ぐ。

問うて曰う。云何んが名づけて安楽行《あんらくぎょう》と為さん。云何んが復《ま》た四安楽と名づけん。云何んが復た二種の行《ぎょう》と名づけん。一には無相行《むそうぎょう》、二には有相行《うそうぎょう》なり。

答えて曰う。一切法の中、心は不動《ふどう》なるが故に安《あん》と曰い、一切法の中に於いて[57]受陰《じゅおん》無きが故に楽《らく》と曰い、自利《じり》・利《り》他《た》なるが故に行と曰う。

復た次に、四種の安楽行は、第一に名づけて[58]正慧離著安楽行《しょうえりじゃくあんらくぎょう》と為し、第二に名づけて[59]無軽讃毀安楽行《むきょうさんきあんらくぎょう》と為し、亦た[60]転諸声聞令得仏智安楽行《てんしょしょうもんりょうとくぶっちあんらくぎょう》と名づけ、第三に名づけて[61]無悩平等安楽行《むのうびょうどうあんらくぎょう》と為し、亦た[62]敬善知識安楽行《きょうぜんちしきあんらくぎょう》と名づけ、第四に名づけて[63]慈悲接引安楽行《じひしょういんあんらくぎょう》と為し、亦た[64]夢中具足成就神通智慧仏道涅槃安楽行《むちゅうぐそくじょうじゅじんずうちえぶつどうねはんあんらくぎょう》と名づく。

復た次に、二種の行とは、何が故に名づけて無相行と為さん。無相行とは、即ち是れ安楽行なり。一切諸法《いっさいしょほう》の中、心の相《そう》は寂滅《じゃくめつ》し、畢竟して不生《ふしょう》なるが故に、名づけて無相行と為すなり。常《つね》に一切深妙《いっさいじんみょう》の禅定《ぜんじょう》に在《あ》りて、行住坐臥《ぎょうじゅうざが》、飲食語《おんじきご》言《ごん》の一切の威儀《いぎ》に、心は常に定《さだ》まるが故なり。諸余《しょよ》の禅定は、三界《さんがい》もて次第《しだい》す。[65]欲界地《よっかいじ》従り、[66]未到地《みとうじ》、初禅地《しょぜんじ》、二禅地、三禅地、四禅地、空処地《くうしょじ》、識処《しきしょ》、無所有処地《むしょうしょじ》、非有想非無想処地《ひうそうひむそうしょじ》まで、是の如《かく》く次第して、[67]十一種の地《じ》の差《しゃ》別不同《べつふどう》有り。[68]有法《うほう》、無法《むほう》の二道を別と為す。是れ『[69]阿毘曇雑心《あびどんぞうしん》』の聖行《しょうぎょう》なり。安楽行の中の深妙なる禅定は、即ち此《かく》の如からず。何を以ての故に。欲界に依止《えし》せず、色・無色に住《じゅう》せず。是の如き禅定を行ずれば、是れ[70]菩薩の遍行《へんぎょう》なり。畢竟して心想《しんそう》無きが故に、無相行[71]と名づく。

700b

復た次に、有相行、此《こ》れは是れ[72]普賢勧発品《ふげんかんぼっぽん》の中、『法華経』を誦《じゅ》し、散心《さんしん》に精進《しょうじん》す。是の如き[73]等の人は、禅定を修せず、三昧《さんまい》に入《い》らず、若《も》しは坐り、若しは立ち、若しは行《あゆ》み、一心に『法華』の文字《もんじ》に専念し、精進して臥《が》せず、[74]頭《ず》然《ねん》を救うが如し。是れ文字有相行と名づく。此の行者《ぎょうじゃ》は身命《しんみょう》を顧《かえり》みず。若し行は成就せば、即ち普賢の金剛《こんごう》の色身《しきしん》の、六牙《ろくげ》の象王《ぞうおう》に乗りて、其の人の前に住するを見る。[75]金剛杵《こんごうしょ》を以て、行者の眼に擬《あてはか》る。障道《しょうどう》の罪は滅《めつ》し、眼根《げんこん》は清浄にして、釈迦《しゃか》を見ることを得《え》、及び[76]七仏を見る。復た十方三世《じっぽうさんぜ》の諸仏《しょぶつ》を見る。至心《ししん》に懺悔《さんげ》し、諸仏の前に在りて五体投地《ごたいとうち》し、起《た》ちて合掌《がっしょう》して立ち、[77]三種の陀羅尼門《だらにもん》を得《う》。一には[78]総持陀羅尼《そうじだらに》にして、[79]肉眼《にくげん》・天眼《てんげん》・菩薩の道慧《どうえ》なり。二には百《ひゃく》千万億旋陀羅尼《せんまんのくせんだらに》にして、菩薩の道種慧《どうしゅえ》・法眼清浄《ほうげんしょうじょう》を具足《ぐそく》す。三には法音方便陀羅尼《ほうおんほうべんだらに》にして、菩薩の一切種慧《いっさいしゅえ》・仏眼清《ぶつげんしょう》浄《じょう》を具足す。是の時、即ち一切三世《いっさいさんぜ》の仏法《ぶっぽう》を具足することを得。[80]或《ある》いは一生修行して具足することを得《え》、或いは二生《にしょう》して得。極《きわ》めて大いに遅ければ、三生して即ち得。若し身命《しんみょう》を顧《かえり》み、[81]四事の供養《くよう》を貪《むさぼ》り、勤修《ごんしゅ》すること能《あた》わずば、劫《こう》を経《ふ》るも得ず。是の故に名づけて有相《うそう》と為すなり。

問うて曰《い》う。云何《いか》んが名づけて一切法の中、心は不動《ふどう》なるが故に安《あん》と曰い、一切法の中、受陰《じゅおん》無きが故に楽《らく》と曰い、自利《じり》・利他《りた》を行《ぎょう》と曰うと為さん。

答えて曰う。[82]一切法とは、所謂《いわゆる》三毒《さんどく》・四大《しだい》・五陰《ごおん》・十二入《じゅうににゅう》・十八界《じゅうはつかい》・十二因縁《じゅうにいんねん》、是れ一切法と名づくるなり。菩薩は是の一切法の中に於いて、三忍慧《さんにんえ》を用《もち》う。一には名づけて[83]衆生忍《しゅじょうにん》と為す。二には法性忍《ほっしょうにん》と名づく。三には法界海《ほうかいかい》神通忍《じんずうにん》と名づく。

衆生忍とは、名づけて生忍《しょうにん》と為す。法性忍とは、名づけて法忍《ほうにん》と為す。法界海神通忍とは、名づけて大忍《だいにん》と為す。
前の二種の忍を、破無明煩悩忍《はむみょうぼんのうにん》と名づけ、亦《ま》た聖行忍《しょうぎょうにん》と名づく。聖人《しょうにん》の行処《ぎょうしょ》なるが故に、聖行と名づく。凡夫《ぼんぶ》は能《よ》く
700c 行ずれば、即ち聖位《しょうい》に入《い》る。是れ聖行と為す。大忍とは、五通《ごつう》、及び第六通を具足し、四如意足《しにょいそく》を具足して、十方諸《じっぽうしょ》
仏《ぶつ》、及び諸天王《しょてんのう》に[84]面対《めんたい》し、面対して共に語り、一念《いちねん》に能く一切の凡聖《ぼんしょう》を覚《さと》らしむるが故に、大忍と名づく。諸《もろ》もろの
神通に於いて、心は不動にして、聖道具足《しょうどうぐそく》するを、名づけて聖忍《しょうにん》と為す。三忍とは、即ち是れ正慧離著安楽行《しょうえりじゃくあんらくぎょう》なり。

問うて曰う。云何んが名づけて生忍と為し、復《ま》た衆生忍と名づけん。云何んが不動忍と名づけ、復た之《こ》れを名づけて安と為さん。

答えて曰う。生忍を、名づけて因と為し、衆生忍とは、之れを名づけて果と為す。因とは衆生の因、果とは衆生の果なり。因とは是れ無明、果とは是れ[85]身行《しんぎょう》なり。正慧もて因を観《かん》じて、無明を破《は》し、一切の煩悩を断《だん》ず。一切法には

畢竟《ひっきょう》して和合《わごう》無く、亦た聚集《じゅじゅ》の相《そう》無く、亦た離散《りさん》を見ず。是れ菩薩の集聖諦《じゅうしょうたい》を知る微妙《みみょう》なる慧《え》にして、是れ生忍と名づく。若し和合無く、動《どう》ぜず流れずば、即ち生有ること無し。

衆生忍とは、名づけて身行の諸受《しょじゅ》と為す。受を苦と為す。受に三有り。苦受《くじゅ》、楽受《らくじゅ》、不苦不楽受《ふくふらくじゅ》なり。何を以ての故に。打罵《ちょうめ》を被《こうむ》[86]る時、苦受を観ず。打を身の苦と為し、罵を心の苦と為す。飲食《おんじき》・衣服《えぶく》・細滑《さいかつ》の供養を、名づけて身の楽と為す。及び諸もろの摩触《まそく》[87]も亦た身の楽と名づく。称揚讃歎《しょうようさんだん》を、名づけて心の楽と為す。卒《にわ》かに好《よ》き布施《ふせ》を得、眼見《げんけん》するも未《いま》だ受けず、及び其《そ》れ受け已《おわ》るを、亦た心の楽と名づく。此《こ》の無明、受、及与《およ》び苦楽を観ず。苦を受くる時、忍辱《にんにく》・慈悲《じひ》を起こし、嗔心《しんじん》を生ぜず。楽を受くる時、受を離《はな》るる心を観じ、貪著《とんじゃく》せず。不苦不楽を受くる時、遠離《おんり》・捨心《しゃしん》[88]し、無明を生ぜず。一切の諸受は、畢竟空寂《ひっきょうくうじゃく》にして、生滅《しょうめつ》無きが故なり。此の三受は、皆な一念の妄心従《もうじんよ》り生ず。菩薩は、此の供養・打罵・讃歎・毀呰《きし》・与者・受者は夢の如く化《け》の如く、誰《た》[89]れか打ち、誰れか罵《ののし》り、誰れか受け、誰れか喜び、誰れか恚《いか》らんと観ず。与者・受者は、皆な是れ妄念《もうねん》なり。此の妄念を観ずるに、畢竟して心無く、我《が》無く、人《にん》無し。男女《なんにょ》の色像《しきぞう》、怨《おん》・親《しん》・中《ちゅう》の人の頭等[90]の六分《ろくぶん》は、虚空《こくう》・影の如く、無所得《むしょとく》なるが故に、是れ不動と名づく。『随自意三昧《ずいじいざんまい》』[91]の中に説くが如し。菩薩は自《みずか》ら十八界の中に於いて、心に生滅無し。亦た衆生に生滅無きを教う。始め生死《しょうじ》従り、終わり菩提《ぼだい》に至るまで、一切法の性《しょう》は、畢竟して動ぜず。所謂る眼《げん》の性・色《しき》の性・識《しき》[92]の性、耳《に》・鼻《び》・舌《ぜつ》・身《しん》・意《い》の性、乃至《ないし》、声《しょう》・香《こう》・味《み》・触《そく》・法《ほう》の性、耳識《にしき》の因縁もて生ずる諸受の性、鼻・舌・身・意の識の因縁もて生ずる諸受の性は、自も無く他も無く、畢竟して空なるが故に、是れ不動と名づく。

自覚《じかく》・覚他《かくた》なるが故に、名づけて安と曰う。自ら三受を断じ生ぜざらしむ。畢竟空寂にして、三受無きが故に、諸受は畢竟して生ぜず。是れ名づけて楽と為す。一切法の中、心に行処無く[93]、亦た衆生に、一切法の中、心に行ずる所
701a
無きを教え、禅を修《しゅ》して息《や》まず、幷《なら》びに『法華』を持《じ》するが故に、名づけて行と為す。『鴦崛摩羅《おうくつまら》』[94]の眼根入《げんこんにゅう》の義の中に説くが如し。亦た『涅槃《ねはん》』[95]の中の仏性《ぶっしょう》・如来蔵《にょらいぞう》の中に説くが如し。

701b
安楽行《あんらくぎょう》の義とは、衆多《しゅた》にして一に非ず。今、更に略説す。一切の凡夫《ぼんぶ》は、陰《おん》・界《かい》・入《にゅう》の中にて、無明《むみょう》・貪愛《とんあい》もて受《じゅ》・念《ねん》・著《じゃく》を起こし、純《もっぱ》ら罪苦《ざいく》の行《ぎょう》ありて、自《みずか》ら安《やす》んずること能《あた》わず、生死《しょうじ》は絶えず。是の故に楽無く、名づけて苦《く》行《ぎょう》と為す。一切の二乗の諸《もろ》もろの声聞人《しょうもんにん》は、陰・界・入の中にて、[96]対治《たいじ》観《かん》を能《よ》くし、不浄観《ふじょうかん》の法もて能く貪婬《とんいん》を断じ、慈《じ》心観《しんかん》の法もて能く瞋恚《しんに》を断じ、因縁観の法もて能く愚癡《ぐち》を断ず。別の名字《みょうじ》もて説かば、名づけて[97]四《し》念処《ねんじょ》と為す。是の四念に[98]三十七種の差別《しゃべつ》の名字有り、名づけて道品《どうぼん》と為す。身の不浄を観《かん》ぜば、[99]乃《すなわ》ち能く此《こ》の不浄の身は是れ無明の根本にして、空にして生処《しょうしょ》無しと了知《りょうち》す。不浄観の法もて能く身見《しんけん》を破《は》せば、男女《なんにょ》の憎愛《ぞうあい》、及び中間人《ちゅうげんにん》は、皆な空《くう》寂《じゃく》に帰《き》す。是れ煩悩魔《ぼんのうま》を破すと名づく。十八界《じゅうはっかい》の三受の法の外苦《げく》の受陰《じゅおん》、内苦《ないく》の受陰を観ずるに、是の苦の受陰、身《しん》心《じん》の行ずる所、受・念・著の処は、一切皆な苦なりと知りて、之《こ》れを捨て、内の楽受《らくじゅ》、外の楽受、内外《ないげ》の楽受に著せず。此の楽受は、心の貪著《とんじゃく》するが故に、能く苦の因と作《な》ると観じ、之れを捨てて受けず、楽受は一切皆な空なりと知る。苦楽の二観は、能く世諦《せたい》を破し、心は真諦《しんたい》に住《じゅう》す。初めに苦楽を捨《す》てば、便《すなわ》ち不苦不楽《ふくふらく》を得《う》。貪著を以ての故に、復《ま》た是れ無明なり。復た更に此の不苦不楽受は、依止《えし》する所無く、無常変壊《むじょうへんね》すと観ず。何を以ての故に。苦楽を捨つるに因《よ》りて不苦楽を得《う》るに、苦楽の二観は既に生処無ければ、亦た滅処《めっしょ》無く、畢竟《ひっきょう》して空寂《くうじゃく》なれば、不苦不楽は何処《いずこ》従《よ》りか生ぜん。是《か》の如く観ずる時、空無《くうむ》所得《しょとく》にして、亦た捨つ可《べ》き無し。既に捨つ可き無ければ、亦復《ま》た捨つ可き無しとの法を得ず。若し世諦無くば、則ち真諦無く、真仮《しんけ》は倶《とも》に寂《じゃく》なり。是の時、即ち陰入界《おんにゅうかい》の魔を破す。心は無常、生滅不住《しょうめつふじゅう》なりと観じて、是の心は本《も》と何《いずこ》従りか生ぜんと観察《かんざつ》す。此《か》の如く観ずる時、都《すべ》て心を見ず、亦た生滅無く、断にも非ず、常《じょう》にも非ず、中道《ちゅうどう》にも住せず。此の如く観じ已《おわ》りて、即ち死魔《しま》無し。法念処《ほうねんじょ》の中、一切法の若《も》しは善法《ぜんぽう》、若しは不《ふ》善法《ぜんほう》、若しは無記《むき》法《ほう》は、皆な虚空《こくう》の如く、選択《せんちゃく》す可からずと観ず。諸法《しょほう》の中に於いて、畢竟して心は動《どう》ぜず、亦た住相《じゅうそう》無し。不《ふ》動三昧《どうざんまい》を得《え》ば、即ち[100]天子《てんじ》魔《ま》無し。三受を捨つるに因りて、此の解脱《げだつ》を得るを、名づけて苦楽行《くらくぎょう》と為す。因果は倶に名づけて声聞と為す。菩薩道に非ず。鈍根《どんこん》の菩薩は、亦た此の観に因るも、取捨《しゅしゃ》無きを異と為す。何を以ての故に。色心《しきしん》の三受は、畢竟して生ぜず、十八界無きが故に、内外の受有ること無し。取に既に受無ければ、即ち捨つ可き無し。観行《かんぎょう》は同じと雖《いえど》も、三受の間《へだ》て無きが故に、[101]巧慧方便《ぎょうえほうべん》は能く具足《ぐそく》す。故に是れ安楽行と名づく。

安楽行の中の観は、則ち此の如からず。[102]正直に方便を捨てて、但《た》だ無上道《むじょうどう》を説くのみ。[103]文殊師利菩薩《もんじゅしりぼさつ》は仏に白《もう》して、「世尊《せそん》よ。是の諸もろの菩薩は後の悪世《あくせ》に於いて、云何《いか》んが能く是の経を説かん」と言う。仏は文殊師利に、「若し菩《ぼ》薩摩訶薩《さつまかさつ》は後の悪世に於いて是の経を説かんと欲《ほっ》せば、当《まさ》に四法に安住《あんじゅう》すべし。一には菩薩の行処《ぎょうしょ》、及び親近処《しんごんしょ》に安住すれば、能く衆生の為《た》めに是の経を演説す。云何んが名づけて菩薩の行処と為さん。若し菩薩摩訶薩は忍辱地《にんにくじ》に住し、柔和善順《にゅうわぜんじゅん》にして、而《しか》も卒暴《そつぼう》ならず、心も亦た驚かず、又復《ま》た法に於いて行ずる所無くして、而も諸法の如実《にょじつ》の相《そう》を観じ、亦た不《ふ》分別《ふんべつ》を行ぜずば、是れ菩薩摩訶薩の行処と名づく」と告ぐ。

云何んが名づけて「忍辱地に住す」と為さん。略説するに、三種の忍有り。一には衆生忍《しゅじょうにん》、二には法忍《ほうにん》、三には大《だい》忍《にん》なり。亦た神通忍《じんずうにん》と名づく。

衆生忍とは、三種の意有り。

第一の意とは、[104]菩薩は他の打罵《ちょうめ》・軽辱《きょうにく》・毀呰《きし》を受く。是の時、応《まさ》に忍《しの》びて報《ほう》を還《かえ》さざるべし。応に是の観を作すべし、「我れに身有るに由《よ》りて、来《きた》りて打罵せしむ。[105]譬《たと》えば的《まと》に因りて、然《しか》る後に箭《や》の中《あた》るが如し。我れに若し身無くば、誰《た》れか来りて打つ者あらん。我れは今当《まさ》に勤《つと》めて空観《くうがん》を修習《しゅじゅう》すべし。空観は若し成《じょう》ぜば、人の能く我れを打殺《だせつ》する者有ること無し。[106]若し罵《ののし》らるる時、正念思惟《しょうねんしい》して、此の罵声《めしょう》は[107]聞くに随《したが》いて随いて滅《めつ》し、前後倶ならず。審諦《つまび》らかに観察するに、亦た生滅無く、空中の響《ひび》きの如し。誰れか罵り、誰れか受けん。音声《おんじょう》は耳に来入《らいにゅう》せず、耳は往《い》きて声を取らず」と。此の如く観じ已りて、都て瞋喜《しんき》無し。

二種の意とは、菩薩は一切衆生に於いて、都て打罵無く、恒《つね》に軟語《なんご》を与え、彼《か》の意を[108]将護《しょうご》し、之れを引導《いんどう》せんと欲す。打罵の事に於いて、心は定まりて乱れず。是れ衆生忍と名づく。衆生は若し菩薩の忍を見《み》ば、即ち菩《ぼ》提心《だいしん》を発《ほっ》す。

701c

衆生の為めなるが故に、故《ことさら》に衆生忍《しゅじょうにん》と名づく。

第三の意とは、剛強悪《ごうごうあく》の衆生の処に於いては、調伏《じょうぶく》して改心せしめんが為めの故に、或いは麁言《そごん》を与え、毀呰《きし》し、罵辱《めにく》し、彼れをして慚愧《ざんき》し善心を発《ほっ》することを得《え》しむれば、衆生忍と名づく。

云何《いかん》が辱《にく》と名づけん。忍《にん》ずること能《あた》わざるは、即ち名づけて辱と為す。更に別の法無し。

問うて曰《い》う。打罵《ちょうめ》さるるも瞋《いか》らず、慈悲《じひ》もて軟語《なんご》するを、名づけて忍と為す可《べ》し。剛悪《ごうあく》の衆生の処にて、菩薩は是の時、忍耐すること能わず、状《じょう》は瞋想《しんそう》に似《に》て、打拍罵辱《ちょうはくめにく》し、悪人を摧伏《さいぶく》し、彼れをして苦を受けしむれば、云何んが復《ま》た名づけて忍辱《にんにく》と為すことを得ん。

答えて曰う。打罵さるるも報《むく》いざるは、此《こ》れは是れ世俗の戒《かい》の中の外の威儀《いぎ》の忍なり。及び内空《ないくう》、音声《おんじょう》等の空《くう》、身《しん》心《じん》の空寂《くうじゃく》を観《かん》じて、怨憎《おんぞう》を起こさざるは、此れは是れ新学《しんがく》の菩薩の世の[109]譏嫌《きげん》を息《や》め、戒定智《かいじょうち》を修《しゅ》する方便の忍辱にして、大菩薩に非ざるなり。何を以ての故に。諸菩薩は但だ衆生に利益処《りやくしょ》有りと観じて、即便《すなわ》ち調伏す。大乗を護《まも》り、正法《しょうぼう》を護らんが為めの故に、必ずしも一切慈悲もて軟語せず。『[110]涅槃《ねはん》』の中に説《と》かく、「譬《たと》えば往昔《おうしゃく》の仙予《せんよ》国王は方等《ほうどう》経《きょう》を護り、五百の婆羅門《ばらもん》を殺し、其《そ》れをして命終《みょうじゅう》して阿鼻地獄《あびじごく》に入《い》り、菩提心《ぼだいしん》を発せしむ」と。此れは豈《あ》に是れ大慈《だいじ》大悲《だいひ》なるに非ざらん。即ち是れ大忍《だいにん》なり。

『[111]涅槃』に復た説かく、「有徳《うとく》国王は覚徳法師《かくとくほっし》を護り、幷《なら》びに正法を護るが故に、一国中の破戒《はかい》の悪人を殺し、覚徳法師をして正法を行《ぎょう》ずることを得しむ。王は命終して後、即ち東方の阿閦仏《あしゅくぶつ》の前に生じ、第一の大弟子と作《な》り、臣兵の衆《しゅ》も亦《ま》た阿閦仏の前に生じ、第二・第三の弟子と作る。諸《もろ》もろの破戒の黒白《こくびゃく》の悪人は命終して、皆な阿鼻地獄に堕《だ》す。地獄の中に於いて、自《みずか》ら本罪を識《し》り、是の念《ねん》を作して言わく、『我れは覚徳法師を悩害《のうがい》したるが為めに、国王は我れを殺す』と。即ち各《おの》おの念を生じて、菩提心を発し、地獄従《よ》り出《い》で、還《ま》た覚徳、及び有徳国王の所に生じ、為めに弟子と作り、無上道《むじょうどう》を求む」と。

此れは菩薩の大方便忍《だいほうべんにん》にして、小菩薩の能《よ》く為す所に非ず。云何んが而《しか》も是れ忍辱なるに非ずと言わん。覚徳法師[112]とは、迦葉仏《かしようぶつ》是れなり。有徳国王は、釈迦仏《しやかぶつ》是れなり。護法《ごほう》の菩薩も亦た応《まさ》に此《かく》の如かるべし。云何んが大忍辱と名づけざらんや。若し菩薩有りて、世俗の忍を行じて、悪人を治《じ》せず、其れをして悪を長じ、正法を敗壊《はいえ》せしめば、此の菩薩は、即ち是れ悪魔にして、菩薩に非ざるなり。亦復《ま》た声聞《しようもん》と名づくることを得ざるなり。何を以ての故に。世俗の忍を求むれば、法を護ること能わざればなり。外には忍に似たりと雖《いえど》も、純《もつぱ》ら魔業《まごう》を行ず。菩薩は若し大慈大悲 702a を修し、忍辱を具足《ぐそく》し、大乗を建立《こんりゆう》し、及び衆生を護らば、専ら世俗の忍に執《しゆう》することを得ざるなり。何を以ての故に。若し菩薩有りて、悪人を将護《しようご》し、治罰《じばつ》すること能わず、其れをして悪を長じ、善人を悩乱《のうらん》し、正法を敗壊せしめば、此の人は実に非にして、外に詐《いつわ》り似たるを現《げん》じ、常《つね》に是の言《ごん》を作さく、「我れは忍辱を行ず」と。其の人は命終して、諸もろの悪人と倶《とも》に地獄に堕す。是の故に名づけて忍辱と為すことを得ず。

云何んが復た「忍辱地《にんにくじ》に住《じゆう》す」と名づけん。菩薩の忍辱は、能く一切仏道の功徳《くどく》を生ず。譬えば大地は一切世間の万物《まんもつ》を生長《しようちよう》するが如し。忍辱も亦復た是《かく》の如し。菩薩は大忍辱法を修行し、或る時は慈悲もて軟語するを修行し、打罵さるるも報いず。或いは復た悪口《あつく》・麁言を行じ、衆生を打拍し、乃《すなわ》ち命を尽《つ》くすに至る。此の二種の忍は、皆な正法を護り、衆生を調《ととの》えんが為めの故に、是れ初学《しよがく》の能く為す所に非ざるを、具足忍と名づく。

法忍《ほうにん》とは、三種の意有り。

第一の意とは、自ら聖行《しようぎよう》を修し、一切法は皆悉《み》な空寂にして、生《しよう》も無く滅《めつ》も無く、亦た断常《だんじよう》無しと観ず。所謂《いわゆ》る一切法は、眼根《げんこん》は空、耳《に》・鼻《び》・舌《ぜつ》・身《しん》・意《い》の根《こん》は空、眼色《げんしき》は空、声《しよう》・香《こう》・味《み》・触《そく》・法《ほう》は皆な空なりと観じ、眼識《げんしき》は空、耳・鼻・舌・身・意の識は空、我《が》も無く人《にん》も無く、衆生も無く、造《ぞう》も無く作《さ》も無く、受者も無しと観ず。善悪の報《ほう》は、空華《くうげ》の如く、諸大《しよだい》・陰《おん》・界《かい》・入《にゆう》は皆な空にして、三[113]六十八に名号《みようごう》無く、初も無く後も無く、中間《ちゆうげん》も無し。其の性《しよう》は本来常《つね》に寂然《じやくねん》として、一切法に於いて、心は動《どう》ぜず。是れ菩薩、法忍を修すと名づく。

702b

第二の意とは、菩薩の法忍《ほうにん》悉《ことごと》く具足《ぐそく》せば、亦《ま》た此《こ》の法を以て、衆生に教う。上中下の根《こん》の差別《しゃべつ》を観《かん》じ、方便もて転《てん》じて大乗に住《じゅう》せしむ。声聞《しょうもん》・縁覚《えんがく》より菩薩に至るまで、三種の観行《かんぎょう》は合同して一にして、色心《しきしん》の聖行《しょうぎょう》に差別無し。二乗、凡聖《ぼんしょう》は、本《も》と従《よ》り来《このかた》、同一の法身《ほっしん》にして、即ち是れ仏なり。

第三の意とは、菩薩摩訶薩《ぼさつまかさつ》は、自在《じざい》の智を以て、衆生を観じ、方便もて[114]同事《どうじ》し、之《こ》れを調伏《じょうぶく》す。或いは戒《かい》を持《たも》ちて[115]細《さい》行《ぎょう》を行《ぎょう》ずるを現《げん》じ、或いは破戒《はかい》して威儀《いぎ》無きを現ず。本との誓願《せいがん》の満足の為めの故に、六道《ろくどう》の身を現じ、衆生を調《ととの》う。是れ菩薩、法忍を行じ、方便具足して衆生を化《け》すと名づく。

大忍《だいにん》とは、神通忍《じんずうにん》と名づく。云何《いか》んが名づけて神通忍と為さん。菩薩は本初《ほんじょ》に発心《ほっしん》する時、十方《じっぽう》の一切衆生を度《ど》するを誓《ちか》い、勤《つと》めて六度《ろくど》の法の、施《せ》、戒、忍辱《にんにく》、精進《しょうじん》、禅定《ぜんじょう》、三乗の道品《どうぼん》、一切の智慧を修《しゅ》し、涅槃《ねはん》を証《しょう》することを得《え》、深く[116]実際《じっさい》に入《い》れば、上は諸仏を見ず、下は衆生を見ず、即ち是の念《ねん》を作《な》さく、「我れは本と一切衆生を度するを誓う。今、都《すべ》て一切衆生を見ず。将《は》た我が往昔《おうしゃく》の誓願に違《たが》わざらん」と。是の念を作す時、十方の一切の現在の諸仏は、即ち色身《しきしん》を現じ、[117]同声《どうしょう》に此の菩薩を讃歎《さんだん》して言わく、「善《よ》き哉《かな》、善き哉。大善男子《だいぜんなんし》よ。本との誓願を念じて、衆生を捨《す》つる莫《な》かれ。我《わ》れ等《ら》諸仏は初めて道を学ぶ時、大誓願を発《ほっ》し、広く衆生を度し、勤心《ごんしん》に道を学ぶ。既に涅槃を証し、深く実際に入れば、衆生を見ず。本との誓願を憶《おも》い、即ち悔心《けしん》を生じ、衆生を[118]顧念《こねん》す。是の時、即ち十方の諸仏は、同声に『我れも亦た汝《なんじ》の如し。本との誓願を念じて、衆生を捨つる莫かれ』と讃歎するを見る」と。十方の諸仏、是の語を説く時、菩薩は是の時諸仏の語を聞き、心に大いに歓喜《かんぎ》し、即ち大神通を得《う》。[119]虚空《こくう》の中に坐《ざ》して、尽《ことごと》く十方の一切の諸仏を見、一切の諸仏の智慧を具足し、一念《いちねん》に尽く十方の仏の心を知り、亦た一切衆生の心数《しんじゅ》を知り、一念に悉く能《よ》く遍《あまね》く之れを観察《かんざつ》し、一時に一切衆生を度せんと欲《ほっ》す。心は広大なるが故に、名づけて大忍と為す。諸仏の[120]大《だい》人《にん》の法を具足するが故に、名づけて大忍と曰《い》う。衆生を度せんが為めに、色身・智慧もて機《き》の差別に対し、一念の心の中に、一切身を現じ、一時に説法し、一音《いっとん》に能く[121]無量《むりょう》の音声《おんじょう》を作し、無量の衆生は、一時に成道《じょうどう》す。是れ神通忍と名づく。

「柔和善順《にゅうわぜんじゅん》」[122]とは、一には自《みずか》ら其《そ》の心を柔伏《にゅうぶく》[123]し、二には衆生を柔伏す。「和」とは、六和敬《ろくわきょう》[124]を修し、戒を持ち、禅・智を修し、及び解脱《げだつ》の法を証す。乃至《ないし》、衆生の瞋恚《しんに》を調え、及び忍辱、持戒《じかい》、及び毀禁《きこん》は、皆な涅槃の相《そう》に同じ。所謂《いわゆ》る六和とは、意和《いわ》・身和《しんわ》・口和《くわ》・戒和《かいわ》・利和《りわ》、及び見和《けんわ》なり。「善順」とは、善《よ》く衆生の根性《こんじょう》を知り、随順《ずいじゅん》して調伏す。是れ同事と名づく。六神通の摂《しょう》なり。「柔和」とは、名づけて法忍と為す。「善順」とは、名づけて大忍と為す。

「而《しか》[125]も卒暴《そつぼう》ならず」とは、仏法《ぶっぽう》を学ぶ時、怱怱《そうそう》[126]卒暴ならず。証を取り、外に威儀を行じ、及び衆生を化するも亦復《ま》た是《かく》の如し。

「心も驚かず」[127]とは、驚《きょう》は之れ動《どう》と曰う。卒暴怱怱は、即ち是れ驚動《きょうどう》なり。善声《ぜんしょう》・悪声、乃至、霹靂《へきれき》、諸《もろ》もろの悪の境界《きょうがい》、及び善の色像《しきぞう》、耳聞《にもん》し眼見《げんけん》するに、心は皆な動ぜず、空法を解《げ》するが故に、畢竟《ひっきょう》して心無し。故に不驚《ふきょう》と言う。

「又復《ま》[128]た法に於いて行ずる所無し」とは、五陰《ごおん》・十八界《じゅうはっかい》・十二因縁《じゅうにいんねん》の中に於いて、諸もろの煩悩法《ぼんのうほう》は畢竟して空《くう》なるが故に、心も無く処も無し。復《ま》た禅定・解脱の法の中に於いて、智も無く心も無く、亦た行ずる所も無し。

702c
「而も諸法の如実《にょじつ》の相を観ず」[129]とは、五陰・十八界・十二因縁は、皆な是れ真如《しんにょ》・実性《じっしょう》にして、本末《ほんまつ》も無く、生滅《しょうめつ》も無く、煩悩も無く、解脱も無し。

「亦た不分別《ふふんべつ》を行ぜず」[130]とは、生死《しょうじ》と涅槃は一無く異無く、凡夫《ぼんぶ》、及び仏には、二の法界《ほうかい》無きが故に、分別す可《べ》からず。亦た不二《ふに》を見ざるが故に、「不分別を行ぜず」と言う。不分別の相は、不可得《ふかとく》なるが故に、菩薩は此の無名三昧《むみょうざんまい》に住す。住する所無しと雖《いえど》も、能く一切の神通を発し、方便を仮《か》らず。是れ菩薩摩訶薩の行処《ぎょうしょ》[131]と名づく。初めに聖位《しょうい》に入れば、即ち与等《よとう》[132]なり。此れは是れ不動、真常《しんじょう》の法身にして、是れ方便の縁合《えんごう》の法身なるに非ず。亦た名づけて如来蔵《にょらいぞう》、乃至《ないし》、意蔵を証《しょう》すと為すことを得《う》。

法華経安楽行義

法華経安楽行義　註

1　**頓覚**　慧思『諸法無諍三昧法門』巻下にも、『法華経』と頓覚を結びつけて、「妙法華会但説一乗頓中極頓諸仏智慧、為大菩薩受如来記」（大正四六、六三五中八―九行）と述べている。佐藤哲英氏は、この「頓覚」の出典として、『菩薩瓔珞本業経』仏母品の「我昔会有一億八千無垢大士、即坐達法性原、頓覚無二一切法一合相。従法会出、各各坐十方界、説菩薩瓔珞大蔵、時坐大衆見一億八千世尊、名頓覚如来、各坐百宝師子吼座。時無量大衆亦坐一処、聴等覚如来説瓔珞法蔵。是故無漸覚如来、唯有頓覚如来。三世諸仏所説無異、今我亦然」（大正二四、一〇一八下一四―二一行）を取りあげている（佐藤哲英『続・天台大師の研究』百華苑、一九八一年、三〇〇頁）。また、佐藤氏は、慧思の散逸した著作『四十二字門』（日本の宝地房証真の『止観私記』巻六本に引用される）にも「頓覚」の思想を発見し、頓覚を慧思の思想を貫くものとしてとらえた。「南岳四十二字門云、経説、仏子、四十二地名寂滅忍。乃至説此法界海時、有八万無垢菩薩頓解大覚、現身得仏出世間果」（『大日本仏教全書』二二、仏書刊行会、一〇〇九上―中）を参照。佐藤哲英、前掲同書、二九九頁を参照。

2　**師無くして自ら悟り**　慧思が法華三昧を他者に依存しないで自然に得たことについては、『続高僧伝』巻一七、慧思伝「放身倚壁、背未至間、霍爾開悟、法華三昧、大乗法門、一念明達、十六特勝、背捨除入、便自通徹、不由他悟、後往鑑最等師、述己所証、皆蒙随喜」（大正五〇、五六三上一一―一四行）を参照。

3　**疾く仏道を成ずる**　『法華経』常不軽菩薩品「不軽命終　値無数仏　説是経故　得無量福　漸具功徳　疾成仏道」（五一中二二―二四行）、「応当一心　広説此経　世世値仏　疾成仏道」（五一下六―七行）を参照。「疾成仏道」と類似の表現として、提婆達多品に説かれる龍女の成仏においても、「頗有衆生、勤加精進、修行此経、速得仏不」（三五中一四―一五行）、「云何女身速得成仏」（三五下一一―一二行）

と説かれる。また、如来寿量品に、「毎自作是意　以何令衆生　得入無上慧　速成就仏身」（四四上三―四行）とある。

4　**一切世間にて信じ難き法門なり**　『法華経』序品「欲令衆生咸得聞知一切世間難信之法、故現斯瑞」（三下一六―一七行）を参照。

5　**法華三昧**　『随自意三昧』にも、新しく発心した菩薩が学ぶべき三昧の一つとして法華三昧を取りあげている。「凡是一切新発心菩薩欲学六波羅蜜、欲修一切禅定、欲行三十七品、若欲説法教化衆生、学大慈悲、起六神通、欲得疾入菩薩位、得仏智慧、先当具足念仏三昧般舟三昧、及学妙法蓮華三昧。是諸菩薩最初応先学随自意三昧。此三昧若成就、得首楞厳定」（続蔵五五、四九六上二二行―中二行）を参照。

6　**勇猛精進して仏道を求む**　『法華経』序品「又見菩薩　勇猛精進　入於深山　思惟仏道」（三上二〇―二一行）を参照。

7　**薬王菩薩の、難行苦行して……仏の神通を得るが如くせよ**　『法華経』薬王菩薩本事品「是一切衆生憙見菩薩楽習苦行、於日月浄明徳仏法中、精進経行一心求仏、満万二千歳已、得現一切色身三昧」（五三上二三―二六行）を参照。

8　**過去の妙荘厳王の……記を受けて仏と作るが如くせよ**　『法華経』妙荘厳王本事品「其王即時以国付弟、与夫人二子幷諸眷属、於仏法中出家修道。王出家已、於八万四千歳、常勤精進、修行妙法華経。過是已後、得一切浄功徳荘厳三昧」（六〇中二五―二九行）を参照。

9　**三天下**　須弥山の周囲の四洲＝四天下（東弗婆提・南閻浮提・西瞿耶尼・北鬱単越）のうち、南閻浮提を除いた三つの天下のこと。

10　**一切衆生を観じて皆な仏の如く想うとは、常不軽菩薩品の中に説くが如し**　『法華経』常不軽菩薩品「我深敬汝等、不敢軽慢。所以者何。汝等皆行菩薩道、当得作仏」（五〇下一九―二〇行）を参照。

11　**勤めて禅定を修すとは、安楽行品の初めに説くが如し**　『法華経』安楽行品「常好坐禅、在於閑処、修摂其心」（三七中一〇行）を参照。

12　**法身蔵**　『勝鬘経』自性清浄章「如来蔵者、是法界蔵、法身蔵、出世間上上蔵、自性清浄蔵」（大正一二、二二二中二二―二三行）を参照。また、慧思『随自意三昧』には、「此法身蔵、唯仏与仏乃能知之。法華経中総説難見、華厳中分別易解」（続蔵五五、五〇五上一〇―一一行）とある。

13　**『仏蔵経』の中に説くが如し**　『仏蔵経』に該当する記述

は見られない。

14 **三十二相・八十種好**　「三十二相」は、dvātriṃśan mahā-puruṣa-lakṣaṇāni. 偉人の三十二の身体的特徴の意。「八十種好」は、aśīty-anuvyañjanāni. 八十の副次的特徴の意。いずれも仏の備える身体的特徴で、合わせて相好という。

15 **六情**　六根（眼・耳・鼻・舌・身・意根）のこと。

16 **『経』に言わく、「法師に父母の生ずる所……意も亦復たの如し」**　『法華経』法師功徳品「是善男子善女人、父母所生清浄肉眼、見於三千大千世界内外所有山林河海、下至阿鼻地獄、上至有頂。亦見其中一切衆生、及業因縁果報生処悉見悉知」（四七下八―一一行）、同「雖未得天耳、以父母所生清浄常耳、皆悉聞知」（四八上六―七行）、『観普賢菩薩行法経』「父母所生清浄常眼」（大正九、三八九下八―九行）などを参照。

17 **安楽行の中に、「菩薩は一切法を……親近する所の処と名づく」と説くが如し**　『法華経』安楽行品「一切諸法　空無所有　無有常住　亦無起滅　是名智者　所親近処」（三七下一三―一五行）を参照。

18 **六情根**　六根のこと。前註15を参照。

19 **妙覚**　仏の悟りを意味する。『菩薩瓔珞本業経』巻上、賢聖学観品「水精瓔珞内外明徹。妙覚常性湛然明浄、名一切智地」（大正二四、一〇一三上九―一一行）を参照。

20 **湛然**　水があふれるほどたたえられたさまを意味することから、静かな様子を形容する。

21 **八正**　八正道のこと。正見・正思・正語・正業・正命・正精進・正念・正定の八種の実践。

22 **甚深なる如来蔵は、畢竟して衰老無し**　底本の「湛深」を、甲本その他によって「甚深」に改める。『央掘魔羅経』巻三「甚深如来蔵　畢竟無衰老　是則摩訶衍　具足八聖道」（大正二、五三二上二九行―中一行）を参照。

23 **云何んが一乗と……恒に安楽なるを謂う**　『央掘魔羅経』巻三「云何名為一　謂一切衆生　皆以如来蔵　畢竟恒安住」（大正二、五三一中二五―二六行）を参照。

24 **師子吼の、『涅槃』の中にて仏に、「世尊よ……非一と為すや」と問うが如し**　師子吼菩薩のこのような質問は『涅槃経』には見られない。

25 **仏は師子吼に答う、「亦た一……是れ衆生の義と名づく」**　『南本涅槃経』巻二五、師子吼菩薩品「云何為一。一切衆生悉一乗故。云何非一。説三乗故。云何非一非非一。無数法故」（大正一二、七七〇中二九行―下二行）を参照。「数法」は、数えられる法＝存在の意。

26 **『大品経』に、「摩訶は大を言い……到彼岸と名づく」と説くが如し**　『大智度論』巻一八「摩訶、秦言大。般若、言慧。波羅蜜、言到彼岸。以其能到智慧大海彼岸、到諸一切智慧辺、窮尽其極故、名到彼岸」（大正二五、一九一上四―七行）を参照。

27 **法雲地**　菩薩の十地の中の第十地の名称である。『六十巻華厳経』巻二七、十地品「是名菩薩摩訶薩第十法雲地」（大正九、五七四下六―七行）を参照。

28 **『涅槃経』に言わく、「或いは菩薩有りて……一地に至るを知る」**　『南本涅槃経』巻二五、師子吼菩薩品「慧荘厳者、謂従一地乃至十地。是名慧荘厳」（大正一二、七六七中二二―二三行）を参照。

29 **『思益経』に言わく、「或いは菩薩有りて……一地に至らず」**　『思益梵天所問経』巻一、分別品「若人聞是諸法正性、勤行精進、是名如説修行、不従一地至一地」（大正一五、三六下六―七行）を参照。

30 **正直に方便を捨て**　『法華経』方便品「正直捨方便　但説無上道」（一〇上一九行）を参照。

31 **六自在王**　六根のこと。六根による煩悩が制御しがたいことを、王のように自在であることにたとえたもの。『大品般若経』巻五、広乗品「沙字門、諸法六自在王性清浄故」（大正八、二五六上一五行）を参照。

32 **十力**　仏の持つ十種の智慧の力のこと。処非処智力・業異熟智力・静慮解脱等持等至智力・根上下智力・種種勝解智力・種種界智力・遍趣行智力・宿住随念智力・死生智力・漏尽智力。

33 **十八不共**　十八不共仏法ともいう。仏だけが持つ優れた特質のこと。大悲、十力、四無所畏、三念住をいう。十力は、前註32を参照。四無所畏は、四種の畏れのない自信で、正等覚無畏・漏永尽無畏・説障法無畏・説出道無畏をいう。三念住は、仏が、熱心な弟子に対して、むやみに歓喜して平静な心を失うことがないように観想する第一念住、不熱心な弟子に対して、憂いの心を持って平静な心を失うことがないように観想する第二念住、両様の弟子に対して、一喜一憂して平静な心を失うことがないように観想する第三念住のこと。

34 **三明**　宿命明・天眼明・漏尽明のこと。宿命明は過去世の因縁を知る智慧、天眼明は未来世の果報を知る智慧、漏尽明は現在世の煩悩が断ち切られて得る智慧のこと。過去、未来、現在の三世に通達した智慧を意味する。

35 **八解**　初禅・二禅・四禅・四無色定（空無辺処定・識無辺処定・無所有処定・非想非非想処定）・滅尽定のこと。

36 **眼の色を見るに因りて……之れを名づけて行と為す**　『大方等大集経』巻二三、弥勒品「因眼見色、而生愛心。愛心者、即是無明。為愛造業、即名為行」（大正一三、一六四上三―四行）を参照。

37 **業に随いて報を天人の諸趣に受け**　『合部金光明経』巻四、空品「随業受報　天人諸趣」（大正一六、三七九下七行）を参照。

38 **空・明**　空間と明るさの意。

39 **青盲**　感覚器官としての眼は破壊されていないが、しだいに視力が減退して、やがて失明に至る眼病。

40 **空華**　空中の花の意で、実体のないことのたとえ。

41 **無明の行に縁たる**　原文は「無明縁行」であり、無明が行の縁であるということから、具体的には、無明を縁として行が生ずることを意味する。『法華経』化城喩品「無明縁行、行縁識、識縁名色、名色縁六入、六入縁触、触縁受、受縁愛、愛縁取、取縁有、有縁生、生縁老死憂悲苦悩。無明滅則行滅、行滅則識滅、識滅則名色滅、名色滅則六入滅、六入滅則触滅、触滅則受滅、受滅則愛滅、愛滅則取滅、取滅則有滅、有滅則生滅、生滅則老死憂悲苦悩滅」（二五上五―一二行）を参照。

42 **眼の色を見るに因りて……即ち是れ無明なり**　前註36を参照。

43 **首楞厳定**　「首楞厳」は、Śūraṅgama の音訳。健相、健行、一切事竟などと訳す。三昧の名。

44 **仏の言わく、「父母の生ずる所……意も亦復た是の如し」**　前註16を参照。

45 **『般若経』に説かく、「六自在王は性として清浄なり」**　前註31を参照。

46 **龍樹菩薩の言わく、「当に人身の六種の相の妙を知るべし」**　『大智度論』巻四八「若聞沙字、即知人身六種相。沙秦言六」（大正二五、四〇八中二七―二八行）を参照。

47 **『華厳経』の歓喜地の中に言わく、「其の性は本と従り来……永く諸煩悩無し」**　『六十巻華厳経』巻二三、十地品「其性従本来　寂然無生滅　従本已来空　滅除諸苦悩」（大正九、五四四中七―八行）を参照。

48 **諸法爾るを覚了すれば、超勝して仏道を成ず**　『大智度論』巻六「見有無法異　是不離有無　若知有無等　超勝成

仏道」（大正二五、一〇七下二九行—一〇八上一行）を参照。

49 **『涅槃』の中にて迦葉は仏に、「言う所の字……」と問うが如し。仏は迦葉に、「……如来の金剛の身なり」と告ぐ**　『南本涅槃経』巻八、文字品「迦葉菩薩復白仏言、世尊。所言字者、其義云何。善男子。有十四音、名為字義。所言字者、名曰涅槃。常故不流。若不流者、則為無尽。夫無尽者、即是如来金剛之身」（大正一二、六五三下二三—二六行）を参照。

50 **『般若経』の中にて曇無竭菩薩は薩陀波崙に、「善男子よ……無滅法は、即ち是れ仏なり」と言うが如し**　『大品般若経』巻二七、法尚品「爾時曇無竭菩薩摩訶薩語薩陀波崙菩薩言、善男子。諸仏無所従来、去亦無所至。何以故。諸法如、不動相、諸法如即是仏。善男子。無生法無来無去、無生法即是仏。無滅法無来無去、無滅法即是仏」（大正八、四二一中二七行—下一行）を参照。

51 **『大強精進経』の中にて仏は鴦崛摩羅に、「……一学と名づけん」と問う。鴦崛は仏に、「……一乗に名づく」と答う**　『央掘魔羅経』巻三「爾時仏告央掘魔羅、云何為一学。央掘魔羅以偈答言、一切衆生命　皆由飲食住　是則声聞乗　斯非摩訶衍　所謂摩訶衍　離食常堅固　云何名為一　謂一切衆生　皆以如来蔵　畢竟恒安住」（大正二、五三一中一八—二四行）を参照。なお、慧思が『央掘魔羅経』を『大強精進経』と呼んでいるのは、『央掘魔羅経』において央掘魔羅が大精進如来と言われることと関係する。同巻四「南方去此過六十二恒河沙刹有国、名一切宝荘厳、仏名一切世間楽見上大精進如来応供等正覚。……彼如来者豈異人乎。央掘魔羅即是彼仏、諸仏境界不可思議」（大正同、五四三上一六—二五行）を参照。

52 **云何んが名づけて五と為さん。所謂る彼の五根なり……所謂る意入処は、諸もろの如来の常をば、決定して分明に識る浄信の来入門にして、具足して減無く修す**　『央掘魔羅経』巻三「云何名為五　所謂彼五根　是則声聞乗　斯非摩訶衍　所謂彼眼根　於諸如来常　決定分別（宋・元・明の三本、聖語蔵本には「明」に作る）見　具足無減損（宋・元・明の三本、聖語蔵本には「修」に作る。以下の「具足無減損」の句も同じ）所謂彼耳根　於諸如来常　決定分明聞　具足無減損　所謂彼鼻根　於諸如来常　決定分明齅　具足無減損　所謂彼舌根　於諸如来常　決定分明嘗　具足無減損　所謂彼身根　於諸如来常　決定分明触　具足無減損　云何名為六　所謂六入処　是則声聞乗　斯非摩訶衍　所謂

眼入処　於諸如来常　明見来入門　具足無減損　所謂耳入処　於諸如来常　明聞来入門　具足無減損　所謂鼻入処　於諸如来常　明齅来入門　具足無減損　所謂舌入処　於諸如来常　明嘗来入門　具足無減損　所謂身入処　於諸如来常　明触来入門　具足無減損　所謂意入処　明説如来蔵　不起違逆心　浄信来入門」（大正二、五三一下二二行―五三二上一八行）を参照。

53 **所謂る彼の意根は……具足して減無く修す**　以上の意根に関する文は、ここの答えが五根についての言及なので、前註52の『央掘魔羅経』の経文には存在しない。ただし、『法華玄義』巻六上での同経の引用（大正三三、七五〇中二二―二五行。Ⅱ八四―八五頁）でも意根を挙げている。Ⅱ巻六上註92も参照。

54 **三六**　十八界（六根・六境・六識）のこと。

55 **如如**　tathatā の訳。真如とも訳す。原義は、そのようにあること、あるがままなこと。仏教における真理を表わす用語の一つ。

56 **『大集』の中にて仏は浄声王に、「汝の名は……如来の浄土を修習する義と名づく」と告ぐ**　『大方等大集経』巻一一、海慧菩薩品「浄声比丘既出家已復白仏言、世尊。我今云何得名出家。仏言、比丘。汝名浄声。当浄自界。自界既浄、則名比丘、則名出家。爾時比丘聞仏説已、心楽寂静作是思惟。界者、即眼観。眼空者、即是浄界。夫浄界者、即是仏土。耳鼻舌身亦復如是。意者即界。若観意空、即是浄界。夫浄界者、即是仏土、即是一界、即是空界、即衆生界、即無相界、即無願界、即無作界、即無為界」（大正一三、六九下一五―二三行）を参照。

57 **受陰**　五陰の中の一つで、感受作用のこと。これに三受があり、苦受・楽受・不苦不楽受の三種の感受、感覚をいう。

58 **正慧離著安楽行**　正しい智慧によって執著を離れる安楽行の意。『法華経』には四安楽行が説かれているといっても、それぞれの具体的な名称は説かれていない。そこで、注釈家は自分で命名している。慧思の場合は、修行の内容が具体的に理解しやすいように命名していることが特徴となっている。

59 **無軽讃毀安楽行**　軽々しく褒めたり、けなしたりしない安楽行の意。

60 **転諸声聞令得仏智安楽行**　声聞たちを菩薩に転換させて仏智を得させる安楽行の意。

61 **無悩平等安楽行** 悩みがなく平等である安楽行の意。

62 **敬善知識安楽行** 善知識を尊敬する安楽行の意。

63 **慈悲接引安楽行** 慈悲によって衆生を救い取る安楽行の意。

64 **夢中具足成就神通智慧仏道涅槃安楽行** 夢の中で、神通と智慧、仏道と涅槃を完備し完成する安楽行の意。

65 **欲界地** 欲界に所属する禅定である麁住・細住・欲界定のうち、ここでは、前二者を指している。第三の欲界定が、ここでは「未到地」と名づけられている。

66 **未到地** 下地の修惑（思惑）を断じて得られる上地の禅定を根本定といい、色界の四禅、四無色定のそれぞれにある。定には、定に入った段階のものと、それに近づきつつある準備的段階の定とがあり、前者を根本定といい、後者を近分定という。ただし、色界の初禅については近分定とは表現せず、とくに未至定、未到定という。ここの「未到地」はそれを指す。要するに、欲界に所属するが、色界の初禅の準備的段階の定を意味する。

67 **十一種** 欲界地の麁住・細住、未到地、色界四禅、四無色定を合わせたもの。

68 **有法、無法** 有為法と無為法のこと。

69 **『阿毘曇雑心』** 僧伽跋摩等訳『雑阿毘曇心論』を指す。

70 **菩薩の遍行** 菩薩の普遍的な修行の意。つまり、菩薩であればだれでも修行するもの。

71 **相** 底本の「想」を、甲本その他によって改める。

72 **普賢勧発品の中、『法華経』を誦し、散心に精進す** 『法華経』普賢菩薩勧発品「世尊。於後五百歳濁悪世中、其有受持是経典者、我当守護、除其衰患、令得安隠、使無伺求得其便者。若魔、若魔子、若魔女、若魔民、若為魔所著者、若夜叉、若羅刹、若鳩槃茶（底本の「茶」を、他本によって改める）、若毘舎闍、若吉遮、若富単那、若韋陀羅等、諸悩人者、皆不得便。是人若行、若立、読誦此経、我爾時乗六牙白象王、与大菩薩衆倶詣其所、而自現身、供養守護、安慰其心。亦為供養法華経故。……満三七日已、我当乗六牙白象、与無量菩薩而自囲繞、以一切衆生所憙見身、現其人前、而為説法、示教利喜。亦復与其陀羅尼呪、得是陀羅尼故、無有非人能破壊者。亦不為女人之所惑乱、我身亦自常護是人」（六一上二三行―中一七行）を参照。

73 **如** 底本の「知」を、甲本その他によって改める。

74 **頭然を救うが如し** 頭が燃えるのを救うこと。危急なさまをたとえる。「然」は、燃に通じる。

75 **金剛杵を以て、行者の眼に擬る**　『観普賢菩薩行法経』「既見十方仏已、夢象頭上有一金剛人、以金剛杵遍擬六根。擬六根已、普賢菩薩為於行者説六根清浄懺悔之法」（大正九、三九〇下二五―二八行）を参照。本文のここの段落は、『観普賢菩薩行法経』に基づいて作文された部分が多い。

76 **七仏を見る**　『観普賢菩薩行法経』「如是昼夜経三七日、然後方得旋陀羅尼。得陀羅尼故、諸仏菩薩所説妙法憶持不失、亦常夢見過去七仏、唯釈迦牟尼仏為其説法、是諸世尊各各称讃大乗経典」（大正九、三九〇下一五―一九行）を参照。

77 **三種の陀羅尼門**　本文に出る総持陀羅尼・百千万億旋陀羅尼・法音方便陀羅尼を指す。

78 **総持陀羅尼**　「陀羅尼」は、dhāraṇī の音写語で、総持と漢訳する。したがって、「総持陀羅尼」という表現は奇妙である。『法華経』普賢菩薩勧発品（六一中七―八行）に出る三種陀羅尼は、旋陀羅尼・百千万億旋陀羅尼・法音方便陀羅尼である。旋陀羅尼は、旋、つまり教えを転じることのできる陀羅尼＝記憶力の意。「百千万億旋陀羅尼」は、膨大な回数、教えを転じることのできる陀羅尼。「法音方便陀羅尼」に対応するサンスクリット語 sarva-ruta-kauśalya-āvartā nāma dhāraṇī は、薬王菩薩本事品の「解一切衆生語言陀羅尼」（五三中二七―二八行）に対応するサンスクリット語 sarva-ruta-kauśalya-dhāraṇī とほぼ同じであり、あらゆる方言に巧みである能力を意味する。

79 **肉眼・天眼・菩薩の道慧**　「肉眼・天眼」は、五眼の中の二つ。他に、慧眼・法眼・仏眼がある。『大智度論』巻三三「何等五。肉眼、天眼、慧眼、法眼、仏眼。肉眼、見近不見遠、見前不見後、見外不見内、見昼不見夜、見上不見下。以此礙故求天眼。得是天眼、遠近皆見、前後内外、昼夜上下、悉皆無礙。是天眼見和合因縁生仮名之物、不見実相。所謂空、無相、無作、無生、無滅。如前中後亦爾。為実相故求慧眼。得慧眼、不見衆生、尽滅一異相、捨離諸著、不受一切法、智慧自内滅、是名慧眼。但慧眼不能度衆生。所以者何。無所分別故。以是故生法眼。法眼令是人行是法、得是道、知一切衆生各各方便門、令得道証。法眼不能遍知度衆生方便道。以是故求仏眼。仏眼無事不知、覆障雖密、無不見知。於余人極遠、於仏至近。於余幽闇、於仏顕明。於余為疑、於仏決定。於余微細、於仏為麁。於余甚深、於仏甚浅。是仏眼無事不聞、無事不見、無事不知、無事為難。無所思惟、一切法中仏眼常照」（大正二五、三〇五下一八行―三〇六上七行）を参照。「菩薩の道慧」は、三慧（道慧・道種慧・一切種慧＝一切種智）の一つ。『大品般若経』巻一、序品「菩薩摩訶薩欲具足道慧、当習行般若波羅蜜。菩薩摩訶薩欲以道慧具足道種慧、当習行般若波羅蜜。欲以道種慧具足一切智、当習行般若波羅蜜。欲以一切智具足一切種智、当習行般若波羅蜜。欲以一切種智断煩悩習、当習行般若波羅蜜」（大正八、二一九上一九―二五行）を参照。

80 **或いは一生修行して具足することを得……三生して即ち得** 『観普賢菩薩行法経』「此観功徳、除諸障礙、見上妙色、不入三昧、但誦持故、専心修習、心心相次、不離大乗、一日至三七日得見普賢。有重障者、七七日尽然後得見。復有重者一生得見、復有重者二生得見、復有重者三生得見。如是種種業報不同、是故異説」（大正九、三八九下二一―二七行）を参照。

81 **四事** 飲食・衣服・臥具・湯薬の四種の僧侶の必需品。

82 **一切法とは、所謂る三毒……是れ一切法と名づくるなり** 『随自意三昧』にも、「三毒、四大、五陰、十二入、十八界、十二因縁、畢竟空無所得」（続蔵五五、四九六下一九―二〇行）と、同じ概念が列挙されている。

83 **衆生忍** 安藤俊雄「慧思の法華思想――智度論との関係を中心として」（山口博士還暦記念『印度学仏教学論叢』所収、法蔵館、一九五五年）は、『安楽行義』の三忍の典拠として『大智度論』を取りあげ、「三忍とは、生忍・法忍・大忍のことで、これもと智度論第六巻・第十四巻・第十五巻・第八一巻等にしばしば説かれてゐるのを慧思が採用したものである」（二四二頁）と指摘している。『大智度論』巻五「有二種等。衆生等、法等。忍亦二種。衆生忍、法忍」（大正二五、九七上二五―二六行）を参照。

84 **面** 底本の「而」を、甲本その他によって改める。

85 **身行** 身業のこと。身体的行為を指す。

86 **被** 底本の「破」を、甲本その他によって改める。

87 **摩触** 肉体的な接触のこと。

88 **捨心** 四無量心（慈・悲・喜・捨）の一つ。すべての執著を捨てること。

89 **誰れか打ち……誰れか恚らんと観ず** 『大智度論』巻五「復次是菩薩雖未尽漏、大智利根、能思惟除遣瞋心、作是念、若耳根不到声辺、悪声著誰。又如罵声聞便直過。若不分別、誰当瞋者。凡人心著吾我、分別是非、而生恚恨。復次若人能知語（底本の「諸」を、宋・元・明の三本、その

他によって改める）言随生随滅、前後不俱、則無瞋恚。亦知諸法内無有主、誰罵誰瞋。……復次菩薩知諸法不生不滅、其性皆空、若人瞋恚罵詈、若打若殺、如夢如化、誰瞋誰罵」（大正二五、九六上一九行―中五行）を参照。

90 **頭等の六分** 頭、胴、両手、両足のこと。

91 **『随自意三昧』の中に説くが如し** 『随自意三昧』「菩薩行時、以無畏施利益衆生、名檀波羅蜜。於諸衆生無所損傷、離罪福想、名尸波羅蜜。菩薩行時、心想不起亦不動揺、無有住処、十八界一切法不動故、名為羼提波羅蜜具足。忍辱故。菩薩行時、不得挙足下足、心無前思後覚、無生滅、一切法中無動無住、是名精進毗梨耶波羅蜜。菩薩行時、不得身心、一切法中無受念著、不得生死、不得涅槃、不得中道故、一切法中不乱不味、離定乱想故、是名禅波羅蜜具足。能起諸神通故。菩薩行時、頭等六分如空如影如夢化炎、無有生滅、亦無断常、無両中間。三毒、四大、五陰、十二入、十八界、十二因縁、畢竟空無所得。既無繋縛、亦無解脱、是名般若波羅蜜智慧具足。是故菩薩行威儀。挙足下足、念念具足六波羅蜜」（続蔵五五、四九六下九―二二行）を参照。

92 **識の性** ここでは、眼識の性の意味。

93 **心に行処無く** 心が活動しないこと。『法華玄義』（Ⅲ巻十上註183を参照）や『観音玄義』（巻上註232、巻下註77を参照）で引かれる「心行処滅」と同義。「行処」は、gocaraの訳語で、活動範囲の意。

94 **『鴦崛摩羅』の眼根入の義の中に説くが如し** 前註52を参照。

95 **『涅槃』の中の仏性・如来蔵の中に説くが如し** 『南本涅槃経』巻八、如来性品（大正一二、六四八中―六五三下）を参照。

96 **対治観** 『修習止観坐禅法要』に、「修観有二種。一者対治観。如不浄観対治貪欲、慈心観対治瞋恚、界分別観対治著我、数息観対治多尋思等、此不分別也。二者正観。観諸法無相、並是因縁所生。因縁無性、即是実相。先了所観之境一切皆空、能観之心自然不起」（大正四六、四六七中一―六行）とあるように、正観に対するもので、特定の煩悩を対治する観法をいう。例として示されているものは、いわゆる五停心観（不浄観・慈悲観・数息観・因縁観・界分別観）の一部である。

97 **四念処** 別相念処と総相念処の二つがある。別相念処には、身・受・心・法の四に対して、順次に不浄・苦・無常・無我であると、それぞれの自相を観察する自相別観と、身・

受・心・法の四はいずれも不浄・苦・無常・無我であると、それらの共相を観察する共相別観とがある。総相念処は、身・受・心・法の四を総じて不浄・苦・無常・無我であると観察することである。

98 **三十七種の差別の名字有り、名づけて道品と為す** 三十七道品のこと。「道品」は、bodhipākṣika, bodhipakṣya の漢訳。菩提分ともいう。悟りを得るための実践修行の意。四念処・四正勤・四如意足・五根・五力・七覚支・八正道をいう。

99 **乃** 底本の「及」を、文意により改める。

100 **天子魔** 四魔＝煩悩魔・陰魔・死魔・天子魔の一つで、六欲天のうち、第六天の他化自在天の主である魔王を指す。

101 **巧慧方便** 巧みな智慧に基づく方便の意であろう。『六十巻華厳経』巻六〇、入法界品の「菩薩摩訶薩以般若波羅蜜為母、大方便為父」（大正九、七八二下二七―二八行）に基づいて、『諸法無諍三昧法門』巻上には、「禅智方便般若母　巧慧方便以為父」（大正四六、六三〇中三行）とある。また、同「十二因縁四種智　下智声聞中縁覚　巧慧上智名菩薩　如来頓覚上上智」（大正同、六二八下八―九行）も参照。

102 **正直に方便を捨てて、但だ無上道を説くのみ** 前註30を参照。

103 **文殊師利菩薩は仏に白して、「世尊よ……是の経を説かん」と言う。仏は文殊師利に、「若し菩薩摩訶薩……亦た不分別を行ぜずば、是れ菩薩摩訶薩の行処と名づく」と告ぐ** 『法華経』安楽行品「爾時文殊師利法王子菩薩摩訶薩白仏言、世尊。是諸菩薩甚為難有、敬順仏故、発大誓願、於後悪世、護持読説是法華経。世尊。菩薩摩訶薩於後悪世、云何能説是経。仏告文殊師利、若菩薩摩訶薩於後悪世欲説是経、当安住四法。一者安住菩薩行処、及親近処、能為衆生演説是経。文殊師利。云何名菩薩摩訶薩行処。若菩薩摩訶薩住忍辱地、柔和善順、而不卒暴、心亦不驚、又復於法無所行、而観諸法如実相、亦不行不分別、是名菩薩摩訶薩行処」（三七上八―一八行）を参照。「卒暴」は、慌てふためくこと。「不分別を行ぜず」の原文「不行不分別」には、二通りの解釈がある。中国の注釈家のなかには、「不行」と「不分別」を並列の句と解釈する（「行ぜず、分別せず」と読む）法雲（『法華義記』巻七、大正三三、六六三中二五―二七行を参照）や吉蔵（『法華義疏』巻八、大正三四、五九三中一四―一七行を参照）もいるが、慧思や、智顗・

灌頂の『法華文句』巻九上（大正同、一二〇上二二―二三行を参照）のように、「不分別を行ぜず」と解釈する者もいる。慧思の解釈については、この『法華経安楽行義』の末尾に、「『不行不分別』とは、生死と涅槃は、同一でもなく別異でもなく、凡夫と仏には、二つの法界はない。それゆえ、区別することができない。また〔生死と涅槃、凡夫と仏を区別しないという〕不二も〔実体として〕見ないので、『不行不分別』と言う。不分別の相は把握できないので、菩薩はこの無名三昧にとどまる（亦不行不分別者、生死涅槃無一無異、凡夫及仏無二法界、故不可分別。亦不見不二、故言不行不分別。不分別相不可得、故菩薩住此無名三昧）」（大正四六、七〇二下二一―二六行）とある。

104 **菩薩は他の打罵……応に忍びて報を還さざるべし**　前註89を参照。

105 **譬えば的に因りて、然る後に箭の中るが如し**　『南本涅槃経』巻一一、聖行品「若被罵辱、復於何処而生瞋恚。如我此身三十六物不浄臭穢、何処当有受罵辱者。若聞其罵、即便思惟、以何音声而見罵耶。一一音声不能見罵。若一不能、衆多亦爾。以是義故、不応生瞋。若他来打、亦応思惟、如是打者、従何而生。復作是念、因手刀杖、及以我身故、得名打。我今何縁横瞋於他。乃是我身自招此咎。以我受是五陰身故。譬如因的則有箭中。我身亦爾。有身有打」（大正一二、六七五下二〇―二九行）を参照。

106 **若し罵らるる時、正念思惟して……耳は往きて声を取らず**　『諸法無諍三昧法門』巻下にも、「観悪音声、如空中響。彼声不来、耳不往受。随聞随滅、誰罵誰受、則無瞋恚」（大正四六、六三四中一四―一六行）と類似の表現が出る。

107 **聞**　底本の「開」を、諸本によって「聞」に改める。

108 **将護**　助け守るの意。将は助けるの意。『後漢書』王昌伝「昔遭趙氏之禍、因以王莽簒殺、頼知命者将護朕躬、解形河浜、削迹趙魏」を参照。

109 **譏嫌**　そしり嫌うこと。

110 **『涅槃』の中に説かく、「譬えば往昔の仙予国王は……菩提心を発せしむ」**　『南本涅槃経』巻一一、聖行品「我念往昔、於閻浮提作大国王名曰仙預、愛念敬重大乗経典。其心純善、無有麁悪嫉妬慳悋。口常宣説愛語善語。身常摂護貧窮孤独、布施精進、無有休廃。時世無仏声聞縁覚。我於爾時愛楽大乗方等経典、十二年中、事婆羅門、供給所須。過十二年、施安已訖、即作是言、師等今応発阿耨多羅三藐三菩提心。婆羅門言、大王。菩提之性是無所有、大乗経典亦復如是。大王云何乃欲令人同於虚空。善男子。我於爾時心重大乗、聞婆羅門誹謗方等、聞已即時断其命根。善男子。以是因縁、従是已来不堕地獄。善男子。擁護摂持大乗経典、乃有如是無量勢力」（大正一二、六七六上一三行—中八行）を参照。

111 **『涅槃』に復た説かく、「有徳国王は覚徳法師を護り……無上道を求む」**『南本涅槃経』巻三、金剛身品「仏涅槃後、遺法住世、無量億歳。余四十年、仏法未滅。爾時有一持戒比丘、名曰覚徳。多有徒衆眷属囲繞、能師子吼、頒宣広説九部経典、制諸比丘、不得畜養奴婢牛羊非法之物。爾時多有破戒比丘、聞作是説、皆生悪心、執持刀杖、逼是法師。是時国王名曰有徳、聞是事已、為護法故、即便往至説法者所、与是破戒諸悪比丘極共戦闘、令説法者得免危害。王時被槍挙身周遍。爾時覚徳尋讃王言、善哉善哉。王今真是護正法者。当来之世、此身当為無量法器。王於是時得聞法已、心大歓喜、尋即命終、生阿閦仏国、而為彼仏作第一弟子。其王将従人民眷属、有戦闘者、有随喜者、一切不退菩提之心、命終悉生阿閦仏国。覚徳比丘却後寿終、亦得往生阿閦仏国、而為彼仏作声聞衆中第二弟子。若有正法欲滅尽時、応当如是受持擁護。迦葉。爾時王者則我身是。説法比丘迦葉仏是。迦葉。護正法者、得如是等無量果報。以是因縁、我於今日得種種相、以自荘厳、成就法身不可壊身」（大正一二、六二三下一七行—六二四上九行）を参照。

112 **覚徳法師とは……釈迦仏是れなり**　前註111を参照。

113 **三六十八**　前註54を参照。

114 **同事**　四摂法（四摂事ともいう。布施・愛語・利行・同事のこと）の一つで、相手と同じ立場に立ち、同じ仕事を行なうこと。

115 **細行**　目立たない微細な戒行の意。『新華厳経論』巻二八「総持一切三千威儀八万細行悉具足」（大正三六、九一二下二七—二八行）を参照。

116 **実際**　bhūta-koṭi の訳。真実、究極の境界の意。現象世界の真実のあり方を意味する。

117 **同声**　異口同音の意。

118 **顧念**　気にかけて配慮すること。

119 **虚空の中に坐して、尽く十方の一切の諸仏を見**　『大智度論』巻六「最後肉身、悉見十方諸仏化現在前於空中坐、是名大忍成就」（大正二五、一〇六下二〇—二一行）を参照。また、同巻四八「問曰。若菩薩修此三十七品、云何不取涅槃。答曰。本願牢故、大悲心深入故、了了知諸法実相

故、十方諸仏護念故。如経説、菩薩到七住地、外観諸法空、内観無我。如人夢中縛栰渡河、中流而覚、作是念、我空自疲苦、無河無栰、我何所渡。菩薩爾時亦如是、心則悔厭、我何所度、何所滅。且欲自滅倒心。是時十方仏伸手摩頭。善哉。仏子。莫生悔心、念汝本願。汝雖知此、衆生未悟、汝当以此空法、教化衆生。汝所得者、始是一門、諸仏無量身、無量音声、無量法門、一切智慧等、汝皆未得。汝観諸法空故、著是涅槃、諸法空中無有滅処、無有著処。若実有滅、汝先来已滅。汝未具足六波羅蜜、乃至十八不共法、汝当具足此法、坐於道場、如諸仏法」（大正同、四〇五下二三行―四〇六上九行）を参照。

120 **大人** mahāpuruṣa の訳。偉大な人の意で、ここでは仏を指す。

121 **量** 底本の「音」を、諸本によって改める。

122 **柔和善順** 前註103を参照。

123 **柔伏** 調伏と同義で、対応梵語は、√dam. もとは家畜などを飼い馴らすの意で、広く衆生を柔順にする、教化するという意味で用いる。

124 **六和敬** 六種の観点について、互いに和合し尊敬すること。本文には、次下に、意和・身和・口和・戒和・利和・見和を出す。たとえば、天台の文献『法界次第初門』巻下之下には、「一同戒、二同見、三同行、四身慈、五口慈、六意慈」（大正四六、六九二下二六―二七行）とあり、以下、詳しく解説している。「利和」と同行が対応している。

125 **而も卒暴ならず** 前註103を参照。

126 **怱怱** 心のありようがあわただしいこと。

127 **心も驚かず** 前註103を参照。

128 **又復た法に於いて行ずる所無し** 前註103を参照。

129 **而も諸法の如実の相を観ず** 前註103を参照。

130 **亦た不分別を行ぜず** 前註103を参照。

131 **是れ菩薩摩訶薩の行処と名づく** 前註103を参照。

132 **与等** 「与」は仲間になるの意、「等」は等しいの意で、レベルが同じであること。

解題

法華玄義

一　はじめに

筆者は大蔵出版からすでに『法華玄義を読む――天台思想入門』（二〇一三年）を刊行しているので、『法華玄義』の詳細な解説は、該書に譲る。ここでは、簡潔に『法華玄義』についての入門的な解説をする。

『法華玄義』は中国における経典の注釈書のなかでも特異な書物である。というのは、経典の注釈書の一般的な形式は、随文釈義と呼ばれるもので、経典を幾層にもわたって段落分けし、段落の要旨を明らかにすることによって、段落相互の有機的関係を示すものであるからである。もちろん、経文の意義を明らかにするために、難解な語句の意味を説明し、また経典に説かれる譬喩の思想的意味を解説することなども含まれる。このような随文釈義の注釈書に対して、『法華玄義』は姚秦の鳩摩羅什（三四四―四一三、あるいは三五〇―四〇九）の『妙法蓮華経』（以下、『法華経』と略称する）について、経題の「妙法蓮華経」の意味は何か、『法華経』の体（教えの根拠としての真理）は何か、『法華経』の教主釈尊の修行の因と仏としての果とは何か、『法華経』の衆生を救済する断疑生信の力用（仏の権実の二智）とは何か、『法華経』は釈尊一代の説法教化のなかでどのような位置を占めるのか、という五つの問題に取り組むものである。いわゆる名・体・宗・用・教の五重玄義（五項目にわたる奥深い意義）を明らかにすることを目的としている。

天台大師智顗（五三八―五九七）の五重玄義による経典の解釈は、『維摩経』を対象とする『維摩経玄疏』にも見られるものであるが、『法華文句』『維摩経文疏』などの随文釈義とは異なった論述形式を採用している。同時代の嘉祥大師吉蔵（五四九―六二三）にも、『法華玄論』『浄名玄論』『法華遊意』のように、随文釈義とは異なるスタイルの著述がある。ただし、立てられる項目は、智顗のそれとは異なる。

二 『法華玄義』の成立

智顗による『法華玄義』の講説は、開皇十三年（五九三）の夏安居中と見れば、荊州における玉泉寺以外の寺院、たとえば十住寺においてなされたものと推定されている。開皇九年（五八九）に陳は隋に滅ぼされるが、智顗は難を避けて廬山に逃げた。その後、晋王広（五六九―六一八。後の煬帝）は、陳朝において重んじられた智顗に近づき、開皇十一年十一月には、揚州の禅衆寺において、菩薩戒を受け、「総持菩薩」と名づけられた。逆に、晋王広は智顗に「智者」の号を授けた。このような智顗と晋王広との密接な関係は、智顗が死去するまで続き、智顗の死後にも、晋王広は国清寺の造営を援助している。

その後、智顗は廬山に戻り、開皇十二年の夏安居を廬山で行なった。安居が終わってから、智顗は、南岳に行き、すでに十数年前に死去した師の慧思（五一五―五七七）の霊を弔い、開皇十二年末か、十三年の初めに荊州に入った。そこで、智顗は十住寺を修治した後に、玉泉寺を造営した。その際、智顗は晋王広に寺号の下賜を願い出るが、晋王広の仲介によって、晋王広の父、つまり隋の文帝（五四一―六〇四）から玉泉寺の勅額を受けたのである。これが、七月二十三日のことなので、もし『法華玄義』が玉泉寺において講説されたのならば、七月二十三日以降のことと推定されることになる。

弟子の灌頂（五六一―六三二）が『法華玄義』の講説を聞き、その内容を筆録していた。その実質的な内容がどのようなものであったかは、今となってはわからない。その筆録本は現存せず、その後の灌頂の整理を経て完成した現行本だけが現存するからである。開皇十七年（五九七）の秋に、予章で療養していた灌頂が、智顗の住む天台山に戻り、『法華玄義』『摩訶止観』の整理本を智顗に提出したので、智顗は晋王広の依頼によって進めていた最後の仕事である維摩経疏の製作に、それらを利用したといわれている。智顗が死去したのは、その年の十一月二十四日（新暦では、翌年の一月七日）のことであった。

灌頂が智顗の死去する前に提出した『法華玄義』の整理本がそのまま現行の『法華玄義』であれば、灌頂の手になる部分があったとしても、智顗の目に触れたものであるから、少なくとも智顗の監修を経たということができる。しかし、『法華玄義』の整理本の提出以後、換言すれば、智顗の死去の後にも、灌頂が手を加えたのであれば、その新しい部分は、智顗のまったくあずかり知らないことになってしまう。しかも、灌頂が智顗の死後に新しく加えた部分であることがはっきりしている箇所も指摘されているので、それ以外の箇所でも、同様の部分がないとは限らないことになる。したがって、『法華玄義』は、智顗の講説をもとに、灌頂が最終的な責任を持って完成した作品であると考えられる。

三　『法華玄義』の書名の意味

『法華玄義』とは、『法華経』の「玄義」を説き明かした書物という意味であるが、まず「玄義」の意味について考えてみよう。「玄」は、奥深くて、よく見えないことを意味する。とくに、『老子』において、道を指す言葉として使われたことから、道家思想において重視される言葉であった。したがって、「玄義」は奥深い思想内容といった意味と捉えることができる。つまり、『法華玄義』は、『法華経』に関する奥深い思想内容を明らかにした書ということになる。

智顗に関係する著作としては、経典の奥深い思想内容を明らかにする書のタイトルとして「玄義」「玄疏」が使われ、随文釈義の書のタイトルとして「文句」「文疏」が使われている。智顗以外の仏教者の場合の著作名について調べてみると、たとえば、吉蔵の場合は、「玄義」「玄疏」に対応するものとして「玄論」、「文句」「文疏」に対応するものとして「義疏」がそれぞれ使われている。また、「玄論」の内容に相当するものを簡潔に整理した書を「遊意」と名づけており、『法華統略』のように、「義疏」と呼んでもよいと思われるものを「統略」と呼ぶ場合もある。「統略」という名を考えると、内容を要略するという意味が込められているのかもしれない。その他、法雲の『法華義記』や、浄影寺慧遠の経疏のように「義記」という名も広く使われている。

『隋書』経籍志を参照すると、仏典以外の中国古典の注釈書名として、これまで紹介した書名と同じか、または類似の「義疏」「義記」「統略」「文句義」「文句義疏」などが見られるので、仏書の名称も、当時としては一般的なものであったことがわかる。

四　『法華玄義』の構成

次に、『法華玄義』全体の構成について、簡潔に紹介する。

まず、冒頭には、合わせて三種、または、四種の序が付けられている。第一が「私記縁起」で、灌頂が、本書成立の由来を記したもので、「天台の十徳」と呼ばれる智顗の輝かしい事績が述べられている。

第二が「序王」で、智顗の説いた部分とされ、『法華経』の思想のエッセンスを、経題の解釈を通して明らかにしたものである。中国では、「経序」といって、経典の思想のエッセンスや、翻訳の事情について簡潔に整理した文章が多数残され、『出三蔵記集』に収録されている。『法華経』に関しては、たとえば鳩摩羅什の弟子の僧叡（生没年未詳。慧叡と同一人物であれば、三五二—四三六）の『法華経後序』、同じく慧観（生没年未詳）の『法華宗要序』などが残っている。「序王」の経題釈もきわめて簡潔なものであるが、いわば『法華玄義』の結論を先取りしたものといえる。また、これには、灌頂のコメントも付いている。

第三が「私序王」で、灌頂の記したものである。「私」とあるのは、智顗の「序王」に対して、灌頂が作ったことを示す。

底本では、この「私序王」と区別されていないが、なかに、「譚玄本序」と呼ばれる智顗自身が説いたとされる序が含まれている。灌頂の「私序王」に対して、智顗の作ったものなので、「本序」と呼ばれる。「譚玄」は、玄について論じるの意味で、ここでは「妙法」について簡潔に論じている。

これらの序の後に、五重玄義の名称、すなわち、釈名、辨体、明宗、論用、判教が挙げられている。この五重玄義の解釈を通して『法華経』の思想を解明することが、『法華玄義』の課題なのである。

智顗は五重玄義の解釈に「通」と「別」とがあるとしている。「通」と「別」の意味については、それぞれ「同」、「異」を意味すると解釈する仕方と、「共」、「各」を意味すると解釈する仕方の二つが示されているが、前者はすべての経典を視野に入れた場合の意味であり、後者は『法華経』の解釈にだけ適用される意味である。つまり、前者では、この五重玄義がすべての経典を解釈することのできる普遍的な解釈方法であることを「同」といい、経典によって五重玄義の内容が異なること、たとえば経典の名称が異なることなどを「異」という。

また、後者の「共」「各」は、七番共解と五重各説を意味する。七番共解とは略釈、つまり、要点をかいつまんで解釈することであり、五重各説とは広釈、つまり、詳しく解釈することである。内容的には、七番共解とは、標章・

引証・生起・開合・料簡・観心・会異の七つの視点から、五重玄義を総括的に解釈した総論にあたり、五重各説とは、五重玄義のそれぞれを個別的に取りあげて、詳しく解釈した各論にあたるといってよい。

『法華玄義』は、『法華経』一経の解釈が主題であるから、「通」「別」の二つの意味のうちの後者の意味、すなわち、七番共解と五重各説の二つの部分から構成されることになる。次の図（図中のアラビア数字とａｂｃは、『大正新脩大蔵経』第三三巻の頁・段を示す）によれば、通釈は全体の一割にも満たず、大部分が別釈であり、別釈のなかでは、釈名の部分が『法華玄義』全体の三分の二を占めていることがわかる。

- 通釈
  - 一　標章（682a）
  - 二　引証（684a）
  - 三　生起（684c）
  - 四　開合（685a）
  - 五　料簡（685b）
  - 六　観心（685c）
  - 七　会異（686b）
- 別釈
  - 一　釈名（691a）
  - 二　辨体（779a）
  - 三　明宗（794b）
  - 四　論用（796b）
  - 五　判教（800a ～ 814a）

釈名とは、『法華経』の経題である「妙法蓮華経」を解釈することであるが、このような経題の解釈は、中国の経疏において重要視されてきた。これについては後述する。この釈名の部分は、「妙法」「蓮華」「経」の解釈の三段から構成されている。「妙法」の解釈が最も詳細であり、解釈の都合上、はじめに「法」が解釈され、次に「妙」が解釈されている。「法」は、衆生法、仏法、心法の三法に分類されて解釈されている。

「妙」については、通釈と別釈の二段に分かれ、通釈として、相待妙・絶待妙が説かれ、別釈として、迹門の十妙、本門の十妙が説かれる。この部分の構成については、次の図を参照されたい。

- 通釈（相待妙・絶待妙）（696b）
- 別釈
  - 迹門
    - 一　境妙（698b）
    - 二　智妙（707a）
    - 三　行妙（715b）
    - 四　位妙（726b）
    - 五　三法妙（741b）
    - 六　感応妙（746c）
    - 七　神通妙（749c）
    - 八　説法妙（751c）
    - 九　眷属妙（755b）
    - 十　利益妙（758a）
  - 本門
    - 一　本迹（764b）
    - 二　十妙（765a ～ 771c）
      - 一　本因妙
      - 二　本果妙
      - 三　本国土妙
      - 四　本感応妙
      - 五　本神通妙
      - 六　本説法妙
      - 七　本眷属妙
      - 八　本涅槃妙
      - 九　本寿命妙
      - 十　本利益妙

迹門の十妙は、『法華経』の迹門が爾前教、つまり、『法華経』以前の経教よりも優れた点を十妙として示しているのであるが、本門の十妙は、釈尊の久遠実成を明らかにした本門の立場が迹門よりも優れている点を十妙として示し

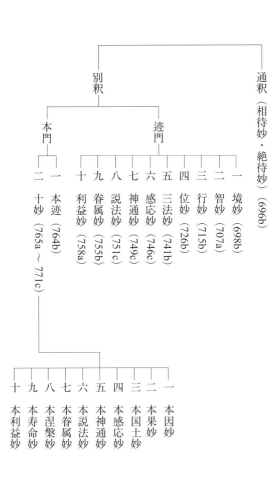

ている。

迹門の十妙と本門の十妙とでは、最初に論じられる迹門の方がどうしても詳しい説明がなされており、名称が重複する場合は、なおさら、その名称に関連した説明は最初に詳しくなされれば、後に繰り返す必要はない。そこで、図に頁を示したように、迹門の十妙が大部分を占める結果となっている。

なお、前頁図の本門の「一　本迹」は、本門の十妙について説く前に、本門と迹門との関係を論じた部分である。

五　五重玄義の由来

『法華玄義』は、『法華経』の解釈方法として、五重玄義を用いている。この名、体、宗、用、教という視点は、中国の経疏において、どのような歴史・背景を持っているのであろうか。この問題を考えてみたい。

まず、第一の「釈名」、つまり、経題の解釈は、五重玄義のなかで最も重要で、中国の経疏の伝統となっているものである。『法華玄義』においても、この部分が最も論述の分量が多いことは、すでに触れた通りである。

この「釈名」を重要な項目として独立させ、まとまった議論を展開する経疏は、智顗や吉蔵以降に成立したものが多いのであるが、彼ら以前には、梁代に編纂された『大般涅槃経集解』において、その編纂者が道生（？―四三四）をはじめとする十人の法師の経序を、釈名・辨体・叙本有・談絶名・釈大字・解経字・覈教意・判科段の八科に分類整理したことが注目される。この八科のうち、「釈名」では『大般涅槃経』のなかの「般涅槃」を解釈し、「釈大字」では「大」を解釈し、「解経字」では「経」を解釈しているので、これらが広い意味で「釈名」に相当するといえる。また、「辨体」という項目も共通に見られるし、「覈教意」は教相玄義と通じるものがある。しかしながら、梁代の他の経疏のなかで、実際に「釈名」を一つの独立した段落名として立てる経疏は現存せず、前述したように、智顗、吉蔵以降に多く見られる。

では、彼ら以前の経疏において経題釈がなかったかというと、実はそうではなく、独立した段落として立てられていなくとも、それぞれの経疏の冒頭に比較的短い序文のようなものがあり、そのなかで簡潔に経題が解釈されている例が見られる。

いくつかの具体例を紹介すると、たとえば、『注維摩詰経』には、僧肇（三八四―四一四？）の序があり、「維摩詰所説経」という経題の解釈が簡潔になされている。また、道生の『妙法蓮花経疏』は、経題を、妙・法・蓮花・経の四つの部分に分けて解釈している。この点、法雲（四六七―五二九）の『法華義記』も同様である。さらに、智顗や吉蔵の同時代の先輩である浄影寺慧遠（五二三―五九二）の現存する経疏のいずれにおいても、その冒頭には声聞蔵・菩薩蔵の二蔵判の説明の後に、「次に其の名を釈す」とあり、経題釈が示されている。

このように、はじめ経疏の序文ともいうべきところで、比較的簡潔に扱われていた経題釈がしだいに発達して、智顗や吉蔵の「玄義」「玄疏」「玄論」「遊意」などと名づけられた著作において、独立した段落名として立てられ、重視されるようになった。

中国において経題釈が重視されたのはなぜであろうか。一般に書名が書物の内容を表現しているのは当然のことであるが、このことは経典にもあてはまる。とくに、表意文字である漢字を用いる中国においては、経題の一々の文字について詳しく解釈することによって、経典の思想を明らかにしようとする方法が盛んになったと思われる。また、経典の題名は、人、法、場所、時、事がら、譬喩などを表わしたり、またそれらのいくつかを組み合わせているが、「妙法蓮華経」は、法を表わす「妙法」と、譬喩を表わす「蓮華」を組み合わせたものであるので、経題の解釈によって、経典の思想内容を解明することが可能な題名であるといえよう。これが、人名を表わす『提謂経』、場所を表わす『楞伽経』などの場合は、経題をいくら解釈しても、その経の思想内容を解明することにならないのは当然であろう。

次に、第二の「体」は、作用に対する本体の意味であるが、字義から判断すると、宗という概念と共通性を持つので、吉蔵の紹介によれば、宗と体とが同一か、相違するかの議論が、吉蔵以前にあったようである。吉蔵は、この問題に関して、いずれか一方の立場を取らないで、いずれの立場であっても、それによって衆生が悟ることができるのが大事なので、時に応じて両説を活用すればよいと考えた。智顗の場合は、宗と体を明確に区別して定義した上で使っている。

第三の「宗」は、先祖を祭る御《み》霊屋《たまや》の意、一族の中心となる本家の意から、根本、中心となるものを意味するようになった。慧観の『法華宗要序』のように、『法華経』の根本を「宗要」という概念で表わした例もあるし、慧光（四六八—五三七）の四宗教判のように、経論の中心思想を意味する例もある。また、浄影寺慧遠は、『大乗義章』衆経教迹義において、さまざまな経典の成立する根拠として、それぞれの経典の「宗趣」、または、「宗」の相違を挙げている。

第四の「用」は、本体に対する作用の意味であるが、経典の持っている衆生救済の働きを意味する。吉蔵の『法華遊意』には、「功用門」と称して、『法華経』の偉大な救済力を示す章があるが、智顗、吉蔵以前の経疏において、とくに「用」を独立の項目として立てた例は、現存の資料では見られない。

第五の「教」、「教相」は、釈尊一代の教化において、ある経典がどのような位置を占めるのかという問題に答えるもので、中国仏教の大きな特色と捉えられる教判、教相判釈の意味である。鳩摩羅什の活躍直後には、『華厳経』、『涅槃経』の翻訳も行なわれ、代表的な大乗の経論、小乗の経論がほぼ出そろった。そこで、それら多くの経典の間に見られる思想的な相違・矛盾を解消し、多くの経典を統一的に把握し秩序づける課題が生まれ、その課題に応えるものが教判だったのである。鳩摩羅什の頃から、このような教判思想が生まれ、しだいに発展していった。『法華玄義』には、いわゆる南三北七の十種の教判思想が批判され、智顗の教判思想が展開されている。

要するに、智顗は、「妙法蓮華経」の五字が何を意味するのか、『法華経』の体（具体的には、仏が『法華経』を説くときに根拠とした真理＝諸法実相）は何か、『法華経』の宗（仏自行の因果＝仏自身の修行とその果報）は何か、『法華経』の力用（仏の自行・自他・化他の三種の権実二智とそれに基づく断疑生信の力）は何か、釈尊一代の教化における『法華経』の地位は何か、という五つの視点から、『法華経』という経典を全体的・総合的に解明したのである。

六　解釈の理論的枠組みとしての蔵教・通教・別教・円教

『法華玄義』の随所に用いられているが、『法華玄義』自身のなかでは、まとまった説明がなされていない天台教学の特殊な術語がある。つまり、『法華経』解釈の理論的枠組みとして用いられているために頻出するものである。ここでは、そのなかで最も重要と見なされる化法の四教、つまり蔵教・通教・別教・円教について簡潔に説明し、本書を理解するための準備的知識を提供したい。

この蔵教・通教・別教・円教は、名称こそ、前代にすでに見られたものもあるが、空・仮・中の三諦・三観思想を基準として、仏教の思想内容の高低浅深を四段階に分類したものであり、智顗独自の思想体系といってよいと思う。簡単にいえば、蔵教は小乗仏教のこと、通教は声聞・縁覚・菩薩に共通な大乗仏教の入門的な教えで、前の蔵教、後の別・円二教にも通じる教えのこと、別教は界外の不思議変易の生死からの出離を求める菩薩のためにだけ説かれる大乗仏教のことで、後の円教に対して、すべてを差別＝歴別の立場から見る教えのこと、円教は最高の完全無欠な教えのことである。これを予備知識として、少し詳しく見ていこう。

まず、化法の四教の基づく経論の出典として引用されるものに、『涅槃経』の四種の四諦、四種の不可説、『中論』の三諦偈がある。また、四教の教えの範囲は、界内・界外の事教・理教によって、存在論的に分類区別される。内容の解説は省略するが、これらの対応関係を知っておかないと、『法華玄義』の理解に混乱が生じやすい。次頁の図を参照されたい。なお、三諦偈は、『法華玄義』巻第二上（大正三三、六九五下一五―一六行）の引用に基づく。

四種の四諦	四不可説	三諦偈	教えの範囲	化法の四教
生滅四諦	生生不可説	因縁所生法	界内事教	蔵　教
無生四諦	生不生不可説	我説即是空	界内理教	通　教
無量四諦	不生生不可説	亦名為仮名	界外事教	別　教
無作四諦	不生不生不可説	亦名中道義	界外理教	円　教

そもそも、仏道修行においては、煩悩を断ち切り、真理を観察して、智慧を完成することが、その内実となっている。そのような視点から、化法の四教の構造を整理すると、四教の内容がよく理解できると思われる。天台教学の思想的構造は、三智・三観・三諦・三惑によってまとめることができる。

第一に、空観（従仮入空観）によって、見思惑を断じて、空諦を観察し、一切智を完成する。第二に、仮観（従空入仮観）によって、塵沙惑（無知惑）を断じて、仮諦を観察し、道種智を完成する。第三に、中観（中道第一義観）によって、無明惑を断じて、中諦を観察し、一切種智を完成する。次の図を参照されたい。

三観	三惑	三諦	三智
空観	見思惑	空諦	一切智
仮観	塵沙惑	仮諦	道種智
中観	無明惑	中諦	一切種智

これらは、全体が三分割されているので、化法の四教の四分割と相違するが、実は、空観を析空観と体空観の二種に分けて、それぞれ蔵教と通教にあてはめるのである。そして、仮観は別教、中観は円教にそれぞれ対応させる。析空観は、対象をその構成要素に分析・還元した上で、その無実体性＝空を観察することである。これに対して、体空観は、そのような分析・還元を経由しないで、対象の全体をいっきょに空であると体達、認識することである。なお、析空観を拙度観、体空観を巧度観ともいう。蔵教の行位は七賢（三賢・四善根）・四果・辟支仏・菩薩・仏であり、通教の行位は三乗共の十地である。

蔵教は、析空観によって空諦を観察するが、これは空の一面のみを知って、不空の反面を知らないので、但空の道理といわれる。

通教は、先に述べたように、三乗に共通であること、前の蔵教に通じること＝通同、後の別・円二教に転入すること＝通入、という三種の意義によって通教と名づけられる。この通入については、後述する。

別教においては、空諦のみではなく、仮諦をも観察するので、不但空の道理を悟るといわれる。ただし、空と仮の二辺を超絶したところに中諦を観察するので、但中の道理といわれる。これは、後の円教において、空諦と仮諦と中諦が一体不離のものと捉えられ、不但中の道理と呼ばれるのと対照的である。また、別教と円教の両者のこのような相違を踏まえて、別教の真理観を隔歴の三諦といい、円教のそれを円融の三諦という。さらに、観法に関しては、別教の観法を、空観・仮観・中観を段階的に修する次第三観といい、円教のそれを、三観を同時に修する一心三観という。また、別教の行位は、十信・十住・十行・十廻向・十地・等覚・妙覚の五十二位を立てる。円教の行位は、究極的には一位即一切位であり、行位の差別を立てないのであるが、やはり菩薩の修行を励ます意味で、別教の行位を一部借りて、八位を立てる。八位とは、五品弟子位・十信・十住・十行・十廻向・十地・等覚・妙覚である。なお、円教の行位について、上に述べた八位と天台独自の六即位との対応関係について述べると、観行即が五品弟子位、相似即が十信、分真即が十住から等覚まで、究竟即が妙覚にそれぞれ対応する。

以上が、四教についての素描であるが、通教の通入についての説明が残されていた。これは、被接とも呼ばれるものので、通教の修行者が別教の但中を悟る場合、別教に転入する。これを別接通（別入通）という。また、円教の不但中を悟る場合、円教に転入し、これを円接通（円入通）という。被接の「被」は受け身の助字であり、「接せらる」と読むが、「接」は接続の意で、通教から別教、円教にそれぞれ接続されることを意味する。さらに、別教の修行者が但中の道理を観察するなかで、円教の不但中の道理を悟れば、円教に転入し、これを円接別（円入別）という。別教の初地以上は、円教と証道が同じなので、初地以上には被接を論じない。別教の十住・十行・十廻向から円教の初住以上に転入するのである。このように、利根の修行者の飛躍的な前進の可能性を理論的に概念化するために、別接通・円接通・円接別の三被接があるわけである。このような化法の四教と三被接の思想は、境妙のなかの七種の二諦説などの基礎をなしているほか、『法華玄義』の随所に見られる。

ところで、この化法の四教は仏教の思想内容の高低浅深を四段階に分類したものなので、当然のことながら、釈尊一代の説法教化（いわゆる五時教）の内容を分析する枠組みとしても用いられる。

七　『法華玄義』の注釈書

天台宗という一宗の伝統が存続したということを主な理由として、『法華玄義』は、中国、日本において最も多くの人々に読み継がれてきた法華経疏であった。ここでは、『大正新脩大蔵経』、『大日本続蔵経』（蔵経書院）、『大日本仏教全書』（財団法人鈴木学術財団編、講談社）、『天台大師全集・法華玄義』（『仏教大系』の『法華玄義』を復刻したもの。日本仏書刊行会）、『天台宗全書』（第一書房）、『続天台宗全書』（春秋社）に収載されている『法華玄義』、および『法華

『玄義釈籤』に対する注釈書を記す。複数の叢書に収載されている場合は、原則として、利用に便利なものを掲げる。

⑴中国撰述

①湛然（七一一―七八二）『法華玄義釈籤』二十巻（『大正新脩大蔵経』第三十三巻、『天台大師全集・法華玄義』所収）
②湛然『法華三大部科文』十六巻（巻第一～巻第五の部分、『大日本続蔵経』一―四三―一～四所収）
③有厳（一〇二一―一一〇一）『法華経玄籤備撿』四巻（『大日本続蔵経』一―四四―四所収）
④従義（一〇四二―一〇九一）『法華三大部補注』十四巻（巻第一～巻第三の部分、『大日本続蔵経』一―四三―五～一―四四―三所収）
⑤善月（一一四九―一二四一）『大部妙玄格言』二巻（『大日本続蔵経』一―四四―四所収）
⑥法照（一一八五―一二七三）『法華三大部読教記』二十巻（巻第一～巻第七の部分、『大日本続蔵経』一―四三―四～五所収）
⑦伝灯（?―一五八七―?）『法華経玄義輯略』一巻（『大日本続蔵経』一―四四―五所収）
⑧智旭（一五九九―一六五五）『法華経玄義節要』二巻（『大日本続蔵経』一―四四―四～五所収）
⑨霊耀（?―一六八三―?）『法華経釈籤縁起序指明』一巻（『大日本続蔵経』一―四四―五所収）
⑩智銓（生没年未詳、清代）『法華経玄籤証釈』十巻（『大日本続蔵経』一―四四―五所収）

⑵日本撰述

①円珍（八一四―八九一）『玄義略要』一巻（『大日本仏教全書』第三巻所収）
②源信（九四二―一〇一七）『天台円宗三大部鉤名目』三巻（同前）

③道邃（日本の播磨の正覚房道邃［?—一一五七］、中国の興道道邃［?—八〇五］との二説がある）『天台法華玄義釈籤要決』十巻（同前）

④証真（十二世紀—十三世紀）『法華玄義私記』十巻（『大日本仏教全書』第三巻、『天台大師全集・法華玄義』所収）

⑤撰者不明『法華玄義外勘鈔』十巻（『続天台宗全書』顕教3所収）

⑥恵心流祐朝編（鎌倉末期）『法華玄義伊賀抄』上・中・下（『続天台宗全書』顕教4、5、6所収）

⑦明導照源（?—一三六八）『玄義本書見聞』十巻（『天台宗全書』第十九巻所収）

⑧尊舜（一四五一—一五一四）『玄義私類聚』六巻（『大日本仏教全書』第五巻所収）

⑨普寂（一七〇七—一七八一）『法華玄義復真鈔』六巻（同前）

⑩慧澄（一七八〇—一八六二）『法華玄義釈籤講義』十巻（『天台大師全集・法華玄義』所収）

⑪大宝（一八〇四—一八八四）『法華玄義釈籤講述』十巻（『天台大師全集・法華玄義』所収）

八　参考文献

『法華玄義』には、これまでいくつかの訓読訳が刊行されている。『昭和新纂国訳大蔵経・宗典部十一』（訳者不記、東方書院、一九三一年）、『国訳一切経・和漢撰述部・経疏部一』（中里貞隆訳、大東出版社、一九三六年）、『法華玄義』（上）（中）（下）（菅野博史訳注、第三文明社、一九九五年。なお、第三文明選書1、2、3として二〇一六年に再刊）、『新国訳大蔵経・中国撰述部・法華玄義Ⅰ』（菅野博史訳註、大蔵出版、二〇一一年）、『新国訳大蔵経・中国撰述部・法華玄義Ⅱ』（菅野博史訳註、大蔵出版、二〇一三年）である。また、筆者の『現代語訳　法華玄義』上・下（公益財団法人東洋哲学研究所、近刊）がある。

また、『法華玄義』を主題的に研究した学術論文にはおびただしいものがあり、ここではその紹介を割愛せざるをえない。単行本としては、『法華玄義』の成立に関する文献学的研究を試みたものに、佐藤哲英『天台大師の研究——智顗の著作に関する基礎的研究』(百華苑、一九六一年)がある。『法華玄義』全体の概論を試みたものとして、日下大癡『台学指針——法華玄義提綱』(興教書院、一九三六年)、福島光哉『妙法蓮華経玄義序説』(真宗大谷派宗務所出版部、一九八七年)、菅野博史『法華玄義入門』(第三文明社、一九九七年)、同『法華玄義を読む——天台思想入門』(大蔵出版、二〇一三年)がある。なお、七番共解の部分の訓読・現代語訳・語注・解説を試みたものに、多田孝正『法華玄義』(仏典講座26、大蔵出版、一九八五年)がある。さらに、大野榮人・伊藤光壽『天台法華玄義の研究』第一巻(山喜房仏書林、二〇一二年)が刊行された。これには、『法華玄義』の現代語訳と注が含まれている。

その他、外国語の文献に、Paul L. Swanson, *Foundation of T'ien-t'ai Philosophy*. Berkeley: Asian Humanities Press, 1989がある。これには、『法華玄義』の巻第一下の途中(大正三三、六九一上)から巻第二の末尾(大正同、七〇五中)までの英訳と注が含まれている。

台湾の李志夫『妙法蓮華経玄義研究』(中華仏教文献編撰社出版、一九九七年)は、『法華玄義』に新たに句読点を施し、我々の本文に対する理解を助けてくれる。さらに、引用経論の出典調査、内容の要約、重要な文の提示、コメント、テキストの説明、諸注釈の紹介、重要な語句の注、現代の学術思想に基づくテキストの思想の発展的説明、重要な漢語・梵語の索引を含んでいる。諸注釈の紹介は、中国・日本の重要な注釈を含んでいる。

また、中国のShen Haiyan, *The Profound Meaning of the Lotus Sūtra: T'ien-t'ai Philosophy of Buddhism*, 2 volumes. Delhi: D K Fine Art Press P Ltd, 2005は、『法華玄義』の重要な部分の英訳と注を含んでいる。本書のなかの研究部分の中国語訳が、沈海燕『《法華玄義》的哲学』(上海古籍出版社、二〇一〇年)である。

その他、台湾の呉汝鈞『法華玄義的哲学綱領』(台北:文津、二〇〇二年)などがある。

観音玄義

一　はじめに

中国天台の『観音経』に関する注釈には、『観音玄義』二巻、『観音義疏』二巻、『法華文句』の観世音菩薩普門品に対する注がある。他に『請観世音菩薩消伏毒害陀羅尼呪経』に対する注釈である『請観音経疏』一巻がある。本書で取りあげた『観音玄義』の注釈書には、四明知礼（九六〇—一〇二八）の『観音玄義記』四巻がある。その後、明代に菩提菴聖行（生没年未詳）が『観音玄義』と『観音玄義記』の会本である『観音経玄義記会本』四巻を崇禎四年（一六三一）に刊行した（『仏書解説大辞典』第二巻「観音玄義記条箇」一二九頁を参照）。会本は大変便利なものである。

『観音玄義』は、『観音経』（『法華経』観世音菩薩普門品第二十五）について、名・体・宗・用・教の五重玄義から解釈した注釈書である。佐藤哲英氏の研究（『天台大師の研究』百華苑、一九六一年、四七九—四八一頁を参照）によれば、本文中には、「大本玄義」「大本玄」「大本」「彼玄義」などの表現で『法華玄義』を指示し、詳しい説明を『法華玄義』に譲っている箇所が十五箇所ほど見られる。これは、『観音玄義』が『法華玄義』の基礎の上に、改めて『観音経』について詳しく解釈したことを示している。また、『観音玄義』とは別に、随文釈義の注釈書として『観音義疏』がある。もちろん『法華文句』は観世音菩薩普門品の注釈を含んでおり、これが『大正新脩大蔵経』で二頁弱であるのに対して、『観音義疏』は十五頁弱もある。しかし、『観音義疏』が『法華文句』の注を拡大発展させたものではなく、逆に『法華文句』の注が『観音義疏』を参照して書かれたことが、佐藤哲英氏によって指摘されている（前掲同書、四八六―四八九頁を参照）。

『観音玄義』の冒頭には、「隋天台智者大師説　門人灌頂記」とあり、智顗の講説を、その弟子灌頂が記録したという体裁を取っており、この点、『法華玄義』『法華文句』『摩訶止観』などの智顗関連の著作の多くが取っている体裁と同じものとなっている（上述の『観音義疏』『請観音経疏』も同じ）。また、これも『法華玄義』と同じであるが、『観音玄義』巻上、「私難」（大正三四、八七八上二四行）、同巻上、「私答」（大正同、八七八上二七行）、同巻下、「私用観十法界性徳修得善悪」（大正同、八九〇上九行）、同巻下、「私就普門品捜十普之義、証成此者」（大正同、八九〇下六―七行）、同巻下、「私難此語」（大正同、八九一上二六―二七行）のように、五箇所に「私」という表現が見られる。これは、形式的には、『観音玄義』の本文が智顗に由来するものであり、特定のこれらの箇所のみ灌頂が加えたことを示すものであるが、天台三大部に関するすぐれた文献学的研究を『天台大師の研究』において発表した佐藤哲英氏は、『観音玄義』に対してもすぐれた研究成果を同書で発表し（四七五―四九六頁）、『観音玄義』が灌頂の著作であると推定している。

そこで、佐藤氏の『観音玄義』の成立に関する研究の結論を摘記する。第一に、「観音玄義は法華玄義にならって五重玄義の組織を立てたばかりか、法華玄義の名をあげ詳説をゆずった箇所が観音玄義に十五回、義疏（観音義疏―菅野注）が一回あるので、観音玄義が法華玄義を有力な指南書として成立したことは明了である」（四九五頁）とし、第二に、「観音玄義の釈名章下には人法、慈悲等の十双をあげ、これが中心となって通釈の部分を構成しているが、この十双説は嘉祥の法華玄論における二十双、法華義疏における十双に関連をもっているので、嘉祥の説に導かれて組立てられたものと考えられる」（同頁）とあり、第三に、「観音玄義の普門釈における十普門の説も、嘉祥の法華義疏の三普とつながりがあるかと思う」（同頁）とあり、第四に、「法華文句の普門品釈には『別に私記両巻あり』とあるが、その、前半の品題釈は観音玄義により、後半の随文釈は観音義疏をうけているので、灌頂が法華文句を添削する際に、本疏を参照したことは明らかである」（同頁）とあり、第五に、「本疏の成立年代は法華玄義の現行形態の成立（五九七―六〇二）以後、法華文句の添削（六二九）以前、すなわち西暦五九七―六二九年の間にして、嘉祥の法華玄論や法華義疏をも参照して述作されたものであるから、本疏の著者を智顗とみることは無理である」（同頁）とあり、第六に、「従って、本疏は智顗の講説を灌頂が筆録整理したというよりも、灌頂自身が西暦七世紀の初頭に自ら筆をとって述作した灌頂の著作と見るべきものであろう」（同頁）とあり、第七に、「わが国の一部には、本疏を灌頂の著作とみる古来の伝承があり、京都禅林寺の如き古写本には『天台頂法師記』の撰号がある。これ本疏の灌頂撰述説を裏付けるものであろう」（四九六頁）とある。佐藤氏はこのような推定に基づいて、『観音玄義』の有名な如来性悪思想の創唱者は、智顗ではなく、灌頂に帰すべきことを提案している。

さて、佐藤氏が指摘する（四八三―四八四頁を参照）『観音玄義』の十双とは、巻上の「十義者、一人法、二慈悲、三福慧、四真応、五薬珠、六冥顕、七権実、八本迹、九縁了、十智断」（大正三四、八七七中五―七行）を指す。これが参照したと推定される吉蔵の『法華玄論』巻第十には、人法一双、本迹一双、三輪一双、名徳一双、内外一双、智慧功徳一双、智断一双、顕密一双、慈悲一双、二身一双、権実一双、三業一双、三徳、浅深、二徳、神通示現、力無畏、四等四摂、解行、悲慧一双（大正同、四四七上一七―二四行）の二十双が説かれ、同じく吉蔵の『法華義疏』巻第十二には、人法一双、真応一双、内外一双、慈悲一双、珠薬一双、感応一双、世出世一双、神通示現一双、顕密一双、名徳一双（大正同、六二三下二一行―六二四上二九行）の十双が説かれている（この点については、平井俊榮『法華文句の成立に関する研究』春秋社、一九八五年、五〇九―五一九頁を参照）。

また、佐藤氏が指摘する（四八五頁を参照）『観音玄義』巻下の十普とは、「一慈悲普、二弘誓普、三修行普、四断惑普、五入法門普、六神通普、七方便普、八説法普、九供養諸仏普、十成就衆生普」(大正三四、八八八上二五—二八行)を指し、これが参照したと推定される『法華義疏』巻第十二には、他心普、神通普、説法普(大正同、六二四下二四—二七行)の三普が説かれている。ただし、佐藤氏は言及していないが、『法華義疏』の三普は、すでに『法華玄論』巻第十にも、「一に知他心普、二に説法普、三に神通普」(大正同、四四七中二三—二四行)と説かれている。

佐藤氏は、『観音玄義』を灌頂に帰すべきことを主張しているが、佐藤氏も認めているように、智顗には何回かの『観音経』の講義があったと推定されているので、灌頂が智顗に帰着すべき何らかの講義を踏まえながら執筆したものと考えられる。ただし、灌頂の主観的意識においては、智顗の『観音経』の講義は大きな存在であったために、特定の箇所にのみ「私」という表現を加え、自分の付加した部分をその他の部分と区別したのかもしれない。これは灌頂が師に対して謙譲の意を示したものといえるであろう。

二　『観音玄義』の構成

『観音玄義』の構成について説明する(『仏書解説大辞典』第二巻「観音玄義」一二七—一二八頁を参照)。

冒頭に「序」とでもいうべき簡潔な文章があり、「観」「世音」「経」「普門」「品」という経題に対する略釈を示している。次に、『法華玄義』にならって、釈名・出体・明宗・辯用・教相のいわゆる五重玄義によって『観音経』を解釈すると述べている。第一の玄義の釈名が最も詳しく、他の四つの玄義はきわめて簡潔な記述である。

第一の釈名においては、人と法を合して明らかにする通釈と、人と法を個別に論じる別釈とに分ける。

通釈については、列名・次第・解釈・料簡の四項に分けている。

第一項の列名においては、人法・慈悲・福慧・真応・薬珠・冥顕・権実・本迹・縁了・智断の十義の名前を列挙している。

第二項の次第においては、十義の次第順序について、観と教それぞれに焦点をあわせて説明している。後者の教に焦点をあわせる場合については、通の義は省略され、別の義を明らかにしている。別の義については、五味と四教に焦点をあわせるのであるが、四教についての説明は省略されている。五味については、『華厳経』・三蔵教・方等部の教・『般若経』・『法華経』・『涅槃経』それぞれにおける十義について説明している（それぞれの教において、十義の一部を明らかにすることを指摘している）。

第三項の解釈においては、十義を詳しく解釈している。

第四項の料簡においては、十義について問答を展開している。とくに縁了を料簡する段落において、いわゆる如来性悪思想が示されている。

次に、別釈においては、「観世音」と「普門」を分けて、それぞれ解釈している。

「観世音」の解釈については、思議の境智、不思議の境智に分ける。前者の思議の境智については、さらに理外、理内に分ける。後者の不思議の境智については、境としての「世音」と智としての「観」に分ける。

「普門」の解釈については、通釈と別釈に分けている。通釈は、門の名を列す・門の相を示す・諸門の権実を明かす・普不普を明かす・四随に約す・観心を明かすの六義に分けている（四随に約す・観心を明かすについては、『法華玄義』に説明を譲っている）。別釈は十義に歴て解釈することであり、上記のように十普が説かれている。これに十普の生起（次第順序）と十普を個別的に解釈する別釈がある。

第二の出体においては、霊智と法身とが合していることを体とすると述べている。

第三の明宗においては、感応を宗とすると述べ、感応について、六義（名を列す・相を釈す・同異を釈す・相対を明かす・普不普を明かす・観心を辯ず）を取りあげ、詳しい説明を『法華玄義』に譲っている。

第四の辯用においては、慈悲によって物（衆生）を利することを用とすると述べている。

第五の教相においては、『法華経』の流通分であり、円教の相を流通し、醍醐味を流通すると述べている。

法華経安楽行義

一　はじめに

慧思の『法華経安楽行義』については、筆者はアメリカの友人と共同で英訳を刊行したことがある（Daniel B. Stevenson and Hiroshi Kanno, *The Meaning of the Lotus Sūtra's Course of Ease and Bliss: An Annotated Translation and Study of Nanyue Huisi's (515–577) Fahua jing anlexing yi*, 2006, Bibliotheca Philologica et Philosophica Buddhica, vol. IX, The International Research Institute for Advanced Buddhology）。また、筆者は「慧思『法華経安楽行義』の研究（1）」、「慧思『法華経安楽行義』の研究（2）」を発表したことがある（いずれも拙著『南北朝・隋代の中国仏教思想研究』大蔵出版、二〇一二年、一〇七―一六三頁に収録）。

南岳大師慧思（五一五―五七七）は、『立誓願文』によれば、『般若経』と『法華経』に対する信仰が厚かったことがわかるが、慧思の法華経観は、幸いに慧思の『法華経安楽行義』（以下、『安楽行義』と略記する）のなかに探ることができる。『安楽行義』は、いわゆる随文釈義の書ではなく、安楽行という特殊な思想的テーマに関する書である。しかも、『法華経』安楽行品に説かれる四安楽行の第一、慧思の命名によれば、「正慧離著安楽行」（正しい智慧によって執著を離れる安楽行）について解説した書である。この安楽行は、伝記によれば、慧思が智顗とはじめて大蘇山で出会ったときに、「慧思が〔智顗に〕言った。『〔私とあなたは〕昔、霊鷲山でともに『法華経』を聴聞した。〔あなたは〕

過去世の因縁に迫われて、今再び〔私のもとに〕やって来た』と。そしてすぐに普賢〔菩薩〕の道場を示し、四安楽行を説いてあげた」（『隋天台智者大師別伝』大正五〇、一九一下二一―二三行）とあるように、慧思が智顗に最初に教示したものであった。

二　『安楽行義』の構成

『安楽行義』の構成について述べると、慧思は、冒頭に自身の法華経観を総論的に明らかにし、次に、この総論に基づき、十五の偈頌の形式によって、有相行と無相行の安楽行、一乗の意義などについて説明する。次に、十種の問答を設けて、偈頌に示した思想をさらに明らかにする。

総論と偈頌において、慧思は、大乗の修行と悟り方に、鈍根の菩薩の次第行を修行する立場と、利根の菩薩の次第行を修行しない立場とを区別する。後者が『法華経』の立場で、その特色は「頓覚」、「疾成仏道」ともいわれる。この対照は、「余華」と「蓮華」の対照においても指摘されている。

では、なぜ『法華経』が「頓覚」、「疾成仏道」と規定されるのかといえば、衆生が本来六根清浄であり、その点で妙であるからと説明される。慧思は、『安楽行義』の随所で、このことを繰り返し説いている。

次に、十種の問答が比較的詳しく展開されている。整理すると次のようである。

第一問答……第一問は、「妙法蓮華経」、「一乗」、「如来蔵」、「摩訶衍」、「大摩訶衍」、「衆生」の六つの概念の意味を問う。第一答は、「妙法」と「蓮華」の意味についてのみ答える。

第二問答……第一答に出た「一華は衆果を成ず」の「蓮華」と、「一華は一果を成ず」の「余華」（蓮華以外の華）との比較についての問答が展開され、「余華」は声聞・縁覚・鈍根菩薩の対治行・次第行をたとえ、「蓮華」は『法華経』の利根菩薩が次第行を修めず、法華三昧を証得して、衆果を具足することをたとえることを明かす。

第三問答……第三問は、第一答において、「妙法」について、「妙」は衆生が妙であること、「法」は衆生が法であることを指摘したが、その意味について問う。第三答は、衆生が妙であるのは、衆生の六根が本来清浄であるからであることを明かす。

第四問答……第四問は、第三答に引用される『涅槃経』の「常なるが故に流れず」の意味を問う。第四答は、眼は無生であるから、常住であり、それゆえ流動しないと明かす。

第五問答……第五問は、第四答に出た「無生」の意味を問う。第五答は、眼は無生であり、そのまま仏であることを明かす。

第六問答……第六問は、第五答に出た、眼などの諸法の如が如来と名づけられると説く経典の出処を問う。第六答は、出典が『大強精進経』(『鴦崛摩羅経』)であることを明かし、具体的に経文を引用して、衆生の六根が如来であることを明かす。

第七問答……第七問は、安楽行、四安楽行、無相行と有相行の二種の行について問う。第七答は、安、楽、行のそれぞれの意味、四安楽行の名称、無相行と有相行の意味について答える。

第八問答……第八問は、第七答に出た安、楽、行のそれぞれの意味についてさらに問う。第七答において、一切法について心が不動であることが安であると示されたが、第八答は、この一切法の意味を説き、さらに菩薩はこの一切法において三忍慧(衆生忍・法性忍・法界海神通忍)を用いると説く。また、衆生忍は生忍とも名づけられ、法性忍は法忍とも名づけられ、法界海神通忍は大忍とも名づけられること、この三忍は四安楽行の第一である正慧離著安楽行にほかならないことを明かしている。

第九問答……第九問は、衆生忍と生忍の相違、衆生忍と生忍が不動忍と名づけられる理由、なぜ不動を「安」と規定するのかを問う。第九答は、生忍は衆生の因である無明についての正しい智慧であり、衆生忍は衆生の果である身行（あるいは身行の諸受）についての正しい智慧であることを明かす。また、生忍、衆生忍が「不動」とも名づけられる理由について説明する。

さらに、安、楽、行のそれぞれの意味について、第七答で示された意味とは相違する新しい意味を示した上で、安楽行の意味は多様であるとして、改めて略説を試みる。凡夫のあり方は苦行、声聞の修行は苦楽行、鈍根菩薩のあり方は安楽行としている。ただし、慧思の提唱する安楽行の観は鈍根菩薩の安楽行とも相違するとして、安楽行品の菩薩の行処の説明である「もし菩薩摩訶薩が忍辱の境地にとどまり、優しく穏やかで善く調えられて従順であり、慌ただしくなく、心のなかで驚かず、また法を実体視して捉えることがなく、多くの法のありのままの様相を観察し、また分別しないことをも実体視しないならば、これを菩薩摩訶薩の行動範囲と名づける（若菩薩摩訶薩住忍辱地、柔和善順、而不卒暴、心亦不驚、又復於法無所行、而観諸法如実相、亦不行不分別、是名菩薩摩訶薩行処）」（大正九、三七上一五―一八行）を引用して、とくに「住忍辱地」の解説をする。忍については、衆生忍、法忍、大忍（神通忍）の三種の忍を取りあげ、衆生忍の三種の意義を明かす。辱については、忍耐することのできないものを意味すると述べる。

第十問答……第十問は、衆生忍の第三の意義である頑強で悪い衆生に対する厳しい攻撃的教化が、なぜ忍辱と呼ぶことができるのかを問う。第十答は、衆生忍の第一の意義は世俗戒のなかの外威儀忍であり、第二の意義は新学菩薩の息世譏嫌方便忍辱であり、第三の意義は菩薩の大方便忍であると規定する。次に、法忍の三種の意義、大忍について解説する。次に、安楽行品の「柔和善順」、「而不卒暴」、「心亦不驚」、「又復於法無所行」、「而観諸法如実相」、「亦不行不分別」について、それぞれ簡潔に解説する。

簡潔で短い『安楽行義』は、前述の通り、四安楽行のすべてを解説するものではなく、第一の菩薩の行処・親近処のなかの行処を説明する『法華経』の経文を解釈しているだけである。とくに、「忍辱地に住する」の解釈において、衆生忍・法忍・大忍を説くのである。そのなかでも、衆生忍の第三の意義に見られる、頑強で悪い衆生に対する厳愛に基づく大菩薩の忍辱の強調は、慧思の激しい生涯と重ね合わせて見ると、とりわけ興味深い。通常の受動的な忍辱思想を越えた、慧思独自の積極的能動的な忍辱思想の展開と思う。また、法忍における衆生救済のための方便の強調と、大忍における衆生救済のための神通力の強調も重要である。空の認識の徹底と、衆生救済の大情熱とが兼ね備わって、慧思の思想の骨格を形成しているといえよう。

頓覚　253, **271**

に

肉眼　262, **279**
柔伏　269, **285**
如如　260, **277**

は

八解　256, **275**
八十種好　254, **273**
八正　254, **273**
八正道　254

ひ

百千万億旋陀羅尼　262, **279**

ふ

仏眼　256, 262, **279**
不分別を行ぜず　265, 269, **282**

ほ

法雲地　256, **274**
法音方便陀羅尼　262, **279**
法眼　262, **279**
法忍　262, 265, 267–269, **280**
菩薩の道慧　262, **280**
菩薩の遍行　261, **278**
法華三昧　253, 256, **271**, **272**
法身蔵　253, **272**

ま

摩触　263, **280**

み

未到地　261, **278**
妙覚　254, **273**

む

無軽讃毀安楽行　261, **277**
夢中具足成就神通智慧仏道涅槃安楽行　261, **278**
無悩平等安楽行　261, **278**
無法　261, **278**
無明の行に縁たる　257, **275**

よ

欲界地　261, **278**
与等　269, **285**

ろ

六自在王　256–258, **274**
六情　254, **273**
六情根　254, **273**
六分　263, **281**
六和敬　269, **285**

法華経安楽行義

あ

『阿毘曇雑心』 261, **278**

い

一切種慧 262, **280**

う

有法 261, **278**

き

譏嫌 266, **283**
巧慧方便 265, **282**
敬善知識安楽行 261, **278**

く

空華 257, 267, **275**
空・明 257, **275**

こ

心に行処無く 263, **281**
顧念 268, **284**

さ

細行 268, **284**
三十二相 254, **273**
三種の陀羅尼門 262, **279**
三天下 253, **272**
三明 256, **274**
三六 260, **277**
三六十八 267, **284**

し

識の性 263, **281**
四事 262, **280**
七仏 261, **279**
実際 268, **284**
師無くして自ら悟り／師無く自然に覚り 253, 254, **271**
四念処 264, **281**
慈悲接引安楽行 261, **278**
捨心 263, **280**
十八不共 256, **274**
十力 256, **274**
受陰 261, 262, 264, **277**
衆生忍 262, 263, 265, 266, **280**
数法 254, **273**
首楞厳定 258, **275**
正慧離著安楽行 261, 262, **277**
将護 265, 267, **283**
生忍 262, 263, **280**
調伏 266, 268, 269, **285**
青盲 257, **275**
身行 262, 263, **280**
真如 260, 269, **277**

す

頭然を救う 261, **278**

そ

総持陀羅尼 262, **279**
怱怱 269, **285**
卒暴 265, 269, **282**

た

『大強精進経』 259, **276**
対治観 264, **281**
大人 268, **285**
大忍 262, 265, 266, 268, 269, **280**
陀羅尼 262, **279**
湛然 254, **273**

て

天眼 262, **279**
天子魔 264, **282**
転諸声聞令得仏智安楽行 261, **277**

と

同事 268, 269, **284**
道種慧 262, **280**
同声 268, **284**
道品 264, **282**

は

婆藪　191, **244**
八十八使　172, **227**
八苦　156, **212**
八相成仏　180, **234**

ひ

密かに去り　153, **210**

ふ

伏道　189, **242**
補処　147, 178, 180, **231**
附断体散　170, **226**
分証　155, 193, **212**
分段　156, 165, 194, **212**
分満　162, **219**

へ

変通　191, **244**
変易　165, 194, **212**

ほ

方便有余土　154, **210**
方便浄涅槃　161, **217**
発本顕迹　153, 203, **209**
凡鄙　154, 186, **210**, **239**

ま

摩訶衍　152, 154, 178, 181, **230**

み

明鏡の高堂　157, **213**
愍傷　155, 156, **212**

む

無礙道　189, **228**, **242**
虫の木を蝕いて　172, **227**
無名相　148, **207**

め

滅尽定　161, **216**

や

薬珠　149, 151, 183, **207**
薬珠二身　150, 167, **208**

ゆ

遺燼　194, **247**
用与　198, **248**

よ

要期　189, **242**
盈昃　184, **238**
庸人　190, **243**
容与　189, **243**
揺颺　165, **223**

り

理具して情迷（い／う）　149, 190, **208**
了転　162, **218**
冷然　191, 192, **244**

る

類音　147, 189, **206**

ろ

弄引　185, **239**
聾の如く瘂の如し　152, **208**
六十二見　172, **227**
六度　179–181, **223**, **232**
六度の菩薩　166, **223**

彰灼　159, **215**
尚闍梨　179, **233**
清昇　186, **239**
帖す　162, **219**
条然　198, **248**
浄名　196, **248**
浄名は口を杜じ　188, **240**
常益　167, **224**
商略　153, **210**
清涼池　157, **213**
助開　157, **213**
初後の両界　190, **243**
初地の味禅　161, **216**
諸数　164, **221**
真実　156, 192, **245**
尽・無生　194, **246**

す

図度　173, **228**

せ

制持　189, **242**
施化　167, 168, **224**
節廨　155, **212**
禅支　164, 165, **222**
千の性相／千種の性相　187, 190, **240**

そ

像　147, **205**
相師　190, 191, **243**
総・別の念処　180, 181, **234**
総略　151, **208**
葱嶺　202, **249**
沮渠蒙遜　202, **249**
楚毒　193, **245**
存想　176, **229**

た

大施太子／大施　167, 179, **224**, **233**
大部　148, **206**
『大本玄義』／『大本玄』／『大本』／彼の『玄義』　173, 174, 177, 186–188, 190, 195, 197, 198, 201, **229**, **230**
檀　179–181, **232**
弾指　152, **209**
堪能　166, **223**

ち

中適　188, **242**
中に処して　148, **207**
頂　154, 172, **210**
頂法　180

つ

通漫　164, **221**

て

伝伝　184, **238**

と

唐捐　163, **220**
道観双流　181, **236**
同質異見　167, **224**
道品　156, **212**
兎角　154, **210**
曇摩羅讖法師　202, **249**

な

煖・頂　172
煖・頂等の位　154, **210**
煖法　180

に

二往　167, **224**
二求願　168, **226**
二死　162, 193, **219**, **245**
二十五有　190, 201, **243**
二鳥　167, 201, **224**
二涅槃　193, **246**
二万の灯明　153, **209**
二問答　162, **219**
饒益　162, 190, 197, **219**
忍界　176, **229**
任運　157, 169, 193, 197, **213**

の

能・所・財物　181, **235**
後の一番の問答　155, 157, **212**

顕然　159, **215**
間益　167, **224**

こ

劫火　194, **247**
矜傲　171, **227**
合抱大樹　161, **217**
毫末　161, **216**
光影　158, **214**
五逆　170, 186, **226**
五眼　178, 183, **231**
五住　162, **219**
五章　148, **206**
五塵　164, **222**
虚通　148, **207**
五通　167, **224**
居然　151, **208**
五品弟子　193, **245**
五味　153, 202, **209**
五無間　161, **217**
金錍　172, **228**
『昆勒』 187, **240**

さ

釵鐺　191, **243**
前の一番の問答　155, 157, **212**
薩婆若　181, **236**
三界　172, 181, 187, 194, **242**
三仮　154, **210**
三十三身　163, 168, **220**
三十心　166, 184, **223**
三十二大人相　180, **234**
三十六句　167, **225**
三種仏性　161, **218**
三乗共の十地　181, **236**
三点の涅槃　183, **237**
三徳　162, 218, **237**
三毒　168, 175, **226**
三念　191, 192, **244**
三密　189, **243**
暫用　159, **215**
鑽揺　193, **246**

し

四威儀　190, **243**
四運　185, **239**
子・果　194
子・果の縛　193, **245**
惻愴　192, **245**
四教　153, 159, 178, 184, **209**
四事　189, **243**
四四十六の教門　186, **240**
四悉檀　173, 174, 200, 201, **228**
師子の筋、師子の乳　191, **244**
四十二字門　188, **241**
四定　186, **240**
四随　186, 188, **242**
四禅　186, **240**
七覚　189, **242**
七難　168, **225**
実際　170, **226**
実法　154, 163, 174, **210**
尸毘　179, **232**
慈悲与抜　150, **208**
四布　158, **214**
資発　157, **213**
四無量　165
四無量心　164, **222**
灼然　172, **228**
差忒　193, **245**
車匿　187, **240**
十九説法　162, **219**
集蔵　158, **214**
十念　176, **229**
十の普門　148, 188, **206**
十八空　166, **224**
十力　191, **244**
十六心　172, 180, **228**
衆生・法縁・無縁　190, **243**
取相　150, 166, **208**
出入息　176, **230**
殊方異俗　196, **247**
須摩提　179, **233**
修羅の琴　196, **248**
首楞厳　158, 183, **214**
首楞厳定　161, 166
純厚　157, **213**
順道法愛　194, **246**
生起　153, **210**
性実の執　171, **227**

観音玄義

あ

悪際　170, **226**
阿字門　182, **237**
阿輸加王　164, **222**
阿耶婆婁吉低輸　147, **206**
闇瞑　158, **214**
菴羅華　189, **242**

い

伊波勒菩薩　202, **249**
允当　150, **208**

う

有作の四諦　156, **212**
憂畢叉　164, **222**

え

営従　195, **247**
慧行　160, 166, **215**
慧数　164, **221**
慧度　179, **232**
円浄涅槃　161, **217**
縁転　162, **218**
閻浮提　166, **223**

お

王三昧　195, 201, **247**
宛然　162, 172, 173, 182, 183, 190, **219**

か

階差　154, 195, **210**
戒取の因盗　172, **227**
界畔　174, **229**
涯畔　193, **245**
覚観　176, **230**
河西　202, **249**
加持　155, **212**
迦葉如来　153, **209**
豁然　172, **228**
瞎馬　165, **222**
歌利王　179, **233**
環釧　191, **243**

き

巍巍　162, **220**
亀毛　154, **210**
隔別　147, 174, **206**
休否　190, **243**
謦欬　152, **209**
行行　160, 166, **215**
膠漆　155, **212**
魚子　189, **242**
義類　148, **206**

く

共生　171, 173, 200, **226**
空平　154, **211**
究竟　155, **212**
九十八使　171, 172, **227**
拘絺羅　196, **247**
九道　147, **205**
苦忍　194, **246**
劬儐大臣　179, **233**

け

化　147, **205**
化応　147, **205**
下地　159, 160, **214**
仮藉　191, **243**
灰身滅智　152, 161, 165, 167, **209**
解脱道　189, **228**, **242**
結撮　153, **210**
結束　177, **230**
化道　189, **242**
快馬　173, **228**
慳　179, 181, **232**
見愛　171, 173, 187, 194, **227**
賢劫　180, **234**
見取の果盗　172, **227**
健相　183, **214**
健相三昧　166, **223**

六群比丘　II 223, **367**
六自在王　I 70, **272**
六十二見　I 163, **331**, II 223, 226
六十二邪　II 184, **347**
六塵　I 158, **325**, II 33, 187, 191
鹿頭　II 202, **355**
六衰　III 53, **119**
六瑞　II 151, **334**
六即　I 41, 69, **247**, II 164, 166
六畜　II 80, **288**
六天　I 197, **355**
六度　I **267**
六道　I **246**
六分　I 171, **336**, II 217, 218
六蔽　II 24, 122, 193, **256**, **319**
六妙門　I 169, **336**, III 62
碌碌　II 66, **281**
六根浄　II **374**
六根清浄　I **247**, **308**, II **377**
論力　II 201, 202, **355**

わ

和合衆　III 83, **139**
和光利行　I 188, **349**
和光利物　I 209, **364**
和須蜜　I 94, **288**
輪を斲る人　II 30, **262**

杳漫　II 126, **322**
楊葉　I 193, **353**, II 136, **327**
楊葉の行　I 188, **349**
瓔珞　I **266**
『瓔珞』　I **248**
欲・色・心　II 34, **265**
抑没　I 72, **274**
与奪　II 207, **359**
欲界定　I 167, 170, 172, **334**, II 119
与等の者　I 179, **345**
与抜　I 187, **348**

ら

来意　II 82, 103, 113, 114, **289**, **308**
楽間　II 80, **288**
酪味　I **234**
螺髻　III 21, **96**
羅睺羅　I 165, **333**, II 107
羅刹　I 162, 163, **330**, II 120, **318**

り

邐迤　I 71, **274**
離一切見清浄浄禅　II 32, **264**
離界地　I 130, **312**
利钁　II 193, **349**
六芸　I 128, **308**
理極　I 53, **258**, II 248
梨昌　II 201, **355**
狸豆　I 172, **338**
理善　I 47, 50, **252**, II 36, 38, 40, 72, 74
律儀　I 163, 165, **330**, II 86
利鈍　I **225**
理妙　I **303**, II **294**
吏民　II 110, **312**
黎耶　I 115, **303**, II 54
黎耶識　II 62
歴縁対境　II 123, **319**
龍雨　I 88, **284**, II 117
龍宮　II 99, 165, **305**, **339**
癃残　II 94, **299**
龍師　III 17, **93**
龍樹　I 26, 48, 53, 146, II 37, 54, III 54, 88
龍象　II 107, **310**
龍畜　II 231, **373**
龍女　II 26, 101, 102, 235, **259**, **306**
龍鳳　II 184, **347**
了　I 65, **268**
聊　II 201, **354**
了因　I **268**, II **255**
領解　I 73, **274**, II 41, 79, 199, **288**, III 36, 72
料簡　I **226**
両捨　II 236, **375**
両趣　II 88, **295**
両種の四教　II 98, **305**
冷然　I 21, **223**, II 43, 214, **268**
梁武　II 185, **347**
隣虚　II 221, **366**
鱗沓　I 116, **303**
輪王　I 34, 196, **243**, II 58, 172
輪王の頂珠　II 235, **375**
倫匹　I 160, **327**
輪輻軸輞　I 44, 45, **250**

る

縷　I 28, 74, **231**
類従　II 93, **298**
類通　I 87, 149, **321**, II 61–66, **275**
類通三法　II 60, **275**
累の表　II 68, **282**
盧舎那　II 70
盧舎那仏　II 27, 171, **259**, III 41
流通　II 113, 131, 165, III 87
流通段　II 133, **325**
留難　I 131, 193, **312**
流播　III 59, **124**
琉璃　II 85, **321**, III 26
瑠璃　II 124, 149, **321**

れ

俔羊　III 52, **119**
劣謝　III 55, **121**
蓮華　I 20, **222**
蓮実の房　II 173, 175, **343**
練禅　I 172, 173, 175, **338**

ろ

弄引　I 114, **302**, II 234, III 48
楼観　II 124, **321**
六因・四縁　III 43, 54, **109**
六行観　I 167, **335**

虫の木を食（む／み） II 113, 224, **313**, **367**
無著 I 53, **257**
無上正真道 III 53, **119**
無生智 I 205, **362**, II 41
無生忍 I **238**
無想 II 117, **316**
無想天 I 185, **348**
無対 II 190, **348**
無知 I 182, **346**
無中の二諦 I 135, **315**
無等等 I 65, **269**, II 125, **321**
無得 II 196, **351**, III 20
牟尼 I 136, **316**
牟尼尊 I 44, **250**
無辺身菩薩 II 155, **335**
無辺の聖諦 I 100, **293**
無方 I 187, II 79, 163, 186, 192, **288**
無謀の巧用 I 178, **344**
無翻 I 21, **223**, II 180, 185, 186, 191, 192, 194
無明随眠 II 61, **276**
無明の垢 I 97, 180, **346**
無明明 I 100, **293**
無没識 I 96, **289**, II 61
無問自説 I 52, **256**, II 90, 91, 93, 97
無余 I 64, 66, **267**, II 216, 222, III 17, 36
無余涅槃 I 210, II 155, 156
無量 I 132, **314**

め

滅・止・妙・離 II 166, **340**
滅定 I 165, 199, 204, **332**, **356**, II 151
滅尽定 I 204, 205, II 31
滅智灰身 I 141, **318**
滅度 I **236**
滅影澄神 III 17, **93**
馬麦 I 189, **350**, III 46
馬鳴 I 54, **259**
勉 II 193, **349**
面上の三目 I 157, **324**
面門 II 94, **299**

も

亡三 II 40, **267**
亡照 I 178, **343**
盲跛の譬え I 40, **247**
亡妙 II 237, **376**
盲瞑 II 230, **372**
蒙籠 II 35, **265**
木牛 I 193, **353**
目連 I 132, II 95, III 27, 87, **98**
若しは樹、若しは石 I 20, **221**
若しは田、若しは里 I 20, **221**
慕覓 III 33, **103**
門閫 II 77, **287**
文字の人 I 40, **246**, II 113
文字般若 II 63, **277**
『文殊問』／『文殊問経』 I 160, **327**, III 88
文章 II 184, 193, **347**
文符 II 198, **352**
捫摸 I 128, **309**, II 207, **359**

や

家 I 123, 124, **306**, II 23, 24, 35, 233, III 16, 23
薬樹王身 II 82, **290**
薬・珠の二身 II 89, **295**
益物／物を益す I 32, 68, II 33, 75, 158, 179, **337**, III 50
夜叉 I 198, **355**

ゆ

融 I 25, **228**
幽隠 III 38, **104**
熊渠 II 213, **362**
遊絲 II 178, **345**
揖譲 II 201, **354**
用不用 I 43, **249**
幽微 I 21, 48, **223**, II 155, 215
由来 II 91, **296**
涌溜 II 192, **349**

よ

容 II 88, **295**
癰 II 117, **316**
要蹊 III 16, **92**
壅礙 II 83, 242, **291**, **378**
影響 III 87, 89, **142**
邀射 II 118, **317**
楊修 III 26, **97**
映奪 I 34, **243**
嬰児行 I 162, 188–190, 192–194, **329**, II 82, 179

摩訶衍経　II 94, III 88
摩訶衍蔵　III 53
摩偸　I 198, **355**
末香　I 198, **355**
摩得勒伽　I 52, **256**, III 83, 88
摩納　II 146, **331**
摩耶　II 107, **310**
摩黎山　II 239, **377**
満　I 65, **269**
満願　I 55, **260**
満願の穢器　I 138, **317**
満宿　I 129, **310**
万乗　I 19, **220**
万善　I 34, 64, **242**, II 66, 196, III 18, 20, 42, 48
万善同帰　III 43, 51, 59

み

味　I 175, **340**
眉間光　II 102, **307**
眉間の光　II 87, 89, III 64
獼猴　II 95, **302**
味塵　I 173, **338**
微塵　I 70, 92, **273**, II 21, 50, 127, 133, 165, 192, 216, 221, 227
弥陀の師　II 146, **332**
密行　I 165, **333**
未到　I 172, **338**, II 177
未到地　I 170
未到定　I 167, **309**, **326**, II 119
微の義　II 70, 79, **284**
魅法　II 200, **353**
麦数　II 152, **334**
妙　I 20, **221**
冥会　II 28, III 33, **104**
妙音の東来　II 108, **311**
妙覚　I **279**
冥覚　II 230, **372**
名教　III 90, **143**
冥顕　II **334**
冥・顕の両益　I **349**
犛牛　II 120, **318**
妙光　III 31, **101**
名・色　I **273**
明呪　I 65, **269**
冥初　I 96, **290**, II 54, 230, **372**
名匠　III 38, **104**
命章　I 120, **305**, III 25, 48
妙荘厳　II 79, **288**
妙荘厳王　I 138, **317**
『妙勝定経』　I 106, **297**
明脱　II 233, **373**, III 48, 56
萌動　II 60, 176, **275**
明難　II 201, **355**
名別義通　I 207, 208, **363**
名味章句　II 90, **296**
名聞　II 118, **317**
未来　I 163, **330**
未来禅　I 164, **332**
弥楼山　I 69, **272**
弥勒は衆を闔べ　III 41, **108**

む

無畏　II 238, **376**, III 39
無為法　I 93, **288**, III 56
無縁　I 187, 189, II 112, 177
無縁の慈悲　I 178, 192, **343**, **348**, II 25, 237
無央数　I **271**, II 156, **336**, III 74
無学　I 34, 47, 204, 208, **243**, II 23, 56, 131, 182, 225, III 24, 67
無学果　I 210, **249**
無学道　I 46, **252**
無学等見　I 204, 205, **361**
無記　I 96, 167, **289**, II 61, 62, 73, 85, 189
無記化化　I 88
無記化化禅　I 178, **344**, II 84, 86, 88, 99, 142, 151, **291**
無疑解脱　I 201, 205, **358**
無教法　I 174, **339**
無窮の問い　I 38, **245**
無垢三昧　I 180, II 78, 79, 118, 122
無垢等の四三昧　II 120, **318**
無礙　I 133, 134, 202, 203, 208, **359**
無礙道　I 64, 65, **267**, II 31, III 22
無間三昧　I 173, 207, **338**
無後の三界　II 49, **271**
無言菩薩　I 54, **259**
無作　I 164, **332**
無際　II 120, **318**
無作色　I 174, **339**
無色般　I 203, 204, **360**

遍喩　II 172, **342**

ほ

抱　II 201, **355**
法　I **221**
蓬　II 167, **340**
法愛　I 173, **338**, II 29, 208, 221, 225, 228, 238, 239, **262**
報因　I 75, 180, **275**, II 59
法慧〔菩薩〕　III 41, **108**
法慧菩薩　II 24
法縁　I 187, **348**, II 177
報果　I 73, 75, 77, 78, 196, **275**, II 60, 143, 175, **330**
法界　I **225**
『法界性論』／『論』／『法性論』　II 65, 74, **280**, III 67, 68, 73, **127**
宝海梵志　II 146, **332**, III **101**
法行　I 40, 204, 205, 207, **246**, II 184, 216, 221, 251, 252, III 61, 63
傚敷　II 210, **361**
方隅料乱　III 19, **95**
法眼　I 49, 69, 138, 139, 208, 210, **254**
法眼浄　III 61
方広〔道人〕　III 54, **121**
放光瑞　II 177, **334**
宝炬陀羅尼　II 228, **371**, III 69
方言　II 185, **347**
『牟子』　I 40, **247**
防止　I 158, 163, **331**
宝積　III 20, **96**
宝珠　I 177, **342**
朋聚　II 210, **361**
方術　II 201, **354**
宝処　I **222**, **223**
宝所　I 21, 58, 59, 62, 64, II 39, 49, 68, 126, 127, 248, **380**
宝乗　I 62, 89, **265**, II 29, 40, 47, 49, 64, 196, 235
報身　II 24, **257**
宝蔵仏　II 146, **332**, III 30, **101**
膖脹　I 172, 176, **338**
方等　I **235**
報得の通　II 84, **291**
法忍　I 163, **331**
法仏　I 124, **306**, III 49
褒貶　I 30, **235**, III 45, 47, 52, 60
方便　II 108, **311**
方便行　I 77, **277**
方便道　I 202, **358**
包籠　I 115, **303**
北地師　I 63, 72, **267**, II 195, III 43
卜相　I 128, **308**
菩薩　I **229**
『菩薩処胎経』　II 84, **291**, III 83
餔食　II 200, **353**
保重　II 207, **359**
補接　I 19, **220**
菩提流支　III 43, **109**
発　III 77, **134**
『法華優波提舎』　III 88, **142**
発迹顕本　II 156, 158, 162, 166, 170, **336**, III 19, 21, 36
法性　I **229**
法性身　I 65, **269**, II 126, 127, 129, III 46, **113**
『法身経』　I 93, **288**
法身の後心の菩薩　I **232**
法身の菩薩　I **232**
発頭　II 54, **273**
弗婆提　I 182, 183, **346**
盆　II 146, **332**
梵王　I 34, 185, **347**, II 117, 119, 169, **316**, III 41
梵漢兼称　I 44, **250**
梵行　I **228**, **329**
本地の円説　II 101, **306**
本迹の六喩　I 22, **225**
翻珠相棠　II 178, **345**
翻畳　II 76, **287**
凡聖　I 26, 30, 72, 77, **237**, II 22, 24, 117, 120, 121, 125, 131
梵声　I 61, 62, **264**
梵天　I 25, 187, **228**
本有　I 25, 27, **227**, II 54, 175, 234, III 43
煩悩障　II 197, 238, **351**
煩悩染　I 97, **290**
凡夫の四執　I 27, **230**
『梵網』　I 166, **333**

ま

摩訶衍　I 61, 64, 112, 143, 166, 174, 176, 210, **264**, II 28, 95, 203, 217, 220, 230, 246, 251, **362**, III 26, 29, 44, 72

伏熯　II 31, **263**
複の四見　II 201, **355**
福命　I 199, **356**
不黠　III 47, **114**
普現色身三昧　II 248, **381**
普現菩薩　II 110, **312**
布薩　II 86, **293**
不思議一　II 138-140, 146, 148, 150, 151, 153, 157, 158, 162, 163, **328**, III 32
不思議解脱／不可思議解脱　I 65, II 25, 107, III 48, 69, 88, **115**
不思議の真　I 110, **300**
不失心　II 104, **309**
浮槎　II 167, **340**
不住　III 20, **96**
補処　I **240**, II **329**, III **102**
不定　I 31, **238**
不浄観　I **251**, **260**
不請の師　II 90, 93, **296**
不定般　I 203, **360**
負処に堕せしむ　II 245, **379**
赴・対・応　II 116-119, 121, 123, **315**
不退の菩薩　I 25, 138, **227**, II 48
部帙　I 159, **326**
仏眼　I 49, 69, 70, 89, 99, 137-139, 210, 216, **254**, II 20, 25, 28, 31, 141, 144, 150, 214, III 33, 66
覆講　II 102-104, 109, 126, **307**
仏事　I 21, 60, **224**, II 89, 94, 108, 126, 187, 248, III 33
仏種　I 99, 125, **292**, II 236, III 29, 49
仏性　I **268**, II **379**
仏乗　I **219**
仏世の人　I 195, **354**
仏駄三蔵　III 43, **109**
仏知見　I **262**, II **253**, **261**
仏母　I 66, **271**
不動菩薩　II 107, **310**
不如意処　I 74, **275**
奉蒙　I 19, **220**
不聞　I 19, **220**
普門　II 248, **381**
不用処　I 186, **348**
富楼那　I 55, **260**, II **310**, III 30, 34
分　I 132, **313**
紛紜　I 106, 118, III 59, **124**
文行誠信　I 53, **257**
分真　I 56, **261**, II 61-64, 69, 85, 131, 132, 165, 238
分真即　II 164
分真妙　II 42
分陀利　I 198, **355**, II 168, 180, **340**
分段博地の凡夫　I 76, **277**
墳典　II 201, **354**
分得　I 138, 139, **317**
紛葩　I 125, **306**
分別識　II 62, **276**

へ

弊垢　I 62, 192, **266**, III 29
別円相入　I 135, **315**
別円入通　I 117, 122, 212, **304**, **306**
別含円　I 145, 147, **320**
別相　I 133, **314**
別相観　I 127, **308**
別相・総相　I 176, **341**
別相・総相念処　I 206
別相・総相念処観　I 209
別相・総相の四念処観　I 207
別相念処　I **341**
別の境　I 151, **322**
別の発願　I 163, **331**
別の理　I 106, 135, 151, 153, **322**
別論　II 181, **346**
別惑　I 76, 77, 119, 211, **277**, **346**, II 81, III 50
偏円　I **223**, **306**
偏・円・事・理　I 101, **294**
偏起　I 40, **246**
遍行　I 65, **268**
辺際智　I 139, **318**, II 26
編次　II 142, **329**
偏真　I **300**
変通　I 35, 90, 186, **243**, II 207
辨相　I 43, **249**
遍体　II 31, **262**
変土　II 151, **334**
変易　I **267**
変易の生　I 29, 76, **232**
辺表　II 133, **325**
辺方　II 35, **265**
偏方不定教　III 42, 50, **108**
片物　I 74, **275**

婆和　I 29, 188, 193, **234**, **350**, **353**, III 29
攀厭　I 168, **335**
盤屈　II 176, **344**
晩賢　III 59, **124**
磐石　II 193, **349**
般舟　III 63, **126**
般舟三昧　II 111, **313**
半須弥　II 117, **315**
半如意珠　II 69, 240, **283**, **378**
晩人　II 185, **347**
盤迴　I 93, **287**
汎汎　II 105, **309**
番番息まず　I 32, **240**
反復　II 42, 101, 109, 230, **267**, III 26
半満　I 177, **342**, II 198, 249, III 39, 43, 53, 59, 60, 71, 72, 74, 77, 78, 80, 90
范蠡　II 213, **362**

ひ

非違　I 158, **326**
毘伽羅論　I 98, **292**
比決　I 215, **366**, II 23
飛行皇帝　I 196, **354**
卑尸　I 94, **288**
否色　I 74, **275**
毘舎佉堂　II 94, **300**
毘沙門　I 199, **356**
被接　I 112, **301**
飛仙　II 201, **354**
非想　I 128, 171, 204, 205, **308**, **337**, II 130
非想の九品の惑　I 205, **361**
飛梯　II 215, **363**
毘紐天　II 221, **366**
畢竟　I 191, **351**
畢定　II 198, III 68, 69, 75, **129**
逼迫の相　I 102, 176, **340**
『毘曇』　I **256**
『毘曇婆沙』　II **266**
毘尼　I 129, 163, 166, **310**, II 56, 92, 95
毘婆尸仏　I 206, **362**
『毘婆沙』　I **257**, **314**
秘密蔵　II **381**
辟支迦羅　I 206, **362**
白四羯磨　I 162, **329**
百姓　II 149, 201, **354**
百千旋陀羅尼　II 31, 134, **326**
『百論』　II **297**
氷魚　I 185, **348**
病行　I 162, 188–190, 192–194, **329**, II 82, 178
並決　III 55, **121**
飄灑　II 178, **345**
標章　I 24, **225**
並（す／し）　I 38, 57, 58, **245**, II 166, 167
並対　III 39, **105**
飄颺　II 178, **345**
平等大慧　I 62, 124, **265**, II 48, 112, 191, 248, **381**, III 83
病人　I 199, **356**
毘盧遮那　I 67, **271**, II 70, 148, 158, **283**, III 15
毘盧遮那法身　II 34
賓伽羅菩薩　II 107, **310**
篇聚　I 164, **332**
儐従　II 197, **351**
頻婆羅　II 170, **341**

ふ

敷　II 171, **342**
部　II 93, **298**
封近　III 32, **103**
風・喘　I 167, 170, **334**
風輪　I 199, **356**
符契　III 90, **143**
不可説　I **297**
不可得　I **264**
不起法忍　III 53, 61, 86, **119**
不行般　I 203, **360**
不共　II 238, **376**
不共般若　I 110, 113, **300**, II 38, III 45, 58, 61, 82, 83
福慧　I 188, 209, **349**, II 197, 244
服玩　I 184, **347**
覆却　III 55, **121**
服嘗　II 105, **309**
伏摂　II 88, **295**
複真　I 110, **300**
覆相　I 66, **271**, III 18
福増　I 56, **261**
蝮蠆　II 155, **335**
福田　I 198, 211, **365**, II 20, **253**
伏道　I 64, 213, **267**, II 31, 121

如意珠　II **359**
如意珠王身　II 82, **290**
如意足　I 174, **340**
饒益　I 179, **345**, II 142, 145, III 30, 34
如幻三昧　I 160, 183, 184, **327**
如幻如化／幻の如く化の如し　I 51, 98, 207, **255**, II 111, 125, III 54, 58
如実の際　II 189, **348**
如如　I 44, **250**, II 209-212, 214
如来蔵　I **300**, II **271**
如来蔵智　I 151, 152, **322**
如来蔵入空の智　I 153, **323**
如来蔵入中　I 153, **323**
忍　I **311**
人間　II 116, **315**
人身牛　I 40, **246**
人天移さる　III 68, **128**
人天群萌　I 25, **227**
任運　I **276**
人木虫塵　II 208, **360**

ぬ

薬秣　II 178, **345**
奴婢僮僕　II 110, **312**

ね

熱病　I 189, **350**
『涅槃論』　I 53, **257**
涅摩地　I 200, **357**
念　I 49, **254**
念処　I **301**
然灯　II 145, **331**
然灯〔仏〕　III 31, **101**
然灯仏　I 206, **362**, II 146, 175, 251, III 32

の

能契　I 61, 62, **264**
能天主　I 199, **356**

は

覇　II 201, **354**
敗種　I 113, **301**, II 109, III 26
薄拘羅　I 95, **289**
『破群那経』　I 45, **251**
発始め　II 47, **269**
婆脩槃馱　II 92, **296**
波旬　II 107, 198, 199, **310**
芭蕉　I 170, **336**
婆藪　I 180, **346**, II 116
八王子　III 31, **101**
八解　I 205, **362**
八地　I 173, **338**
八自在我　I 97, **291**
八十二〔歳〕（仏寿）　II 157
八十二歳（仏寿）　II 155, **336**
八十八使　I 202, 208, **359**, II 121, 223
八術　III 55, 60, **123**
八聖種　I 167, **335**
八勝処　I 171, 172, 204, **314**, **337**
八禅　I 172, **338**
八人〔地〕　I 208, 212, II 35, 56, 122, **265**
八人地　I 207, 210, 211, **261**
八番の位　II 39, **266**
八万の諸天　I 31, **238**
八万の大士　II 133, **325**
八万の法蔵　I 43, **248**, III 64
八卦　II 201, **354**
八色　I 172, **338**
八種般　I 203, 204, **360**
八正直道　II 182
八正〔道〕　I 138, 174, **317**, II 45, 184
八正道　I 160, 174, II 224, III 62, 79
八千の声聞　II 67, 109, 209, **281**, III 49, 52, 68, 88
八相作仏　II 45, **269**
八相成道　I 210, **364**
八触　I 167, **334**
八顚倒　II 238, **376**, III **123**
八倒　I 207, **363**
八背捨　I 171-174, 204, **314**, **337**
八風　I 163, 178, **331**, II 228, **372**
八方　II 148, III 31, **102**
抜与　II 81, **289**
波羅奢訶　I 94, **288**
波羅提木叉　I **326**, **332**, **333**, II 222, **366**
波羅奈　III 53, **120**
波羅柰　I 83, **282**, III 29, 47, 65, 74
婆羅尼蜜　I 200, **357**
頗梨　II 207, **359**
波利質多樹　II 173, **343**
頗梨珠　I 27, **230**

当分　I 29, 62, 111, **234**, **265**, II 229
僮僕　II 110, **312**, III 69
道品　I 173, 174, 177, 178, II 22, 24, 111-113, 182, 206, 221, 224, 228, 230, 238, 244, **346**, III 62, 84, 85
灯明〔仏〕　I 115, II 143, 157
灯明仏　I 32, **240**, III 68
童蒙　III 55, **121**
東涌西没　II 177, **344**
叨濫　II 225, **368**
道朗　II 168, **341**
都会　II 195, **350**
犢子　II 217, **365**
独処　I 206, **362**
得縄　II 118, **317**
毒・天の二鼓　II 89, 114, **295**
得法　I 163, **330**
土圭　I 30, **236**
杜口／口を杜ぐ　I 49, 54, 154, **254**, **324**
斗斛　III 40, **106**
兜率陀天　I 184, **347**
度脱　I **240**
毒鼓　II 82, 115, 125, 128, 240, **290**
度と品　II 196, **351**
度無極　I 55, **259**
鈍使　II 201, **354**
呑噬　II 212, **361**
頓説　I 29, 31, **233**, III 64
貪欲　I 45, 125, 178, 179, **251**, II 24, 120, 134, 225, 230
貪婪　II 118, **317**

な

泥洹　I 61, **264**, II 39, 100, 181, III 44, 53, 58, 75
内外入　II 191, **349**
内入　I 175, **340**, II 191, **349**
内秘外現　II 107, 126, **310**
内〔凡〕　I 46, **252**
内凡　I 127, 201, 215, **252**, **308**, III 64
泥犁　II 117, **315**
泥黎　I 74, **275**
奈苑　III 53, **120**
那含　II 117, **316**
那含果　I 203, **360**
名の便　I 63, **266**
南無仏　I 197, **355**
那由他　I 199, **222**, II 50, 144, 148, III 26, 32, 41
那由他劫　I 20, **222**, II 141, III 31, 49
那羅延　II 107, **310**
南岳師　I 44, 69, 71, **250**, II 28, 132
南岳大師　III 38
煖法　I **309**
南北の二道　II 245, **379**

に

二観双照　I 210, **364**
二経　I 27, **230**
二家　I 27, **230**
尼犍　II 230, **372**
二死　I 116, 179, **304**
二十五有　I **294**, **341**, II **316**
二十五三昧　I 180, **344**, II **316**
二十三家　I 107, **298**
二十七賢聖　I 200, **357**, II 21, **254**
二種の化他の二智　I 29, **232**
二障　I 152, **322**
二聖の因地　I 106, **297**
二生の菩薩　I 106, **297**
二鳥　III 60, **124**
日曜　I 199, **356**
入証の二乗　I 25, **227**
二涅槃　I 208, **363**
二百五十〔戒〕　I 166, **333**
二百五十戒　I 188, II 94, 120, **366**
二万億　I 32, **240**
二万億仏　II 109, 126, **311**
二万の灯明　I 115, **303**, II 157, **337**
二万仏　II 101, 103, **307**
若干人　I 23, **225**
乳教　I 57, **262**
入室　I 191, **352**
入実の観　II 228, 229, 236, 241, **372**
入住　I 194, **354**
入定瑞　II 177, **334**
入真方便　I 126, 127, 135, **308**
入通　I 111, **301**
入法界　I 160, **326**
乳味　I **233**
乳糜　II 153, 240, **334**
如　I **230**, **278**, **300**, II **308**

鎮頭迦　II 243, 244, **378**

つ

通　I 138, **317**
通経　I 43, 60, **249**
通泰　I 113, II 225, III 22, 67, 70, 78, **96**
通人　I 109, II 122, **319**
通別真似　I 215, **366**
通別の脩多羅蔵　II 185, **347**
通名　II 180, 186, **345**
通明　I 169, 171, **336**
通利　I 173, **338**, II 84, 190
通論　II 181, **346**

て

提引　I 188, **349**
帝京　I 19, **219**
帝城　II 220, **366**
帝尊　II 220, **366**
挺然　II 68, **282**
鄭璞　II 230, **372**
泥木の像　I 74, **275**
的的　II 209, **360**
鉄囲山　I 29, **232**, II 116
鵽鳥　I 181, **346**, II 86
鉄輪王　I 196, **354**
鉄輪の位　I 211, **365**, II 48
手より香乳を出だし　I 182, **346**, II 116, **315**
纒　I 94, **289**
天雨華瑞　II 178, **345**
天行　I 162, 187-190, 192-194, **329**, II 178
転教　I 31, **238**, III 47, 67, 70
天鼓　II 82, 87, 97, 115, 117, 125, 128, **290**
天鼓自然鳴瑞　II 178, **345**
天華　II 102, **307**
天懸　II 137, 230, **372**
天主　I 196, II 210, **361**
天性　I 59, 99, **263**, II 72, 103, 104, 110, **284**
伝照　I 154, **324**
天真　II 201, **355**
天親　I 52, 53, **256**, II **296**
添雑　III 59, **124**
天帝　II 66, **281**
天帝釈　I 62, **265**
展転　II 133, **325**
伝伝　I 137, 156, **316**, II 119, III 79, 80
天堂　I 39, **245**
顚倒　I **243**
転の相　I 176, **341**
天目　II 51, **271**
天文　I 128, 171, **308**, II 201
転輪王　I 197, **355**

と

都　I 132, **313**
等　I 167, **333**
騰　III 41, **107**
道　I 202, **358**
唐捐　II 107, 114, **310**
等観　I 160, **327**
道観双流　I 151, 208, **322**
同起　I 40, **246**
当機益物　I 32, **239**
当教　III 77, **133**
道共　I 165, 178, II 193
道共戒　I 163, 164, 174, 194, **330**
同居　II 141, 142, 149, **329**
同居土　II 148
登地　I 56, 136, 189, 190, **261**, **351**, II 34, 35, 43, 45-47, 84, 157
道士　II 99, **305**
道跡　I 54, **259**
道樹　I 32, **240**, II 33, 147, III 20, 21, 32, 33, 40, 47, 87, **102**
登住　II 32, 157, **264**
道種智　I **254**
蕩滌　II 116, **315**
道場の観　I 63, **266**
道場の観法師　III 42, **109**
道心　II 108, 214, **311**
東漸　I 19, **219**
道前の真如　II 53, **272**
道俗　I 19, **220**
洮汰　III 39, 40, 68, 78, **106**
同体の慈悲　I 194, **353**
塗熨　II 126, **322**
等智　I 204, **361**
道智　I 151, **322**
饕餮　II 118, **317**
道比智　I 202, **358**

大勢威猛　Ⅰ32, **240**, Ⅱ158
待絶　Ⅰ85, 143, 144, 149, **283**
大千　Ⅰ70, **273**, Ⅱ21
大千界　Ⅰ185, **347**
対諦　Ⅰ43, **249**
待対　Ⅰ84, **283**
退大の声聞　Ⅲ90, **143**
大通智勝　Ⅰ32, 114, **241**
梯隥　Ⅰ158, **326**
提婆　Ⅱ92, **297**
提婆達多　Ⅰ**346**, Ⅱ61, **310**
体法　Ⅰ49, 56, 140, 145, 146, 165, 207, 208, **255**, Ⅱ38, 84, 86, 101, 115, 124, 129, 151, 152, 155, 240, Ⅲ80
体法含中　Ⅰ145, 146, **320**
体法顕中　Ⅰ145, 146, **320**
退菩提心の声聞　Ⅲ89, **143**
大梵　Ⅰ34, **243**
大梵天王、出欲論を説く　Ⅱ201
大梵の出欲論　Ⅰ53, **257**
体門　Ⅰ56, **261**, Ⅱ101, 217, 229
台嶺　Ⅰ19, **220**
第六天　Ⅱ128, **323**
他化自在天　Ⅰ185, **347**
他心輪　Ⅰ**286**, Ⅱ82, **258**
多跢婆和　Ⅰ29, **234**
達兜　Ⅱ223, **367**
達摩欝多羅　Ⅰ103, **296**, Ⅱ90, **296**, Ⅲ85, **139**
多比丘　Ⅲ83, **139**
多分喩　Ⅱ173, **343**
多聞　Ⅰ40, **246**, Ⅱ178, 181, Ⅲ87
陀羅尼　Ⅰ19, 55, **219**, Ⅱ25, 31, 50, 134, 164, 171, 183, 190, 238
椊　Ⅲ16, **92**
但　Ⅰ25, **228**
檀　Ⅰ**331**
団円　Ⅱ176, **344**
単漢　Ⅱ183, **346**
断疑生信　Ⅲ24, 25, 27, **97**
耽荒　Ⅰ175, **340**
誕公　Ⅲ88, **142**
怛薩阿竭　Ⅰ158, **326**
弾指　Ⅰ19, **220**, Ⅱ159, Ⅲ23
断常　Ⅰ45, **251**, Ⅱ202
単真　Ⅰ110, **300**

断奠　Ⅲ71, **130**
断徳　Ⅰ38, 77, **238**, **278**, Ⅱ27, 66, 142
檀耳の羹　Ⅱ155, **336**
単の四見　Ⅱ201, **355**
端を異にす　Ⅰ61, **265**, Ⅱ214

ち

智地　Ⅰ150, **321**
知識　Ⅱ110, **312**
智積　Ⅱ102, 235, **307**
智障　Ⅱ197, **351**
智断　Ⅰ31, 38, 211, **238**, Ⅱ25-27, 233
蟄虫　Ⅰ185, **348**
智度　Ⅱ70, 111, 154, 204, **312**
択　Ⅰ**253**
適悦　Ⅰ45, **252**
中陰　Ⅰ79, **280**
虫戸　Ⅰ170, **336**
忠孝　Ⅰ128, **308**
中散　Ⅱ213, **362**
中庶　Ⅱ214, **362**
中智　Ⅰ151, **321**
中道第一義観　Ⅰ49, **254**
中入空の智　Ⅰ153, **323**
中般　Ⅰ203, **360**
中涌辺没　Ⅱ177, **344**
偸蘭遮　Ⅰ163, **330**
中理　Ⅰ110, **299**
中論師　Ⅰ106, **298**, Ⅱ226
頂　Ⅰ129, **311**
朝　Ⅱ108, **311**
『頂王経』　Ⅲ56, **122**
超越の二果　Ⅰ204, **360**
超果　Ⅰ203, **359**, Ⅱ33, 225, **369**, Ⅲ77
聴可　Ⅰ125, **306**
頂蓋の人　Ⅱ214, **362**
長跪　Ⅱ77, **287**
張儀　Ⅱ213, **362**
朝三暮四　Ⅰ190, **351**, Ⅱ68
朝士　Ⅱ220, **366**
朝市　Ⅱ220, **366**
鳥跡　Ⅱ167, **340**
長爪　Ⅱ202, **356**
超人　Ⅱ121, **318**
地理　Ⅰ128, 171, **308**, Ⅱ201

素　II 183, **346**
瘡　I 178, II 117, **316**
蔵　II **347**
草庵　I 21, 34, 37, **223**, II 39, 40, 202, 231, 246, **372**, III 70, 72
僧祇劫　I 207, **362**
想・行　II 224, **367**
双空　I 185, **347**
双仮　I 185, **347**
曹公　III 26, **97**
相師　I 74, 75, **275**
相似　I 56, 138, **261**, **317**
像似　II 81, **289**
相似の位　II 42, 43, 46, **269**
相著　III 39, **106**
双遮・双亡　I 178, **343**
増数　I 71, 87, 157-159, 161, **273**, III 60, 78
増数行　I 156, 159, 160, **324**
相摂　II 90, 93, **298**
増状　II 200, **353**
増上果　I 199, **356**
爪上の土　III 15, 27, 48, **91**
増上慢　I 41, 214, **247**, II 238, III 73
忽忽　II 110, **312**
総相　I 133, **314**
総相念処　I **341**
相待　I **281**
蔵智　I 151, **322**
双中　I 185, **347**
増道損生　I 21, 78, **223**, II 29, 46, 48, 49, 108, 132, 146, 158, 173, 239, **377**
増道の数　II 154, **335**
颯然　II 148, **333**
双非　I 110, II 219, 236, **375**
澡餅　I 198, **355**
象負　II 99, **305**
像法　II 96, **304**
『像法決疑経』　III 74, **131**
象馬車乗　II 110, **312**
双亡　I 178, **343**
瘡疣　II 73, **285**
蔵理　I 151, **322**
双流・双照　I 178, **343**
荘老　II 201, 230, 240, **355**
楚夏　II 180, **345**
促　II 71, **284**
息世譏嫌　I 162, **329**
俗諦　I **243**
麁細住　I 167, **334**
祖承　III 38, **105**
蘇息　II 200, **353**
巣父　II 222, **367**
疎密　III 41, **108**
麁妙　I **226**
損生　I 76, 78, **276**, II 130, III 68, **128**
撙節　I 26, **229**

た

茶　I 191, **351**, II 27, 28, 48-50, 55, **260**, III 26
対　I **228**, **346**
退　I **311**, III **141**
帯　I 25, **228**
諦　I **227**
台　I **302**, II **321**, **344**
第一義空　II 50, **271**
第一義諦　II 50, **271**
第一義天　I 187, 192, **352**
『提謂波利』　III 43, 60, 61, **109**
諦・縁・度　III 24, **97**
大王の饍　III 68, **128**
帯果行向　I 204, **361**
大覚　I 21, 77, 78, **223**
大機　I 125, III 40, 64, 65, **127**
対御　I 19, **219**
太極　I 19, **219**
第九の解脱　I 64, 203, 205, **268**
第九の無礙道　I 64, **267**
太虚　I 115, II 199, **352**
退・護・思・住・進　I 203, **360**
醍醐味　I **236**
大権　II 107, **310**
対治　I 103, **296**
大師　II 155, **335**
台子　II 175, **344**
『大集』　I **259**
大車　I **321**
胎生　I 95, **289**
滞情　I 21, **223**
大乗繫珠　II 102, **307**
提頭賴吒　I 199, **356**

心不行の処　Ⅱ68, **283**
神宝　Ⅰ196, **354**
新発　Ⅱ48, **270**
真無漏　Ⅰ77, **277**
親里　Ⅱ200, **354**
心膂憑寄　Ⅱ43, **268**
身輪　Ⅰ90, **286**, Ⅱ82, 99, **258**
塵労　Ⅰ39, 55, **245**, Ⅱ111, 230, Ⅲ48, 51, 56

す

随順方便の法　Ⅰ131, **312**
随情　Ⅰ84, 107, 109-113, 124, 145, 149, 150, **282**, Ⅱ112, 209
随信行　Ⅰ202, 204, **246**, **358**
随他意語　Ⅰ25, **228**, Ⅱ39, 163
随法行　Ⅰ202, **246**, **358**
随聞一句　Ⅲ23, **97**
水輪　Ⅰ29, **232**
逗会　Ⅲ39, **105**
逗縁　Ⅰ88, **284**
塗香　Ⅰ198, **355**
図度　Ⅰ108, **299**
頭然　Ⅱ120, **318**

せ

誓扶習生　Ⅰ76, **277**
石泉　Ⅱ182, **346**
石蜜漿　Ⅰ198, **355**, Ⅱ145
石蓮　Ⅱ173, 174, **343**
世間戒　Ⅰ199, **356**
世間禅　Ⅰ167, 171, **333**
世間の現見　Ⅰ201, **354**
施作　Ⅱ108, **311**
世性　Ⅰ92, **286**, **290**, Ⅱ216, 221
釵釧鐶鐺　Ⅱ207, **359**
世第一〔法〕　Ⅱ182
世第一法　Ⅰ46, 107, 129, 130, 132, 133, 137, 200, 202, 207, 215, **298**, Ⅱ24, 216, 225
世智　Ⅰ44, 108, 126-128, 134, 135, 138, 153, 213, **307**, Ⅱ23, 141, 186
世智辯聡　Ⅱ184, **347**
節焰　Ⅱ116, **315**
絶聾　Ⅱ215, **363**
絶言　Ⅰ120, 154, **305**, **324**, Ⅲ33, **104**
接次　Ⅲ86, **140**

設逗　Ⅱ68, **282**
節節　Ⅰ121, 137, 138, Ⅱ163, 209, 226, 237, **376**
雪山　Ⅱ45, 190, 227, Ⅲ51, 61, 76, 77
絶待　Ⅰ**281**
拙度　Ⅰ49, 57, **255**, Ⅱ38, 43, 220
刹那　Ⅰ**289**
説法瑞　Ⅱ177, **334**
説黙　Ⅰ36, 43, **244**, **249**
詮　Ⅰ**225**, **249**
禅　Ⅰ167, **333**
漸　Ⅲ31, **102**
漸円　Ⅲ24, **97**
漸円教　Ⅰ30, **236**
旋火　Ⅰ93, **287**
千界の塵　Ⅱ154, **335**
千界微塵の菩薩　Ⅱ133, **325**
舛隔　Ⅱ67, **282**
旋火輪　Ⅱ221, **366**
漸機　Ⅲ65, 70, 75, **132**
善機悪応　Ⅱ79, **288**
善吉　Ⅰ31, **238**, Ⅲ66, 70
仙客　Ⅱ207, **359**
『禅経』　Ⅰ48, **253**
繊芥　Ⅰ80, **280**
繊毫　Ⅰ163, **331**
瞻仰　Ⅲ41, **107**
善財　Ⅰ160, **326**, Ⅱ216
詮次　Ⅰ48, **270**, Ⅲ43
前四時の『般若』　Ⅰ214, **366**
千世界の微塵の菩薩　Ⅱ127, 165, **323**
漸漸　Ⅰ31, **239**
筌罤　Ⅲ39, 90, **105**
闡提　Ⅱ74, 77, 109, 111, 225, **285**, Ⅲ26, 42, 50
羼提　Ⅰ163, **331**
旋陀羅尼　Ⅱ29, 31, 50, **262**
漸頓　Ⅰ31, **239**
漸頓泯合　Ⅰ30, **237**
全如意珠　Ⅱ240, **378**
船栰　Ⅰ56, **261**
蕾蔔　Ⅰ30, 66, **235**, Ⅲ61
阡陌縦横　Ⅲ38, **105**
『禅門』　Ⅰ169, 171, 172, **336**

そ

狙　Ⅱ68, **282**

証道　Ⅰ58, 118, 190, **261**, Ⅱ206, 240
障道　Ⅰ**309**, 357
証道同じ　Ⅰ57, **262**
性徳　Ⅱ51, 60, 74, 175, **272**, Ⅲ23, **97**
正入　Ⅰ178, **343**
生忍　Ⅰ163, **331**
条然　Ⅰ189, 190, **351**
定の愛　Ⅱ227, **370**
勝の三修　Ⅲ71, **105**, **130**
生般　Ⅰ203, **360**
調伏長養　Ⅰ32, **239**
定分割截　Ⅱ233, **373**
正遍知　Ⅰ79, **280**, Ⅱ232, Ⅲ58
生・法の行人　Ⅲ22, **96**
生・法の両身の菩薩　Ⅰ214, **366**
浄飯王　Ⅱ95, **301**
上慢　Ⅰ41, **247**
称美　Ⅰ19, Ⅱ118, **317**
乗妙　Ⅱ87, 164, 177, **294**, 339, Ⅲ30
『浄名』　Ⅰ**235**
浄名居士　Ⅱ110, **312**
生滅　Ⅰ101, **294**
青目　Ⅱ218, **365**
声聞　Ⅰ**228**
請問　Ⅱ90, **296**
長夜　Ⅰ165, Ⅱ200, **354**
少喩　Ⅱ172, **342**
将養　Ⅰ22, **255**
焦爛　Ⅱ237, **375**
商略　Ⅰ149, **321**
清涼池　Ⅰ90, 156, **286**, Ⅱ181, 215, 243
定林の柔　Ⅲ42, **109**
上流般　Ⅰ203, 204, **360**
丈六　Ⅰ62, **266**, Ⅱ156, Ⅲ74
聖を棄て智を絶す　Ⅱ201, **355**
序王　Ⅰ20, 21, **221**
所契　Ⅰ61, 62, **264**
助開門　Ⅱ225, **368**
初歓喜地　Ⅰ178, 211, **344**
疏記　Ⅱ184, **346**
諸行　Ⅰ158, **325**
除遣　Ⅰ45, **252**
初地　Ⅰ**365**
諸数　Ⅲ47, **115**
除障　Ⅰ103, **296**

初中後夜　Ⅰ175, **340**, Ⅱ95
諸度　Ⅰ177, **342**
除入　Ⅰ133, 194, **314**, 354, Ⅱ151
初品の弟子　Ⅱ133, **325**
序品の中の瑞相　Ⅱ87, **293**
尸羅　Ⅰ163, **330**, Ⅱ122
至理　Ⅰ126, **307**, Ⅱ74, 233
事理　Ⅰ21, 36, 45, 143, 148, 161, 201, 213, **223**, Ⅱ26, 139, 153, 159, 162, 194, 223, Ⅲ39, 62
支林　Ⅰ158, **326**
『地論』　Ⅰ**256**
詩を刪り　Ⅰ53, **257**
真　Ⅰ202, **358**
塵　Ⅱ103, **308**
新医　Ⅰ37, **244**, Ⅲ77, **134**
真応の二身　Ⅰ179, **345**
信戒忍進　Ⅱ214, **363**
心行　Ⅰ**251**
信行　Ⅰ40, 202, 204, 207, **246**, Ⅱ184, 216, 221, 251, 252, Ⅲ60
沈空取証　Ⅱ227, **371**
身顕　Ⅰ103, **296**
信験　Ⅲ49, **117**
神衿　Ⅲ38, **105**
身子　Ⅰ**230**
真識　Ⅰ96, **289**
信直　Ⅱ214, **362**
真実　Ⅰ176, **341**
身子の僻教　Ⅰ138, **317**
塵沙の垢　Ⅰ180, **346**
真修　Ⅰ25, 152, 187, **229**, Ⅱ56, 156
進趣　Ⅰ156, 202, **324**, Ⅱ26, 145
心数　Ⅰ39, 40, 132, 204, **245**, **246**, Ⅱ119, 192, 194
塵数　Ⅰ32, **240**
辰星　Ⅰ199, **356**
真性・実慧・方便　Ⅲ48, **115**
心塵　Ⅱ33, **264**
真諦　Ⅰ**243**
真諦（三蔵）　Ⅰ184, **347**
真丹　Ⅰ116, **303**, Ⅱ143, Ⅲ26
尽智　Ⅰ132, 204, 205, **314**
瞋恚　Ⅰ45, **251**
真の伊　Ⅱ54, **273**
心王　Ⅰ40, **246**, Ⅱ194
心の行ずる所の処　Ⅱ68, **283**

336

数法　II 51, 52, **271**
須菩提は石室に在り　II 217, **364**
須臾　I 33, 89, **242**, II 102, 134, 165
首楞厳　I 178, **344**, II 25, 111, III 45
儒林　II 213, **362**
儒林の宗　II 99, **305**
準擬　I 115, **303**
純陀　II 155, **336**
順道法愛　I 77, **277**, II 238, 243
自余　II 91, **296**
除　I **254**
所為　III 85, 88, 89, **140**
性　I **271**, **315**
障　I 138, **317**
治瑩　III 17, **92**
定　I **219**, **254**, III **140**
肇　I 35, 64, **243**, **268**
生因　II 22, **255**, III 46
定慧　I **219**
定慧調適　II 222, 228, **366**, **372**
焦遑　II 201, **354**
乗戒の緩急　II 87, **295**
正軌　I 21, **224**
生起　I **226**
荘挍　II 197, 205, **351**
荘校　II 55, 57, 197, **351**
聖行　I **329**
常行行・常坐行・半行半坐行・非行非坐行　II 251, **383**
定共　I 163, 165, **330**, II 193
生空　II 217, 218, 242, **365**, III 44
性・共　I 205, **362**
象外　I 63, **266**
畳華　II 244, **379**
帖解　II 70, **283**
浄潔の五欲　I 172, **337**
上下分結　I 204, **360**
彰顕　II 60, III 21, **96**
浄眼　II 239, **377**
称合　III 35, **104**
正勤　I 174, 176, 201, 207, **340**
荘厳旻　I 106, **298**
荘厳旻師　III 42, **109**
定三・定一　II 58, **275**
肇師　II 136, **326**
常色　II 125, 156, **321**
調直定　I 186, **348**
性地順忍　I 206, **362**
性実　I 96, **289**, II 230
『成実論』　I **257**
定者　II 215, **363**
銷釈　II 245, **379**
帖釈　II 71, **283**
蹤跡　III 85, **139**
定邪聚　I 200, **357**
常寂光　I 52, **256**, II 149
焦種　II 42, **268**
小樹　I 98, 196, 207, 208, **292**, II 34, 35, 115, 122, 129, 131, 134, 135, 178
摂受　II 87, 88, **294**
性重　I 164, II 23, **256**
翔集　II 178, **345**
性重戒　I 162, **329**
星宿　I 199, **356**
正順解脱　I 163, **331**
清升　I 75, 158, **276**
稍稍　II 34, 178, **265**
清静　I 53, **258**
上定　I 39, 81, 167, 175, 194, **245**
調停　I 167, II 224, **367**
上上禅　I 167, 175, **333**
清浄天　I 199, **357**
小乗の請　III 41, **107**
生生不可説　I 49, 104, 118, 124, 135, **297**
生身　I 29, **232**, II 102, 108, 129, 132, 155, 157, 159, 164, 165, III 21, 22, 25, 32, 46, **96**
精進　I **253**
生身得忍　I 29, **232**
漿水　I 199, **356**, II 116
生染　I 97, **290**
証前の方便の法　I 167, **334**
浄蔵　II 239, **377**
生蘇味　I **236**
『摂大乗』　I **257**
調達　I 180, 189, **346**, II 107, 116, 154, 231
繡淡　I 115, **302**
褔楪　II 202, **356**
生長の相　I 176, **341**
清澈　II 81, **289**
称当　II 137, **328**

143, 175, **330**
執教　I 21, **223**
重空三昧　I 205, **362**
十功徳　I 214, 216, **366**
周孔　II 201, **354**
十五刹那　I 202, **358**
執近　III 32, **103**
什師　II 28, **260**, III 17
十地　I **365**
十七三昧　II 122, **319**
周悉　II 89, **295**
秀実　II 237, **375**
十四忍　I 214, **366**, II 27
十四変化　II 84, 151, **291**
習種性　I 215, **366**
周正　II 185, **347**
重畳　III 41, **107**
十善　I 55, 166, 176, 188, **330**, II 24, 119, 201, III 52, 85
十善性戒　I 163, **330**
十善道　I 197, II 98
住前の相似　III 23, **97**
住善法堂天　I 199, **356**
習続　I 75, **276**
充塞　II 32, **264**
重檐　I 101, **294**
十二因縁　I **246**
十二棘園　I 93, **287**
十二牽連　I 93, **287**
十二重城　I 93, **287**
十二禅　II 224, **368**
十二入　I 44, 51, **250**
十二部経　I **248**
十二門禅　I 167, **333**, III 62
十の小牛　III 27, **98**
十の勝相　I 115, **303**
十の悩乱　I 192, **352**, II 134
周璞　II 230, **372**
十八不共法　I 210, **364**
十八界　I 44, 51, **250**
習報　II 59, **275**
十喩　III 54, **120**
収羅　II 109, **311**
十力　I 187, 208, 210, **349**, III 39
十六王子　II 102, 103, 114, 126, 141, **307**
十六観智　I 128, **310**
十六行　I 129, **311**
十六刹那　I **358**, II 225, **369**
十六諦観　I 201, 202, 213, **358**
十六特勝　I 169, 170, **336**, III 62
十六門　I 177, **342**, II 216, 245, 246
修慧　I **311**
衆具愛　I 179, **345**
従空入仮　I 216
従空入仮観　I 49, 152, 210, **254**
宿機　II 77, **287**
宿殖　II 21, **255**
宿殖淳厚　III 39, **105**
熟蘇味　I **236**
従仮入空　I 210
従仮入空観　I 48, 49, 152, 216, **253**, II 31
衆次　I 22, **224**
衆数　III 36, **104**
衆聖　I 21, **223**, II 104, 169, III 81
衆生縁　I 187, **348**, II 177
種性無き者　II 98, **305**
種性の菩薩　I 152, **322**, II 98
主質　I 73, **275**
殊絶　III 39, **105**
地涌千界　II 154, **335**
酒糟　II 152, **334**
須陀洹　I **229**
須達　II 77, **287**
種智　I 210, **364**
腫脹　I 172, **338**
出仮　I 109, 126, 127, 133-135, 165, 186, 188, 213, **299**, II 42, 43, 123, 207, III 24
述成　I 73, **274**
出生一切種性三摩跋提　I 194, **354**
出世禅　I 167, **333**
出要　I 158, **325**, II 120
衆典　I 61, **264**, II 190
脩道／修道　I 46, 202, 204, **252**, II 32, 121, 182
鷲頭　I 86, **284**
儒童　II 251, **331**
儒道　II 98, **305**
修徳　II 51, 60, 175, **272**
数人　I 202, **359**
『須跋陀羅経』　II 224, **368**
主兵宝　II 237, **375**

十智　I 154, **323**
十譬　I 34, **242**
疾利　II 221, **366**
師弟の遠近・不遠近の相　I 29, **233**
四弟子　II 41, **267**
地天　II 117, **315**
四天下　I 196, 199, II 117, **315**, III 46
四天王　I 184, **347**, II 119, III 53, 61
四倒　I 128, 170, 201, **309**, II 223, 224
死等　III 26, **97**
字等　II 28, **260**
似道　II 31, 107, 225, **369**
地動　II 102, **307**
地動瑞　II 177, **334**
慈童女　II 80, **288**
四徳　I 179, 180, 190, **345**, II 175
地人　I 136, **316**, II 61, 65, 156, 234
四念処　I **301**, **341**
四の動　I 184, **347**
四の誹謗　I 34, **242**
数数示現　II 66, III 48, **117**
次飛　II 213, **362**
慈・悲・喜・捨　I 187, 199, **314**, **333**, **348**, II 119, 251
支仏　I **229**
四不顚倒　I 103, **296**
自分　I 73, 74, **275**
四分の煩悩　I 55, **259**
鬚　II 171, 173, 175, 176, **342**
四辯　I 205, **362**, II 142
四宝　I 34, **242**
四法界　II 99, **305**
持鬘天　I 197, **355**
四微　I 171, **336**
四無畏　I 210
四無所畏　I 187, 208, **349**
四門　I **239**, **308**
四門入実　I 45, **251**
捨　I **254**, **312**
釈迦提婆　I 199, **356**
迹　I **222**
著衣　I 191, **352**
釈王　I 34, **243**
索車　II 53, **272**
釈成　I 43, 48, **249**
寂場　I 31, 114, **238**, II 146, 147, 150
寂照双流　I 178, **343**
析・体　I 80, 121, **280**, **306**, II 42, 129
釈提桓因　II 147, 201, 210, **332**, **361**
釈提婆那民　III 46, **112**
寂知　I 178, **343**
釈天の善論　I 53, **257**
折伏　II 87, 88, 246, **294**
析法　I 49, 56, 145, 146, 148, 164, **255**, II 115, 124, 129, 152, 231, III 80
著法　III 22, **96**
釈・梵　I 195, 196, **354**, III 50
釈名　I 43, **249**
寂滅樹王　II 148, **333**
寂滅忍　I 178, **343**, II 31
謝遣　I 19, **219**
舎脂夫　II 210, **361**
社稷　II 201, **354**
謝す　II **266**
奢促　II 42, 114, 115, 125, 128, **267**
舎那仏　I 114, **302**
車匿　II 217, **364**, III 58
娑婆　II 88, 124, 141, 142, 144, 148, **329**
娑婆国土　II 149
娑婆世界　II 82, 141, 144, 148, III 32
舎婆提　II 94, 95, **300**
闍毘　II 155, **336**
奢漫　II 195, **350**
邪媚　II 112, **313**
邪・無の因縁　II 221, **366**
沙門那　I 205, **362**
娑羅樹林　II 156, **336**
数　II **349**, **362**, **366**
趣　I **272**
輸　II 211, **361**
習　I 127, **308**
什　I 64, **268**
宗愛法師　III 42, **108**
十悪業　I 176, **341**
十意　II 221, **366**
十一切処　I 171, 172, 204, **337**
習因　I 73, 75, 76, **275**, II 59, 60, 75, 130
十因縁の法　I 49–51, **255**, II 98
習応　I 102, **295**, II 54, 86
習果　I 73, 75–78, 120, 200, **275**, II 39, 59, 60, 130,

子史　Ⅱ180, **345**
師子　Ⅱ285
『地持』　Ⅰ257
地実　Ⅰ118, **305**
四悉檀　Ⅰ248
尸舎婆村　Ⅲ83, **139**
四沙門果　Ⅰ43, 158, **249**
四趣　Ⅰ74, 75, 78, 80, 141, **275**, Ⅱ34, 88, 118-120, 130, 189, **295**
指趣　Ⅱ234, **374**
四住　Ⅰ64, 78, **267**, Ⅱ19, 35, 45, 160, 237, Ⅲ27
四重　Ⅰ118, **317**
四十二字門　Ⅱ28, 30, **260**
四種三昧　Ⅲ62, 63, **125**
四術　Ⅲ59, **123**
四種の精進　Ⅰ174, 201, **358**
四種の聖人　Ⅱ188, **348**
諮詢　Ⅰ20, **221**
次緒　Ⅰ165, **332**
四揠　Ⅲ84, **139**
四聖　Ⅰ40, 72, 121, 122, **246**, Ⅱ82
蚩笑　Ⅰ55, **260**
尸城　Ⅰ83, **282**
自生　Ⅱ91, **296**
事障　Ⅰ163, 204, **330**, Ⅱ119
自成　Ⅱ51, **272**
四正勤　Ⅱ75, 224, **286**
治生産業　Ⅰ27, 153, **231**, Ⅱ23, 191, 231, 235, 247, **256**
事・性の両障　Ⅰ204, **361**
持身の法　Ⅰ167, **334**
四随　Ⅰ48, **253**, Ⅱ209, 214, 215
四説　Ⅱ208, **360**
四禅　Ⅱ117, **316**
地前　Ⅰ58, 189, 190, **262**, Ⅱ34, 39, 84, 231
事善　Ⅰ49, 50, 183, **252**, Ⅱ36-40, 58, 72, 80
四善根　Ⅰ46, 112, 126, 127, 129, 215, **252**, Ⅱ31, 56, 121, 225, Ⅲ77
慈善根の力　Ⅰ88, 114, 188, 193, Ⅱ74, 81, 117, 120, 121, 129, 237
四禅比丘　Ⅰ73, **274**
地相　Ⅰ118, **305**
四双八輩　Ⅱ115, **314**
四埵　Ⅰ197, **355**
四諦　Ⅰ238

四大　Ⅰ159, 171, 173, **326**, Ⅲ53
次第　Ⅱ103, **308**
次第観　Ⅰ76, **277**
四大声聞　Ⅲ69, 72, **129**
『次第禅門』　Ⅰ**336**, Ⅲ62
四大弟子　Ⅱ114, **314**
次第入妙　Ⅱ48, **270**
次第無間　Ⅰ173, **338**
自・他・共・無因　Ⅱ76, **287**
斯陀含果　Ⅰ203, **359**
四智　Ⅰ143, **319**
七位　Ⅰ215, 217, **367**, Ⅱ64-67, **279**
七戒　Ⅰ199, **356**
七賢・七聖　Ⅰ200, Ⅱ21, **254**
質言　Ⅱ90, **296**
七支　Ⅰ158, **326**
七十二品　Ⅰ208, **363**
七種の二諦　Ⅰ108, **298**
七種の方便　Ⅰ28, **231**
七種般　Ⅰ203, 204, **360**
七生　Ⅰ202, **359**
七処八会　Ⅲ61, 64, **123**
七善　Ⅰ194, **353**
七善法　Ⅰ160, **328**
七譬　Ⅰ37, **244**
七百阿僧祇（仏寿）　Ⅰ66, **271**, Ⅲ47, **114**
七仏通戒偈　Ⅰ80, **280**
七方便　Ⅰ33, 137, **241**, 316
七菩提行　Ⅰ202, **359**
実有　Ⅰ108, 109, 112, 113, 122, **299**
十界十如権実の法　Ⅰ20, **221**
十観成乗　Ⅰ161, **328**, Ⅱ27
実行　Ⅱ106, **309**
十境界　Ⅰ161, **328**, Ⅱ24
習気　Ⅰ134, 208, 210, 211, **277**, Ⅱ147
実際　Ⅰ91, **286**, Ⅱ209, 210, **348**, Ⅲ45
実事　Ⅰ30, 62, **265**, Ⅱ35, 129
十種の境　Ⅱ123, **319**
実性　Ⅰ45-47, 175, 179, **251**, Ⅱ218, Ⅲ45
失心　Ⅱ104, **309**
十心　Ⅱ22, 23, **255**
十相　Ⅱ228, **372**
実相　Ⅰ229
実相般若　Ⅰ178, **344**, Ⅱ63
質多羅　Ⅰ198, **355**

340

三塵　II 187, **348**
三途　I 176, **341**, II 33, 94
三千大千〔世界〕　II 50
三千大千世界　I **273**, II 192
三善道　I 176, **341**
三千百億の日月　II 149, **333**
三蔵　I **234**
三脱門　I 24, **226**
三転　I 71, **273**
三田　I 30, **237**
三道　I 36, 98, 142, **292**, **318**, II 60, 61, 216
三徳　I 37, 98, 142, **292**, **319**, II 25, 26, 60, 66-68, 185, 234, III 45
三毒　I 178, 182, **251**, II 107, III 75
三徳涅槃　II 25, 27, **258**
三徳不縦不横　II 27, **259**
三の因縁　II 95, **302**
三仏　II 70, 148, **333**
三変千踊　I 21, **224**
三変土田／三たび土田を変ず　I **224**, II 89, 102, 149, III 41, **102**
三宝　I 43, 131, 198, 201, **249**, II 60, 66, 206
三法印　II 249, **382**
三菩提　I 20, 33, 39, 89, 178, **222**, II 33, 60, 63, 75, 133, 134, 144, 190, 239, III 31, 46, 49
三品の十悪業　I 176, **341**
三品の十善　I 176, **341**
三密　I 31, **239**
三無為　I 186, **348**, II 167, **340**, III 26
三馬　I 30, **237**
鑚揺　II 223, 240, **367**
三輪　II 25, 82, **258**
三論　III 43, **109**

し

尸　I 163, 165, 175, 178, **331**, II 177
止　I 49, **254**
使　I 109, 119, **299**, **337**
次　III 42, **109**
四阿含　II 94, III 38, **105**
四阿含経　II 39, **267**, III 85, 86
四安楽行　I 161, **328**, II 24
四域　I 34, **243**
四韋陀典　II 240, **377**
四一　I 65-67, **269**
四一の境　II 135, **326**
思惟道　I 204, **360**
四依　II 34, **265**
四栄　I 174, **339**
四栄樹　II 238
四縁　II 98, **305**
四果　I **276**
子・果　II 216
子・果の縛　I 101, **294**
指擬　I 74, **275**
色界繫　I 129, **311**
色界定　I 129, **310**
色根　I 94, **288**
直爾　II 51, 92, **271**
式叉　I 166, **333**
思議生滅の十二因縁　I 92, **286**
色質　I 39, **245**
色天　II 94, 117, **299**, **316**
識・命・煖／命・識・煖　I 37, 71, **244**, **273**
枝客根本の惑　II 31, **262**
『四教義』　II 99, **306**
『四教章』　III 24, **97**
自行の因果　I 28, **231**
止・行の二善　I 75, **276**
色籠　I 168, 186, **335**
四弘　I 77, 163, **278**, **331**
四弘誓　I 175
四弘誓願　I 209, **363**, II 227, III 62, 63
四空の諸天　II 117, **316**
四衢道　I 96, **289**
使君　II 220, **366**
四仮　I 107, **298**
四華　I 89, **284**, II 29, 30, 87
似解　I **354**
事解　I 40, **246**
『四解脱経』　II 116, **315**
四華六動　I 21, 22, **224**
四見　II 113, **313**
四枯　I 174, **339**
爾許　I 67, **271**
四枯樹　II 238, **376**
地居の頂　I 184, **347**
紫金　I 62, **266**
自在天　I 92, **286**
四三昧　II 122, 123, **319**

金師　I 48, **253**, II 213
很子　III 52, **119**
厳飾　II 208, **360**
金翅鳥　III 27, **98**
権実　I **221**
権実の二智　I **232**
近処　II 24, **257**
近障　II 33, **265**
近情　III 21, 31, **96**
根性の融・不融の相　I 29, **233**
勤身　II 251, **383**
根塵相対　I 81, **281**
金鏘　I 189, **350**
権施　II 138, 163, **328**
金蔵草穢　II 227, **370**
昏沈　II 22, **255**
根敗聾啞　I 104, **296**
今仏　I 33, **242**, II 105
金錍　II 208, **360**
根本　I 163, **330**
根本業清浄戒　I 162, **330**
根本定　I 128, **309**
根本禅　I 164, 165, **332**
『昆勒論』　I 53, **257**, II 217, **364**

さ

作意　I 67, 88, 188, **271**, II 81, 84, 88, 124
斉　II 35, **265**
際真　I 107, **298**
細煩悩　I 171, 186, II 117, **316**
済用　II 37, **266**
坐座　I 191, **352**
坐禅の人　I 40, 198, **246**, II 113
薩遮尼犍　II 107, **310**
撮聚　II 239, **377**
薩達磨分陀利脩多羅　II 180, **345**
薩婆悉達　I 29, **232**
薩婆若　I **300**
作法受得　I 163, **330**
沙鹵　II 193, **349**
三悪道　I 25, **227**, II 94, III 57
三阿僧祇百劫　I 188, **349**
三因　I **267**, III **120**
三慧　I **311**, II **308**, **357**, III **96**
三果　I **267**, **276**, **358**, **360**
三界　I **230**
三階の法門　I 207, **363**
三観　I 41, 214–216, **227**, **247**, II 25, 81, 191, 233
三軌　I 36, 77, **244**, **278**, II 50, 51, 54, 59–61, 63, 65–68, 143, 147, 195, 198, 199
三帰依　I 197, **355**
三帰五戒　I 166, **333**
三苦　I 176, **340**
三空　I 204, **361**
三仮　I 84, **282**, II 217, III 43, 54
散華　I 198, III 23, **97**
三結　I 202, **359**
三賢十聖　I 77, **279**, II 33, 124
三業　I 75, **275**, II 25, 77, 78, 85
鑽仰　I 19, **220**
三根　I **311**, II **292**, **308**
三三の境　II 135, **326**
三三昧　I **311**, **314**
三子　I 30, **237**
三自帰　I 197, **355**
三止四請　III 41, **107**
三修　III 39, 71, **105**
三受　I 94, **289**
懺重　II 252, **383**
三十三天　I 34, 184, 199, **243**, **347**, II 30, 119
三十四心　I 76, 134, 189, 207, 210, **277**, **315**, II 147, 155
三十生　I 78, **279**
三十心　I 76, 126, 127, 135, 211, 214, 215, **277**, II 27, 30, 35, 47, 48, 123, 233, III 23
三十二臣　II 30, **262**
三十二相　I 187, 206, 207, **349**, III 17
三十二の大悲　II 227, **370**
三十二の不二門　II 216, **364**
三十二の菩薩　I 61, **264**
三獣の河を渡るに　II 206, **358**
三周の説法　II 168, **340**
三十六物　I 170, 171, **336**
三十六問　III 71, **130**
三種の意陰　II 20, **253**
三種の意生身　I 97, **290**, II 123
三聖　I 27, **230**
三定　I 81, **281**
三情　III 28, **98**
三乗共の十地　I 207, **261**, **362**, II 28, 158

狐疑　Ⅰ163, **331**
五義　Ⅰ38, **245**
孤起偈　Ⅰ50-52, **255**
估客　Ⅱ207, **359**
五逆　Ⅰ188, **350**, Ⅱ118, 225, 231
虎丘山　Ⅲ42, **108**
五行　Ⅰ128, **308**, Ⅱ201
剋獲　Ⅰ25, **228**
曲巧　Ⅲ39, **105**
曲躬　Ⅱ77, **287**
曲逕紆迴　Ⅱ35, **265**
剋分　Ⅱ92, **298**
剋発　Ⅰ121, **306**
五下〔分結〕　Ⅱ225, **369**
五下分〔結〕　Ⅱ121, **318**
五下分結　Ⅰ208, 209, **359**
語見　Ⅰ112, 118, Ⅱ54, **273**
誇傲　Ⅱ200, **353**
五根　Ⅰ24, **226**, Ⅱ224
五彩　Ⅰ92, 125, 173, **287**, 306
五支　Ⅰ167, **335**
五事　Ⅰ23, **225**
五時の般若　Ⅲ42, **108**
去取　Ⅰ106, Ⅱ143, Ⅲ38, 58, 59, **105**
五衆　Ⅰ44, 83, **250**
五住　Ⅰ64, 78, 102, 116, 177, **267**, 303, Ⅱ174, 232, 233, 237, Ⅲ24
五十二位　Ⅰ214, **366**, Ⅱ20, 253
孤調　Ⅲ16, **92**
虚静　Ⅱ201, **355**
五章　Ⅰ23, 24, 36, 38, 39, 42, 43, 61, **225**, Ⅲ90
五障　Ⅰ24, **226**
五乗　Ⅰ33, **241**, Ⅱ58
五停　Ⅰ128, 135, 137, 139, **251**, **309**, Ⅱ222
五停心　Ⅰ126, 127, 134, 200, 206, 207, **357**, Ⅱ23, 222, 223
五上〔分結〕　Ⅱ225, **369**
五上分結　Ⅰ203, 208, **359**
五濁　Ⅱ88, 160, Ⅲ31, **102**
五心　Ⅰ24, **226**
五塵　Ⅱ32, **264**
護身自軌大乗　Ⅲ43, **109**
後身の菩薩　Ⅱ33, 86, **265**
五衰　Ⅱ117, **316**
五禅　Ⅰ174, **339**

五千自ら起ち／未入位の五千　Ⅲ68, 73, **128**
五諦　Ⅰ177, Ⅲ15, **91**
『古注楞伽経』　Ⅱ71, **284**
机　Ⅱ208, **360**, Ⅲ82
虚通　Ⅱ248, **381**
五通の神仙　Ⅰ53, **257**
忽忽　Ⅰ199, **355**
乞乳　Ⅲ46, **113**
忽劣　Ⅱ183, **346**
五天往反　Ⅲ57, **123**
語等　Ⅱ28, **260**
五人　Ⅰ31, **238**, Ⅱ104, Ⅲ45
五百の阿羅漢／五百の羅漢　Ⅰ52, **256**, Ⅱ226, **369**
五百の身因　Ⅱ216, **364**
五部　Ⅱ23, **256**
五部戒律　Ⅲ85, **140**
古仏　Ⅰ33, 115, **242**
五仏子（初転法輪時の五比丘）　Ⅰ34, **243**
五仏子（声聞の四果と辟支仏）　Ⅱ105, **309**
五仏章　Ⅰ32, **241**, Ⅱ160, **338**
古仏の塔　Ⅲ32, **103**
五部律　Ⅰ158, **326**, Ⅲ86
五分法身　Ⅰ76, **276**
五方便　Ⅱ74, **286**
五品　Ⅰ134, 137-139, **315**, Ⅱ21, 23, 31, 33-35, 57, 59, 61-64, 133, 235, 251, **275**, **374**
五品弟子　Ⅰ56, 127, 128, 161, **261**, **308**, Ⅱ28, 49, 69
五味　Ⅰ233
五無間　Ⅰ130, **312**
五門禅　Ⅰ160, **327**
五欲　Ⅰ134, 172, 175, 185, 199, **315**, **337**, Ⅱ109, 235
去来今　Ⅰ73, 74, 163, **284**, **286**
五力　Ⅰ24, **226**, Ⅱ224
顧録　Ⅱ207, **359**
近遠　Ⅰ173, **338**
欣厭　Ⅱ150, **334**
禁戒　Ⅰ50, 51, 158, 164, **325**, Ⅱ118
権巧　Ⅰ21, **223**, Ⅲ30
金口　Ⅰ61, 62, **264**, Ⅱ181, 186
厳顕　Ⅱ193, **349**
金剛三昧　Ⅰ204, **361**
金剛蔵　Ⅰ26, 27, **230**, Ⅲ41, **107**
金剛の後心　Ⅰ134, **315**, Ⅱ73

簡却　I 124, **306**
建業　I 19, **220**
喚喁　II 178, **345**
見仮　I 207, **363**
限外の空官　II 43, **268**
堅高　I 19, **220**
間穬　I 173, **338**
環合　III 90, **143**
兼済　II 34, **265**
間散　II 221, **366**
見地　I 106, 208, 210–212, **261**, **297**, II 56, 122
幻師　I 81, 96, 184, **289**, III 55
現事　II 91, 130, **296**
見思の垢　I 180, **346**
見取　II 225, **368**
巻舒　I 19, **220**
賢聖　I **245**, II **321**
『賢聖集』　I 79, **280**
見心　I 149, **321**, II 112, 113
検節　I 163, **331**
簡説　II 152, **334**
見諦　I 77, 113, 132, 133, 203, 204, **277**, **301**, **313**, II 32, 56, 121, 182, 225, **264**
泫溺　II 95, **303**
見到　I 204, **360**
遣蕩　III 19, 39, **96**
見道　I 46, 174, 202, 203, **252**, **309**, **358**, II 182
玄と文　I 20, **221**
慳貪諂媚　II 118, **317**
間入　I 115, 125, 156, **302**, **324**
間然　III 59, **123**
現の相　I 176, **340**
現般　I 203, 204, **360**
鰥夫　III 59, **124**
慳蔽　II 122, **319**
現法楽禅　I 194, **354**
見慢　II 54, **273**
玄微　I 126, **307**
詃誘　II 200, **354**
顕露　I 31, **238**, II 47, 99, III 53, 61, 73, 75
見論　II 206, **358**

こ

炬　I 34, 41, **243**
劫　I **222**
候　III 76, **133**
航　I 84, **282**
鴿　I 50, 172, **255**, **338**
礦　II 207, **359**
後有　I 78, 158, **280**
綱維　I 28, **231**, III 16
猴猨　II 86, 99, **293**
劫火　I 108, 208, **299**
恒河沙　I **268**, II 22, 50, 143
綱紀　II 199, **352**
高原を穿鑿　II 134, **326**
恍恍　II 192, **349**
鴻鵠　III 27, **98**
後昆　I 53, **257**
喉衿　III 16, **92**
鉤瑣　III 90, **143**
高座　I 19, **220**
高山　I 29, 31, **233**, II 38, 39, III 21, 38, 42, 61, 64, 74, **108**
恒沙　I 64, 65, 102, 103, 144, 213, **268**, II 34, 86, 104, 111, 163, 172, 182, 232, III 34, 48, 53, 61, 75, 84
光統　III 43, **109**
光瑞　I 32, **240**
香山　III 88, **142**
業染　I 97, **290**
構造　I 73, **275**
光宅　I 64, 72, 82, **267**, II 135, 170, III 18, 43, **94**
頭を低く（し／する）　I 30, 153, 161, **236**, **323**, II 77, 110, 196, 197, 252, III 22, 29, 86
合抱　II 182, **346**
毫末　II 182, **346**
浩漫　II 195, **350**
『光明』　III 42, **108**
況喩　II 91, **296**
轂捋　II 240, **377**
広略の二門　I 23, **225**
江陵　I 19, **220**
胡音　II 180, **345**
五陰　I 44–46, 51, 81, 93, 96, 129, 173, 174, 177, 201, 209, **250**, **310**, III 53, 77
『五戒経』　III 86, **140**
虚豁　I 108, II 186, **347**
胡漢　II 185, **347**
誇企　II 201, **355**

拘入　I 125, **306**
苦忍　I 132, 202, **313**, **358**
苦忍の真明　I 202, 203, II 223, 225, **367**
九部　II 96, 97, III 51, **133**
九部の有相教　III 51, **118**
苦法智　I 132, **313**
苦法忍　I 132, **313**
瞿耶尼　I 183, **346**
虧盈　I 34, 35, **243**, II 27, **259**, III 24
拘翼　II 210, **361**
口輪　I 90, **286**, II 82, 99, **258**
拘隣如沙門　II 202, **357**
熏禅　I 132, 173, 175, **314**

け

化　III 87, **141**
牙　II **299**
涇渭　II 230, **372**
蛍火　II 203, III 46, 67
蛍火虫　I 66, **270**, III 26, **97**
鶏狗等の戒　I 163, **331**
稽首　II 70, **283**
繋珠／珠を繋く　I 21, 27, 62, **223**, **265**, II 102, 109, 248
罽那尸棄仏　I 206, **362**
荊揚　I 19, **220**
希有　I 51, 52, 89, **255**, II 87, 95, 109, 164
化縁　II 60, 154, 155, 157, **275**
華王界　I 114, **302**
華王世界蓮華蔵海　II 149, **333**
飢火　II 116, **315**
家家　I 203, **359**
外見　I 150, **321**
華光　III 30, **100**
家業　I 62, 113, **265**, II 248, **380**, III 26, 40, 70–72, **107**
外資　II 22, **255**
仮実　I 45, 46, 50, 177, **252**, II 217
仮実国土　I 81, 96, **281**
化跡　III 85, **139**
化主　I 48, **253**
悕取　III 47, 70, 72, **115**
『華首』　I 85, **283**, II 95
化生　I 199, II 104, **308**
化城　I 21, 34, 35, 58, 64, 150, 161, **222**, **223**, II 39, 68, 136, 163, III 25, 72, 78
外塵　I 175, **340**
偈陀　II 91–93, **296**
解脱　I 132, **314**
灰断　I 66, 161, 208, 211, **271**, II 96, 157, 220
黠　I 93, **287**, III **114**
結縁覆講　II 102, **307**
結　II 39, **267**
譎詭　II 200, **354**
決定　II 51, **271**
決定の声聞　III 89, **143**
歇末　II 119, **317**
決了　I **263**
結惑　I 56, **261**, II 38, III 61
化道の始終・不始終の相　I 29, **233**
化得　II 126, **322**
外入　II 191, **349**
化の功　I 29, **233**, II 22, 132
華報　I 74, **275**
外凡　I 46, 127, 128, 215, **252**, **308**, II 29
華鬘　I 197, **355**
仮名　I 139, **318**, II 46, **269**
仮名の位　II 48, **270**
仮名妙　II 42, **268**
快馬　I 45, 85, 105, 172, 193, **251**, II 216, 245
化用　I 186, **348**, II 82
化楽・他化の両天　I 199
化楽天　I 185, **347**
戯論　I 45, 85, 97, 112, 118, 119, **251**, II 181, 202
見　I 47, **253**
兼　I 25, **228**
間　II 80, **288**
愆　III 35, **104**
簡　I 28, **231**
玄　I 19, **219**
環　II 207, **359**
見・愛の煩悩　I 101, **294**
減一劫　II 156, **336**, III 74
幻有　I 108, 109, 122, **299**, II 218
懸会　I 27, **230**
眼慧明聞　I 41, **247**
幻焔　I 39, **245**
玄黄　I 27, **230**
巻荷　II 173, 174, 176, **343**
研覈　I 43, **249**

紀定　III 40, **106**
祇陀林　III 74, **132**
鬼道　I 93, **287**, II 84, 94
宜の義　II 71, 79, **284**
義の便　I 63, 71, **266**, II 65, 118, 143, III 30
耆婆　I 142, **319**
記莂　I **223**
祇夜　I 50, **248**, **255**, II 90–94, 101
客作　I 99, II 89, 109, 110, 235, 250, **295**, **311**, III 26, 71
客塵闇障　I 181, **346**
隔歴の三諦　I 25, **226**
笈師　III 42, **108**
境　I **243**
経緯　II 94, 184, 193, **298**
謦欬　II 159, **338**
匡郭　III 24, **97**
行願　II 54, III 39, **105**
経紀　II 81, **289**
敬貴　II 43, **268**
教行　I 36, 104, **244**, II 139, 140, 159, 162, 215, 241, 242, III 40
経行　II 94, III 63
行行　I 76, **276**, II 184, 193
教・行・理　I 61–63, II 183, 184, 188
行伍　II 43, **268**
経亘　II 94, **298**
行業　I 92, **287**
憍尸　II 66, **281**
憍尸迦　I 199, **356**
教迹　II 138, 139, III 78, 85, **134**
行処　I **251**, II **257**
憍陳如比丘　I 53, **258**
楽説　II 182, **346**
楽説辯　I 19, **220**, II 50
行蔵　III 71, **130**
教他　I 36, **244**
形待　II 47, **270**
教道　I 57, 58, 118, 146, 147, **261**, II 20, 240
怳然　I 49, **254**
行般　I 203, **360**
脇比丘　I 54, **259**
教妙　II 140, **329**
経由　II 183, **346**
魚髓　II 178, **345**
許由　II 222, **366**
気類　I 74, **275**
斤　II 244, **379**
均提　III 74
均提沙弥　III 46, **113**
金丹　II 207, **359**

く

旧医　II 223, **367**
旧医の邪法　I 37, **244**
空　I 167, **333**
藕　I 136, **316**, II 176, 178, **344**
顒顒　I 19, **220**
空真　I 146, **320**
空智　I 151, **321**
空天　II 199, **352**
共念処　I 173, 204, **339**, **357**, II 223
共般若　I **300**, II 38, 147, III 36, 45, 58, 67, 82
究竟　I 56, **261**
俱解脱　I 201, 205, **357**, II 164
拘検　I 175, **340**
箜篌　I 198, **355**
苦策　II 251, **383**
九識　II 54, 61, **273**
九次第定　I 172–174, 204, **338**, II 119
拘尸那城　III 47, **114**
瞿沙　I 129, **310**
俱寂　I 22, **224**
九十五種　III 45, **111**
九十八使　I 171, **337**
九種の大禅　I 161, 175, **328**, II 129
九旬　I 55, **260**
釧　II 121, **319**, **359**
弘誓　I 163, 192, II 22, 121, 122, **255**
苦切　III 39, **106**
九想　I 171, 176, **337**, III 63
具足の道　I 89, II 235, III 26, 41
拘帯　I 93, **287**
愚癡　I 45, **251**, II 122
屈摩羅　II 168, **340**
具度　I 75, **276**
苦到　II 208, **360**
功徳・黒闇　II 227, **370**
瞿曇　II 201, **355**
求那跋摩　I 61, **265**, II 214

額珠　II 219, 227, **370**
瓔徴　II 234, **374**
覚道　I 82, **281**, III 47
覚分　I 49, **253**, II 224, III 79
格量　II 182, **346**
鶴林　I 19, **220**
河西　II 185, **347**
過罪　I 158, 163, **326**, III 84
火鑽　I 128, **310**
訶讃　III 39, **105**
瑕玼　III 86, **141**
迦葉　II **336**, **337**
過上　I 179, **345**
迦葉仏　III **128**
我心　I 96, **290**
果頭　I 116, 133, 136, **303**, II 46
跨節　I 62, **265**
迦旃延　I **257**, II 217
迦栴延　I 53, **257**, II 96
伽陀　I 50, **248**, **255**, II 90, 93, 94, 101
迦絺那　I 55, **260**
渇飲　II 214, **363**
月蓋　II 77, **287**
伽那　I 94, **288**
迦毘羅婆　II 95, **301**
寡婦　III 59, **124**
貨法　I 128, **308**
下方の涌出　II 108, **311**, III 31, **102**
可発・関・宜　II 116–118, 120, 122, 123, **315**
迦摩羅　II 168, **340**
伽耶城　II 63, III 31, 48, 49, **102**
迦羅迦　II 243, 244, **378**
歌邏羅　I 94, **288**
訶黎跋摩　I 52, **257**
迦陵頻伽鳥　I 139, **318**, II **263**
迦留陀夷　III 74, **131**
迦留波陀天　I 197, **355**
河の済　I 197, **355**
寛　II 71, **284**
漢　II 146, **332**
観　I 49, **253**
干雲婆娑　II 35, **265**
観境　I 43, **249**, II 193
『観経』　I 161, **328**, III 15, **91**
観解　I 41, **248**
感扣　II 150, **333**
寛直　II 220, **366**
含識　I 35, **243**
鵁鶄　II 83, **290**
含釈　II 185, **347**
観照般若　II 63, **277**
観矚　I 201, **358**
観心　I **226**
貫穿　II 93, **298**
盥洗　II 86, **293**
観智　I 43, 152, **249**, II 22, 193
願智　I 138, **317**
寰中　I 85, **283**
含中の二諦　I 135, **315**
勘同　III 38, **105**
坎徳　I 34, **242**
浣衣　I 48, **253**
感応　I **225**
関の義　II 71, 79, **284**
観の解　I 171, **336**
寒風　I 189, **350**
煥爛　II 185, **347**
甘露の滅　I 82, **281**, III 47
甘露の門　I 20, 22, **221**

き

喜　I **253**
機　I **232**
擬　II **283**, III **127**
祇洹　I 65, **268**, II 77
義・観　I 40, **247**
機宜　I 61, 164, **264**, II 68, **282**
起教観　I 43, **249**
規矩　II 81, 86, 194, 200, **289**, **353**, III 39
掬水　I 199, **355**
義家　III 52, **119**
譏嫌　I 164, **332**, II 23, **256**
喜見城　II 216, **364**
喜見の説偈　II 101, **307**
疑誤　III 58, **123**
喜根　II 104, **309**
基址　II 223, **367**
記者　III 81, **134**
耆闍崛山　II 124, 149, **320**
耆闍の凛師　III 43, **109**

洄渡　Ⅰ93, **287**
会冥　Ⅰ22, **224**
依を転じて　Ⅱ62, **276**
衍　Ⅱ214, **362**
縁　Ⅰ**264**
縁因　Ⅰ**268**
縁覚　Ⅰ**229**
縁修　Ⅰ25, 111, 152, **229**, Ⅱ53, 56, 58, 156
円珠　Ⅰ21, 22, **223**, Ⅱ102, 239
円真　Ⅰ194, **353**, Ⅱ219, 220, 228, 240
円詮　Ⅰ22, **224**, Ⅱ229, 234, 235
延促劫智　Ⅱ160, **338**
閻浮提　Ⅰ83, 183, 184, 210, **347**, Ⅱ134
円別接通　Ⅱ161, **338**
焔摩天　Ⅰ184, 199, **347**, **357**
円弥城　Ⅲ83, **139**
円融の三諦　Ⅰ25, **227**
縁理　Ⅰ204, **361**

お

黄衣　Ⅱ57, **274**
『怏掘』　Ⅰ70, **272**, Ⅲ50
怏掘摩羅　Ⅰ73, **274**
『怏掘摩羅』　Ⅲ53, 66
『怏掘摩羅経』　Ⅲ44
怏顰　Ⅱ68, **282**
応作　Ⅱ86, **293**
王三昧　Ⅰ178, 180-183, **344**, Ⅱ34, 114, 117, 120, 121, 124, 125, 128, 150
往事　Ⅱ91, 143, **296**
応跡　Ⅲ85, **139**
王城　Ⅲ32, **102**
黄嘴狍果　Ⅱ173, **343**
往善　Ⅱ77, **287**
証相不真宗　Ⅱ211, **361**, Ⅲ55
応同　Ⅱ86, 87, **293**
億耳　Ⅱ95, **301**
和尚　Ⅲ46, **113**
宛宛　Ⅱ67, **282**, Ⅲ90, **143**
陰果　Ⅱ156, **336**
淹綏　Ⅲ31, **102**
隠形　Ⅱ201, **354**
厭患　Ⅰ132, Ⅱ94, 120, 121, **299**
殷勤　Ⅰ32, 49, 55, 79, **240**, Ⅱ165, Ⅲ40, 41, 72
遠近　Ⅰ21, **223**, Ⅱ142

遠師　Ⅱ168, **340**, Ⅲ17, **93**
飲飴　Ⅱ80, **288**
怨讎　Ⅱ210, **361**
温清　Ⅱ80, **288**
怨親　Ⅰ176, **341**
宛足　Ⅱ108, **311**
怨鳥　Ⅱ227, **371**
宛転　Ⅱ57, **274**
陰・入・界　Ⅰ109, 207, **363**
宛然　Ⅰ180, 187, **345**, Ⅱ28, 30, 144, 185, Ⅲ48-50, 79

か

加　Ⅱ135, Ⅲ41, **108**
果　Ⅰ**228**
駃　Ⅱ146, **332**
契経　Ⅱ21, 93, **255**
会稽の基　Ⅰ63, **267**
開顕　Ⅰ43, **249**, Ⅱ160, 215, 247, Ⅲ19
開合　Ⅰ**226**
開権顕実　Ⅰ37, 58, 105, 115, 139, 215, **262**, Ⅱ25, 47, 81, 89, 137, 158, 163, 164, 170, 172, 247, Ⅲ22, 36
開近顕遠　Ⅰ33, **241**, Ⅲ30, 71
戒取　Ⅱ225, **368**
海渚　Ⅱ116, **315**
楷定　Ⅰ44, **250**
戒身　Ⅲ46, **113**
開善　Ⅱ180, **345**, Ⅲ43, **109**
開麁即妙　Ⅰ48, **270**
海中の屍　Ⅰ171, **337**
界内　Ⅰ**286**
界内・界外　Ⅰ214, **366**, Ⅱ31, 55
開廃　Ⅰ22, **225**
改易　Ⅰ44, **250**
戒律　Ⅰ158, **325**
鵝王　Ⅱ32, **264**
果果　Ⅰ77, 216, **278**, **366**, Ⅱ32, Ⅲ22
我・我所　Ⅰ75, **276**, Ⅱ134
瓦官　Ⅱ57, **274**
可軌　Ⅱ183, 194, **346**
果苦　Ⅱ128, **323**
覚（サーンキヤ学派の）　Ⅰ96, **290**, Ⅱ54, 230, **372**
皾　Ⅰ106, **298**, Ⅲ58, **123**
覚観　Ⅰ39, 85, **246**, Ⅱ193

348

伊字の三点　Ⅰ157, **324**
意生身　Ⅰ97, **290**, Ⅱ123
遺体（身体）　Ⅱ72, **284**
遺体（子供）　Ⅱ103, **308**
一遠離の行　Ⅰ25, **229**
一行三昧　Ⅰ160, **327**
一期　Ⅰ21, **223**, Ⅲ32
一地　Ⅰ62, 196, **265**, Ⅱ81, 131, Ⅲ48
一種子　Ⅰ203, **359**
一大事の因縁　Ⅰ58, Ⅱ28, 29, 248, Ⅲ40
一人当千　Ⅱ213, **362**
一念随喜　Ⅰ33, 70, **273**
一念相応の慧　Ⅰ134, 208, 210, **363**, Ⅱ147, 156
一念相応の大覚　Ⅰ77
一仏土　Ⅰ30, **234**
一分　Ⅰ208, **363**
一切数　Ⅰ40, **246**
一切種智　Ⅰ**254**
一切智　Ⅰ**254**
一切智地　Ⅰ89, **285**, Ⅱ89, 248, Ⅲ48
一餐　Ⅲ70, 72, **129**
一師　Ⅱ37, **266**
一色一香　Ⅰ27, 52, 58, 75, 175, **231**, Ⅱ126
一識処　Ⅰ168, **335**
聿遵　Ⅰ20, **221**, Ⅲ38
一生在　Ⅱ164, 165, **339**, Ⅲ22
一心　Ⅰ**313**
一心三観　Ⅰ49, **227**, **254**, Ⅱ134
一音　Ⅰ30, 62, 125, **234**, **266**, Ⅱ100, Ⅲ34, 43, 53, 57, 59, 60, 85
夷塗　Ⅱ37, **266**
已度　Ⅲ26, **97**
位不退　Ⅰ181, **346**, Ⅱ48
医方　Ⅰ128, **308**
倚傍　Ⅲ56, **122**
異目　Ⅰ70, **284**
倚葉　Ⅰ177, **344**
允合　Ⅰ140, **318**
印師　Ⅲ18, **94**
引接　Ⅱ68, **282**, Ⅲ21, 72
引証　Ⅰ24, 32, **226**
因中有果　Ⅰ37, **244**
因縁仮名　Ⅰ213, **366**, Ⅲ60
因縁生死　Ⅰ77, **279**
因縁の三界　Ⅱ49, **271**

引納　Ⅰ176, **341**

う

有為法　Ⅰ93, 174, **282**, **288**, Ⅱ224
紆廻陧陋　Ⅱ220, **366**
雨旱　Ⅱ237, **375**
嗚呼　Ⅱ56, **273**
有後生死　Ⅰ77, **279**
有対　Ⅰ169, **335**, Ⅱ190, **348**
優檀那　Ⅰ44, **249**
欝単越　Ⅰ183, **346**, Ⅱ119, **317**
優曇鉢華　Ⅱ172, **342**
優鉢羅華　Ⅰ198, **355**
烏皮　Ⅱ173, 174, 176, **343**
有翻　Ⅰ21, **223**, Ⅱ180, 183, 185, 186, 191, 193, 194
海を洴にし　Ⅱ99, **306**
有門入真　Ⅱ226, **369**
有余　Ⅰ64, 66, 100, **267**, Ⅱ155, 156, 216, 234, Ⅲ17, 36
烏蓮　Ⅱ178, **345**
云云　Ⅰ**225**

え

会　Ⅰ112, **301**
依　Ⅰ103, **296**
会異　Ⅰ24, 42, **226**
依倚　Ⅰ170, **336**
叡師　Ⅱ168, **340**, Ⅲ20, 82, **96**
営生　Ⅰ208, **360**
栄辱　Ⅰ176, **341**
依果　Ⅰ129, **311**
慧観　Ⅲ17, **93**
慧行　Ⅰ**276**, Ⅱ184, 193
慧解脱　Ⅰ201, 205, **357**, Ⅱ164
慧眼　Ⅰ49, 69, 99, 138, 139, 210, **254**, Ⅲ29, 62
依国　Ⅱ141, **329**
会三帰一　Ⅰ33, **241**, Ⅱ164, 170, 178, Ⅲ17, 34, 42, 45, 59
依止勝相　Ⅰ115, **303**
依正　Ⅰ52, 96, 176, 178, **256**, Ⅱ23, 88, 156, 171
依身　Ⅰ179, **345**
穢草　Ⅱ228, **372**
悦可　Ⅰ89, **285**, Ⅲ36
廻転　Ⅱ163, 187, 188, 193, **338**
慧の策　Ⅱ227, **370**

索　引

・本索引の項目は、訓読本文と註より採録した。註よりの採録は、語義説明の箇所を中心とし、ページ表示を太字にした。
・訓読本文に頻出する語句や、各々の箇所により異なった意味を有する語句は、原則として語義註の箇所のみを採録し、その箇所での特別な意味をもつ語句は、語義註と対応する訓読本文の箇所のみを採録した。
・項目をまとめた方が同義であると理解しやすい語句は「／」で並列し、語句の同定等を容易にするため、〔　〕と（　）で項目を最小限補足した。
・『法華玄義』の索引は、前二冊も併せて採録し、本書の箇所（III）とともに、各冊のページ冒頭に I, II, III を付けることで区別を明確にした。

法華玄義

あ

愛仮　I 208, **363**
愛・見／愛見　I 162, 163, 177, 187, 200, 216, **330**, **357**, II 113, 120, 182, 188, 191, 193, 247
愛法　II 238, **376**
愛味　I 167, 175, **333**
愛論　II 201, 206, **354**, **358**
趺　I 172, **338**
阿字　II 234
阿字門　II 26, 28, 203, **259**
阿闍世　II 107, **285**, **310**
阿閦婆　II 92, 143, 170, **297**
阿脩羅の琴／脩羅の琴　I 193, **353**, II 84, III 27
阿須輪　III 53, **119**
阿僧祇　I **271**
阿陀那識　II 61, 62, **276**
悪覚　I 39, **245**, II 194
悪口車匿　II 217, **364**
阿那含　I 203, 204, 209, 211, **359**, II 34, 43, 44, III 77
阿那含天　I 185, **348**, II **316**
阿那波那　I 61, 176, **264**, III 62
阿耨三菩提　I 207, **362**, II 63, 95
阿波波　II 116, **315**
阿鼻　II 80, 116, **288**
阿鞞跋致　II 56, 163, **273**
阿浮陀　I 94, **288**
阿浮陀達摩　II 93, 96, **303**
阿浮陀達磨　I 50, **248**
阿惟越　I 66, **271**
阿黎耶　I 96, **289**, II 54
阿黎耶識　II 61, 62
阿練若　I 158, **325**
按位　II 42, 48, 131, **267**
按位妙　II 43, 158
安忍　I 163, II 208, 221, 225, 238, 239, 244, **360**
庵摩羅　I 115, **303**
菴摩羅識　II 61, 62, **276**
安養　II 88, 149, **295**
菴羅　I 198, **355**

い

異　I 26, 116, 126, **230**, II 63, 236, 248, III 33
緯　II 184, **346**
意陰　I 97, **290**, II 20, **253**
倚荷　II 177, **344**
倚臥背痛　II 155, **335**
威儀　I 158, 165, 171, **325**, II 151
遺芥　I 108, **299**
夷嶮　II 237, **376**
已去　I **259**
已今当の説　I 89, **285**, III 40
伊字　II 51, **271**

訳註者紹介

菅野博史《かんのひろし》

1952年、福島県生まれ。東京大学大学院修了。文学博士。
現在、創価大学教授。中国人民大学客員教授。

新国訳大蔵経・中国撰述部①—5〈法華・天台部〉
法華玄義Ⅲ・観音玄義・法華経安楽行義

2018年9月30日　第1刷発行

訳註者　菅野博史
発行者　石原大道
発行所　大蔵出版株式会社
〒150-0011 東京都渋谷区東2-5-36 大泉ビル2F
TEL.03-6419-7073　FAX.03-5466-1408
http://www.daizoshuppan.jp/
装　幀　クラフト大友
印刷所　三協美術印刷株式会社
製本所　東京美術紙工協業組合

ISBN 978-4-8043-8205-0 C3315